A Practical Introduction to

Corporate Governance Code *3rd Edition*

第3版

コーポレートガバナンス・コードの実践

武井 一浩 西村あさひ法律事務所 パートナー［編著］
井口 譲二 ニッセイアセットマネジメント 執行役員
石坂 修 アサヒグループホールディングス 執行役員
北川 哲雄 青山学院大学名誉教授・東京都立大学特任教授
佐藤 淑子 日本IR協議会 専務理事
三瓶 裕喜 アストナリング・アドバイザーLLC 代表
安井 桂大 西村あさひ法律事務所 弁護士

日経BP

第3版はしがき

２０１５年の初版刊行から約6年、２０１８年の改訂版の刊行から約3年が経過し、２０２１年6月にコーポレートガバナンス・コードが再改訂されたことを受け、第3版を刊行しました。

今般のコーポレートガバナンス・コードの再改訂は、企業を取り巻く環境の変化が一段と加速する中で、企業が課題を認識した上でそうした変化に適切に対応し、そうした変化を先取りすることで新たな成長機会としていくことを通じて、企業の持続的な成長と中長期的な企業価値の向上を後押しすることを目指して行われたものです。

また、今般の改訂は、東京証券取引所における市場構造改革とも密接にリンクしており、改訂版コードにおいては、特に国内外の幅広い機関投資家の投資対象となりうる日本を代表する一定の国際的競争力等を有する企業が上場することが想定されているプライム市場の上場会社に対しては、「一段高いガバナンス」が求められています。

今般の改訂内容は多岐にわたりますが、いずれも企業実務に影響を及ぼす重要な内容になっています。例えば、指名委員会・報酬委員会の機能向上へ向けた取り組みや、取締役会が備えるスキル（知識・経験・能力）と各取締役のスキルとの対応関係を示す、いわゆるスキル・マトリックスの策定・公表等は、取締役会のさらなる機能発揮に向けて、重要な取り組みといえます。また、メガトレンドになっているサステナビリティをめぐる課題への取り組みについても、会社としての基本方針の策定やガバナンス体制の整備のほか、サステナビリティに関する取り組み内容の開示、さらには、プライム市場上場会社に対しては気候変動に係るリスク・機会や自社への影響等についてＴＣＦＤ等に基づく情報開示が求められるなど、コーポレートガバナンスやビジネスモデルのあり方そのものを抜本的に見直す契機ともなりうる重要な内容が盛り込まれています。近年になって人的資本や知的財産への投資等の重要性が高まっているところ、こうした点についても、取締役会における実効的な監督や、関連する情報開示が新たに求められています。サステナビリティ委員会の実務も今後さらに進展していきます。

今回の第3版では、第2部において、「２０２1年ガバナンス・コード改訂と今後の実務対応」と題して、前回までと同様、機関投資家やＩＲ・ＳＲ等の各界の第一人者の皆様に、今般のコード改訂の背景・趣旨や実務対応等について、座談会形式でご議論いただきました。

今回の改訂では、紙数の都合もあり、初版と改訂版の内容の多く（序章2から第4章まで）は掲載することができませんでした。ただ現時点でも重要な議論・指摘が多く、全て削除することを避けるため、第1部において、関連する議論の一部を「補足コメント」として残しています。したがって、第1部で「補足コメント」とされている箇所は、２０１5年あるいは2018年時点における議論内容の再掲となります。一部しか掲載できなかったのは残念ですが、今回新たに追加した第2部の議論とあわせて、本書全体では相当の情報量を掲載することができました。

本書が、コーポレートガバナンス・コードを活用する現場の皆様に有益なものとなれば幸いです。なお、言うまでもないことですが、本書で述べられている各意見は、それぞれが所属している団体・事務所・委員会等としての意見ではなく、個人の立場としての意見であることを、念のため付言します。

最後に、第3版の刊行にご尽力いただきました日経BP書籍編集1部の長崎隆司編集委員に、心より謝意を表します。

令和3年7月

編著者 弁護士　武井一浩

初版はしがき

本書は、日本経済の成長戦略の一環として大変関心が高まっている「コーポレートガバナンス・コード」について、実務的観点から、現場の方々からのご意見を対談形式で所収したものです。

今回のガバナンス・コードは、「プリンシプル・ベース」が採用されていることもあり、企業として「攻めのガバナンス」の実現に向けた各種の工夫が重要となっています。ステュワードシップ・コードともあいまって「株主・投資家との建設的対話」も1つの重要テーマです。ただ、上場企業側として株主や投資家の声を聞くといっても、果たしてどういった点がポイントになるのか、多種多様な意見が寄せられることも想像されます。

ガバナンス・コードへの対応は、形式的な数合わせやひな型的対応でなく、自社の持続的な成長と中長期的な企業価値創造・向上に前向きに活かす形で行うことに意義があると考えられます。本書は、ガバナンス・コードへの実務対応という観点から、プロとして現場で日本企業の動向を見ていらっしゃる代表的な投資家・アナリストの方々にご登壇いただき、キーとなる点や関心の高い点について、真摯に、かつ忌憚なく述べていただきました。大変示唆に富む重要なお話や論点がいろいろ浮かび上がっております。またガバナンス・コードへの対応に当たってはインベスター・リレーションズ（ＩＲ）やシェアホルダー・リレーションズ（ＳＲ）の目線、及びその実務の蓄積も大変重要となりますので、ＩＲやＳＲ分野の第一人者の皆様にもご登壇いただいて、貴重なお話をおうかがいしました。大変お忙しい時期に本書にご協力いただいた皆様に心から感謝の意を申し上げたいと思います。

全ての対談において共通して感じられたのは、日本経済が現在抱えている課題に対する真摯な問題意識と、ガバナンス・コードに対する大きな期待でした。本書が、今回のガバナンス・コードを、自社の持続的成長・中長期的企業価値向上に前向きに活かされようとしている企業の皆様の、現場における各種工夫の一助となれば幸いです。

最後に、今回のガバナンス・コードの重要性にご共鳴いただき、本書の刊行を進めていただいた日経ＢＰ社出版局の西村裕編集委員に謝意を表します。

平成27年４月

編著者　弁護士　武井一浩

目次

第2部　2021年ガバナンス・コード改訂と今後の実務対応

取締役会における基本方針の策定が重要
国際的に急速に制度化が進んでいるサステナビリティ関連開示
「シングルマテリアリティ」対「ダブルマテリアリティ」
ＥＵのＳＦＤＲによるラベル貼り（濃いグリーン、薄いグリーン等）の動向に注意
ＴＣＦＤ等の開示をしていないとそもそもグローバルな投資対象から外れる懸念
企業の対応や価値観の画一化がハーディング・レッドオーシャンに向かう懸念
投資家によってマテリアリティの考え方が異なる
「濃いグリーン」「薄いグリーン」が企業への開示を要求する
ＴＣＦＤについてどこまでの取り組みを行えばコンプライか
シナリオ分析を行うこと自体に重要な意義がある
基準化に伴う硬直化の懸念
ブラックボックス化したＥＳＧ評価機関／ＥＳＧデータ集計機関に対する公的規律導入（Rate the Rating Agency）の議論
乱立するＥＳＧ評価機関への対応で疲弊しつつある企業側
変化率を見るＥＳＧ評価項目には弊害がある
セルサイドが情報提供をしていないのでＥＳＧ評価機関の数が急増している
バイサイド側の自発的取り組み
笑えない「ＥＳＧアルファベットスープ現象」
ＥＳＧ評価機関に共通している評価の視点

第3章　サステナビリティ関連のガバナンス・コード改訂…370

資料集

第1部

コーポレートガバナンス・コードとは何か

注　［補足コメント］の箇所は、2015年刊行の初版と2018年刊行の改訂版からの抜粋（記載内容等は基本的に当時のまま）である。

第1章　ガバナンス・コード（CGコード）とは何か

ガバナンス・コードの施行

コーポレートガバナンス・コード（「ガバナンス・コード」または「CGコード」）と呼ばれる企業統治指針が、2015年6月1日から上場会社に適用されました(1)。ガバナンス・コードの内容は「**コーポレートガバナンス・コードの策定に関する有識者会議**」において平成27年（2015年）3月5日に「コーポレートガバナンス・コード原案――会社の持続的成長と中長期的な企業価値の向上のために――」が取りまとめられている通りです。

ガバナンス・コードとは、「実効的なコーポレートガバナンスの実現に資する主要な原則を取りまとめたもの」であり、「これらが適切に実践されることは、それぞれの会社において持続的な成長と中長期的な企業価値の向上のための自律的な対応が図られることを通じて、会社、投資家、ひいては経済全体の発展にも寄与することとなるものと考えられる」と原案の冒頭に説明されています。

各上場会社(2)は、ガバナンス・コードの精神・趣旨を尊重し、証券取引所が定める**コーポレートガバナンス報告書**（「ガバナンス報告書」）等を通じて、ガバナンス・コードへの対応状況について開示や説明を行っていくことになります。

ガバナンス・コードは、「1　株主の権利・平等性の確保」「2　株主以外のステークホルダーとの適切な協働」「3　適切な情報開示と透明性の確保」「4　取締役会等の責務」「5　株主との対話」の5つの基本原則から構成され、各基本原則に原則と補充原則が示されています（基本原則と併せて合計で83原則となります）。

その後ガバナンス・コードは、2018年6月1日に改訂されました。またコード改訂にあわせ、実効的な「**コンプライ・オア・エクスプレイン**」を促すため、機関投資家と企業の対話において重点的に議論することが期待される事項を取りまとめた「投資家と企業の対話

(1) ガバナンス・コードに関する統合的な解説として、例えば油布志行＝渡邉浩司ほか『「コーポレートガバナンス・コード原案」の解説』（商事法務2062号以下連載)、田原泰雅＝渡邉浩司＝染谷浩史＝安井桂大「コーポレートガバナンス・コードの改訂と「投資家と企業の対話ガイドライン」」商事法務2171号4頁以下、油布志行「コーポレートガバナンス改革」佐々木清隆編著「グローバル金融規制と新たなリスクへの対応」（金融財政事情研究会）78頁以下など。2021年改訂の解説として例えば島崎征夫ほか「コーポレートガバナンス・コードと投資家と企業の対話ガイドラインの改訂の解説」商事法務2266号6頁など。

(2) マザーズやJASDAQといった新興市場の上場企業については、ガバナンス・コードの基本原則部分を実施しない場合には理由の説明が求められます。

ガイドライン」（**対話ガイドライン**）も公表されています。

市場構造改革を踏まえた2021年のガバナンスコード改訂

ガバナンス・コードは2021年6月11日にさらに改訂されました（**2021年改訂**）。その1つの背景として、同時期に進められてきた東京証券取引所の**市場構造改革**があります。市場構造改革は、上場会社やベンチャー企業の持続的な成長と企業価値向上を促し、内外の投資家にとって魅力あふれる市場となるよう、①上場会社の市場区分を各市場区分のコンセプトを明確にした上で**プライム市場、スタンダード市場、グロース市場**の3つに再編すること、②市場区分とTOPIXの範囲を切り離し、現在のTOPIXとの連続性も考慮しつつより流動性を重視して選定する見直しが行われました（図表1－2〜図表1－5）。

プライム市場は、高い時価総額・流動性、より高いガバナンスを備え、投資家との建設的な対話を企業価値向上の中心に据える企業が上場する市場です。スタンダード市場は、一定の時価総額・流動性、基本的なガバナンスを備えた企業が上場する市場です。グロース市場は、高い成長可能性を有する一方、相対的にリスクが高い企業が上場する市場です。

上場基準の項目は①流動性、②ガバナンス、③経営成績及び財産状態から構成されていますが、**流通株式**に関する見直しが1つのキーポイントになっています。たとえばプライム

図表1-1 プライム市場向けコードの各原則

1-2 ④	機関投資家向け議決権電子行使 PF
3-1 ②	英文開示
3-1 ③	気候変動関連開示
4-8	独立社外取締役の員数
4-8 ③	支配株主がいる場合
4-10 ①	指名・報酬委員会の委員の独立性・権限・役割等の開示

市場について、①多数の機関投資家が安心して投資対象とすることができる潤沢な流動性の基礎を備えた銘柄を選定する観点から流通株式時価総額（100億円以上）等の基準、②「上場会社と機関投資家との間の建設的対話の実効性を担保するため安定株主が総会における特別決議を超えることがない水準として流通株式比率（35%以上）の基準が設定されています。「流通株式」の定義についても重要な見直しがなされています（図表1－6）。

市場構造改革の議論の過程で、「より高いガバナンスを備える」という観点からプライム市場向けのガバナンスコードを検討することとなり、さらにプライム市場に限らない上場会社全体に関連する事項を含めて、ガバナンス・コードの見直しが行われました。

プライム市場の上場会社に固有で適用されるコードの原則は、図表1－1となります。

3つの市場区分に再編（企業は適切と考える市場区分を選択可）

●各市場のコンセプトを明確化

●上場企業やベンチャー企業の持続的な成長と、企業価値の向上を促すメカニズムの強化

プライム市場

●高い時価総額・流動性、より高いガバナンスを備え、投資家との建設的な対話を企業価値向上の中心に据える企業が上場

▶新たに上場する企業は、流通時価総額等の上場・退出基準を厳格化。
ただし、ネット系企業等のビジネスモデルによっては、直近赤字でも加重した条件で上場可。

▶一段高いコーポレートガバナンス・コードを適用。

※既存の市場第一部上場企業は、選択により引き続き上場が可能。

スタンダード市場

●一定の時価総額・流動性、基本的なガバナンスを備えた企業が上場

▶コーポレートガバナンス・コードの全原則を適用

グロース市場

●高い成長可能性を有する一方、相対的にリスクが高い企業が上場

▶時価 総額に係る上場基準を維持（ベンチャー企業の育成 に資する市場）

TOPIX の見直し

●市場区分 と TOPIX の範囲を 切り離す

●現在の TOPIX との連続性も考慮しつつ、より流動性を重視して選定

図表1-2 市場構造改革の概要

金融審議会市場ワーキング・グループ
市場構造専門グループ報告書の概要（2019 年 12 月 27 日）
ー令和時代における企業と投資家のための新たな市場に向けてー

東京証券取引所の市場構造について、①**上場会社やベンチャー企業の持続的な成**
と企業価値の向上を促し、②**内外の投資家にとって魅力あふれる市場**となるよう
見直しを行う。

現状の市場構造を巡る課題

- **東京証券取引所 に5つある各市場区分のコンセプトが曖昧**
- **上場企業の持続的な企業価値向上に向けた動機づけに乏しい**
- **「TOPIX（東証株価指数）＝ 市場第一部」となっており、投資対象と**
しての機能性を備えていない

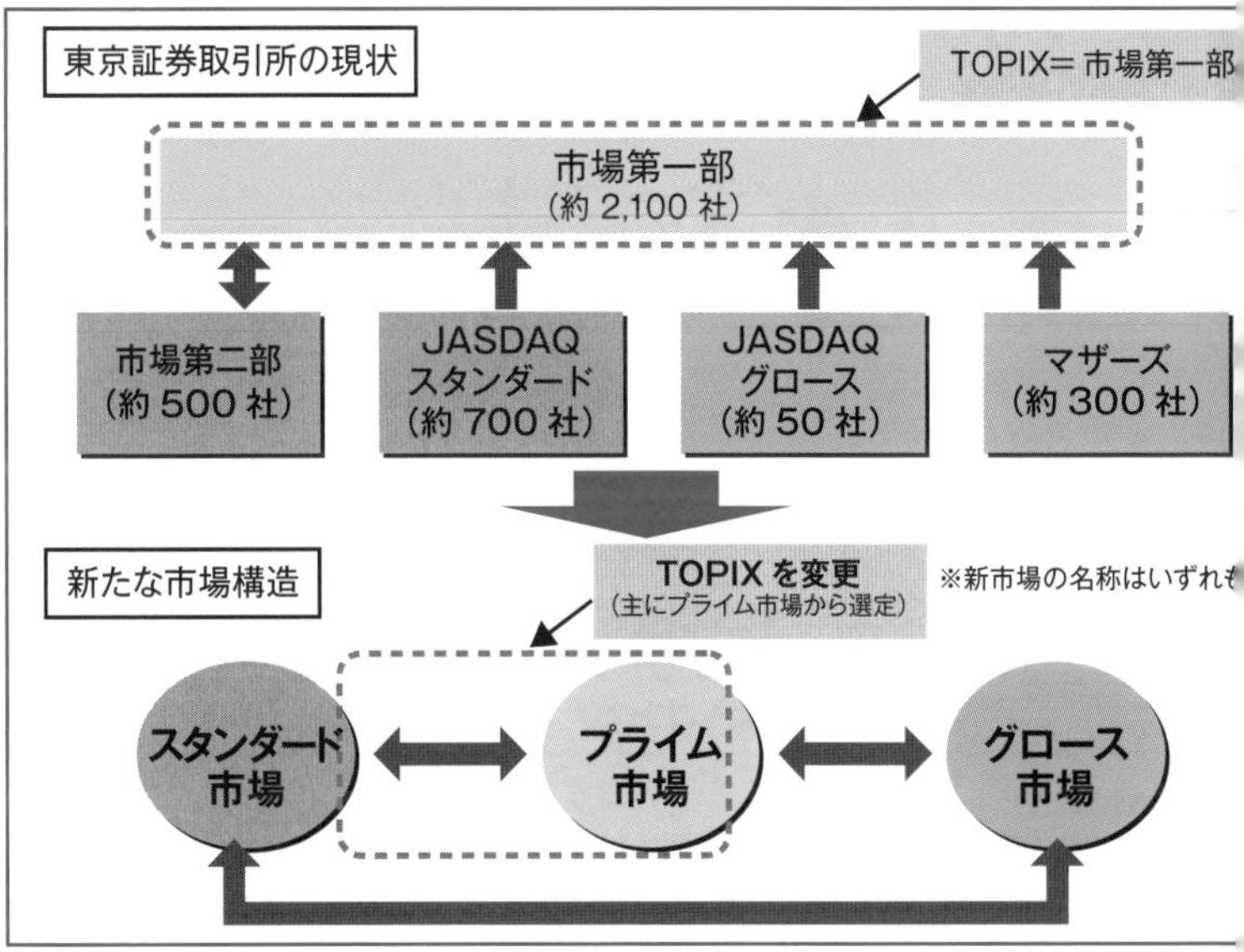

（出所）金融庁 HP https://www.fsa.go.jp/singi/singi_kinyu/market-str/report/01/02.pdf

概要（※1）

項目	新規上場基準	上場維持基準
株主数	800人以上	800人以上
流通株式数	20,000単位以上	20,000単位以上
流通株式時価総額	100億円以上	100億円以上
売買代金	時価総額250億円以上	1日平均売買代金0.2億円以上

・投資家との建設的な対話の促進の観点から、いわゆる安定株主が株主総会における特別決議可決のために必要な水準(3分の2)を占めることのない公開性を求める

項目	新規上場基準	上場維持基準
流通株式比率	35%以上	35%以上

・経営成績・財政状態に関する実質審査は、以下のA又はBのいずれかを充たすものについて実施する（新規上場申請に係る不受理基準）

項目	A(利益実績)	B(売上実績)
収益基盤	最近2年間の利益合計が25億円以上	売上高100億円以上かつ、時価総額1,000億円以上
財政状態	純資産50億円以上	

（※1）市場コンセプトを反映したこれらの基準のほか、株式の譲渡制限、証券代行機関の選定などの共通の基準を設けるものとします

（※2）今後のコーポレートガバナンス・コードの見直しにおいて、プライム市場の上場企業を念頭に、より高い水準が示されることが想定されます

図表1-3 プライム市場の上場基準

コンセプト	上場基準の概要	
	項目	**考え方・狙い**
■**多くの機関投資家の投資対象になりうる規模の時価総額（流動性）**を持ち、**より高いガバナンス水準を備え、投資家との建設的な対話を中心に据えて持続的な成長と中長期的な企業価値の向上にコミットする企業**及びその企業に投資をする機関投資家や一般投資家のための市場	**流動性**	▶多様な機関投資家が安心して投資対象とすることができる潤沢な流動性の基礎を備えた銘柄を選定する。
	ガバナンス	▶上場会社と機関投資家との間の建設的な対話の実効性を担保する基盤のある銘柄を選定する。 ※見直し後のコーポレートガバナンス・コード全原則（※2）の適用
	経営成績 **財政状態**	▶安定的かつ優れた収益基盤・財政状態を有する銘柄を選定する。

（出所）東証 HP https://www.jpx.co.jp/equities/improvements/market-structure/nlsgeu0000pd3tatt/nlsgeu0000057t9k.pdf

概要（※1）

項目	新規上場基準	上場維持基準
株主数	400人以上	400人以上
流通株式数	2,000単位以上	2,000単位以上
流通株式時価総額	10億円以上	10億円以上

▶上場会社として最低限の公開性を求める（海外主要取引所と同程度の基準を採用）

項目	新規上場基準	上場維持基準
流通株式比率	25%以上	25%以上

▶経営成績・財政状態に関する実質審査は、以下を充たすものについて実施する（新規上場申請に係る不受理基準）

項目	上場維持基準
収益基盤	最近1年間の利益が1億円以上
財政状態	純資産額が正であること

※1）市場コンセプトを反映したこれらの基準のほか、株式の譲渡制限、証券代行機関の選定などの共通の基準を設けるものとします

図表1-4 スタンダード市場の上場基準

コンセプト	上場基準の概要	
	項目	**考え方・狙い**
■**公開された市場における投資対象**をとして**一定の時価総額（流動性）**を持ち、上場企業としての**基本的なガバナンス水準**を備えつつ、**持続的な成長と中長期的な企業価値の向上にコミットする企業**及びその企業に投資をする投資家のための市場	**流動性**	▶一般投資者が円滑に売買を行うことできる適切な流動性の基礎を備えた柄を選定する。
	ガバナンス	▶持続的な成長と中長期的な企業価値上の実現のための基本的なガバナン水準にある銘柄を選定する。 ※コーポレートガバナンス・コード全原則の適用
	経営成績 **財政状態**	▶安定的な収益基盤・財政状態を有す銘柄を選定する。

（出所）東証 HP https://www.jpx.co.jp/corporate/news/newsreleases/0060/nlsgeu000004
patt/J_kouhyou.pdf

概要（※1）

▶次の要件のいずれにも該当していること
・事業計画が合理的に策定されていること
・高い成長可能性を有しているとの判断根拠に関する主幹事証券会社の見解が提出されていること
・事業計画及び成長可能性に関する事項（ビジネスモデル、市場規模、競争力の源泉、事業上のリスク等）が適切に開示され、上場後も継続的に進捗状況が開示される見込みがあること

▶高い成長可能性の健全な発揮を求める観点から、以下の基準を設けるものとします

項目	新規上場基準	上場維持基準
時価総額	―	上場から10年経過後40億円以上

項目	新規上場基準	上場維持基準
株主数	150人以上	150人以上
流通株式数	1,000単位以上	1,000単位以上
流通株式時価総額	5億円以上	5億円以上

▶上場会社として最低限の公開性を求める（海外主要取引所と同程度の基準を採用）

項目	新規上場基準	上場維持基準
流通株式比率	25％以上	25％以上

1）市場コンセプトを反映したこれらの基準のほか、株式の譲渡制限、証券代行機関の選定などの共通の基準を設けるものとします
2）ベンチャー企業による議決権種類株式を利用した新規上場については現行制度どおりとします

図表1-5 グロース市場の上場基準

コンセプト

■**高い成長可能性を実現するための事業計画及びその進捗の適時・適切な開示**が行われ**一定の市場評価**が得られる一方、**事業実績の観点から相対的にリスクが高い企業**及びその企業に投資をする機関投資家や一般投資家のための市場

上場基準の概要

項目	考え方・狙い
事業計画	▶高い成長可能性を実現するための事業計画を有し、投資者の適切な投資判断が可能な銘柄を選定する。
流動性	▶一般投資者の投資対象となりうる最低限の流動性の基礎を備えた銘柄を選定する。
ガバナンス	▶事業規模、成長段階を踏まえた適切なガバナンス水準にある銘柄を選定する。 ※コーポレートガバナンス・コードの基本原則のみを適用

（出所）東証 HP https://www.jpx.co.jp/corporate/news/newsreleases/0060/nlsgeu000004k patt/J_kouhyou.pdf

＜参考＞流通株式数の計算方法

流通株式数 ＝ 上場株式数 － { 主要株主が所有する株式（10％以上所有） ＋ 役員等※所有株式数 ＋ 自己株式数 ＋ 国内の普通銀行、保険会社、事業法人等が所有する株式 ＋ その他当取引所が固定的と認める株式 }

- 主要株主が所有する株式（10％以上所有）【現行どおり】
- 役員等※所有株式数【上場時・上場後の取扱い統一】
  ※役員以外の特別利害関係者を含む
- 自己株式数【現行どおり】
- 国内の普通銀行、保険会社、事業法人等が所有する株式【新設】
- その他当取引所が固定的と認める株式【新設】

例外（主要株主が所有する株式）【現行どおり】

- 投資信託・年金信託に組み入れられている株式、その他投資一任契約等に基づき運用することを目的とする信託に組み入れられている株式
- 投資法人の委託を受けて、資産保管業務のために所有する株式
- 証券会社等が所有する信用取引に係る株式
- DR に係る預託機関名義の株式
- その他、取引所が適当と認めるもの

例外（国内の普通銀行、保険会社、事業法人等が所有する株式）【新設】

- 直近の大量保有報告書等において、保有目的が「純投資」と記載されている株式

※ 5年以内の売買実績が確認できる株主の所有分に限る

流通株式に関する上場維持基準又は上場審査基準を満たさない場合において、確認を行う想定です。

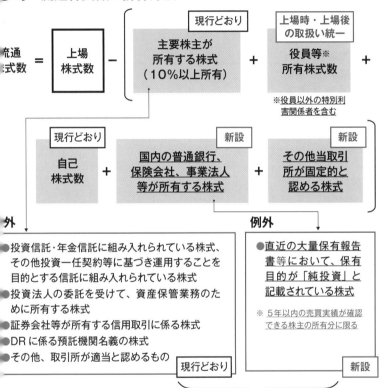

図表1-6 「流通株式」の定義の見直し

●上場株式のうち、「国内の普通銀行（※1）、保険会社及び事業法人等（※2）の所有する株式については、上場株式数の10％未満を所有する場合であっても流通株式から除くこととします。

▶ ただし、直近の大量保有報告書等（※3）において保有目的が「純投資」と記載されている株式については、流通株式として取り扱います（5年以内の売買実績が確認できる株主の所有分に限ります。）。

●役員以外の特別利害関係者（※4）の所有する株式についても、流通株式から除くこととします。

▶ 現在、上場審査基準においてのみ除いていますが、上場維持基準においても同様の取扱いとします。

（※1）普通銀行とは、都市銀行や地方銀行を指し、信託銀行・信託口、信用金庫、信用組合、労働金庫、系金融機関、政府系金融機関、証券金融会社等は含まないものとします。

（※2）事業法人等は、金融機関及び金融商品取引業者以外のすべての法人を指し、例えば、財団法人・学人等の法人も含みます。

（※3）最近5年間の売買実績及び所有目的を記載した株主作成の書面を含みます。

（※4）特別利害関係者は、①上場会社の役員の配偶者及び二親等内の血族、②役員又は前①に掲げる者が議の過半数を保有する会社、③上場会社の関係会社及びその役員を指します。

（出所）金融庁 HP https://www.jpx.co.jp/equities/improvements/market-structure/nlsgeu000 3pd3tatt/nlsgeu0000057t9k.pdf

原則主義（comply or explain）を踏まえた「工夫」の重要性

ガバナンス・コードでは、いわゆる「**プリンシプルベース・アプローチ（原則主義）**」で かつ「**コンプライ・オア・エクスプレイン**（原則を実施するか、実施しない場合にはその理由を説明するか）」が採用されています。

原則主義が意味するところは、ガバナンス・コードの序文(3)に以下の通り説明されています。

「本コードにおいて示される規範は、基本原則、原則、補充原則から構成されているが、それらの履行の態様は、例えば、会社の業種、規模、事業特性、機関設計、会社を取り巻く環境等によって様々に異なり得る。本コードに定める各原則の適用の仕方は、それぞれの会社が自らの置かれた状況に応じて工夫すべきものである。」（序文9項）。

「こうした点に鑑み、本コードは、会社が取るべき行動について詳細に規定する「ルールベース・アプローチ」（細則主義）ではなく、会社が各々の置かれた状況に応じて、実効的なコーポレートガバナンスを実現することができるよう、いわゆる「プリンシプルベース・アプローチ」（原則主義）を採用している。

「プリンシプルベース・アプローチ」は、スチュワードシップ・コードにおいて既に採用されているものであるが、その意義は、一見、抽象的で大掴みな原則（プリンシプル）について、関係者がその趣旨・精神を確認し、互いに共有した上で、各自、自らの活動が、形式的な文言・記載ではなく、その趣旨・精神に照らして真に適切か否かを判断することにある。このため、本コードで使用されている用語についても、法令のように厳格な定義を置くのではなく、まずは株主等のステークホルダーに対する説明責任等を負うそれぞれの会社が、本コードの趣旨・精神に照らして、適切に解釈することが想定されている。

株主等のステークホルダーが、会社との間で対話を行うに当たっても、この「プリンシプルベース・アプローチ」の意義を十分に踏まえることが望まれる。」（序文10項）

「コンプライ・オア・エクスプレイン」の意味するところについては、以下の通り説明されています。「エクスプレイン」を行うことはガバナンスの透明性と説得力を高める効果もあります。

（3）序文とは、2015年にガバナンス・コード原案が策定された際の序文となります。ガバナンス・コードを読み解く際に現在でも重要な意義を有しています。全文は巻末資料を参照してください。なお本書の第1部では「（原案）」という表記を削除しています。

こうした「コンプライ・オア・エクスプレイン」の手法も、スチュワードシップ・コードにおいて既に採用されているものの、我が国では、いまだ馴染みの薄い面があると考えられる。本コードの対象とする会社が、全ての原則を一律に実施しなければならない訳ではないことには十分な留意が必要であり、会社側のみならず、株主等のステークホルダーの側においても、当該手法の趣旨を理解し、会社の個別の状況を十分に尊重することが求められる。特に、本コードの各原則の文言・記載を表面的に捉え、その一部を実施していないことのみをもって、実効的なコーポレートガバナンスが実現されていない、と機械的に評価することは適切ではない。一方、会社としては、当然のことながら、「実施しない理由」の説明を行う際には、実施しない原則に係る自らの対応について、株主等のステークホルダーの理解が十分に得られるよう工夫すべきであり、「ひな型」的な表現により表層的な説明に終始することは「コンプライ・オア・エクスプレイン」の趣旨に反するものである。」（序文12項）。

ガバナンスの世界はまさに no size fits all であり substance over form（実質主義）であると世界的にいわれている通り(4)、各社の経営戦略等によっていろいろと異なってきます。重要なのは、自社の経営理念・経営戦略・属性等の特徴を踏まえた「工夫」にあります。こうした工夫の重要性が今回のガバナンス・コードでも正面からうたわれています。

原則主義ですので、ガバナンス・コードへの対応には各原則の趣旨をきちんと理解することが重要です。ガバナンス・コードの趣旨の理解のためには、序文部分から深く読んでいくことが重要となります(5)。序文には今回のガバナンス・コードの経緯・背景についてかなり重要な事項が述べられています。

補足コメント

「100%コンプライだから良い企業」という考え方は捨てるべき(one size fits all 的流れへの懸念)

北川　英国金融当局であるFRCの活動を観察していて思うのは、効率的かつエネルギッシュだということです。例えば2017年、FRCは、スチュワードシップ・コード(「SSコード」)に署名している企業の中で、活動状況を3分位にランク付けしました。最低ランクに格付けされた運用機関には6ヵ月以内に改善の兆しがみられない場合には除名(署名企業からの離脱～removal)という処置に出ています。それと比較して

(4)欧米では「ガバナンスとコンプライアンスとは異なる」と表現されることもあります。
(5)ガバナンス・コードでは用語について厳密な定義は置かれていませんが、用語の意味も、その用語が言及されている各原則の趣旨から遡って考えていくことが良いと思います。

日本には評価をする機関がない。これは致命的な資本市場システムの持続的発展を妨げる欠陥です。やはり日本にもFRC的な評価をする役割を果たす機関が重要だと思います。

あとCGコードにしても、単にコンプライしている項目が多いから良い企業だなどというのは、CGコードの考え方への理解が100%間違っているわけです。そもそも、イギリスの場合は one size fits all なんて考え方をどこにも持っていません。コンプライするのであっても理由を書け、エクスプレインだったらもちろんコンプライしない理由を書けということで、各社によってあるべきコーポレートガバナンスシステムのあり方は違うことを前提にして、CGコードができています。ですが、今の日本のやり方だと、コードを満たしていますよ、といっているだけの企業が一番良い企業と評価されてしまうおそれがあります。私から見ると、「これは問題点山積であろう」という企業ほどコンプライ率が高い。**議決権行使**において問題にならない程度に平仄を合わせた、しかし中身のない血の通わないコーポレートガバナンス報告書を作成している企業はまことに多いです。そのあたりは機関投資家が非常に厳しい態度で企業との対話に臨むべきでしょう。2017年のSSコード改訂時に「形式」から「実質」にという議論がありましたが、それを推進するのは機関投資家の役割です。それが真のエンゲージメントであり、機関投資家はその結果・評価の多くを、欧州の機関投資家のようにできるだけホームページにおいて公表すべきです。

三瓶　先ほど北川先生が仰った、企業の間で積極的に取り組む企業と、受け身な企業で差が大きくなっているという点は、まさにそういう感じがあると思います。ただ、私に積極的にコンタクトしてきてくださる会社さんは「積極的に変わろう、良くなろう」とされている会社さんで、そういう会社さんほど、ベストプラクティスを競っているような感じがあるのですね。非常に勉強熱心です。しかも今は業界を越えています。全然違う業界でも、あそこの会社は良いらしいですがどこが高評価ポイントですかとか、どこか良い見本はありますかなどと聞かれます。全然違う業種から事例を示しても、「そうですか」と、これまで一般的には様々な比較を業界の中で行っていたと思うのですけれど、業界を越えてベストプラクティスを競うような会社さんがそれなりに多くあるというのは良いことだと思っています。

エクスプレインのほうが形式的コンプライよりも良い

武井　ちなみに、エクスプレインのほうが、形式的コンプライより良い面がありませんでしょうか。

佐藤　じっくり考えたり議論したりした上でエクスプレインするという行動は、高く評価されるべきだと思います。先ほど懸念が挙がった会社内部が分断している会社などは、まず「コンプライありき」で、エクスプレインをしないことが良いことだという固定概念みたいなものが、特に担当部門側に多いのですね。でも企業の置かれている状況は様々なのだから、実情に合わないのなら、まずはエクスプレインして、すぐには難しいかもしれないけれど対話をして建設的に取り組んでいくというのが、コードをソフトローにしている1つの理由だと思うのです。けれど、エクスプレインするということに対してはまだまだ、慎重にしなければと思っている人たちが一定程度いて、踏み込めていない。まずは、エクスプレインしていただいたということが良いことだと思います。

三瓶さんや井口さんがおっしゃるように、対話に積極的な会社も現れてきていますし、対話の中で各部門との接触が広がったという点は私も賛成します。ただ、1つ補足するとすれば、この3年間（2015年から2018年）、全般的に株価も上がってきているんですね。でも、実態がついていっていない会社さんも意外とあります。事業がうまくいき、評価をされて、その中で対話を活かして社内も活性化したという会社もある一方、ガバナンスの強化に対応できていないとか、急速な変化の中で外部評価ほど中身が整っていない会社さんもあると感じています。そうしたご相談をいただいたり、社内の研修活動に関わったりしたこともあるのですが、改めてそうした基本的な足下固めを、今回の改訂を機にさらに進めていってもらえると良いと思います。

ベースとなった日本再興戦略

ガバナンス・コード制定のベースとなった平成26年（2014年）6月閣議決定の**日本再興戦略**は、以下のように述べています。

「日本企業の生産性は欧米企業に比して低く、特にサービス業をはじめとする非製造業分野の低生産性は深刻で、これが日本経済全体の足を引っ張っている状況にある。また、グローバルな市場で戦っている産業・企業には、市場環境の変化への対応が遅れ、苦戦を強いられているケースも多い。第二次安倍内閣発足後のマクロ環境の改善により企業業績は回復しつつあるものの、競合するグローバル企業との比較では、未だ十分とは言い難い。サービス分野を含めて生産性の底上げを行い、我が国企業が厳しい国際競争に打ち勝っていくためには、大胆な事業再編を通じた選択と集中を断行し、将来性のある新規事業への進出や海外展開を促進することや情報化による経営革新を進めることで、グローバル・スタンダードの収益水準・生産性を達成していくことが求められている。企業の「稼ぐ力」の向上は、これからが正念場である。

日本企業の「稼ぐ力」、すなわち中長期的な収益性・生産性を高め、その果実を広く国民（家計）に行きわたらせるためには何が必要か。まずは、コーポレートガバナンスの強化により、経営者のマインドを変革し、グローバル水準のＲＯＥの達成等を１つの目安に、グローバル競争に打ち勝つ攻めの経営判断を後押しする仕組みを強化していくことが重要である。特に、数年ぶりの好決算を実現した企業については、内部留保を貯め込むのではなく、新規の設備投資や、大胆な事業再編、Ｍ＆Ａなどに積極的に活用していくことが期待される。

昨年（平成25年度）の成長戦略を受けて、これまでに日本版スチュワードシップ・コードの策定、社外取締役を選任しない企業に説明責任を課す会社法改正、さらには公的・準公的資金の運用の在り方の検討を通じて、投資家と企業の間で持続的な収益力・資本効率向上やガバナンス強化に向けた対話を深めるための取組等が緒についたところである。こうした中で、スチュワードシップ・コードへの参加を表明する機関投資家や社外取締役の導入を進める企業が続々と現れているうえ、本年の年初には、収益力が高く投資家にとって魅力の高い会社で構成される新しい株価指数である「ＪＰＸ日経インデックス４００」の算出が開始されるなど、「稼ぐ力」向上に向けた気運が高まりつつある。

今後は、企業に対するコーポレートガバナンスを発揮させる環境を更に前進させ、企業の「稼ぐ力」の向上を具体的に進める段階に来た。これまでの取組を踏まえて、各企業が、社外取締役の積極的な活用を具体的に経営戦略の進化に結びつけていくとともに、長期的にどのような価値創造を行い、どのようにして「稼ぐ力」を強化してグローバル競争に打ち勝とうとしているのか、その方針を明確に指し示し、投資家との対話を積極化していく必要がある。」

第2章　コーポレートガバナンスの定義（攻めのガバナンス／守りのガバナンス）

日本の社会・経済の実情に即したコーポレートガバナンスの定義

ガバナンス・コードでは、コーポレートガバナンスを「会社が、株主をはじめ顧客・従業員・地域社会等の立場を踏まえた上で、透明・公正かつ迅速・果断な意思決定を行うための仕組み」と定義しています。

ガバナンス・システムが自社にきちんと整備されているということは、「うちは社会の公器としてこういう素晴らしい会社なのだ」というプライドと付加価値を社会に示すことであるともいわれています。上場会社には、取り巻くステークホルダーにとっての価値創造に配慮した経営を行い、広く社会に付加価値を持続的に提供することを通じて、中長期的な企業価値向上を図ることが期待されています。「社会の公器」としての役割を自覚し、ステークホルダー及び社会に対して、適時適切な情報開示を含む説明責任を果たしつつ、持続的かつ中長期的に企業価値向上を図ることで広く社会から信頼される存在であることが重要です(6)。

企業には必ず経営理念があります。ガバナンス・コードの原則2－1は「上場会社は、自らが担う社会的な責任についての考え方を踏まえ、様々なステークホルダーへの価値創造に配慮した経営を行いつつ中長期的な企業価値向上を図るべきであり、こうした活動の基礎となる経営理念を策定すべきである」と述べています。経営理念は各社各様ですが、社会への付加価値の提供に根ざしたものが多いと思います。かかる経営理念を持続的かつ中長期的に実現させていくための仕組みがコーポレートガバナンスであるとも表現できます。

ガバナンス・システムの必要性は、株式会社という仕組みが元々抱えている構造的欠陥を是正するという観点から説明されることもあります。株式会社は、法人格としても株主としても有限責任で、また経営者の方もエクイティを拠出することが求められておらず、また個人で負える責任には限界があります。他方で、株式会社は大規模化して多大な社会的外部性をもたらす行為を行えます。こうした株式会社の内在的な無責任性に伴う構造的危険性を踏まえ、誰かが責任を持って、あるいは皆で役割分担をして、ハンドリングしていく仕組みが株式会社には必要であって、かかる機能を担っている仕組みがガバナンス・システムである

（6）欧米のガバナンス・システムについて、例えば「経営者への性悪説をベースにして、監視の強化と報酬によるインセンティブづけを特徴とした、冷たいシステムである」という描写があります。この描写の正確性についてはいろいろ議論がありますが、仮にこの欧米のガバナンスの描写が正しいのだとしても、少なくとも今回整理された日本のコーポレートガバナンス概念は、社会への貢献を踏まえたこれまでの日本におけるガバナンスの考え方と親和的であり、こうした欧米のガバナンスの描写とは一線を画しているものと思います。

という説明です。

ガバナンス・コードでは、ステークホルダーの中で株主については、**基本原則1の考え方**において、以下の通り述べられています。

「上場会社には、株主を含む多様なステークホルダーが存在しており、こうしたステークホルダーとの適切な協働を欠いては、その持続的な成長を実現することは困難である。その際、資本提供者は重要な要であり、株主はコーポレートガバナンスの規律における主要な起点でもある。上場会社には、株主が有する様々な権利が実質的に確保されるよう、その円滑な行使に配慮することにより、株主との適切な協働を確保し、持続的な成長に向けた取組みに邁進することが求められる。

また、上場会社は、自らの株主を、その有する株式の内容及び数に応じて平等に取り扱う会社法上の義務を負っているところ、この点を実質的にも確保していることについて広く株主から信認を得ることは、資本提供者からの支持の基盤を強化することにも資するものである。」

株主以外のステークホルダーについては、**基本原則2及びその考え方**において以下の通り述べられています。

「上場会社は、会社の持続的な成長と中長期的な企業価値の創出は、従業員、顧客、取引先、債権者、地域社会をはじめとする様々なステークホルダーによるリソースの提供や貢献の結果であることを十分に認識し、これらのステークホルダーとの適切な協働に努めるべきである。

取締役会・経営陣は、これらのステークホルダーの権利・立場や健全な事業活動倫理を尊重する企業文化・風土の醸成に向けてリーダーシップを発揮すべきである。」（**基本原則2**）

「上場会社には、株主以外にも重要なステークホルダーが数多く存在する。これらのステークホルダーには、従業員をはじめとする社内の関係者や、顧客・取引先・債権者等の社外の関係者、更には、地域社会のように会社の存続・活動の基盤をなす主体が含まれる。上場会社は、自らの持続的な成長と中長期的な企業価値の創出を達成するためには、これらのステークホルダーとの適切な協働が不可欠であることを十分に認識すべきである。

また、「持続可能な開発目標」（ＳＤＧｓ）が国連サミットで採択され、気候関連財務情報開示タスクフォース（ＴＣＦＤ）への賛同機関数が増加するなど、中長期的な企業価値の向上に向け、サステナビリティ（ＥＳＧ要素を含む中長期的な持続可能性）が重要な経営課題であるとの意識が高まっている。こうした中、我が国企業においては、サステナビリティ課題への積極的・能動的な対応を一層進めていくことが重要である。

上場会社が、こうした認識を踏まえて適切な対応を行うことは、社会・経済全体に利益を及ぼすとともに、その結果として、会社自身にも更に利益がもたらされる、という好循環の実現に資するものである。」（**基本原則2の考え方**）

ガバナンス・コードは日本とアメリカ以外の大半の主要な資本主義国ですでに策定されている状況ですが、この第2章（**基本原則2**）のような独立した章が設けられていることは日本版ガバナンス・コードの1つの特徴といえましょう。アメリカ流のガバナンスの議論の中には「株主さえ儲かれば良い」などの一種の株主第一主義的なものも見受けられますが、日本のガバナンスの定義は、少なくともそうした海外の一部の議論とは一線を画しており、日本の社会・経済の実情に即したものであるように思います。日本版ガバナンス・コードが企業の中長期的な成長の促進に軸足を置いていることが示されています。

2021年改訂では、ESG／SDGsその他のサステナビリティに関する関心の高まりを受けて、サステナビリティへの取り組みに関する改訂も行われています。ガバナンス・コードの第2章はその重要な礎にもなっています。

受託者責任

ガバナンス・コードでは、「会社は、株主から経営を付託された者としての責任（受託者責任）をはじめ、様々なステークホルダーに対する責務を負っていることを認識して運営されることが重要である」（**序文7項**）という**受託者責任**の考え方も明記されています。受託者責任は fiduciary duty とも訳される概念で、契約上の義務の形式的な履行を超えて、高度な責任を持って自発的に尽力する道義的・倫理的義務を含んだ概念です。上場会社も、社会全体における**インベストメント・チェーン**の中での立場を踏まえ、その果たすべき受託者責任の内容について改めて確認する必要があります。

中長期目線の株主と経営者との間で行われる**建設的対話**は、受託者責任を負った者同士での対話ということになります。

第3章　CGコードによるボード機能の見える化

攻めのガバナンス（Growth-oriented Governance）

ガバナンス・コードにおける1つの重要なキーワードとして、**攻めのガバナンス**（英訳ではGrowth-oriented Governance）があります。序文7項では、さまざまなステークホルダーに対する「責務に関する説明責任を果たすことを含め会社の意思決定の透明性・公正性を担保しつつ、これを前提とした会社の迅速・果断な意思決定を促すことを通じて、いわば「攻めのガバナンス」の実現を目指すものである」と説明されています。ガバナンス・システムが適切に整備され規律づけられていくことで、企業の経営者に健全な企業家精神をもって経営手腕を発揮していく攻めのガバナンスを支える環境が整備されていきます。

欧米のガバナンスの議論では、経営陣が例えば短期的視点から過度にリスクをとり過ぎる点を警鐘するものが多いようです。これに対して今回の日本のコードは、再興戦略の一環として成長戦略の中で位置づけられており、健全なリスクをとる体制をいかに整備するのか、説明責任を果たすことで経営手腕を自由に発揮するという攻めのガバナンスの側面が前面に出ている点が大きな特徴となっています。コーポレートガバナンスの定義や「会社の持続的な成長と中長期的な企業価値の向上のために」という本コードの副題にもこの趣旨は表れています。

企業不祥事の防止など「**守りのガバナンス**」も、もちろん依然として重要です。特に各種の法規制の強化（グローバルな法規制の強化を含む）、多様化するステークホルダーの利害等の流れに照らすと、守りのガバナンスの重要性はむしろ増している状況にあるといえましょう。そうした「守りのガバナンス」を必要条件として、その上に「攻めのガバナンス」を十分条件として前に進めていくことで、企業が持続的に成長していく環境が整うことになります。

攻めのガバナンスの礎となるボード機能

ガバナンス・コードの第四章は、取締役会の責務について述べています。これは業務執行（マネジメント）の攻めのガバナンスを支えるボード機能（スーパーバイザリー・ボード機能）について正面から規定したものであり、国際的に見てもとても重要な箇所となります。

企業価値向上は、**マネジメント・ボード**を構成する経営陣が中心となって自律的に行うことが基本であることはいうまでもありません。そうした中、「攻めのガバナンス」を支える

スーパーバイザリー・ボードとしての取締役会の役割も重要です。ガバナンス・コードの原則4-1から原則4-3は、取締役会のスーパーバイザリー・ボード機能について、具体的に以下のように述べています。

「取締役会は、会社の目指すところ（経営理念等）を確立し、戦略的な方向付けを行うことを主要な役割・責務の一つと捉え、具体的な経営戦略や経営計画等について建設的な議論を行うべきであり、重要な業務執行の決定を行う場合には、上記の戦略的な方向付けを踏まえるべきである。」（原則4-1）

「取締役会は、経営陣幹部による適切なリスクテイクを支える環境整備を行うことを主要な役割・責務の一つと捉え、経営陣からの健全な企業家精神に基づく提案を歓迎しつつ、説明責任の確保に向けて、そうした提案について独立した客観的な立場において多角的かつ十分な検討を行うとともに、承認した提案が実行される際には、経営陣幹部の迅速・果断な意思決定を支援すべきである。

また、経営陣の報酬については、中長期的な会社の業績や潜在的リスクを反映させ、健全な企業家精神の発揮に資するようなインセンティブ付けを行うべきである。」（原則4-2）

「取締役会は、独立した客観的な立場から、経営陣・取締役に対する実効性の高い監督を行うことを主要な役割・責務の一つと捉え、適切に会社の業績等の評価を行い、その評価を経営陣幹部の人事に適切に反映すべきである。

また、取締役会は、適時かつ正確な情報開示が行われるよう監督を行うとともに、内部統制やリスク管理体制を適切に整備すべきである。

更に、取締役会は、経営陣・支配株主等の関連当事者と会社との間に生じ得る利益相反を適切に管理すべきである。」（原則4－3）

リスクテイクをしなければ**超過収益力**はそもそも生み出されないものの、「リスクをとることが善、リスクを回避することが悪」といった単純な二分法ではなく、重要なのはリスクをいかに適切にマネージするのかにあります。取締役会はそうした経営陣の戦略や提案を建設的に揉んで、外部の経営環境の変化に耐える内容へと方向づけていくことが期待されています。

補足コメント

「攻めのガバナンス」実現には差別化を支える思考回路が重要

武井　他社との差別化、競争力強化の話の中で群れる現象、ハーディング現象のご指摘がありましたが、差別化もなかなか実現できていないわけですね。

三瓶　差別化がなかなかできていないのは、その反対の群れる現象の危険さがよく理解されていないことが一因ではないかと推測しています。群がりを避ける注意が必要なのは、誰にも明らかな成長市場には参入者が殺到し、成長率も利益率も急低下することがよくあるからです。しかし、差別化への意識や群がりを避けるという意識があまりないのではないかと感じることもあります。

私たちが企業調査をするとき、ＳＷＯＴ分析を使って複数社を比較することがあります。強み（Ｓ）、弱み（Ｗ）、機会（Ｏ）、脅威（Ｔ）の各項目をヒアリングなどを交えて調べるのですが、私どもがよく目にするのは、ＳＷＯＴ分析の内容がどの会社も同じになるという現象です。同業他社の皆さんが同じ要素を強み（Ｓ）とみなしているのであれば、それは強みではないはずです。同じことが弱み（Ｗ）、機会（Ｏ）、脅威（Ｔ）についてもいえます。おそらく、まだ本格的な競争が始まっていないからそうなっているのかもしれません。

そして、そのことを指摘しますと、「もっと細部で差別化や競争をして鎬を削っている」という答えが返ってくることがあります。同業他社比較、国内企業全社比較、グローバル比較をする投資家の側からすれば、それは「主観的な競争」であって、「客観的な競争」にはなっていないのではないかという懸念を抱いてしまうのです。

例えば、2000年代に中国が急成長したときに、多くの企業さんがこぞって中国市場に参入するという行動をとりました。新興国がホットだといえば、みんなでそっちに向かう。そして数年経って市場が過熱し、競争が激化すれば撤退するというのでは、投資家にとっても企業さんにとっても困るわけです。

こうした現象が起きる原因はいくつか考えられます。例えば、どこに投資をすべきかとか、戦略としてどこに向かうべきかという大事な判断をするときに調査が不足している場合が少なくありません。あるいは、経営会議で説明がしやすいからとか、「とんでもないリスクを取っていないだろうね」という質問に答えやすいからとか、そういった思考回路が現場で働いていることもあるでしょう。しかし、結果的に横並びで皆同じ行動をとったら、差別化などできるわけがありません。

武井　何かリスクを取る経営判断を行おうという際に、「他の会社もやっているのか」という点を判断の基礎にすることはあり得ますが、差別化戦略とは真逆の発想になってしまうのですね。

三瓶　そうですね。「同業他社がやっていないということは、そこには何らかのリスクがあるのではないか。何か理由があるから誰もやらないんじゃないか」という思考回路が強く働いているのだとしたら、それは結局、自分たちの判断を信じていないということなのです。

攻めのガバナンスを支える経営判断の原則によるプロテクション

こうした取締役会の取締役会のスーパーバイザリー・ボード機能の強化には、日本企業の攻めのガバナンスを強化する目的があります。たとえば序文7項には以下の記述があります。

「本コードには、株主に対する受託者責任やステークホルダーに対する責務を踏まえ、一定の規律を求める記載が含まれているが、これらを会社の事業活動に対する制約と捉えることは適切ではない。むしろ、仮に、会社においてガバナンスに関する機能が十分に働かないような状況が生じれば、経営の意思決定過程の合理性が確保されなくなり、経営陣が、結果責任を問われることを懸念して、自ずとリスク回避的な方向に偏るおそれもある。こうした状況の発生こそが会社としての果断な意思決定や事業活動に対する阻害要因となるものであり、本コードでは、会社に対してガバナンスに関する適切な規律を求めることにより、経営陣をこうした制約から解放し、健全な企業家精神を発揮しつつ経営手腕を振るえるような環境を整えることを狙いとしている。」

またガバナンス・コードの基本原則4の考え方においても以下のように述べられています。

「本コードを策定する大きな目的の一つは、上場会社による透明・公正かつ迅速・果断な意思決定を促すことにあるが、上場会社の意思決定のうちには、外部環境の変化その他の事情により、結果として会社に損害を生じさせることとなるものが無いとは言い切れない。その場合、経営陣・取締役が損害賠償責任を負うか否かの判断に際しては、一般的に、その意思決定の時点における意思決定過程の合理性が重要な考慮要素の一つとなるものと考えられるが、本コードには、ここでいう意思決定過程の合理性を担保することに寄与すると考えられる内容が含まれており、本コードは、上場会社の透明・公正かつ迅速・果断な意思決定を促す効果を持つこととなるものと期待している。」

経営陣がリスクをとって行った経営判断が事後的に会社に損害を与える事態になっても、前提となる事実についての調査を尽くす等の適正な判断過程を経ていれば、（利益相反がなく、またあまりに非常識な判断でない限り）法的に善管注意義務違反を構成するものではないという考え方（いわゆる経営判断の原則）が、日本の会社法でも採用されています。こうした経営判断の原則の考え方は攻めのガバナンスには欠かせない前提です。ガバナンス・コードに対応して説明責任を高めた意思決定であれば正統性が高いものであり、仮にそれが失敗に帰してリスクが顕在化しても簡単に善管注意義務違反に問われるわけではないと考えられます(7)。

なお、こうした考え方は、経営陣の善管注意義務に対してだけでなく、適正なリスクテイクを行う環境を整備する**独立社外取締役**を含む取締役会構成員の善管注意義務の解釈に対しても妥当するものと考えられます。欧米においても、例えば過剰なリスクテイクが行われた結果会社に相当の損害が生じた場合に、リスクテイクを行ったことによる損害は会社全体が負担すべきものであり、(事業リスクに対する監督義務を怠ったという)善管注意義務違反を経由して取締役個人が負担するものではないという考え方が、判例法等で明示に確立されています(8)。

補足コメント

リスクテイクを支えるのが取締役会の重要な役割

三瓶　ガバナンス・コードの原則4-2はまさにその通りだと思います。価値創造を持続しようとすれば必ずリスクを伴いますので、そこでリスクを避けて価値創造を追及しないという無作為が蔓延しないようにすることが重要であるように思います。

優れた会社というのは、リスクを取りつつ、そのリスクをきちんと管理できる会社なのだと思います。上場企業がそれにチャレンジしなければ経済は停滞します。これからは、経営陣の皆さんに適切なリスクテイクとリスク・マネジメントを行うことが期待されているのではないかと思います。そして取締役会にはその支援なりモニタリングが求められているのだと思います。

武井 リスク・マネジメントの思考回路こそが、取締役会なり経営陣の「攻めのガバナンス」の重要な要素として挙げられますね。

三瓶 欧米の会社では、このような例があります。顧客企業から「これから1年間この製品の部品を1000万ロット生産して納入してください」という注文を受けたとします。実際には、その1000万ロットが変動する可能性が十分にあるのですが、「今のところ絶好調だから、おそらく上にブレるでしょう」といわれます。そういうときに、日本の企業さんはたいてい、上ブレ分の納入責任まで果たせるように材料を準備しま

---

(7) 本コードとは直接関係のない話ですが、日本の株主代表訴訟の射程は、単独株主権であること、訴訟委員会制度がないことなどから、欧米の同様の制度と比較して広範になっています。こうした制度が企業経営者の適切なリスクテイクの現実的障害となっている面がもしあるのであれば、そうした点は制度論として是正すべき点を検討していく必要があるでしょう。

(8) 他方、「守りのガバナンス」の局面については、例えば会社が個別具体的な法令違反行為を行っていた場合に、業務執行における法令違反行為を防止する内部統制システムの構築を経営陣が全く行っていなかったことを取締役会が知っていながらも放置していた場合には、取締役に監督義務違反が問われる場合があります。

す。ところが、8ヵ月後に雲行きが怪しくなって、顧客企業から「悪いね、当初の予定より2割少なくていい」といわれてしまう。そうすると納入企業は泣く泣く過剰在庫を処分する羽目になるわけです。

これに対して欧米の経営がしっかりした企業では、1000万ロットの注文を受けた時点で、自社の部品が使われる最終製品の市場のニーズ、需要の変化など、自分たちで自ら調査します。お客さんがいっているから正しいのではなくて、お客さんが見誤っているかもしれないからです。たとえ「1000万ロット、プラスマイナス10%をよろしく頼む」といわれていても、自前調査した結果「せいぜい達成率は90%くらいだろう」というふうに、自分たちで積極的に見積もるわけです。最終的に在庫リスクを抱えるのは自分たちなのですから。

武井　そこがまさにリスクですものね。

三瓶　そういう調査を含めたリスク・マネジメントを自己の責任として行うわけです。今の話は当たり前のように聞こえるかも知れませんが、こうした点について日本企業さんに「最後の最後の需要動向を確認していますか?」とお聞きしますと、「お客様といつも情報交換をしています」とか「お客様が一番よく知っていますから」などとお答えになることが案外多いのです。お客さんを疑って「そこまで売れないでしょう」とはいいにくいということです。もちろん「売れないでしょう」とまでいわなくていいのですが、そういうリスクを考えて対策を講じておくことが必要だと感じるところがあります。

武井　そういったリスクの取り方や管理方法については、まずは経営サイドが対処すべきだと思いますが、経営サイドだけでは対処しきれないという問題が生じたときには、独立社外取締役を含む取締役会が監督機関としてそういう視点を提起していくというのが、自律と他律の役割分担なのでしょう。取締役会はリスクの取り方について、常にいろいろな視点からグッド・クエスチョンをしていくというのが、原則4-2を踏まえた取締役会の1つのあり方なのでしょうね。

第4章　中長期目線の機関投資家との建設的対話

中長期目線の投資（ペイシェント・キャピタル）を促し企業の持続的成長を支える

ガバナンスコードの基本原則5及びその考え方は、機関投資家との建設的対話の促進について、以下の通り述べています。

「上場会社は、その持続的な成長と中長期的な企業価値の向上に資するため、株主総会の場以外においても、株主との間で建設的な対話を行うべきである。
経営陣幹部・取締役（社外取締役を含む）は、こうした対話を通じて株主の声に耳を傾け、その関心・懸念に正当な関心を払うとともに、自らの経営方針を株主に分かりやすい形で明確に説明しその理解を得る努力を行い、株主を含むステークホルダーの立場に関するバランスのとれた理解と、そうした理解を踏まえた適切な対応に努めるべきで

ある。」（基本原則5）

「『責任ある機関投資家』の諸原則《日本版スチュワードシップ・コード》」の策定を受け、機関投資家には、投資先企業やその事業環境等に関する深い理解に基づく建設的な「目的を持った対話」（エンゲージメント）を行うことが求められている。

上場会社にとっても、株主と平素から対話を行い、具体的な経営戦略や経営計画などに対する理解を得るとともに懸念があれば適切に対応を講じることは、経営の正統性の基盤を強化し、持続的な成長に向けた取組みに邁進する上で極めて有益である。また、一般に、上場会社の経営陣・取締役は、従業員・取引先・金融機関とは日常的に接触し、その意見に触れる機会には恵まれているが、これらはいずれも賃金債権、貸付債権等の債権者であり、株主と接する機会は限られている。経営陣幹部・取締役が、株主との対話を通じてその声に耳を傾けることは、資本提供者の目線からの経営分析や意見を吸収し、持続的な成長に向けた健全な企業家精神を喚起する機会を得る、ということも意味する。」（基本原則5の考え方）

こうした建設的対話の対象は、短期志向の機関投資家ではなく、あくまで中長期目線の機関投資家（ペイシェント・キャピタル）です。この点は序文8項において次の通り明確に述べられています。

「本コードは、市場における短期主義的な投資行動の強まりを懸念する声が聞かれる中、中長期の投資を促す効果をもたらすことをも期待している。市場においてコーポレートガバナンスの改善を最も強く期待しているのは、通常、ガバナンスの改善が実を結ぶまで待つことができる中長期保有の株主であり、こうした株主は、市場の短期主義化が懸念される昨今においても、会社にとって重要なパートナーとなり得る存在である。本コードは、会社が、各原則の趣旨・精神を踏まえ、自らのガバナンス上の課題の有無を検討し、自律的に対応することを求めるものであるが、このような会社の取組みは、スチュワードシップ・コードに基づくこうした株主（機関投資家）と会社との間の建設的な「目的を持った対話」によって、更なる充実を図ることが可能である。その意味において、本コードとスチュワードシップ・コードとは、いわば「車の両輪」であり、両者が適切に相まって実効的なコーポレートガバナンスが実現されることが期待される。」

自社の持続的成長、中長期的な収益性・生産性向上のために企業側に求められる中長期的なシステム・体制がガバナンス・システムです。会社を取り巻くステークホルダーの中で、株主は、リスクマネーを拠出した上で、会社役員を選任する権限を有しています。

経済産業省が2014年夏に公表した**伊藤レポート**には「何ら「保証」のない株式の保有者である株主の期待がどのように実現されようとしているのかは、「保証」がないだけに定期的にモニタリングする必要がある。それがコーポレートガバナンスであり、情報開示である。その意味で、コーポレートガバナンスは株式会社制度、そして資本主義を支える根幹であるといえる。いま、日本企業にとってコーポレートガバナンス改革が喫緊の課題となっており、政府の成長戦略にも盛り込まれている」との指摘があります。

株主・投資家の中でガバナンスの維持・向上を最も強く期待しており、かつ辛抱強く待つことができるのは、中長期目線の株主・投資家でしょう。企業側から言い換えると、ガバナンス・システムが自律的に機能していてはじめて、中長期目線の**ペイシェント・キャピタル**（辛抱強い資本）を招き入れることができます。ガバナンス・システムが適切に整備され規律づけられていくことで、企業の経営者に健全な企業家精神をもって経営手腕を発揮していく環境が整備され、プラスを伸ばす「攻めのガバナンス」が実現していくことになります。

持続的な企業価値創造には中長期目線での経営施策が求められます。特に昨今の厳しい競争環境（グローバルな競争環境を含む）では、短期主義的志向が蔓延することは、中長期的成長に必要なイノベーションその他の成長投資が阻害され、ひいては経済全体の成長を阻害する懸念があります。経済成長の原動力となるイノベーションには、10年単位の長期間を要することも少なくありません。投資家側も企業側も短期志向化することによる懸念・弊害に

図表1-7 株主の属性

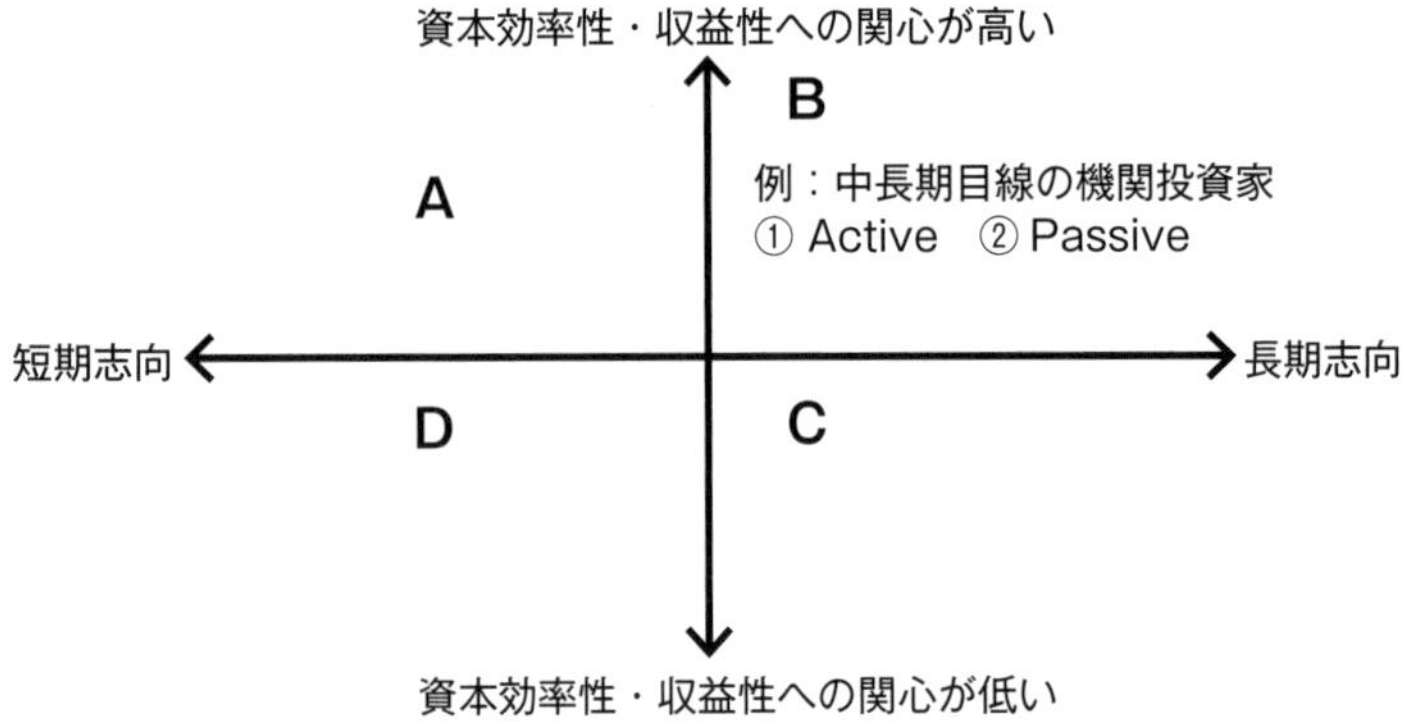

ついて、経済成長を課題とする欧米各国ともその対処に腐心しています（例えば英国ではいわゆる「**ケイ・レビュー**」が公表されました。経産省の伊藤レポートは日本版ケイ・レビューとも呼ばれています）。日本版ガバナンス・コードも、**ショートターミズム**の投機筋のために策定されたものではないと理解されます。

図表1－7は株主を分類したものですが、会社の持続的成長と中長期的な企業価値の向上のためには、図表1－7のBの領域の株主・投資家が相応に存在していることがプラスに働きましょう(9)。Bのエリアの株主・投資家の典型(10)は、年金（国民年金や企業年金など）や生命保険といった長期目線の資金のアセットオーナーとアセットマネジャー等です(11)。

日本版スチュワードシップ・コードの原則7は「機関投資家は、投資先企業の持続的成長に資するように、投資先企業やその事業環境等に関する深い理解に基づき、当該企業との対話やスチュワードシップ活動に伴う判断を適切に行うための実力を備えるべきである」と明記しています(12)。年金基金などのインベストメント・チェーンの上位にいるアセットオーナーが長期的視野を持つこと

(9) 他のA・C・Dの領域の株主・投資家が存在していることも重要です。株主・投資家がリスクマネーの拠出者として多様な動機で上場株式を取得・保有することで、資本市場の厚み・流動性も維持されます。長期で持てる合理性が企業側から示されていないと短期化するわけですので、「短期保有は望ましくない」といった類の話ではありません。

(10) その他、Bの株主の例として、オーナー家株主が挙げられましょう。オーナー系株主からの世代交代が行われる際にBの株主・投資家を新たに招き入れる契機が訪れることもあります。

(11) ①インデックス投資のような市場平均と同じリターンを目指した運用を行う(広範な分散されたポートフォリオを持ち、企業に対するリサーチコスト等をあまりかけない、売買回転率も低く保有期間が長いなどの特徴がある)パッシブ運用と②ベンチマークや市場平均を上回る運用結果を目指すアクティブ運用(特定企業に対するリサーチコスト等をかける、建設的対話を行う)とがあります。

(12) 日本版スチュワードシップ・コードを採択することは、Bのエリアの株主として、企業の持続的成長への貢献に対して長期的目線をもって取り組むことの表示になることが多いはずですが、ただ、日本版スチュワードシップ・コードを採択している投資家が皆、Bのエリアの者に現に該当しているのかどうかは、別途事実関係の検証が必要です。

も重要です(13)。

企業側に信頼に足りるだけのガバナンスの枠組みがないと、Bの領域の中長期の投資が招き入れられません。また、昨今の洗練されたアクティビズムでは、仮に主張がAの領域の株主から元々出されたものであっても、Bの領域の者の支持を得る事例が増えてきています。長期的にどのような価値創造を行いどのようにしてグローバル競争に打ち勝とうとしているのか、その方針を明確に指し示すことで、ガバナンスの改善が実を結ぶまで待つことができる中長期目線の株主・投資家を重要なパートナーとして招き入れ、自社の持続的成長と中長期的な企業価値向上へとつながる好循環が醸成されることになります。

補足コメント

長期投資家といえるタイムホライズンとは何か

北川　スチュワードシップ・コードでは、長期投資家の存在が標榜されています。伊藤レポートでもそうです。短期主義の弊害をなくすというポイントが強調されています。ところが、「長期投資家とは何か?」を定義するのは、実は大変難しいのです。私が勤務していた運用会社は長期投資を旨としていて、かなり厳密に実践していたと思いますが、全体で見るとかなり特殊なケースだったのではないかと思います。少し失礼な言い方になるかもしれませんが、いろいろな機関投資家の方々のご発言を聞いていると、その中には、どうも自分の考える長期投資家像とは違うなとギャップを感じる場合もあるのです。私自身、そのギャップは大変重要なことだと思っています。そこのところを曖昧にしていると、対応する企業さんの側にもフラストレーションがたまるのではないかと危惧しています。

武井　機関投資家の方の指摘の中でギャップを感じるのは、例えばどういう点ですか。

北川　例えば、投資対象企業についての時間軸（タイムホライズン）です。どのくらいのタイムホライズンで会社を見るのかということ。長期的といった場合のタイムホライ

---

(13)　伊藤レポートでは、日本の資本市場の現状について、「日本の資本市場は企業の中長期的な企業価値創造を支え、長期的な金融資産の形成に寄与するものになっているのか。欧米で大きな問題として議論されている資本市場、あるいは投資家の短期志向（ショートターミズム）化やそれによる企業経営の短期志向化は、日本でも同様の問題をもたらしているのか。……長年にわたる間接金融による資金調達、現預金中心の金融資産形成という構造が、日本の資本市場の層が薄い理由として挙げられている。日本においては、市場の短期化の問題もさることながら、年金等アセットオーナーの専門性や人員の弱さ、インデックス投資への偏重、独立したアセットマネジャーの不足、市場機能を支えるセルサイド・アナリストの機能低下、人材評価の仕組みの未整備等が指摘されている。すなわち、日本の資本市場プレイヤー（とりわけ日本の機関投資家等）が、長期的な企業価値を評価し、主体的な投資を行うことで顧客（最終的な受益者）にリターンを提供する能力に疑問が呈されている」と指摘されています。また、増加するパッシブの機関投資家には、個別企業への検討になかなかコスト・リソースを割けないという経済合理性からの限界もあります。投資家側の取り組み・変革も重要であり、ガバナンス・コードを含む一連の施策の効果・成果についても中長期的な目線で見ていく必要があるのでしょう。

図表1-8 株価変動がショートターミズムに及ぼす問題

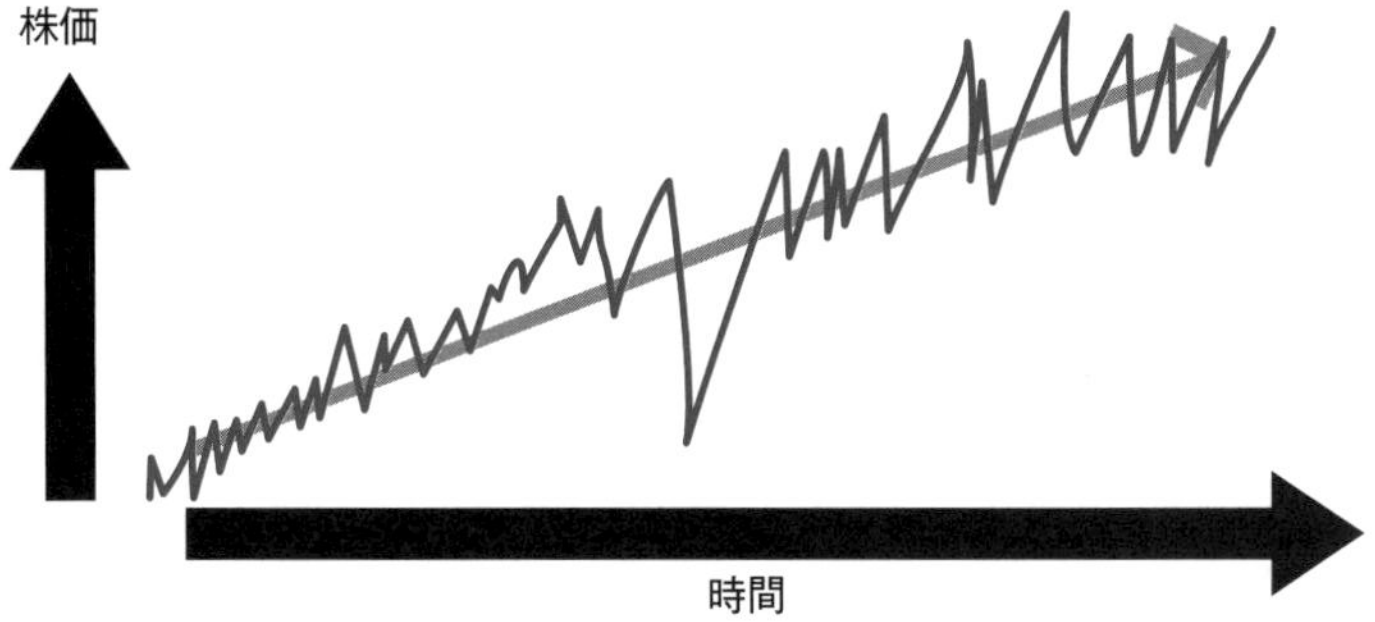

（出所）北川哲雄「インベストメント・チェーンと説明責任の環」北川哲雄編著『スチュワードシップとコーポレートガバナンス――2つのコードが変える日本の企業・経済・社会』東洋経済新報社

ズンが具体的に何年になるのかが重要なのだと思います。

図表1-8をご覧ください。これはタイムホライズンを示しています。通常、株価はグラフのジグザグ線のように日々ランダムに動くのですが、これを4年くらいの期間で見れば、株価はかなり上昇していることになります。長期投資家はこういう長期の波動をとらえるわけです。この長期の波動は業績の動きとパラレルになることが予見されます。私はこのことを「株式市場における公理」と呼んでいます。業績が良くなることが予見される時点、その可能性が高くなる時点で株価が反応する。市場参加者の大半がそう思い始めたころでは遅いので、それをいち早くとらえる。このように自らの予想に基づき大胆に投資の意思決定をしていくことが、長期投資家

の1つの鉄則だと思うのです。

一方で、いろいろな投資家がいて、きわめて短期に売買することも市場では自由なわけです。そうした短期投資家と、長期的なレンジで株価変動を考える投資家とでは、企業リサーチの方法とか投資先の企業に対する接し方が、全然違ってくるわけです。

その意味で、武井先生がお使いになったペイシェント・インベスターという言葉は、長期投資家を表すのにふさわしいと思います。その心は「長期的な株価上昇を狙う辛抱強い投資家」といったところでしょうか。私がバイサイド・アナリストとして勤務していた会社も、まさにペイシェント・インベスターを実践する投資家でした。投資対象企業の経営陣と対話をするときにも、長期的な問題、非常にベーシックな問題を対話するわけです。「今月の受注はどうでしたか?」とか「円安が続くと次の四半期の為替損益はどうなりますか?」といった目先の質問とは、話す次元がまったく違うのです。

2013年にロンドン大学のジョン・ケイ教授が著した**ケイ・レビュー**の中に、長期的にものを見る投資家の層が厚くないと、社会全体が健全な発展をとげることができないという重要な指摘があります。そこを押さえておかないといけないのだと思います。

中長期のタイムホライズンが前提になければ経営者と投資家の建設的対話はかみ合わない

北川　中には「1年先だって長期だ」と主張する投資家の方もいるのですが、私から見ますと、1年先が長期だとは到底思えません。長期というなら、最低でも3年とか4年でしょうか。その間に世の中が変わってしまうという人もいらっしゃいますが、企業の経営者の方がお考えのタイムホライズンはそんなに短いものではないと思うのです。そういうタイムホライズンからすり合わせをしていくことが、本来の長期投資家との対話であると思います

武井　長期のタイムホライズンの目線を合わせて、いろいろな経営戦略・経営課題について話すことが、実りある建設的な対話といえるのですね。

北川　多くの経営者の方々は、中長期にわたる会社の目標や、そのために克服すべき課題を考えていらっしゃるはずなのです。経営者として「こうするべきだ」「この会社をこうしたい」という意志をまったく持たない経営者は、ほとんどいらっしゃらないはずです。重要なのは、そうした中長期の方向性を理念あるいは数字に落とし込んでロジカルに伝えることとなのです。長期のタイムホライズンの中で投資家と経営者がお互いの考え方をすり合わせることこそが、対話の目的なのです。

図表1-9 企業と投資家との高質な「対話」とは何か

- 「恋人」(真の長期投資家)との静かな別れがこないために。
- SC署名投資家が想定している「対話項目」はほとんど想定問答集化できる。⇒真の長期投資家以外にCEOがone on one meetingに出席する必要はないのでは。
- 企業側の選別の重要性
- 対話の極意:

①精神分析医

② give and take ではなく give<take

私が尊敬する経営者の方は、そういう長期のタイムホライズンでの対話を自ら望んでいるのです。とても印象的な話があるのですが(図表1-9)、ある日本の上場会社の社長さんが米国中長期投資家と面会したときに、「精神分析医に会っているような気がする」とおっしゃったというのです。経営者の方の悩みをじっくり聞いて、気持ちよくさせてくれる存在という意味です。「お久しぶりですね。去年いろいろお悩みになっていましたけど、その後どうですか」といった具合に、ゆっくり対話が交わされるわけです。ある意味、心の奥底が見透かされている状態でしょうから、経営者にとっては結構しんどいかもしれませんが。

投資家側も事前によく勉強しているのですが、あまり細かいことにとらわれるのではなく、本当に相手の身になって対話をするのです。例えば、「4~5年先こうしたい」と話していたことが、うまく進んでいるかといったことを率直に話し合うところから始めて、何か問題に直面しているようだったら、「こうやったらいいんじゃないかな」とか「こうすべきじゃないかな」と率直に指摘する。そうした真摯な態度で相手に接するので、この投資家は経営者からとても尊敬されているのです。そうした人物がいろいろ意見をいってくれるので、経営者にとってはすごく励みになるということなのです。

今の話は理想的な状況に近いのかもしれませんが、経営者の方の身になって、まずシンパシーを持ってきちんとすり合わせをした上で、ときには率直にアドバイスをするのが、本当の投資家の姿なのだと思います。ある経営者はそうした点について、「高い次元で刺激しあうことが大事だ」と指摘されています。

武井　貴重なお話ですね。精神分析医という表現も斬新です。投資家全員が精神分析医になるのは無理だとしても、少なくともそういう中長期の投資家の方がいて、企業を支えていかないといけないということですね。

北川　そうです。そういう投資家がある程度いなければいけないのです。そうすると、経営者の側も良い意味で緊張感が高まります。「この人たちに良い会社だと認めてもらうにはどうすべきか」という1つの基準ができて、刺激になるのだと思います。

中長期的な企業価値創造のシナリオに基づいた規律ある仕組みの説明

建設的対話の実効性が担保されるためには、その前提として、企業から自社の中長期的価値向上のシナリオ及びプロセスが示されることが重要です。
ガバナンス・コードは、以下の通り述べています。

「上場会社は、会社の財政状態・経営成績等の財務情報や、経営戦略・経営課題、リスクやガバナンスに係る情報等の非財務情報について、法令に基づく開示を適切に行うとともに、法令に基づく開示以外の情報提供にも主体的に取り組むべきである。その際、取締役会は、開示・提供される情報が株主との間で建設的な対話を行う上での基盤となることも踏まえ、そうした情報（とりわけ非財務情報）が、正確で利用者にとって分かりやすく、情報として有用性の高いものとなるようにすべきである。」（**基本原則３**）

「上場会社には、様々な情報を開示することが求められている。これらの情報が法令に基づき適時適切に開示されることは、投資家保護や資本市場の信頼性確保の観点から不可欠の要請であり、取締役会・監査役・監査役会・外部会計監査人は、この点に関し財務情報に係る内部統制体制の適切な整備をはじめとする重要な責務を負っている。

また、上場会社は、法令に基づく開示以外の情報提供にも主体的に取り組むべきである。更に、我が国の上場会社による情報開示は、計表等については、様式・作成要領などが詳細に定められており比較可能性に優れている一方で、会社の財政状態、経営戦略、リスク、ガバナンスや社会・環境問題に関する事項（いわゆるＥＳＧ要素）などについて説明等を行ういわゆる非財務情報を巡っては、ひな型的な記述や具体性を欠く記述となっており付加価値に乏しい場合が少なくない、との指摘もある。取締役会は、こうした情報を含め、開示・提供される情報が可能な限り利用者にとって有益な記載となるよう積極的に関与を行う必要がある。

法令に基づく開示であれそれ以外の場合であれ、適切な情報の開示・提供は、上場会社の外側にいて情報の非対称性の下におかれている株主等のステークホルダーと認識を共有し、その理解を得るための有力な手段となり得るものであり、『「責任ある機関投資家」の諸原則《日本版スチュワードシップ・コード》』を踏まえた建設的な対話にも資するものである。」（基本原則3の考え方）

こうした基本原則3を踏まえて、原則3－1は以下の通り述べています。中長期目線の投資家に理解される中長期的企業価値向上のシナリオ及びプロセスが社内で構築され、それが非財務情報として開示されることとなります。またしっかりとした非財務情報の開示・説明は、中長期目線の投資家から高い業績予想等が入ることで、自社の株主構成に中長期目線の株主が増える効果が生まれることも期待されます。

「上場会社は、法令に基づく開示を適切に行うことに加え、会社の意思決定の透明性・

公正性を確保し、実効的なコーポレートガバナンスを実現するとの観点から、（本コードの各原則において開示を求めている事項のほか、）以下の事項について開示し、主体的な情報発信を行うべきである。

（i）会社の目指すところ（経営理念等）や経営戦略、経営計画

（ii）本コードのそれぞれの原則を踏まえた、コーポレートガバナンスに関する基本的な考え方と基本方針

（iii）取締役会が経営陣幹部・取締役の報酬を決定するに当たっての方針と手続

（iv）取締役会が経営陣幹部の選解任と取締役・監査役候補の指名を行うに当たっての方針と手続

（v）取締役会が上記（iv）を踏まえて経営陣幹部の選解任と取締役・監査役候補の指名を行う際の、個々の選解任・指名についての説明」

資本コストを引き下げる建設的対話・気づきが得られる建設的対話

上場会社は、長期投資家等との建設的対話を通じて、会社が長期的に向かう方向性とwhyとhowの部分、特に経営課題への克服に向けた戦略をきちんと示していくことが期待

されます。成功する建設的対話は、「事業における競争力はもちろん、経営陣の価値創造への姿勢やコミットメント、環境変化への適応力・課題解決力等が、投資家が認識する将来の不確実性に影響を与え、資本コストの水準に投影される。したがって、経営者が投資家側の視点を視野に入れて、投資家との対話を通じて理解を促すこと」（伊藤レポート）によって資本コストを低下させる効果も期待できます。

　真の長期投資家との建設的対話は、企業経営者にとってもいろいろな重要な気づきを与えてくれることが少なくありません。特にグローバル競争をしている企業は、他の競争会社がグローバルな建設的対話から得ている気づき・メリットを同様に享受すべきなのでしょう。建設的「対話」なので、双方向で行われることが重要となります[14]。これまでのＩＲでは、企業側が一方的に質問に答える態様も多い状況でした。建設的対話では、企業側からも質問をして投資家側の考え方も聞いた意見交換を行ったほうがよいでしょう。現行金商法の重要提案行為に対する規律下でもこうしたアクションは可能です。

　なお、建設的対話において企業の未公表のインサイダー情報や企業秘密・営業秘密などを語ることは、基本的には適切でないことが多いでしょう。

　ガバナンス・コードは、補充原則５－１②において、建設的対話を促進する方針として以下の５つの事項を列挙しています。

　（ⅰ）株主との対話全般について、下記（ⅱ）～（ⅴ）に記載する事項を含めその統括

を行い、建設的な対話が実現するように目配りを行う経営陣または取締役の指定
（ⅱ）対話を補助する社内のＩＲ担当、経営企画、総務、財務、経理、法務部門等の有機的な連携のための方策
（ⅲ）個別面談以外の対話の手段（例えば、投資家説明会やＩＲ活動）の充実に関する取組み
（ⅳ）対話において把握された株主の意見・懸念の経営陣幹部や取締役会に対する適切かつ効果的なフィードバックのための方策
（ⅴ）対話に際してのインサイダー情報の管理に関する方策

（14）伊藤レポートには「『日本版スチュワードシップ・コード』の趣旨に従えば、機関投資家は（1）投資対象企業やその事業環境等に関する深い理解を持ち、（2）「企業価値」を評価し、その上で（3）持続的成長を期待できる企業に投資し（4）顧客・受益者（最終受益者を含む）の長期的なリターンを確保することを職務とすることが求められよう。そしてこれらの一連のプロセスの中で企業側と（5）目的をもった対話を行うことが期待されている。……（1）の企業等への「深い理解」を持つためには、ポートフォリオ・マネジャーが一応の知識を備えているだけでは不十分である。すなわちしかるべき能力を有したバイサイド・アナリストチームを擁する必要がある。もしくはバイサイド・アナリストの役割も兼務できる卓越したポートフォリオ・マネジャーが求められよう。……企業経営者と対話を行ってしかるべき質問をするためにも、投資家側に長期的企業価値を算定するインフラが整っていなければならない。従って、対話・エンゲージメントを行おうとする機関投資家は、自らの投資評価手法がどのようなものであるか企業やアセットオーナーに対して明示することが求められる。企業側は、そのような体制が整っていない機関投資家との対話・エンゲージメントを断ることも必要となろう。」と述べられています。

補足コメント

株主との建設的対話が「持続的成長につながる気づき」をもたらす

佐藤　ＩＲが財務広報と訳されていた時代と比較すると、今はより将来志向になっていると感じます。この会社をどう成長させていくか、今までのものを大切にしながらもどう変えていくのか、というのは、経営トップが責任を持って取り組むことなんですよね。

投資家さんというのは将来を見据えて企業を評価しますので、その視点はトップの目線とかなり重なると思います。したがって、経営トップの方が投資家と対話すると き、日頃から考えている経営課題とか問題意識とかを投資家と目線を同じくして語ると、「気づき」が生まれたり、投資家の発言をうまく活用したりということにつながります。海外ＩＲで得られた投資家の指摘や意見などを、帰ってすぐに事業部門とか、社内の各部門に指示をする。そういうトップがいらっしゃる企業は市場の評価が高く、成長している実感はありますね。

武井　おっしゃる通り、今回のガバナンスの定義も、スタティックというか停止したものではなく、フォワードルッキングの話・姿勢として取り組む必要があるわけです。投資家はフォワードルッキングなわけですから、企業者さん側からもフォワードルッキングで伝えないと伝わらないわけです。ただ企業の経営者の皆さんはもともとフォワードルッキングですから、建設的対話では目線が合ってくるわけですね。そして、どの企業さんにも常に何らかの経営課題はあるわけですので、それをどう解消するかと考えることで、初めて、それではリスクマネーを出そうということになるかと思います。

佐藤　そうですね、また、「将来」をどんな時間軸で語るのか、というのも重要なテーマだと思います。コーポレートガバナンス・コードは、持続的な成長と中長期的な企業価値の向上のためのものでありますが、投資家の立場に立つと、できるだけ早く成果をあげてもらいたいし、短期の業績も軽視してほしくない。株価や株主還元も大切である。企業サイドもそれを感じ、不確実な将来のことばかりを語っていては、資本市場との信頼関係というのは保てないというのは自覚していると思います。しかし、多くの機関投資家が日本版スチュワードシップ・コードを受け入れているのに、アナリストなどの取材を受けると、いまだに目先の利益や足元の業績に関わる質問も多い。それだけでは建設的な対話とはいえないし、ＩＲやガバナンスの意義も深まらないという企業の方もいます。

武井　おっしゃる通りですね。スチュワードシップ・コードの趣旨がきちんと機関投資家側にも浸透し実践されることが重要ですよね。あと企業側としても、短期が悪いときに、長期の成長プランもなく長期で見ていますからというのも説明にならないわけですね。

佐藤　その通りだと思います。

適時・適切な情報開示から始まる企業価値向上のサイクル

武井　ＩＲの基本方針、目標設定という点につきましてご説明いただけますでしょうか。

石坂　当社は長期ビジョンですべてのステークホルダーの満足を追求することを掲げています。ＩＲ部門の対象ステークホルダーは投資家ということになりますので、ＩＲ活動の目的は「投資家満足の最大化」を掲げて取り組んでいます。

では、投資家が一体何によって満足するのかということですが、只今、佐藤さんからもお話がありましたように、株価が実際に上がっていくというのが1つの指標となりますが、前提として適正（理論）株価と実勢株価を一致させることと、さらにその適正株価自体を向上させていくことが投資家の満足につながるのであろうと考えています。具体的には、適性株価と実勢株価の乖離を埋めるため、適時・適切な情報開示を行い、その上で乖離の理由である市場見解をフィードバックし経営改革につなげる、それにより適正株価を高めていくということになります。

武井　なるほど。「ニーズを踏まえた適時・適切な情報開示」→「適正（理論）株価と実勢株価の乖離縮小」→「市場見解の的確なフィードバック」→「経営革新による企業価値（適正株価）の向上」がサイクルで回っているわけですね。

石坂　先ほどのお話にあったように、市場見解をフィードバックなり実際の対話を通じて吸収して、それを経営改革に活かし実際の業績向上につなげるといったサイクルですね。これが投資家満足につながると考え目標設定をしています。

武井　このサイクルはまさにＩＲそのものですね。

「株価の乖離」の原因を探ることで経営課題が見えてくる

佐藤　ちなみにこの適正株価というのは、どのように算出されているのでしょうか。

石坂　アナリストの皆さんと同じように、中期経営計画などの見通しに基づいて、２、３年後の予想ＥＰＳに業界平均なり海外大手平均のＰＥＲを掛け合わせるといったことで試算しています。ただし、当社の考える適正株価を公表するということではなく、当社の中計目標と市場が予想するＥＰＳやＰＥＲの差は何から生じているのかといったことを落とし込むことが重要だと考えています。市場はなぜ会社の計画ほどＥＰＳが伸びないと考えているのか、なぜ業界平均のＰＥＲよりディスカウントされているのか、そういったことを整理して対話していくことで課題が見えてくるのだと思います。

武井 なるほど。いろいろな投資家の方から対話の中でフィードバックを受けていることがまさに活きているということですね。

石坂 そういうことになります。

建設的対話から生み出される「すり合わせ」が日本企業の国際競争力を高める

北川 日本株式会社として眺めるならば、「パッシブで良し」だとするとお金は回らないのですよ。やはり日本全体としてアクティブ運用に正面から取り組むべきだと思います。そのために建設的な論議をするということは、本来は楽しいはずなのです。

武井 気づきが生まれて、付加価値が生まれますものね。

北川 そうなのです。この論議でまさに日本企業が得意な「すり合わせ」が出てくるような気がするのですね。

武井 「すり合わせ」は、日本企業の得意分野ですね。

北川 そうした日本企業の強みというものを理解しないといけないのです。具体的にはもっともっとダイナミックな対話をしたほうがよいと思います。来期の見通しなどといった目先の話をするのではなくて、例えば、重工業メーカーがシーメンスと戦っていくにはどうしたらいいか、製薬企業がメルクやロシュとどうやって戦っていくのか、といった壮大な戦略をすり合わせていくのが、建設的対話なのだと思います。

武井　日本企業のグローバル戦略を支える建設的対話ということですね。まさに、持続的成長を支える「攻めのガバナンス」が実現される枠組みがここにありますね。

国際競争のライバル企業は中長期投資家との建設的対話から多くのヒントを得ている

北川　前述のように、投資家側も気づきがあるのだったら、企業のために自分たちが持っている情報を与えなければいけません。例えば「自分はグローバルにヘルスケアファンドを運用している。御社のことはもちろんのことだけども、海外のファイザーもメルクもグラクソスミスクラインも良く研究している。その観点から見ると、こうですよ」ということをきちんと伝えなければいけないのです。投資家が浅薄な知識を披歴しているだけでは耳を貸してくれませんが、相応の見識のあることをいえば経営者の方も「そうですよね」とか「たしかに、あなた方側から見えてくるものがありますね」と納得してくれて、建設的な対話が成立するわけです。意識の高い経営者の方であれば、このような対話を歓迎してくれるはずです。もちろん、アナリストや投資家には、相当な熟練度とコミュニケーション能力が問われることになりますが。

武井　そうした建設的対話は、日本企業の国際競争力の強化にもつながりますよね。競争先である欧米企業がそういう情報を取り入れてグローバル戦略を強化しているのであれば、日本企業がそういう情報を取り入れていないのは、ある意味で競争劣位ですね。

北川　そうなのです。貪欲な経営者の方は、むしろそういう対話を求めてくるのですね。そのほうが結局得ですからね。

武井　おっしゃる通りですね。

中長期投資家ほど非財務情報が重要

武井　いろいろな日本企業をご覧になっていて、株式投資に当たっての長期投資家としての視点について教えていただけますでしょうか。

井口　はい。**図表1-10**をご覧ください。この表は、横軸に投資期間、縦軸の長さが、投資判断における「情報の有用性」を示しています。短期の投資では「財務情報」が重要ですが、投資スタイルが長期化するに従い、「非財務情報」の重要度が増すということを示しています。少し極端かもしれませんが、短期の投資、例えば四半期決算が良いかどうかで勝負する投資では四半期決算の決算数値だけが大事となります。しかし、投

図表1-10 長期的な投資判断／企業分析と非財務情報（ガバナンス情報）

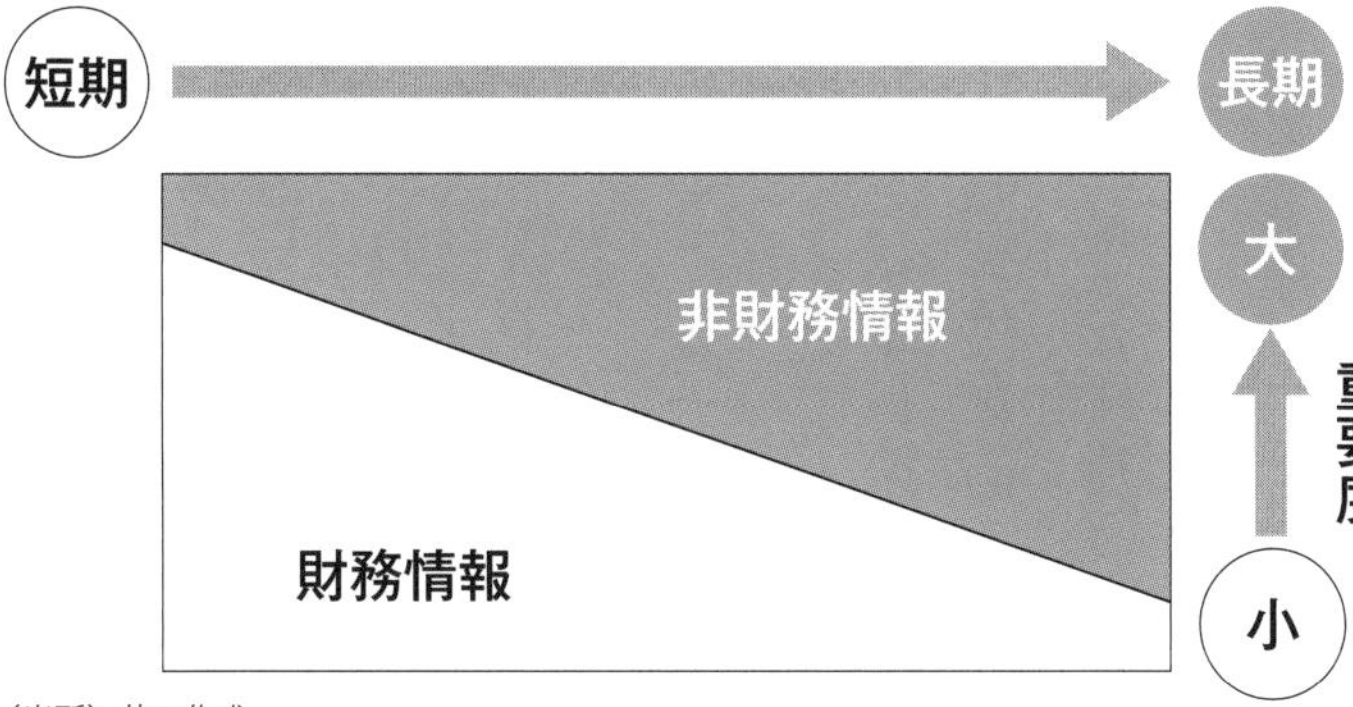

（出所）井口作成

図表1-11 ESGと非財務情報

（投資の世界）

- ESGとは、E：Environment　S：Social　G：Governanceの略
- ESG投資とは、このESG要因に配慮し、投資を行うこと
- ただし、ESG要因の解釈・折り込み方は、運用機関／投資スタイルに応じて様々

ESG要因という軸で、非財務情報を分析
非財務情報も、ESG要因の中に整理できる

〈長期投資家が重視する非財務情報項目〉

①企業として目指すべき方針（フィロソフィー：如何にして企業価値を増加させるか?）
ESG項目：**S／G**

②ビジネスモデル分析（企業価値モデル創出の仕組み、サプライチェーン分析）
ESG項目：**E／G／S**

③経営環境分析（産業ライフサイクル分析、競争環境　等）
ESG項目：**E／S**

④経営戦略（変化する戦略の中で、必要なストラテジー）
ESG項目：**G／S**

⑤コーポレートガバナンス（戦略の執行能力）
ESG項目：**G**

資スタイル・企業調査が長期化すると、「結果」としての決算数値だけでは不十分で、決算数値ではありませんが投資判断に有用な情報を与える「非財務情報」の重要度が増します。図表1-11の下表にも書いておりますが、具体的にいいますと、企業の経営理念など中期的に目指すべき方向・ビジネスモデル（企業価値創出の仕組み、サプライチェーン分析）、経営戦略、そしてそれを支えるコーポレートガバナンスといった事象が重要になってくるわけです。中長期の投資家にとっては、この非財務情報をいかに解釈し、中長期のストーリーに落とし込んでいくかということが、投資パフォーマンスの鍵となります。

コーポレートガバナンス・コードの原則2-1と原則3-1に同様の項目が書かれています。

ガバナンス・コードは中長期視点で対話する重要な手引きになる

井口　今、中長期の投資において投資家が注目する重要な非財務情報について、このガバナンス・コードには書かれていると発言しましたが、私は、この意味するところは、ガバナンス・コードは投資家と企業が中長期の視点で対話する手順書であるということと考えています。

図表1-12 ESG投資とは①

ESG評価と長期業績予想（A社）

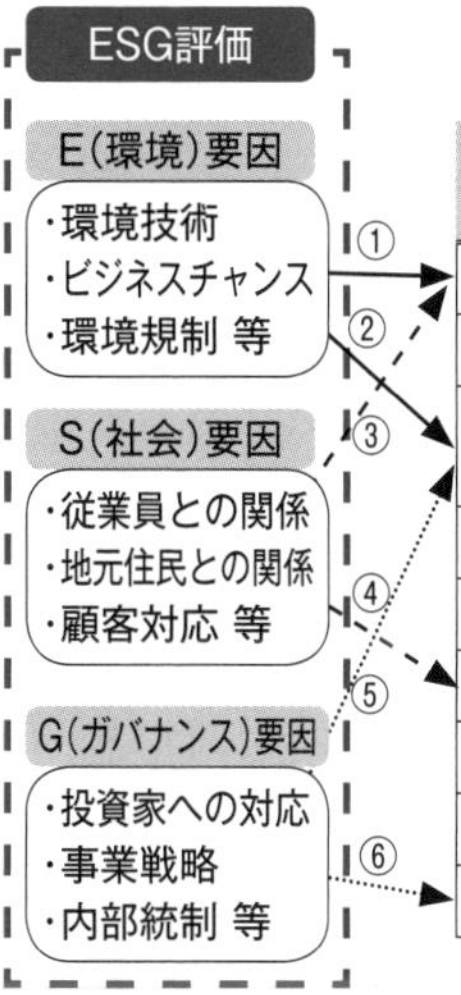

長期業績予想（A社）

	2014（見込み）	2015（予）	2016（予）	2017（予）	2018（予）
売上高	1000	1100	1210	1330	1460
（成長率）	5%	10%	10%	10%	10%
売上原価（減価償却費）	745	800	850	900	950
粗利	255	300	360	430	510
（利益率）	26%	27%	30%	32%	35%
人件費	100	110	120	130	140
その他	50	50	60	70	80
営業利益	105	140	180	230	290
（利益率）	11%	13%	15%	17%	20%

（出所）井口譲二「企業価値向上のイメージを描写する情報開示」北川哲雄編著『スチュワードシップとコーポレートガバナンス――2つのコードが変える日本の企業・経済・社会』東洋経済新報社

中長期の視点における非財務情報の重要性をご説明しましたが、その非財務情報を見極める手段として、図表1－11の上にあります通り、ESGという手法が重要と考えています。ESGとは、環境のE（Environment）、社会S（Social）、ガバナンスのG（Governance）のことです。

図表1－12をご覧ください。これはESG・非財務情報分析と長期業績予想との関係を表しています。左の方に「ESGを通じた非財務情報の分析の結果」があって、その結果を右の長期業績予想で

活用していることを示しています。ＥＳＧという切り口を通じ分析された情報が長期業績予想に活用されている、ということです。非常に簡単な例で恐縮ですが、イメージを掴んでいただければと思っております。

武井　ありがとうございます。Ｅ（環境）、Ｓ（社会）、Ｇ（ガバナンス）の各要因と、長期業績予想への反映の仕方などについてご説明いただいてよろしいでしょうか。

井口　はい。Ｅ（環境）要因とは、気候変動、水、生物多様性などといった環境要因のことです。ＥＳＧ評価においては、企業（株主）価値へ影響する重要（Materiality）な事象があるとすると、その事象について、企業として認識し、対応されているかどうかがポイントとなります。環境要因の中でも、最も重要となるのは、気候変動対策から温室効果ガス（ＧＨＧ）排出量の大幅な削減を求める動きとなります。

図表1-12でのＥ（環境）要因の分析は、環境技術や環境規制等の要因がどのように長期業績予想へ影響するのかといった視点で行われています。例えば、Ａ社が非常に優れた環境技術を持っていることがわかったとします。今後の環境規制動向を踏まえると、当社の対象とする環境マーケットは大きく拡大することに加え、他社より優れた環境技術を生かし、マーケットシェア拡大も期待できます。この場合、アナリストは、図表の①の矢印が示すように、売上高が将来的に増える予想をするでしょう。また、環境規制にすでに対応済みとなると、将来、その対策にコストを使う必要もないわけですか

らアナリストは将来予想におけるコストや投資の予想を少なめにするわけです。矢印②に相当します。

武井　なるほど。

「基本原則2」は長期投資家にとっても重要

井口　次のS（社会）は、ガバナンス・コードの基本原則2に相当します。S要因では株主価値向上に必須のステークホルダー（従業員・顧客・地域住民・社会（サプライチェーンなど））との関係が上手にマネジメントできているかどうかの分析を行い、長期業績予想に生かすことになります。

A社の場合、工場の所在する地域住民・役所とも関係は良好とします。よって、同業他社より早く、マーケット拡大に対応した増産体制を整えることが可能となります。これを反映して、売上高予想は強くなります。矢印の③です。また、増産となると、従業員の労働時間の増加、あるいは追加での雇用の必要も出てきますが、従業員と良好な関係がある、あるいは、安心な労働環境があるとなると、人件費などのコストをコントロールができた上で増産に対応できることになります。分析の結果、A社は従業員との関係は良好であることがわかったため、業績予想において人件費上昇の予想はモデレートなものとなります。矢印④です。

「G」は企業価値を持続的に向上させる経営の仕組みを評価する視点

井口　最後のG（ガバナンス）要因は、取締役会の形態が指名委員会等設置会社なのかどうかといった形式で評価するものではありません。ガバナンス・コードと同じ考え方と思いますが、株主価値を持続的に向上させる経営陣、実効的な取締役会など健全なガバナンス体制があるかどうかの視点が重要と考えています。このガバナンス評価には、原則5－1（株主との建設的な対話に関する方針）で指摘される投資家との対話の状況、原則5－2の経営戦略／事業戦略の妥当性、資本効率への意識や基本原則4の取締役会等の責務の中にあるガバナンス体制にかかわる事項が多く入ってきます。

A社の例でいいますと、投資家や資本市場の声にも耳を傾け、それを経営にも生かしている。また、実効的な取締役会が優秀な経営陣を指名し、その経営陣が明確な事業戦略を打ち出していることから、アナリストの長期業績予想において、会社全体の利益率は高水準で維持する、と予想されることになります。矢印⑥です。また経営資源の投入でも、資本効率の観点からメリハリがつけられているため、減価償却費も抑制される、との予想が妥当となります。矢印⑤に相当します。

「why」と「how」を統合的に説明するガバナンス・コード対応を

武井　企業価値創造と持続的成長のバックグラウンド・ストーリーとして、一貫しているガバナンスとは何かについて、その良い例と悪い例なども交えながらご意見をうかがえればと思います。

三瓶　まず悪い例からお話しましょう。コーポレートガバナンス・コードの補充原則を含め73（2015年当時）もある原則について1つひとつ、「これはコンプライします」「これは説明します」と記載されても、この会社が何を目指していて、それが企業価値の創造にどのように結びつくのかがわからないと思うのです。基本原則ごとに、経営企画や法務、総務、IRなどの担当部署がばらばらに分担してレポートを作成しても、誰のための原則か開示かわからなくなり、メッセージが伝わりにくくなるのではないかと懸念しています。

武井　その意味では、まさに「統合報告」をしてほしいということですね。

三瓶　現実には、統合報告に対応しているのはまだ150社程度（2015年当時）で、出来栄えもまちまちですが、中長期で目指す方向、それに向けて取り組むべき課題についてのバックグラウンド・ストーリーが社内で共有されて初めてガバナンス・コードの各原則についての考え方、取り組む姿勢が形づくられていくでしょうし、それが開示に反映され、聞き手、読み手側が納得するのだと思います。

バックグラウンド・ストーリーに重要なのは「why」と「how」だと思います。「こんなところにいけたらいい」とか、夢のようなことをいっていても仕方がありません。不特定多数の聞き手・読み手を納得させるには、合理的な説明をする必要があります。なぜ「あるべき姿」を目指し、それを実現できると思うのか。長期的な市場環境を前提としたときに、その戦略でなぜ競争力があると思うのか。こういった「why」が語られなければ、説得力がないのです。

「why」が明確になったら、今度はどうやって目指すところまで持っていくのかという「how」です。ゴールに向かって前進していけば、いろいろな障壁に直面することが予想されますので、それらにどのように対処していくのか。コーポレートガバナンス・コードの1つひとつの原則が、どのようにサポート機能を果たしていくのかということです。例えば、先ほど触れた取締役会のダイバーシティというのが、不確実性に対するリスク・マネジメントにこうやって機能していきますとか。長期プロジェクトなので、進行後の責任とモニタリングについてこういう機関決定の仕組みを設けていますとか。そういう形で話がつながっていくと、説明として説得力が出てくるように思います。

武井　なるほど。

三瓶　ガバナンス・コードに書いてある諸原則は、1つの質問だと思って読んだらよいのではないかと思います。これからいろいろな困難があるかもしれない。不可抗力があるかもしれない。外部環境の変化があるかもしれない。中長期のゴールに行き着くまでの長旅の心得、準備として、こういうことを考えてありますか、大丈夫ですかと。それが先々の新しいリスクなり変化なりに迅速に対応する準備になって、株主・投資家の信頼を勝ち取っていくことを期待しています。

武井　1つひとつ、そういう問いかけとしてコードを読むということですね。

三瓶　個々のコードに「コンプライしているか」そうでなければ「説明します」という事務的な対応では、非常につまらないものになると思うのです。これから立ち向かっていく課題を解決していくにあたって、もっと前向きに考えていって、その準備としてどのくらいできているのかという書きぶりであると、説得力があるように思います。

武井　将来思考という点も重要な点ですね。「why」を満たしたビジョンがまずあって、それを実現する「how」のところで、フォワードルッキングな姿勢でどう対処していくのかを明らかにする。停止的・スタティックに対応してはいけないということですね。

三瓶　企業価値評価、投資判断の実務家の観点からはそうなります。

価値協創ガイダンス

原則3-1を踏まえた非財務情報の開示としては、たとえば①企業として目指す経営理念（原則2-1）、②当該経営理念を踏まえていかにして企業価値を増加させるのか、③経営環境に関する分析（産業ライフサイクルや競争環境の分析、経営環境の変化要因など）、④いかなる経営課題を抱えているのか、⑤経営環境の変化に応じた企業価値創造の具体的な経営戦略、⑥⑤の経営戦略を実現させる執行体制と規律ある社内体制などが挙げられます。こうしたストーリー性のある統合報告を作成する1つの礎となるのが、2017年5月に経済産業省から公表された**価値協創ガイダンス**です。

補足コメント

2017年「価値協創ガイダンス」の意義

三瓶　触れておく必要があると思いますのが、経済産業省から2017年に公表された**価値協創ガイダンス**（2017年5月29日経済産業省「価値協創のための統合的開示・対話ガイダンス―ESG・非財務情報と無形資産投資―」）です。経済産業省の持続的成長に向けた長期投資（ＥＳＧ・無形資産投資）研究会で議論をしていく中で、何らかのガイダンスを作ったほうが良いということになりまして、井口さんや私が参加したドラフティング・ワーキング・グループで作成したのが価値協創ガイダンスです。

図表1-13をご覧ください。この図表はまさにさきほど北川先生が仰った一気通貫ということをイメージするものです。単なる文章で目次に章立てがあるのではなくて、全体像をまず俯瞰してもらおうとしています。スタートが企業理念となっています。日本の会社は、特に企業理念の部分がすごく大事で、統合報告書を開くと企業理念からスタートして、どうやってすべてが噛み合って、しかもＥＳＧが入っていくのかを示したのがこの図です。これは統合報告書のスケルトンでもあり、このような考え方で全体をまとめていただくと非常に分かりやすいと、今、普及活動をしているところです。

パッシブ化した機関投資家の形式的議決権行使の問題

アクティブ運用が減少し、他方でパッシブ化した形式的議決権行使が進行していることが懸念されています。２０２０年8月28日に経済産業省から公表された「サステナブルな企業価値創造に向けた対話の実質化検討会中間とりまとめ－サステナビリティ・トランスフォーメーション（ＳＸ）の実現に向けて」（「**ＳＸレポート**」）では、以下のように問題提起され

図表1-13　「価値協創ガイダンス」

▷共通言語：企業と投資家の対話を深化させる共通言語
▷統合的思考：価値創造のための要素の結合・連結
▷ ES と G：ES は解決すべき社会課題（対象）、G は取組みの監督および牽制体制

【本ガイダンスの全体像】

価値観 ― ビジネスモデル ― 持続可能性・成長性 ― 戦略 ― 成果と重要な成果指標(KPI) ― ガバナンス

事業環境、外部環境への認識

- 1.1. 企業理念と経営のビジョン
- 1.2. 社会との接点

- 2.1. 市場勢力図における位置づけ
  - 2.1.1. 付加価値連鎖（バリューチェーン）における位置づけ
  - 2.1.2. 差別化要素及びその持続性
- 2.2. 競争優位を確保するために不可欠な要素
  - 2.2.1. 競争優位の源泉となる経営資源・無形資産
  - 2.2.2. 競争優位を支えるステークホルダーとの関係
  - 2.2.3. 収益構造・牽引要素（ドライバー）

- 3.1. ESGに対する認識
- 3.2. 主要なステークホルダーとの関係性の維持
- 3.3. 事業環境の変化リスク
  - 3.3.1. 技術変化の早さとその影響
  - 3.3.2. カントリーリスク
  - 3.3.3. クロスボーダーリスク

- 4.1. バリューチェーンにおける影響力強化、事業ポジションの改善
- 4.2. 経営資源・無形資産等の確保・強化
  - 4.2.1. 人的資本への投資
  - 4.2.2. 技術（知的資本）への投資
    - 4.2.2.1. 研究開発投資
    - 4.2.2.2. IT・ソフトウェア投資
  - 4.2.3. ブランド・顧客基盤構築
  - 4.2.4. 企業内外の組織づくり
  - 4.2.5. 成長加速の時間を短縮する方策
- 4.3. ESG・グローバルな社会課題（SDGs等）の戦略への組込
- 4.4. 経営資源・資本配分（キャピタル・アロケーション）戦略
  - 4.4.1. 事業売却・撤退戦略を含む事業ポートフォリオマネジメント
  - 4.4.2. 無形資産の測定と投資戦略の評価・モニタリング

- 5.1. 財務パフォーマンス
  - 5.1.1. 財政状態及び経営成績の分析（MD&A 等）
  - 5.1.2. 経済的価値・株主価値の創出状況
- 5.2. 戦略の進捗を示す独自KPIの設定
- 5.3. 企業価値創造と独自KPIの接続による価値創造設計
- 5.4. 資本コストに対する認識
- 5.5. 企業価値創造の達成度評価

- 6.1. 経営課題解決にふさわしい取締役会の持続性
- 6.2. 社長、経営陣のスキル及び多様性
- 6.3. 社外役員のスキル及び多様性
- 6.4. 戦略的意思決定の監督・評価
- 6.5. 利益分配の方針
- 6.6. 役員報酬制度の設計と結果
- 6.7. 取締役の実効性評価のプロセスと経営課題

（出所）「価値協創のための統合的開示・対話ガイダンス―ESG・非財務情報と無形資産投資―」(2017年5月29日、経済産業省）より再作成

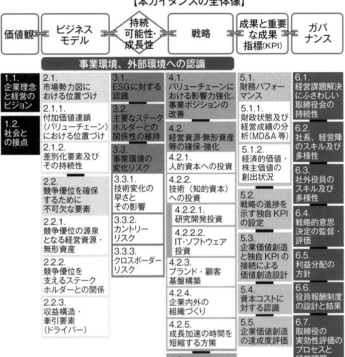

ています。

「日本市場の投資家は、パッシブ投資家と短期のアクティブ投資家に偏っており、とりわけ中長期的な企業価値向上に関心のあるアクティブ投資家が不足している。」

「パッシブ運用が拡大しているところ、パッシブ投資家は、その性質上、投資判断や運用に係るコストを極小化していくことをより重視していると考えられる上、一定の市場全体を投資対象としており、個社の深い分析を行うことが必ずしも容易でないと考えられるため、パッシブ投資家が個別企業と対話を行うことや、対話を通じた企業との価値協創に寄与していくことに関しては、構造上困難な面もあるように考えられる。」

アクティブ運用以外の①パッシブ投資家で各上場企業の中長期的な企業価値向上を個別的に評価しない形式的議決権行使等を行う者と②アクティビストで短期志向の者だけでは、ペイシェント・キャピタルを前提とした中長期的な企業価値向上の循環がうまく機能しません。

日本版スチュワードシップ・コードも、以下の点を明確に述べています。

「機関投資家は、議決権の行使と行使結果の公表について明確な方針を持つとともに、議決権行使の方針については、単に形式的な判断基準にとどまるのではなく、投資先企業の持続的成長に資するものとなるよう工夫すべきである」（原則5）

「機関投資家は、議決権の行使についての・・方針は、・・単に形式的な判断基準にとどまるのではなく、投資先企業の持続的成長に資するものとなるよう工夫すべきである。」（指針5－2）

なおペイシェント・キャピタルを支える**アクティブ運用**は、①保有割合を背景に企業を威圧することや、エンゲージメント議題をメディアに漏らして市場を扇動することをしない、②近視眼的に株主価値を強調するのではなく、多様なステークホルダー（ＥＳＧやサステナビリティ課題を含む）の共有価値を考慮する、③コア事業の持続可能性に関わる優先課題の解決に注力し、企業の自律的変革を促す点で、短期志向の**アクティビスト**とは異なるといわれています（ＳＸレポート38ページ）。関連する論点として後記第5章も参照ください。

補足コメント

パッシブ運用とアクティブ運用との役割分担

三瓶　パッシブ、アクティブの話が出たので1つ補足させてください。企業と投資家の建設的な対話に関連して、実は誤解と矛盾があるのですが、意外と理解されていません。**パッシブ運用**というのは、株式というアセットクラスまたはインデックスが、中長期的には短期的なリスクを上回るリターンを稼ぐという前提の上に成り立つ運用だということです。一方、**アクティブ運用**は、個別銘柄のパフォーマンスは上場企業によってさまざまであることを前提に、より有利なリターンを稼ぐために銘柄選択・入れ替えをして投資する運用方法です。ですから、日本の「失われた20年」のように大多数の上場企業のROEが株主資本コストを下回る状態（企業価値毀損）、市場全体の平均でもROEは良くて株主資本コストとほぼ同水準、という状況下ではパッシブ運用は成り立たなくなるのです。

ではどうすればいいかといえば、本来パッシブ運用者ほど企業と対話（エンゲージメント）して最終的なパフォーマンスの結果を改善していく行動が必要になるということです。選択的に投資するアクティブ運用者は、すでに「稼ぐ力」のある企業に投資している場合か「稼ぐ力」に改善がみられる企業に投資している場合、進捗をモニターする程度でよいのです。

一方、企業価値創造に関して多くの課題を抱えている企業に対し、その改善余地とその可能性に投資するタイプのアクティブ運用者は、徹底した対話（エンゲージメント）を必要とします。

もっとも、より多くの投資先企業と対話（エンゲージメント）を必要とするパッシブ運用者は、企業調査・分析の十分なリソースを持っていません。インデックス並みのリターンを追求する運用なので運用手数料が低く、企業調査・分析に多大なコストをかけるビジネスモデルではないからです。一方、銘柄選択が競争力の源泉になるアクティブ運用者は企業調査・分析のリソースを持ち、必要に応じ特定の企業に的を絞って継続的に対話（エンゲージメント）をすることができます。

得てして大手の公的年金基金の相当部分はパッシブ運用に振り向けられています。ですから、先ほどお話したカルパースは株主としての申し入れをする宣言をしたのです。1つひとつの投資先企業に対して、規律づけをして、企業価値を創造する経営をしてもらうのが大前提にあるわけです。ＧＰＩＦ改革が同時に進められている意味もここにあると思います。

この大前提を担保するために、企業と接点がある投資家にぜひとも企業と建設的な対話（エンゲージメント）をしてくださいということだと理解しています。

武井　なるほど。

三瓶　私たちは企業調査・分析により銘柄選択をするアクティブ運用者という特性もありますので、とてもありがたいことに、日々、相当数の会社のトップマネジメントの方とお会いする機会をいただいております。

そこではもちろん経営戦略・長期ビジョン、これからやっていきたいビジネスの方向性の話も、私たちの理解を深めるためにお聞きしています。ですが同時に十分理解したと思った段階で、「他社ではこんな先進的なことをやっています」とか、または「今取り組まれていることは残念ながら同業他社とまったく同じで、これでは競争に勝つのは到底難しいのではないですか」というような疑問を投げかけさせていただくこともあります。

株主間のフリーライド問題はあまり気にならない

武井　コーポレートガバナンスについて、今回のガバナンス・コードの序文6項で「会社が、株主をはじめ顧客・従業員・地域社会等の立場を踏まえた上で、透明・公正かつ迅速・果断な意思決定を行うための仕組みである」と定義されています。日本企業の国際競争力の向上、中長期的な企業価値向上のため必要なシステムである以上、当然、ガバナンスはそもそもなければ困るということになります。

その上で、1点質問があるのですが、従前から指摘があったのは、投資家なり株主の方は、企業価値向上に向けた活動などについて、関心なり利害は強いわけですけれども、常にフリーライドの構造問題があるのではないかという論点です。株主の誰かが企業価値を高める行動をとっても、そのリターンが他の株主にもいきわたるので、誰かが汗をかいた成果に残りの株主がただ乗りするという構造問題が指摘されていました。

三瓶　２００５年の第二波の頃にもそういう議論がありました。当時、証券アナリストジャーナル（２００６年12月号）に拙稿を寄せましたが、結局フリーライドというのはあまり問題ではなく、むしろ同調する行為（フリーライド）はガバナンス行動に賛意を示していることでもあり、顔の見えない市場の声を経営者に伝える上で歓迎できると考えています。また、株式市場というのは、そもそもそういうものではないかとも思います。誰が1番先か、その投資家のお陰で株価が反転上昇したのかというのはなかなか証明はできないですね。

武井　なるほど。

三瓶　最初に可能性なり機会を見つけた人がいたとしても、株式市場の中でその人だけであれば、おそらく株価への影響は限定的でしょう。あとから徐々に機会に気づく人が増えるほど株が買われるわけですから、株価の再評価として結果が出てくることになる。そういう意味では、フォロワー（フリーライダー）というのがそれなりにいて然るべきだと思うのです。

ただ、どうしてこういった投資アプローチのときにだけフリーライド云々が議論になるかというと、対話（エンゲージメント）に臨む準備と対話そのものに相当手間暇をかけているからです。まず会社のことを十分理解するために、通常の企業調査・分析をしっかりやります。そして、重要な経営課題と解決の方向性を特定します。会社の経営に何か申し上げるとなると、ある程度聞いていただけるような環境を整えなければいけません。一考の余地ありとなったとしても、その後そう簡単に物事が進捗するわけではないので、モニターしていくことになります。その間に外部環境が大きく変わったり、その業種そのものへの投資スタンスが変わったり、などということも乗り越えながらいかなければいけないわけです。

そういった大変な時間を割いて、長いリードタイムがあってやっと成果が見え始めるという汗かきの部分をまったく共有しないで、結果が出始めてから便乗してくるというのが、最初からやっている側からすれば非常に苦々しく思うということはあります。ただ、冷静に考えれば、市場が気づいてくれなければ、株価としての成果は出てこないわけです。ですから、一定程度の問題はあるかもしれないですけれども、あまりフリーライド問題をとやかくいってもしょうがないと思っています。

アセットオーナーが中長期の目線を持てるか否かも重要

三瓶　一方で、株式市場でのフリーライダーとは別の観点から懸念があります。私たち、アセットマネジャーからすると、アセットオーナーが私たちの対話（エンゲージメント）に臨む準備、対話そのものへのいわば先行投資をどれだけ価値として認めてくれるのかということは非常に大きな問題だと思っています。

武井　なるほど。いろいろ探している時間とか検討している時間とかに対する評価とかをアセットオーナーの方がきちんと理解して評価することが重要ですね。

三瓶　ええ。対話が早い段階で簡単に決裂してしまわないよう、丁寧に何度も段階を踏んで相手との共感を生むところまでもっていく時間的な問題をまず理解してくれるかということもありますし、人的リソースについても理解していただかないといけません。大きな成果を目指すなら、運用手数料は低ければ低いほどいいということではないと理解していただきたいと思います。

武井　たしかに。運用手数料の点もありますね。

三瓶　もし、価値創造に貢献しているアセットマネジャーとフリーライダーとを、アセットオーナーが区別しない、区別できないとしたら、先程のフリーライド問題はもっと深刻です。

武井　そうですね、インベストメント・チェーン全体で、上のアセットオーナーまでを含めて長期的な目線（辛抱強さ）を持ち、アセットマネジャーの方の取り組みをアセットオーナー側がきちんと評価できないといけないですよね。

三瓶　そうですね。

武井　ペイシェントになり得るアセットオーナーの典型は、やはり年金でしょうか。

三瓶　純投資をしているアセットオーナーというと、年金が圧倒的に大きな存在だと思います。公的年金は、ペイシェントであるべきアセットオーナーの典型ではないでしょうか。

武井　日本では、企業年金の皆さんのスチュワードシップ・コードへの署名・対応がまだ進んでいないという指摘も聞いたことがあります。ちなみにフィデリティさんも年金の資金が多いのですか。

三瓶　国内株運用資産残高の4割強が年金資金等で、6割弱が投信です。

武井　インベストメント・チェーンなので、アセットオーナーへの説得と企業への説得の両方向あるということですよね。

三瓶　その通りです。

インベストメント・チェーン全体が短期志向化する悪循環を避ける

武井　成長戦略の一環として、インベストメント・チェーン全体で資本効率性・資本生産性の改革を通じて経済全体を良くしましょうという、かなり大きな施策が進んでいいます。上場会社もインベストメント・チェーンの中での義務を果たしていかなければいけないわけです。日本パッシングとか日本ナッシングとかいろいろな言葉があり、他方で、日本にも業績の良い企業さんもたくさんありますが、全般的には資本効率が低いとかいろいろな課題も挙がっています。

三瓶　その点は、ずっと以前から日本が抱えている根本的な問題です。ちなみに、日本企業の外国人持株比率上昇の相当部分はパッシブです。世界株式インデックスに投資することで日本株も構成比通りに買われた結果です。5、6年ほど前から何度も「なぜ日本に投資しないのか？」と海外でアクティブ運用者にヒアリングしてきましたが、マクロ経済が悪いとか、首相が毎年替わるから日本に投資しないという答えをした人は1人もいませんでした。たしかにそういう事実は知っているけれども、優先順位はずっと下のほうでした。最も大きな問題は、企業が株主を軽視しているのではないかという点でした。株主を軽視している会社に投資をしてどんなメリットがあるのかと――。これが海外の投資家が日本企業に投資しない理由の第1位なのです。

　では、彼らが日本株にまったく見向きもしないのかというとそうではなく、このことを海外の投資家は非常に残念だというのです。なぜ残念かというと、日本の企業は全然だめなのではなくて、技術開発力だとか、生産管理など非常に良いものを持っている。なので、伸びるはずなのだけれども、伸びる過程で株主軽視をしているがために資本効率が低い、ROEが低い、配当は出ない、株価は上がらない。そして、投資家はまったく報われない。例えば、何か世界的なクライシスがあれば企業業績は当然のごとく悪化しますが、そこでもまた株主は最後に回される。とんでもない希釈化を伴う大型増資があるなどです。局面局面で株主軽視と捉えられる懸念が出てくるので、そういう企業、市場には特に長期の資金、企業が時間をかけて成長するとともに増加する価値を享受するというような長期投資はまずできない、ということなのです。

武井　そういった株主軽視に見えている状況が、かえって短期のお金を招き入れてしまうわけですね。

三瓶　その通りです。長期の資金は株主軽視を理由に敬遠してしまい、他方で株価のボラティリティのブレ幅を収益機会とする短期投資は、株主軽視の経営であろうが関係なく、取れるタイミングがあるときに入ってくる。これらの一連の流れがどんどん短期投資を助長し、ボラティリティを増幅すると、企業経営者の側も、投資家というのはみんな短期だと勘違いするようになります。

武井　上場企業の経営者の方は、現実には決して株主軽視でもないですし、中長期的な企業価値向上に真摯に取り組んでいらっしゃると私は思っています。株主・投資家の中にも、長期志向できちんと見ている方がたくさんいらっしゃいます。ただ今のような悪循環に陥ってしまうことは双方にとって不幸ですね。

ガバナンス・コードでは序文8項に「本コードは、市場における短期主義的な投資行動の強まりを懸念する声が聞かれる中、中長期の投資を促す効果をもたらすことをも期待している。市場においてコーポレートガバナンスの改善を最も強く期待しているのは、通常、ガバナンスの改善が実を結ぶまで待つことができる中長期保有の株主であり、こうした株主は、市場の短期主義化が懸念される昨今においても、会社にとって重要なパートナーとなり得る存在である。本コードは、会社が、各原則の趣旨・精神を踏まえ、自らのガバナンス上の課題の有無を検討し、自律的に対応することを求めるものであるが、このような会社の取り組みは、スチュワードシップ・コードに基づくこうした株主（機関投資家）と会社との間の建設的な「目的を持った対話」によって、更なる充実を図ることが可能である。その意味において、本コードとスチュワードシップ・コードとは、いわば「車の両輪」であり、両者が適切に相まって実効的なコーポレートガバナンスが実現されることが期待される」と書いてあります。中長期的な投資の方こそガバナンスというものに関心があってきちんと見るということですね。

長期で業績が良くなるのなら長期投資家は短期投資家が売った株を買う

武井　中長期の投資家からリスクマネーを招き入れることが、持続的な企業成長のためにどれだけ大切なのかという理解をもう少し深めるべきということですね。

三瓶　中長期的に企業価値を高めていくと期待される会社であっても、次の四半期の収益は芳しくないということになれば、短期投資家は株を売るわけです。これに対して長期投資家は、短期投資家が売って株価が下がった段階で買い増すのです。

武井　なるほど。買うタイミング、積み増すタイミングを待っているのですね。

三瓶　次の四半期はたまたま諸事情で業績が悪化するという情報が市場に出回ります。短期投資家が売って株価が下がったときに、長期投資家はそこで買うと、ますます長期的なリターンが高くなる。だから、今持っているものを売るのではなくて、今持っているものに対して買い増すのです。投資タイムホライズンといいますが、どれほどの時間軸で投資を考えるかで、行動が逆になるわけです。ただし、ガバナンスが効いていないとか、株主のことを軽視していると思われている企業の場合は、株価が下がったからといって買う行動はとりません。先々への期待、信頼がないわけですから。

武井　なるほど、そうですよね。日本には成熟産業も多くてそんなに簡単に収益力は上がらない。苦しいときこそ、中長期に支えられる資本が入ってくる仕組みを作ってくださいと。それがガバナンス・システムというわけですね。

投資家の多様性
――投資機会と判断材料

武井　投資タイムホライズンの話が出ましたので、投資家ごとの視点の違いなどについて、もう少し掘り下げていただけますでしょうか。

三瓶　図表1－14をご覧ください。

投資機会として捉える期間の長短は、投資家が求める情報と密接な関係があります。考えたら当たり前のことですが、投資の時間軸が短くなればなるほど、企業の事業活動の1サイクルより短くなり、ファンダメンタルズとの関係が薄まります。また、投資の時間軸が長くなればなるほど、重視されるのは非財務情報になってきます。例えば、企業情報開示が定められている四半期よりも短い時間軸では、ニュースフローが材料になることがあります。そのニュースフローは株価にプラス材料かマイナス材料かだけで判断され、企業価値への寄与度などの分析はされないことも多くあります。つまり、株価水準の精査より、方向感を中心に判断するということです。図表1－14の通り、投資機会が日または週の場合は、投資家というよりはトレーダーと呼ぶのが適切だと思います。他の市場参加者のポジション、ニュースフロー、株価チャートなどを見て1日から1週間程度で株価の動きを捉える人たちです。

図表1-14 投資家ごとのタイムホライズンと投資判断材料の違い

投資機会と判断材料

期間別投資機会	投資判断材料
1）日、週	ポジション、ニュースフロー、株価チャート分析
2）1-6ヶ月	テーマ、市場心理、計量分析、月次データ、四半期データ、四半期業績
3）1年	事業ファンダメンタルズ、テーマ
4）1-5年	ビジネスモデル、中長期経営戦略、経営改革、執行力
5）5年超	経営能力全般、支配株主としての関与

多様な投資家の存在は資本市場の流動性を高めることに貢献する

（出所）フィデリティ投信

次に、1ヵ月から半年。月次売上データや四半期決算の情報があるので、それらの先読み、または発表後のリアクションなどで株を売買する投資家です。1年になると、それなりに意味のある事業ファンダメンタルズ情報があります。1年だからといって、その年度だけを見るのではなく、翌年度も視野に入れているはずです。

さらに、1年から5年へと延びてくると、ビジネスモデルに変化がある場合もあるし、または数年かけて準備した仕込みの結果が出始めるという時間軸ですから、ビジネスモデル・経営戦略、変革への取り組みなどの深い理解が重要になってきます。一般的な3年間の中期計画よりずっと長くなると、計画といえるほど明確なものを開示している場合は滅多にありません。こうした場合は、将来の不確実性の下で企業がどのようなリスク管理能力、問題解決能力、決断力、執行力を発揮で

図表1-15 価値創造と投資機会

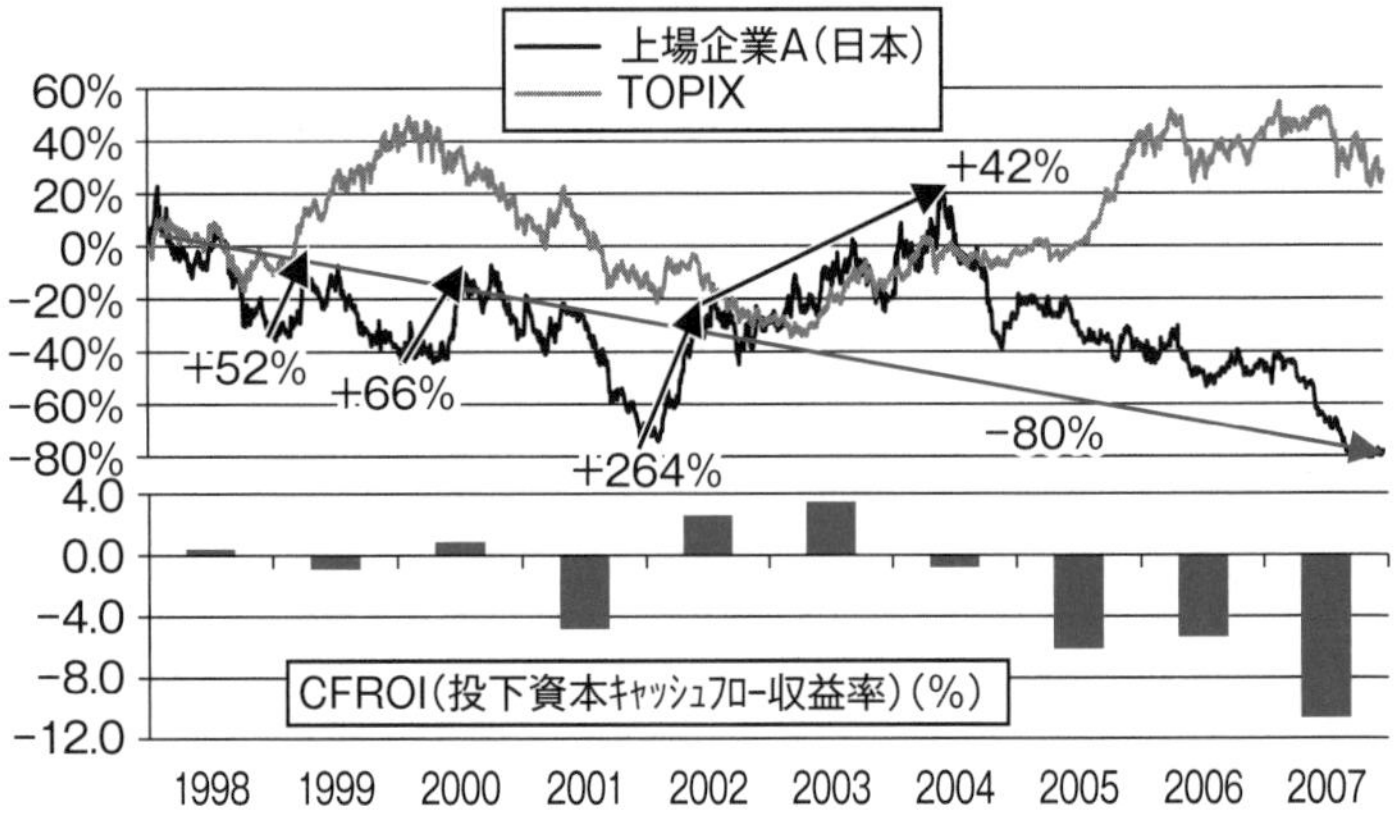

（出所）ブルームバーグ及びクレディ・スイスHOLTのデータによりフィデリティ投信作成

きそうか評価することが非常に重要になります。人間に喩えれば、性格、資質、考え方などを知ることと通ずるところがあります。

そもそも、長期投資をしたくてもふさわしいと思われる投資対象が見つからなければ、または見つかったとしても価値創造が続かなければ、結局売却せざるを得ず短期投資になってしまうというジレンマがあります。図表1－15をご覧ください。

株はうまく売買すれば投資リターンが上がるので、企業価値がずっと下がっているときでも、短期であれば利益を得ることができます。図表1－15下段の棒グラフはいわゆる投下資本収益率を示しており、マイナスが次第に大きくなって企業価値を毀損していることがわかります。それを反映するように上段の折れ線グラフは、同じ期間の株価の長期トレンドが、TOPIXが上昇しているにもかかわらず、80%も下落しています。ただし、一時的に株価が反発する局面があり、短期的にはうまく売買すればプラスリターンを稼げたことがわかります。こうした投資対象に臨む場合、短期投資は合理的な対処法なのです。これがマーケット全体に当てはまるとすれば、根本的な問題は、落ち着いて長期投資ができる対象企業が少ないことにあるように感じます。ですから、この問題の解決に取り組む意味でも「稼ぐ力」をつけるために何が必要か、企業価値創造のために何が必要かについて、経営者の方と対話（エンゲージメント）を行うことが重要なのです。

受託者責任の基礎となる「スチュワードシップ」の意味

武井　「受託者責任」という用語が、スチュワードシップ・コードと、今回のガバナンス・コードで明記されております。まさにスチュワードシップの連鎖があるわけですが、「スチュワードシップとは」という点について教えていただけますでしょうか。

北川　図表1－16ご覧ください。ある大学の宗教学の先生にお聞きしたところ、「スチュワードシップという概念はそもそもキリスト教の概念ですよ」と教えていただいたの

図表1-16 スチュワードシップ

●もともとはキリスト教の概念？

●『スチュワードシップは神から委ねられた恵みを責任をもって管理し、恵みに応えることのできる管理人となることの表明であり、それがわたしたちひとりひとりに求められている生き方』

日本聖公会東京教区主教 ヨハネ竹田氏

●恵み＝国民の財産

●アセットマネジャーの崇高な理念を示すものともにアセットオーナーへの警鐘でもある。

です。「神から委ねられた恵みを責任をもって管理し、恵みに応えることができる管理人になることの表明である」ということらしいのです。経済史的にいうと、中世ヨーロッパの荘園制度の中で使われた言葉ともいわれていますが、実はもっと古い時代からある概念という説もあるようです。

武井 元々キリスト教の概念から来ているのですか。

北川 この「恵み」というのは、現代でいうと、例えば年金資産を保有しているのは「年金基金」ですよね。そこで年金基金の「基（もと）」というのは、昔でいうと、お米みたいなものですね。人民というか、国民1人ひとりの血と汗と涙の結晶で、それを責任を持って管理するのがアセットマネジャーであるということになります。その恵みに応えること。だから、国民の財産を等しく、自己規律を持って、崇高な理念を持って、企業年金や国民年金の運用に取り組みなさいということが本来の意味なのです。

資本市場においてスチュワードシップという言葉が使われたのはイギリスが始まりだと思うのですが、我が国でもこの言葉を使ったのはとても重要なことなのだと思います。機関投資家を律するのに非常に重要な概念の導入だと思います。機関投資家自体が崇高な理念を持って活動しなさいと。ロングレンジで考えて、投資対象となる企業について真摯に研究し、尊敬の念を持って接するべきであると。そういうことがスチュワードシップという言葉から導き出されるのですね。

武井　大変興味深いですね。

アクティブ運用の厚みが経済成長を支える重要条件

北川　市場参加者の大半がリスクオフで「リスクのある投資はしたくない」「株は怖い」といって終わっているのでは、経済も成長しないし何も前に進みません。リスクオンをするのに合理的なアロケーション方法もあるわけで、アセットオーナーのところから変わっていかなければなりません。

例えば海外の著名大学や年金基金などの運用は、実はすごくアクティブなのです。ヘッジファンドまで取り入れています。それでも、アロケーションのセオリーを当てはめると、トータルとしてリスクがミニマイズされているのです。全体で1000億円を運用しているのであれば、そのうち100億円くらいは大きなリスクを取っても構わないのです。そうしたことを、基金側が自分で考えるのではなくて、専門家の意見を参考にして決めればよいのです。繰り返しになりますが、いわゆるアクティブ運用の厚みが増してアセットマネジャー側が目覚めることにより、日本企業との建設的対話につながっていくわけです。そこにいかなければいけないのだと思います。

武井 世界的に見てリスクマネーが日本に流れ込んでいないとなると、経済停滞の一因になりえますね。

北川 そうだと思います。デフレ経済だったということもあるのですが、リスクというものに対する考え方が、まだ国民一般に理解されていないのだと思います。日本の場合、１９９０年代のバブル崩壊以降、臆病なままなように感じます。

武井 投資家さんのほうにも、パッシブでとりあえず何もしないことが一番リスクが小さいと思っている面がありますね。

北川 アセットオーナー側にも、運用成績がそこそこであれば良いという姿勢が見られます。それも日本経済が成長していない１つの要因ではないかと思います。

第5章　短期主義（ショートターミズム）の弊害とステークホルダー資本主義

国際的にも説得力を増しているステークホルダー資本主義

伊藤レポートやケイ・レビューで警鐘が鳴らされた機関投資家側の短期志向については、近時さらにその傾向が強まっているのではないかとの指摘があります。たとえば、2018年6月25日に**経済産業省「統合報告・ESG対話フォーラム」**から公表された「**アクティブ・ファンドマネージャー分科会報告書**」では、「過剰流動性を背景とした株高の中、効率的な運用手法の台頭や手数料の引き下げ競争などにより、世界的にパッシブ（インデックス）運用がアクティブ運用を駆逐しつつある。資産運用において企業との対話はアクティブ運用の重要な付加価値であるべきだが、その運用においては短期目線での投資がむしろ台頭しているのではないか」、「運用におけるAI（人工知能）の普及によって、より短期的なイベントで株価が動く現象が顕著になっている。運用における長期目線の重要性は指摘されているが、運用の短期志向（ショートターミズム）が修正されたかと言えば、アクティブ運用の実務の本音レベルでは「綺麗事よりも目先の利益」という気分が広がっているのではないか」、「インデックス運用の広がりがアクティブ運用の担当者にとって強いプレッシャーになっており、目先でのパフォーマンスの追求を重視する動きがむしろ強まっていると言える」などの問題意識が指摘されています。

機関投資家の中に**アクティブ運用**よりも**パッシブ運用**が増加しているのは世界的傾向になっています。もちろんアクティブ運用が今後復権する可能性もありますが、他方で**欧州MiFIDII（第二次金融商品市場指令）のアンバンドリング規制**など各種の制度的対応が、アクティブ運用に必要なインフラ（リサーチ機能等）を結果として毀損する、証券会社が十分なカバレッジのリサーチ体制を維持することが困難になる、報酬の合理性を説明しやすいインデックス運用やETFなどに向かわせる動機を醸成するのではないかなどと指摘されています。

ステークホルダーの利害の反映という点は、欧米でも様々な対応が行われています。制度的対応としては、2017年に成立した**EU株主権指令**において、機関投資家や資産運用者が株価動向や資本市場の各種インデックス構成に過度に着目した結果、投資先企業に対して短期的観点からプレッシャーを与えたことへの反省に根ざして、0.5%以上保有する機関投資家に対する上場企業側の各種質問権の創設などが行われています（このEU株主権指令の内容をEU各国が自国の会社法改正で立法化）。

英国では、企業を中長期的な成功・発展に導く取締役の義務の一環として、①行う意思決定によって長期的に生じる可能性がある事態、②従業員の利益、③顧客・サプライヤーその他事業上の関係の発展を促す必要性、④事業が地域社会及び環境にもたらす影響、⑤当該事業活動のレベルの高さの評判を維持する有用性等を踏まえて多様なステークホルダーの利害を考慮すべき義務が2006年の会社法改正で明記されています（**英国会社法172条**）。その後、長期的要因を株主・投資家に考慮させる旨のケイ・レビュー公表やダブルコード改訂等が行われ、2018年、従業員等のステークホルダーの声を取締役会により反映させることや上記172条には（ステークホルダー利害の考慮義務）の取締役会における遵守状況の開示強化等を盛り込んだ**英国コーポレートガバナンス・コード**改訂が行われています。

フランスでは、株主最優先主義を否定し企業が社会的利益・環境利益等を考慮することを促進するPACTE法が2019年に制定されています。また2年未満保有の株主の議決権が半分となる複数議決権制度を、上場企業全般のデフォルトルールとして採用しています。

短期志向化した**株主最優先主義**によって、企業の中長期的企業価値の源泉となる人的投資や研究開発投資が犠牲になって短期志向のヘッジファンドが儲かる構図に対しては、国際的にも色々な批判が出ています。また、マネーが株主に偏在する経済格差現象は、社会の分断や社会ひずみを生み、各国で社会問題ひいては政治問題化しています。1997年に株主最優先主義を採択していた米国ビジネスラウンドテーブルが、リーマンショック後に深まる格差拡大・社会の分断やひずみを踏まえ、2019年8月に「**株主最優先主義**」を修正し、顧客・従業員・取引先・地域社会等の利害に広く配慮した中長期的経営を謳う提言を公表し、また2020年1月にダボス会議での「ダボス・マニフェスト2020」の宣言を経て、**ステークホルダー資本主義**の説得力が急速に高まっています。2020年9月には世界経済フォーラムから「ステークホルダー資本主義指標」(ガバナンス、地球(プラネット)、人(ピープル)、豊かさの四つの指標)が公表されています。

こうした**ステークホルダー資本主義**の議論が広まる中、欧米でも近時様々な対応が行われています。次章で述べるESGやSDGsの急速な浸透もその一例ですが、透明性の向上を図る法制度整備が、欧州と米国において近時着実に進められています。短期志向型の活動の中には、特定のアジェンダ・イシューを提示した上で、それを機関投資家等に示して信任を得ようとする活動があります。これは現経営陣が示す経営プランと提案者側が示すプランとの間で、どちらが当該企業における中長期的な企業価値向上に資するのか、株主が総会で投票する一種の選挙といえます。選挙に付されている以上、上場会社側だけでなく、プラン提示者側についても、自らの属性・動機や自らのプランについて、一定の透明性と説明責任をもつことが要請されます。かかる要請は、投資家側のブロック化、パッシブ化及び形式主義化の進展に伴い世界的にも高まっており、こうした透明性や説明責任を求めるインフラを整えているのが、欧米の法制度となります。

補足コメント

「アクティビスト」と「アクティブ・シェアホルダー」の違い

武井　**アクティビスト**と**アクティブ・シェアホルダー**との違いについても議論しておきたいと思います。資本市場の厚みや価格の公正性を考慮するならば、投資期間や保有期間が短い投資家が存在すること自体は当然なのですが、そうした中でも、ショートターミズム（短期志向）に関する議論が欧米でも改めて活発になってきています。米国市場でもいろいろなアクティビズムが顕在化しており、いろいろな角度から議論が再燃してきています。英国でも、「ケイ・レビュー」の公表を機に、企業経営者と投資家の双方のショートターミズムを是正して、株式市場が企業の長期的パフォーマンスを高め、機関投資家、ひいては最終貯蓄者が受益を受けるように構造改革を行う旨が提言されています。ケイ・レビューでは、**ショートターミズム**がR＆Dなど長期価値を生む有形・無形資産への過小投資を招き、また過剰な事業変革や財務リエンジニアリングなどの短期的過剰行動を助長するといった懸念を指摘した上で、機関投資家側に受託者責任原則と報酬改革を通じて長期のリターンを重視する構造改革を行い、株主エンゲージメントを長期化するよう提言しています。

ショートターミズムの弊害としては、企業が短期的な利益の確保を優先するあまり、長期的には企業価値を破壊する行動をとること（例えば短期的会計利益を増加させるために長期的利益を生む研究開発を削減することなど）、株主が会社に高値で株式を買い取らせるグリーンメイル的な行為で会社や他の株主の利益を犠牲にして私益を図ること、などが指摘されています。必ずしも「アクティビスト活動＝ショートターミズム」という図式ではないと思うのですが、投資家の中でもどのような態様のアクティビスト行動が企業価値を破壊するかなど、アクティブ・シェアホルダーとの区分について、現場感覚としてご意見をうかがいたいのですが。

三瓶　両者の最も大きな違いは、企業が抱えている課題の解決に真摯に取り組んでいるかどうかではないでしょうか。**ショートターミズム**をもたらし得るアクティビスト活動としては、企業の個別特定の問題を公の場で会社に突きつけ、賛同するフォロワーを喚起し、一種のフリーライダーを作って株を買わせる態様があります。取り上げる「個別特定の問題」は多くの投資家にとってリーズナブルな指摘です。この指摘を広めているのはたいていの場合はメディアです。ですから、アクティビストが直接他の投資家を煽っているわけではありません。

また、問題を突きつけられた会社さんがコメントを出す場合がありますが、そうなると市場へアナウンスメントしているのはその会社さん自身ということになります。フォロワーが株を買っている間にアクティビストは株を売り抜け、キャピタルゲインを手に入れることができます。すると、問題が解決したかどうかとは関係なしに、アクティビストはリターンを手にして成功となります。

エンゲージメントの仕方にも違いがあります。メディアが報道するので本格的にエンゲージメントしているように思われているのですが、特に日本企業が対象の場合は、経営者に会っていないこともあるようです。また、議決権を盾に高圧的に迫ると警戒されますから、彼らはたいてい経営者に手紙を書いて、「あなたの会社はこういうことをすべきだ」と主張し、会社がまったく取り合わなければ、それをメディアに伝えます。そうした話題をメディアが報道し、「もしも会社が提案を受け入れれば、これはプラス材料になるな」と思う投資家がいれば株が買われます。そういうふうにもっていくのがアクティビスト活動の1つの例です。

一方、長期投資家のエンゲージメントは企業側に真剣に企業価値向上を考えてもらうため対話に臨むので、手段がまったく違うのです。決して公にしません。エンゲージメントのアジェンダそのものは同じだったりしますけれども、時間をかけてお互いの理解を深めていって、対話の共通点を見出していこうとする点が違います。簡単に整理しますと、アクティビストは、企業価値に変化がなくても、一時的に株価が上がれば売り抜けることで目的を達成できます。一方、長期投資家は企業価値そのものに変化が生じなければ株価が反応しないので、経営者とのエンゲージメントを続けます。
企業の経営者サイドから見ますと、アクティビストとやりとりする場合は公然と批判されることになるので、いろいろな意味でやりにくくなるように思います。一方、長期投資家のエンゲージメントはそういうことではなくて、結果をより大事にして黒子に徹し、成果は企業経営者の功績となるのです。そして、企業価値創造について深く理解してもらった場合には、投資家が考えも及ばないような内部の取り組みを促し、予想以上の改善が達成されることもよくあります。自律自転でどんどん良くなります。圧力に屈して行うことと、納得して自ら取り組むことの根本的な違いだと思います。

武井　自律と他律の関係というか、他律を強調して無理矢理やらせるのではなく、自律的に自分の課題として成長を捉えていかないと、持続的な成長を果たすには限界がありますね。正面切って闘う米国型と、もう少し建設的な対話でやりましょうという欧州型という異なるアプローチがあるようです。アクティビストの活動が一律にショートターミズムを招くわけでもないとは思いますが、少なくとも今回の欧州型の施策は日本に合っている面があるのでしょうね。

三瓶　そうですね。一時的に株価を上げるのならショートターミズムのアクティビストをどんどん招けばよいのでしょうが、長期的・持続的な企業価値創造を目指すなら、ガバナンス・コードに書いてあるような建設的対話や丁寧なエンゲージメントが不可欠なのです。そして、こうしたエンゲージメントのアジェンダは、中長期の視点で取り組まないと達成できないので、投資タイムホライズンが重要になるのです。

武井　おっしゃる通りですね。「持続的かつ中長期的に企業価値を向上させるために」という観点に適った手法であるかどうか、投資タイムホライズンが重要ですね。

成長の種である研究開発費の削減に長期投資家は賛同しない

武井　最近、欧米企業の状況について紹介したハーバード・ビジネス・レビューの論稿でも、「研究開発費はそもそも費用の中の数%しか占めていないことが多いのだから、効率性追求で削られる費用は、普通は販管費とかの残り90数%のところである。効率性を追求した結果、研究開発費にお金が回らなくなるというのは論理が飛躍している」という指摘もありました。

三瓶　同感です。数多くの会社を見ていますけれども、費用として通常聖域となっていることが多いのが研究開発費です。そして、投資家、少なくとも長期投資家は研究開発費をコスト削減対象にすることには安易に同意しないと思います。

武井　逆に研究開発費に手をつけるということは、将来の長期の成長の種を刈り取ってしまう懸念がありますからね。

三瓶　そうですね。医薬品など、元々莫大な研究開発費予算を計上している業種では、研究開発費の効果が精査され、投資効率の改善が課題になることがあります。また、毎年、すべての研究開発予算を消化していないこともあるので利益調整に使う場合もあるようです。ただ、そういうケースはある種の例外でして、他の業種で研究開発の開示項目がある会社さんでいえば、研究開発費はある種の聖域であることが多いように思います。

武井　そういう意味では、長期の投資家が資本生産性を高めると求めても、建設的対話のところで、企業が目先のＲＯＥを高めるために逆に研究開発を削るなどの行動には「それはどうなの？」と逆におかしいと見ることもあるということですね。

三瓶　その通りです。

アセットオーナー側にもプロとしての辛抱強さ（ペイシェンス）が求められる

武井　「スチュワードシップがアセットマネジャーへの崇高な理念を示すとともに、アセットオーナーへの警鐘でもある」とありますが、これはどういった意味でしょうか。

北川　年金基金の**アセットオーナー**というのは年金支払者、つまり国民１人１人ということになります。ですから、彼ら自身がある意味では崇高な理念を持たなければいけないわけです。

よくいわれている問題点が、**アセットオーナー**自身が短期志向になっていて、委託している運用会社やアセットマネジャーに対して、目先のパフォーマンスにとらわれている場合があるようです。こうしたアセットオーナーとアセットマネジメント間のショートターミズムも克服していかないといけないのです。

アセットオーナーの世界にプロフェッショナルがこれまで少なかったという指摘があります。とはいえ、金融商品取引法ではプロとして扱われているわけで、そうした実態とのギャップがさまざまな社会問題の一因になったのだと思います。アセットオーナー側にも、プロとしての責務があるということなのです。アセットマネジャーに悪い影響を及ぼしてはいけないという警鐘なのですね。ショートターミズムの弊害を生み出すのはアセットマネジャー側だけではないことも認識すべきなのです。

武井　アセットオーナーもペイシェントでなければいけないわけですね。

北川　徐々にではありますが、アセットオーナー側にプロフェッショナルな方が採用されるという、好ましい流れが生まれつつあります。例えば、ある大学で、ある有名な元経営者の方が理事長になられたのですが、大学の財務戦略や基金の運用体制に危機感を募らせて、卒業生でもある著名な外資系運用会社のＣＩＯ経験者に頼んで、財務担当理事に就任してもらったのです。その理事の方は私もよく存じ上げているのですが、ご本人もとてもやり甲斐を感じながら仕事に取り組んでおられます。そういう本物のプロ、長期投資の実務がわかっている人物がアセットオーナー側にいると、アセットマネジャー側に対してつまらないプレッシャーは与えないのです。そのかわりきちんとした運用哲学がないと、すぐに見透かされるのです。これはケイ・レビューでも指摘された点なのですが、アセットオーナーとアセットマネジャーの間に良い緊張関係があると、良いサイクル、好循環になっていくのですね。

インベストメント・チェーン全体でものを考えるというのは、そういうことなのだと思います。そして社会全体がそういうことをプロモートしていくことが重要なのだと思います。アセットオーナーとアセットマネジャーそれぞれの利益相反の問題とともに、プロフェッショナル化という課題にも取り組んでいく必要があるということです。

武井 利益相反のほうは消極要件への対応、プロフェッショナル化のほうは積極要件への対応ですね。

北川 そうですね、アセットオーナーを含めた世の中全体が、プロフェッショナルな長期投資の体制を整備することを評価するようにならなければいけないのです。それで初めて、スチュワードシップが功を奏するということなのだと思います。

企業経営者の方もそうですけれども、何でも自分でやるのではなく、プロであるからこそプロフェッショナルなアドバイザーを社内に入れたりすることがあるわけですね。

自分たちの役割分担がきちんと規定されていますから、どこからどこまでが自分の責任だということを明確に把握できます。リスクテイクは結果として常にうまくいくわけではないのですが、だからこそ、合理的な考え方に基づいてリスクを分散させて、そのことについて顧客にきちんと説明できなければならない。そういう部分を、インベストメント・チェーン全体の中で、きちんとしたプロフェッショナルのマネジメントのもとで一貫してこなしていくことが重要なのだと思います。

武井　役割分担はたしかに大事ですよね。インベストメント・チェーンの中でも、それぞれが役割を超えて、できもしないことまで負ってしまうと、逆の目が出て、結果責任的にもなってきてしまうおそれがありますしね。

北川　役割分担をきちんとしたほうが、気が楽になるのですよ。だからこれは運用機関側のガバナンスの問題にもなるわけです。いろいろなアドバイザリーを置いて、それに対してフィーを払うことは、保険をかけているのと同じようなもので、ある意味安上がりなのです。無理してプロの顔をしたがためにトラブルに巻き込まれてしまうと、あとではるかに大きな問題になるわけですから。

ケイ・レビューや伊藤レポートと同様に、今回のガバナンス・コードにも「攻めのガバナンス」という用語が入っていましたが、これは経営者に対して「身構えずに果敢に攻めましょう」「リスクをとって積極的に投資しましょう」ということを推奨しているようにも思えます。投資の世界ではリスクオンという言葉があります。果敢に許容された範囲内で、果敢に運用リスクを取ってゆくことを意味しますが、これは運用の世界でも大変重要なのです。

アクティブ運用のファンドマネジャーが単に「手堅く」やってパッシブ運用並みの成績だとすると（結果としてそうなることもあるので何ともいえない場合もあるのですが）、プロではないと評価されることさえあります。そうではなくて、プロのファンド・コンサルタントをきちんと入れて、真のアクティブ運用を行う層の厚みがもっと出てこないといけないのでしょう。アセットオーナー側が、株式運用資産の中でアクティブ運用の比率を半分程度にまで高めないと、アセットマネジャー側にそういう資金が回ってこないのですね。そういう発想がないと、日本の企業、それぞれ個別の企業のROEを上げていくとか、そういったところの太いパイプができてこないわけです。

パーセプション・スタディ

欧州型の実質株主の把握制度は日本ではまだ導入されていませんが、建設的対話等を行う前提として、企業側は自社の株式を保有する機関投資家等について把握する**パーセプション・スタディ**を行うことが重要です。欧米企業もIR／SRにおいて積極的に行っています。

ガバナンス・コードは以下の通り述べています。

「上場会社は、必要に応じ、自らの株主構造の把握に努めるべきであり、株主も、こうした把握作業にできる限り協力することが望ましい。」(補充原則5-1③)

補足コメント

株主の属性・スタンスを把握するパーセプションスタディも重要

石坂　パーセプションスタディも行っています。これは株主判明調査を行うのにあわせて、国内の機関投資家の皆さんにさまざまな調査を実施しているものです。当社に対するご意見や重視すべき指標などが時系列でわかりますので、当社に求める指標が徐々に変わってきているとか、IRのスタンスに対しての評価が下がっていますとか、いろいろなことがデータで見ることができます。

武井　そうすると、投資家の方の投資属性、投資スタンスを重視するファクターとかも含めて聞いていらっしゃるわけですね。

石坂　そうですね、継続して調査していますので、例えば、ROEに対する関心が高まっているとか、株主還元は充実させたので当社への重視事項ではなくなってきている、それよりも海外戦略の動向に注目が集まっている、というようなことがわかるように調査しています。

武井　今のお話はコードの補充原則5-1③「上場会社は、必要に応じ、自らの株主構造の把握に努めるべきであり、株主も、こうした把握作業にできる限り協力することが望ましい」にも関係します。どういう投資スタンスの株主さんがいらっしゃるかは企業にとっても重要ですので、IRの先端的な取り組みの中からそこにまで到達したわけですね。

一方的な質疑応答でなく、双方向で株主・投資家から意見を聞く工夫を

石坂　そうですね。また、海外IRに行った際にも、海外の投資家からなるべくフィードバックを受けるようにしています。後から証券会社を通じてフィードバックをいただくというのはもちろんですが、面談においても、その場で直に聞くようにしています。今の説明が納得できたかということではなく、その点について今後の我々に求めるものは何かといったところを、タイミングを見てディスカッションしています。もちろん相手の質問攻めで終わってしまう場合もありますが、ポイントになったときは聞くという

ことを経営トップが率先して実行しています。

武井　双方向の対話のあり方として、大切な取り組みですね。「一方的に企業さんが話して何か質問を」というより、対話をするように時間をとっていらっしゃるというところに、今回のガバナンス・コードでもキーワードとなる会社さんとしての「工夫」を感じます。

石坂　すべてできているわけではありませんが、そのように努めています。

佐藤　前に石坂さんにお聞きしたことがあるんですけれども、投資家の質問に一方的に答えるというだけだと、企業さんの「思い」とか、投資家に聞きたいことが聞けないことがあるのですね。

もちろん相手のご質問に答えるということはとても大事なんですけれども、企業さんが意識的に相手に問いかけるというのも重要だと思います。

武井　ですよね。御社はこういう取り組みを、ずっと前からそういう感じでされてきたのでしょうか、それともここ数年でこういう実務が進んできたのでしょうか。

石坂　徐々に変わってきたのだと思います。もちろん取材に来られる投資家さんは何らかの課題認識を持ってきていますので、相手のニーズも関係なしに話し出すというのは問題かと思いますが、こちらから訪問するような場合は、経営トップが明確なメッセージを伝えようとする姿勢に対しては評価が高いのではないかと思います。さらに、その上で質問に答えながら、次の当社に求めるものは何かといった形でディスカッションをする。そうした声を反映した経営改革が評価されるといった好循環によって、いっそうの対話を進めようとする土壌が定着してきたのだと思います。

武井　大変重要な点ですね。

石坂　もちろん投資家によっては、逆質問してもあまり関心がなく、そうしたことは企業が考えればよいといった反応の方もおられますが、厳しい指摘だがそうした視点からの見直しも必要だなといった気づきをいただける方も多くおられます。そうした方々にこちらから積極的なディスカッションを働きかけ、それにより当社経営に対する信頼感も増してくるといったことが、投資家との対話に対するモチベーションにつながるのだと思います。

武井　おっしゃる通りですね。重要なポイントです。

日本の投資家と海外の投資家との違い

武井　ちなみに海外の投資家は、日本の投資家と比較して、欧米の会社等に対してそうしたフィードバックを行う先行した実務があるのでしょうか。**スチュワードシップ・コードの原則7**で投資家側も実力を養う旨が書かれていますが、日本の機関投資家の皆さんはどういう感じなのでしょうか。

佐藤　日本の機関投資家のほうが、日本にいる分、日本企業のことを海外投資家よりもよく知っています。知っているがゆえに、素人的なというか、ズバッと何かを指摘するようなことはしない傾向がありますね。何回もお会いしたりするうちに、お互いに刺激は少なくなるのかな、という気はします。

また企業側にもいえるのですが、日本人の気質というか、分析や資料づくりが細かいですね。日本の機関投資家の方は、大変緻密なモデルをつくられて細かく分析されていると思います。これに対して海外のファンドマネジャーの方とかは、細かい分析や資料はもちろんあるんだけれども、トップに面と向かったときには、シンプルに「あなたはどうしたいのか」といった質問を聞く傾向があり、企業価値評価や投資判断でも重視しているように思いますね。

石坂　おっしゃる通りだと思います。国内の機関投資家は、当社に対してたくさんの情報をすでに持っていて、課題認識がある程度共有されていることもありますので、そもそも論的な指摘をされるようなことは少ないと思います。一方、海外のアナリストやファンドマネジャーには、カバー範囲が広いため、日本のビール業界のことも詳しくなければ、今年の利益増減などにも余り関心がなくて、経営者そのものや経営哲学みたいなものを聞こうとされる方もいます。そうしたこともあるため、国内と海外ではフィードバックや質問の傾向も変わってくるのであり、求められるニーズが違うという面もあると思います。

武井　投資ベースは投資家によって当然違いますものね、いろんな人がいてこその投資家ですし。

佐藤　例えばアメリカは、資本市場の歴史の重みもあり、経営者も株価をすごく気にしている。そうすると、資本効率や投資リターンも日常的に使う言葉なので、当たり前のように聞いてくる、というのはあるかなと思いますね。

武井　日本の場合、いろいろな文化からそこまでズケズケは聞かない文化ですよね。言葉としての違いもありますけれども。

佐藤　アメリカの投資家は、経営者は株主価値を最大化する責任がある、ということを強くいう人が多いと思っています。例えばリーマン・ショック後に業績が悪化し、公募増資して財務体質を回復させようと投資家を訪問した企業の場合、利益を高める成長戦略を語っているにも関わらず、「これまで株主として資金を提供してきたのに、それに対する責任を本当に感じているのか」とか、「この資金調達で1株当たりの株式価値が下がるが、本当に利益を高めることができるのか」について、強く、直截的に迫ってきたとうかがっています。そういう議論というのは、海外の方のほうがストレートにできるのかなとは思います。

武井　日本とは物理的に遠くて、あとでいう機会もあまりないので、今ここでいわないと、という部分もあるのですかね。

佐藤　おっしゃる通りですが、日本版スチュワードシップ・コードの導入で、日本のほうも変わることは期待されます。

武井　そうですね。

Desired Stockholderが自社株を保有しているのかをマネージする

北川　アメリカに**NIRI**（National Investor Relations Institute）という自主規制団体があります。NIRIがIR（インベスター・リレーションズ）について定めた基準の中に**desired stockholder・desired investor**という言葉があります。企業のIRの責任者は、当該企業にとって望ましい投資家が自社株を保有しているかどうかをきちんと調査すべきであるという考え方が示されているのです。

これは、長期投資家とのコミュニケーションの問題で、いかに彼らと深く理解し合えるかが問われるわけです。企業側は投資家とのコミュニケーションをプロアクティブに図らなければならないという別のNIRI基準とも結びついてきます。今回のガバナンス・コードを読んでいてすごいと思ったのは、こうしたNIRIの基準に書かれているところまで踏み込んで言及している点です。

武井　ＣＧコードの基本原則５は欧米諸国の基準に照らしても先進的だと思います。

北川　先ほどもいった通り、企業は投資家判明の調査にもっと本気で取り組んだほうがよいと思います。筋の良い機関投資家が１社当たり発行株式数の３％程度を保有するとしても、10社で30％くらいになります。彼らが集団的に行動を起こすわけではないのですが、「静かなる別れ」がおとずれるときには、みんなが一斉に手を引くこともあります。

武井　長期で持てなくなったから、短期保有になるわけですね。

北川　売られた株を拾って、ヘッジファンドなど、いわゆるアクティビスト系の人たちが入ってくる可能性もあります。多くの長期投資家が経営者の施策とか将来の長期業績予想に不安を感じて売却した場合（もちろんそうでない場合もあるのですがここでは簡略化して述べています）、株価が下がります。そうなると、では経営を直接ハンドリングしようという思惑から、アクティビストの参入を許すことになる。そうした意味でも、desired investor や desired stockholder をきちんとマネージすることが重要なのです。

武井　ＩＲ担当の方がそういった機能まで担っていくよう、会社の中で、それこそ中長期の目線で人材育成やいろいろリソースを投下していったほうがよいわけですね。

北川　そうなのです。

中長期の投資家に自社株を持ってもらう「攻めのＩＲ」を

北川　先ほど企業側も投資家とのコミュニケーションを能動的に進めていくと申し上げましたが、受動的じゃなくて能動的に取り組むことによって、企業さんもすごくメリットを受けるのです。

今でも「こういう運用機関が御社に興味を持っていますよ」といわれて実際に会うと、短期志向のヘッジファンドだったということが多いと聞きます。短期志向の投資家とは会わないほうがよいというわけではありませんが、ほどほどにというのが私の意見です。

一方で日本企業のＩＲ関係者の方が、自社の株式を「今現在」保有している投資家のフォローを重点的に行っているのだとしたら、それもまた問題で、むしろ、これから株主になってもらいたい投資家さんのところにもいかなければいけないのです。株式という「顧客」への売り込みが必要なわけです。「どうしてうちの株を持たないのですか？　Why not?」といって新しい投資家にいかなきゃいけないのです。非常に手厳しい顧客もいることでしょう。しかしそれに耐えて顧客になっていただく（株を保有してもらう）ということはどういうことなのか、どういうメリットがあるのかがわかります。持ち合いや政策保有が多くを占めている企業さんの場合には、より前向きにこの点に取り組んでいただきたいところです。

武井　企業さんのほうでももう少し建設的対話の経験を積んで、経営戦略、経営理念を踏まえた会社としての意思をもっと出していくと、見えてくる景色も変わってくるわけですね。

北川　そうですね。日本企業には「ＣＦＯが不在だ」という言い方をする識者の方もいらっしゃいますが、たしかに一理あるかと思います。ＣＦＯ（最高財務責任者）の役割は財務戦略だけではないのです。ＩＲも含めた、desired investor や desired stockholder をきちんとマネージすることがすごく重要なのですね。

武井　デットのところだけでなくエクイティのところもハンドリングしないといけないですね。

北川　デット部分は今でも重要ではあるのですが、両方ともハンドリングできないといけないのです。欧米企業では執行兼務の取締役は少ないのですが、ＣＥＯとＣＦＯは、全社を見渡す車の両輪として必ず取締役を兼務していますからね。

武井　日本のＩＲの概念がまだまだ狭過ぎるのですかね。

北川　狭いと思いますね。それはＩＲの現状がまだまだ、プロアクティブ、攻撃的じゃないからです。ＩＲ担当のスタッフが少なくて、１人で何役もこなして忙しい。そのうえ新たな開示事項が増えたり、投資家・アナリストが怒涛のように押し寄せてくるので、日々の仕事に追われるわけですね。ともかく現場のＩＲ担当者はとてもお忙しそうです。しかし、本来保有してもらいたい洗練された投資家を意識するときには、相当高度な情報戦が必要です。異なる次元での仕事を行う時期なのだと思います。

武井　日本企業はそういうことがなくても、うまく回っていたのでしょうか。

北川　そうですね、二極化していると思うのです。外国人投資家の比率が高まってきている企業さんの場合は前向きに対処してきていらっしゃると思うのですけど、先ほどいったところの desired stockholder の考え方までにはまだ到達していないと感じます。

第6章　サステナビリティ・ガバナンス

人的資本及び知的財産等への投資の重要性

ＩＩＲＣ（International Integrated Reporting Council）による**国際統合報告フレームワーク**では、企業価値の源泉となる資本として、①財務資本、②製造資本、③知的資本、④人的資本、⑤社会・関係資本、⑥自然資本の６つの資本概念が挙げられています。

ガバナンス・コードの**２０２１年改訂**では、人的資本及び知的財産などへの投資等の重要性を踏まえた、以下のような改訂が行われました。なお**意見書**とは、２０２１年４月６日金融庁スチュワードシップ・コード及びコーポレートガバナンス・コードのフォローアップ会議「コーポレートガバナンス・コードと投資家と企業の対話ガイドラインの改訂について」を指します。

「企業の持続的な成長に向けた経営資源の配分に当たっては、人的資本への投資や知的財産の創出が企業価値に与える影響が大きいとの指摘も鑑みれば、人的資本や知的財産への投資等をはじめとする経営資源の配分等が、企業の持続的な成長に資するよう、実効的に監督を行うことが必要となる。・・なお、こうした将来に向けた投資等に関しては、投資戦略の実行を支える営業キャッシュフローを十分に確保するなど、持続的な経営戦略・投資戦略の実現が図られることが肝要となる」（意見書）

「取締役会は、・・人的資本・知的財産への投資等の重要性に鑑み、これらをはじめとする経営資源の配分や、事業ポートフォリオに関する戦略の実行が、企業の持続的な成長に資するよう、実効的に監督を行うべきである。」（**補充原則4－2②**）

国際的にみて日本企業の人材能力開発費は対GDP比で低い傾向が見られます。資本市場等から短期志向が強まることで、企業が目先の利益確保を重視させ、人的資本投資や無形資産投資を怠ることは適切ではありません。知財についても、**IPランドスケープ**などを整備して社内での「知財の見える化」を図り、経営層が経営判断を行い外部からの資金調達にも活かす「知財ガバナンス」が着実に進展しつつあります。

人的資本と持続的企業価値向上との関係等について、令和2年9月30日に経済産業省から「持続的な企業価値の向上と人的資本に関する研究会　報告書～**人材版伊藤レポート**～」が公表されています。また後述のスキル・マトリックスも関連して重要となります。

補足コメント

投資家は「従業員満足度」や「顧客満足度」などの実証データを見ている

北川　例えばESGのS（社会）の観点でいうと、従業員の満足度の重要性を意識していない会社さんは、今の時代では、長期投資家の株式保有対象となるのは難しくなってきているのだと思います。投資家目線で従業員モラルの問題が出てくることに違和感を覚えるかもしれませんが、欧米では、こういった点まで踏み込んで分析している機関投資家が少なくないのです。

図表1‐17は、某証券会社が作成した小売業に関するプレゼン資料です。横軸が従業員の満足度、縦軸が顧客の満足度で、これらに相関関係があることが示されています。この中では、コストコ（Costco）という会社が一番よいポジションに位置しています。従業員満足度も高いし、顧客満足度も高い。これらの要素が、長期的には売上高や利益や株価に関連性を持っているということが、いろいろな実証研究から明らかになりつつあるのです。それから、その進捗度や変化率も投資家はよく見ています。従業員満足度というのは一見、投資のテーマに結びつかないように思えるかもしれませんけど、企業価値形成にとってすごく重要なのですね。

図表1-17 リサーチ機関と情報介在者の充実

Employee satisfaction in the service and retail industry

Harvard's service-profit concept links customer satisfaction to loyalty, revenue growth and profitability. In that order.

- Why would retailers choose to under-invest in labour? Labour is often the main controllable expense.
- Potential downward cycles of declining sales and customer service levels

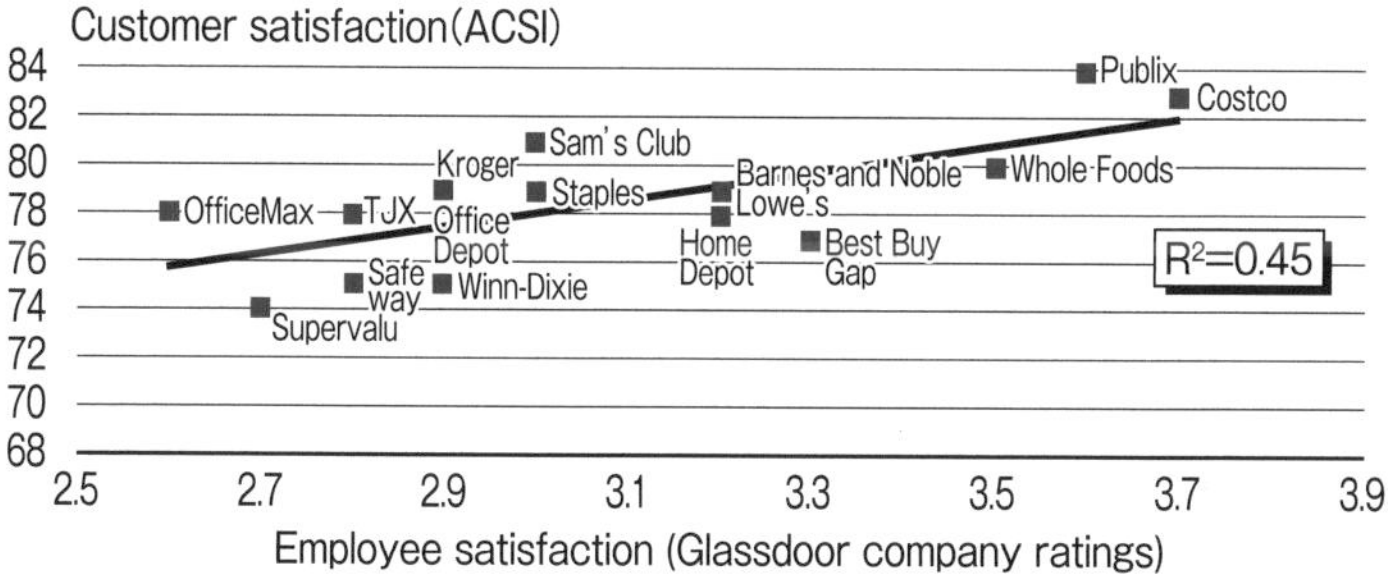

（出所）Glassdoor, American Customer Satisfaction Index, UBS Securities

武井　例えば小売業の場合、個人のお客さんを相手にする従業員の方が、自分の勤めている会社に対して誇りを持っていないと、きちんと対応できませんしね。小売業に限らず、カスタマーサービスにより近い業種にも、同様に当てはまるのでしょうね。日本の場合、今まで従業員を大事にしてきた企業さんが多いので、こういう話はすっと頭の中に入るでしょうね。

北川　労働関係指標でいうと、例えば離職率とか、昨今話題になっている従業員のダイバーシティの問題なども重要です。そうした点については、欧米の金融機関、とりわけロンドンを拠点とする証券会社がいろいろな情報分析を行っています。といっても、実は証券会社が自分で調査しているのではなく、専門の調査会社から調査結果を入手しているのです。調査会社に調査を依頼するのは企業です。自社がどのようなポジショニングにあるのかを知るために、相応の費用を払って調査に協力し、詳細なフィードバックを受けるのです。一方で、調査会社はそのエッセンスを証券会社などに販売していて、証券会社はそうした情報に基づいて「こういう分析結果が出ていますよ」と機関投資家に伝えます。機関投資家は、それらをかなり詳細に分析して、SRI投資などの意思決定に役立てています。欧米では、いわゆるSRI投資の残高は日本の数百倍にのぼるともいわれています。

武井　そんなに差があるのですか。

グローバルな経営課題（ESG）に取り組まないと国際競争には勝てない

北川　小売業では、アパレル系のH&Mなどについても同じようなデータがあります。日本企業でいえばファーストリテイリングさんとかはグローバルな競合関係にあるので、同様の課題に直面していらっしゃるわけですね。製造拠点を途上国に持っている企業さんが多いので、ESGすべてのファクターにどう取り組んでいるかは、投資価値を算出する上で大変重要になるのです。

武井　なるほど、海外で競争しているので、こういう国際課題と向き合って対処しないといけないわけですね。

北川　そうですね、グローバルに活動されている日本企業さんは、これらのＥＳＧの課題を意識した経営をしないといけない状況なのだと思います。そういう意味で、投資家のdesired investorも重要ですし、ＥＳＧ情報についても欧米企業並みに洗練された情報を発信していくということが、非常に重要な局面に入ってきているのだと思います。

企業価値向上の道筋を示せれば、ＲＯＥが今は低くても長期投資家は納得する

北川　医薬品会社の例ですと、研究開発にすごくお金がかかるときがあります。日本の会計基準では原則として研究開発費は費用化されるため、損益計算書上の利益は圧迫されます。会社によっては、ＲＯＥが２〜３％程度まで下がってしまう局面もあるでしょう。けれども、たとえ現状のＲＯＥが低くても、株価がどんどん上がっている企業がいくらでもあるのです。心ある投資家は気にしない。なぜなら、そういった企業さんの場合、将来有望な新薬が発売されるといった大きな期待があり、それが株式市場のコンセンサスになっているからなのです。実際にはアナリストは5年先あるいは8年先のＲＯＥを議論して、今は２％だが8年後には20％くらいに上昇するだろうと大胆に予想する

わけです。そして投資家が賛同すれば、それは全然おかしな話ではないのです。
ですから企業さん側にとっては、現在あるいは数年先のROEの数値にこだわることよりも、長期的な企業価値向上の道筋を説明することや、あるいはアナリスト・投資家が判断しやすい客観的な資料を提供することのほうが、はるかに重要なのです。

従業員の満足度とプライドをアニュアルレポートに示す

北川　例えばインテルの事例です。従業員の87％が「I am proud to work for intel（インテルで働くことにプライドを持っている）」と思っていると記載されています。こういう指標は、投資家の関心を引きつけるだけでなく、同社への就職を考えている人に対するアピールにもなります。日本企業でこの種の情報を出している企業さんは少ないですね、そもそもこうしたサーベイがあまりされていないのかもしれません。「従業員を大事にしている」とか「モチベーションが大事だ」とよくいわれるのですが、エビデンスが外に出ていないのです。

武井　サバティカル（研究休暇）のことも書かれていますね。

北川　私が大学のサバティカルをもらったときに、ちょうどインテル社を訪問したのです。「サバティカルで来ました」といったら「うちにもあるんだよ」といわれました。

6年間か7年間勤めると、半年とか、何週間かの有給休暇をもらえるというのです。その間にボランティアをやってもいいし、大学で学んでもいいし、大学で教えてもいいと。「サバティカルがなぜ必要だと思いますか」と質問すると、「長い間同じ業務に従事していると陳腐化（obsolete）してしまうおそれがある。だから、会社の外に行って勉強してこい」といった理由で、導入されているということでした。その際にインタビューしたCSR担当部長さんは「私も来年は3回目のサバティカルをとる」とおっしゃってました。

武井 従業員自身の付加価値をきちんと会社としてケアをすることで、モチベーションも上がるわけですね。

北川 その通りです。それと、やはり離れてみることが重要だと思います。

武井 会社をいったん離れて外から見ることによって、企業としての中長期の目線とか、企業のサステナビリティに適ういろいろな視点も持ちかえってくるだろうと。

北川 そういうことです。このCSR担当部長さんは、今回のサバティカルではある大学でCSRという科目を教えるのだといっていて、とても楽しそうなのですね。このように建設的なサバティカルでないといけないのです。勉強するか、教えるか、ボランティアをやるか。例えばアフリカの奥地に行って子供向けにパーソナルコンピューターを組み立てて供与し、結果として文盲率を下げることに貢献するとか、そういう過ごし方もあるようです。あと、この部長さんがいっていたのは、サバティカル制度と同じくらいに重要なのは、会社の食堂の充実度ということでした。

武井 食堂って、食べるところの……。

北川 勤務先が郊外にあるので、優秀なスタッフを集めて集中的に仕事をしてもらうには、充実した食堂が欠かせないということです。これは会社として余裕があるからということではなく、必然性があるからそうした従業員サービスを提供しているということなのです。

武井 そうした従業員関連の取り組みは、ガバナンス・コードの基本原則2「上場会社は、会社の持続的な成長と中長期的な企業価値の創出は、従業員、顧客、取引先、債権者、地域社会をはじめとする様々なステークホルダーによるリソースの提供や貢献の結果であることを十分に認識し、これらのステークホルダーとの適切な協働に努めるべきである」の一例ですね。

サステナビリティ・ガバナンス

ガバナンス・コードの**2021年改訂**では、**サステナビリティ・ガバナンス**に対する企業としての取り組みが明記されました。

２０２１年改訂前から、**原則２－１**及び**原則２－３**において以下の通り述べられています。

「上場会社は、自らが担う社会的な責任についての考え方を踏まえ、様々なステークホルダーへの価値創造に配慮した経営を行いつつ中長期的な企業価値向上を図るべきであり、こうした活動の基礎となる経営理念を策定すべきである。」（**原則２－１**）

「上場会社は、社会・環境問題をはじめとするサステナビリティを巡る課題について、適切な対応を行うべきである。」（**原則２－３**）

２０２１年改訂では、サステナビリティに関する項目として、以下の改訂がなされました。いわゆる人権デューディリジェンスやサプライチェーン・マネジメント、さらにはデジタルトランスフォーメーション対応などへの関心と取り組みは、急速に広まっています。

「**「持続可能な開発目標」（ＳＤＧｓ）**が国連サミットで採択され、**気候関連財務情報開示タスクフォース（ＴＣＦＤ）**への賛同機関数が増加するなど、中長期的な企業価値の向上に向け、サステナビリティ（ＥＳＧ要素を含む中長期的な持続可能性）が重要な経営課題であるとの意識が高まっている。こうした中、我が国企業においては、サステナ

ビリティ課題への積極的・能動的な対応を一層進めていくことが重要である。」（基本原則2の考え方）

「気候変動などの地球環境問題への配慮、人権の尊重、従業員の健康・労働環境への配慮や公正・適切な処遇、取引先との公正・適正な取引、自然災害等への危機管理など、サステナビリティを巡る課題への対応は、リスクの減少のみならず収益機会にもつながる重要な経営課題であると認識し、中長期的な企業価値の向上の観点から、これらの課題に積極的・能動的に取り組むよう検討を深めるべきである」（補充原則2－3①）

「ESGやSDGsに対する社会的要請・関心の高まりやデジタルトランスフォーメーションの進展、サイバーセキュリティ対応の必要性、サプライチェーン全体での公正・適正な取引や国際的な経済安全保障を巡る環境変化への対応の必要性等の事業を取り巻く環境の変化が、経営戦略・経営計画等において適切に反映されているか」（対話ガイドライン1－3）。

こうしたサステナビリティ・ガバナンスについて、取締役会がリーダーシップを発揮した上で、その基本的方針と取り組み状況を開示する旨が、2021年改訂では述べられています。

「取締役会は、中長期的な企業価値の向上の観点から、自社のサステナビリティを巡る取組みについて基本的な方針を策定すべきである」（補充原則4－2②）

「上場会社は、経営戦略の開示に当たって、自社のサステナビリティについての取組みを適切に開示すべきである」（補充原則3－1③）

これらの原則は、自社の中長期的企業価値向上につながるサステナビリティを巡る取り組みについて言及しているものと考えられます。またサステナビリティ課題への取り組みは、「リスクの減少」のみならず「収益機会」の双方を含みます。

企業のパーパスやビジョンと整合した価値創造ストーリーを示すことが重要です。日本企業には良いところがたくさんあります。価値創造ストーリーはこうした自社の良さを再発見し、各種の企業価値の源泉を顕在化させ発信する機会とすることが期待されます。

非財務情報の開示については、いろいろなフレームワーク・基準等が乱立している状態であり、企業側も多数の評価機関等からの各種問い合わせに疲弊している状況です。比較可能性の改善を含めて、国際的に統合・連携を図る動きが進んでいます。

ESG及びSDGs

サステナビリティ課題に関する1つの切り口として支持を集めているのがESGという概念です。

ESGの概念は、国連が2006年に責任投資原則（PRI）で年金基金等の所有者や運用機関に責任投資を行う際に考慮することを求めて以降、社会の健全な発展に資する投資を行う大手長期投資家の間で国際的に浸透しつつあります。

日本でもGPIF（年金積立金管理運用独立行政法人）がESG指数の採用などESGを考慮した投資を開始するなど、ESG投資の流れが本格化してきています。GPIFは、「ユニバーサルオーナー」（すなわち、日本の上場企業の大多数を含む広範な資産を保有する資産規模の大きな投資家）及び「超長期投資家」という特性がありますので、環境問題や社会問題などの負の外部性を最小化して、日本の資本市場全体が持続的かつ安定的に成長することが重要となります。また、日本におけるESG投資の活発化によって、企業側のESG評価向上（及びそれに関連した情報開示の強化）のインセンティブとなることで中長期的企業価値向上につながること、日本企業のESG評価が向上することで海外のESG重視の投資家の資金が流入し日本株のパフォーマンス向上につながることなども期待されます。

日本版スチュワードシップ・コードでも原則3において、社会・環境問題に関連するリスクへの対応が当該企業について把握すべき状況として例示されています。さらに最近はリスク管理の視点を超えて、環境課題や多様なステークホルダーとの安定的な関係の構築を活かした競争優位性の構築のあり方についても議論されています。

E（Environmental）は長期的課題の重要例である環境対応で、企業の持続的成長の基盤としていかなる環境対応が行われているのかという点になります。

2021年改訂では気候変動に関する事項が明記されています。補充原則2－3①において「気候変動などの地球環境問題への配慮、人権の尊重、従業員の健康・労働環境への配慮や公正・適切な処遇、取引先との公正・適正な取引、自然災害等への危機管理など、サステナビリティを巡る課題への対応は、リスクの減少のみならず収益機会にもつながる重要な経営課題であると認識し、中長期的な企業価値の向上の観点から、これらの課題に積極的・能動的に取り組むよう検討を深めるべきである」と述べられています。

補充原則3－1③において「特に、プライム市場上場会社は、気候変動に係るリスク及び収益機会が自社の事業活動や収益等に与える影響について、必要なデータの収集と分析を行い、国際的に確立された開示の枠組みである**TCFD**またはそれと同等の枠組みに基づく開示の質と量の充実を進めるべきである」と述べられており、プライム上場会社については気候変動に係るリスクと収益機会に関する開示が進展していくこととなります。また意見書において「投資家と企業の間のサステナビリティに関する建設的な対話を促進する観点からは、サステナビリティに関する開示が行われることが重要である。特に、気候変動に関する開示については、現時点において、TCFD提言が国際的に確立された開示の枠組みとなっている。また、国際会計基準の設定主体であるIFRS財団において、TCFDの枠組みにも拠りつつ、気候変動を含むサステナビリティに関する統一的な開示の枠組みを策定する動きが進められている。比較可能で整合性の取れた気候変動に関する開示の枠組みの策定に向け、我が国もこうした動きに積極的に参画することが求められる。今後、IFRS財団におけるサステナビリティ開示の統一的な枠組みがTCFDの枠組みにも拠りつつ策定された場合には、これがTCFD提言と同等の枠組みに該当するものとなることが期待される」と述べられています。

S（Social）は社会一般ですが、特に、企業の持続的成長に重要な経営理念、倫理観、従業員のモラルとモチベーション、消費者との関係、取引先との関係などです。例えば、経営理念の従業員の現場への浸透度合いは重要で、社会への貢献・付加価値の提供をもって収益性をあげる旨が社内で共有・浸透されていることで、従業員のロイヤルティ（愛社精神）も高まり、中長期的な企業価値向上を実現する重要な原動力にもなります。従業員のワークライフバランスへの配慮、人材育成状況、安全衛生など、従業員の満足度が高いのかなども重要です。労働者関連以外でも、一般消費者との信頼関係、サプライヤーとの共存関係、良い企業市民としての取り組みなども重要となります。

Sの部分は、欧米企業と比較して、日本の企業社会の中ですでに実践されてきた部分も少なくないと思います。中長期目線を持った経営者の方が日本に多い中、持続的成長の観点からSの諸課題を捉え、ステークホルダーとの適切な協働、健全な社会倫理などを踏まえた経営を進めてきていらっしゃいます。

G（Governance）は、これまで述べてきた通り、企業倫理・社会倫理の遵守など守りのガバナンスの側面のほか、企業価値向上に向けた施策を実現させる戦略が現に採用されているのか、いかなる社内議論を経て採用されているのか、成長投資と**資本コスト**を含めた**資本効率性**を踏まえた議論がなされているのか、経営環境の変化に対する感度・順応性などがポイントになります。また、自社の経営課題や経営改革について「こうしていきたいと思っています」という経営陣の意思だけでなく、それを実現させる規律ある社内体制や仕組みもガバナンス体制の重要部分となります(15)。新規投資や成長投資への各種取り組みについても、進捗状況についていかなる評価基準で管理を行っていくのか、経営環境の変化に備えたいかなる選択肢やプロセスを準備しているのか、収益性の悪化の兆しをいかなるプロセスで読み

(15) ガバナンスの重要な構成要素の1つにインセンティブ（動機づけ）がありますが、改革や課題への取り組みや経営の意思を、従業員を含めた現場がいかに真に理解して自分のこととして動機を持って行おうとしているのかと、言い換えることができます。

取るのか、これらの点も適切なリスクテイクのあり方として重要な点となります。自社の中長期的企業価値向上策の実現に向けた、説得力・ストーリー性のあるガバナンスを示していくことが期待されます。

SDGs（持続可能な開発目標／Sustainable Development Goals）は2015年9月に国連総会採択された、2030年までに貧困問題・格差問題、気候変動・生物多様性など持続可能な社会を実現するための諸課題の解決のため、達成すべき世界共通の目標です。日本政府もSDGsアクションプランや実施指針等を策定しています。SDGs対応は、「日本企業の国際競争力を取り戻すため、技術革新等により国際競争力の確保と社会課題の解決の両立を目指すSociety5.0」のビジョンとも整合しています。企業側としても、中長期的視点からの経営理念等と合致した部分も多く、従来の**CSR**的な社会貢献活動を超えて、新たなビジネス展開の機会として本業を通じた貢献が企図されています。

サステナビリティ委員会の設置

今後は日本でも、**サステナビリティ委員会**（**サステナビリティ・コミッティ**）を設置するなど、サステナビリティ課題に経営層・取締役会が一定のリーダーシップを発揮する動きが重要になると思います。対話ガイドラインにおいても、「取締役会の下または経営陣の側にサステナビリティに関する委員会を設置するなど、サステナビリティに関する取組みを全社的に検討・推進するための枠組みを整備しているか」が列挙されています。

サステナビリティに関する取り組みは「全社的な枠組み」であることが重要で、具体的には①経営トップもコミットした横断的取り組みであること、②統合報告と同様、各事業部門と経営企画、法務部門等がコラボレーションをした取り組みであることです。日本には従前からCSR委員会が存在してきましたが、CSRでは社内での取り組みとしての横断性やヒトモノカネがついてきていない事例もあり、社会貢献の延長からとらえられてきたCSRの話と現在のサステナビリティの話とは相当質が異なってきていますので、CSR委員会から改組した**サステナビリティ委員会**が社内に設置されるべきと考えられます。

補足コメント

ステークホルダー論をビルトインするサステナビリティ委員会の重要性

北川　次に、企業サイドでいうと、欧州で進められているのは、フランスの会社のダノンもそうですし、グラクソ・スミスクラインもそうなのですが、ステークホルダー論の一環として、それをどうやってガバナンスシステムの中にビルトインするかということです。一例として、取締役会の中で**サステナビリティ・コミッティ（サステナビリティ委員会）**というのを持っていることに注目したいと思います。日本でも取締役会内の機関として「指名委員会」等と並んで設置されているとなるとまだまだ少数です。

しかもサステナビリティ・コミッティは、社外取締役のみで全委員を構成しています。サステナビリティ・コミッティを規定演技の世界に入れるべき（すなわちこのような委員会を常設すべきという議論だけですと規定演技の世界です）だという議論もあるかもしれないですが、今度は実質を伴っているかということを、アクティブ運用系のしっかりとした機関投資家が確かめにいくことになります。そこで見てみると、たとえばダノンの場合はアニュアルレポートの最初の経営理念の説明のところで100%ヘルシーグッズ（健康食品）しかやらないと宣言しているのです。それを実際に検証している人は誰かというと、社外取締役でかつサステナビリティ委員会の委員長、その人は小児科の先生で栄養学の権威なのですが、彼女も一翼を担っていることになります。さらにその委員会自身は委員長が任命する第三者の専門家もすでにいて詳細な活動レポートが開示されています。このレベルまでいくと、これは実質を伴った世界ということになります。規定演技で機関投資家がインタビューすることは、それを踏まえたものになります。グラクソ・スミスクラインの場合も、CSR委員会というのがある。そういうのが1つの試みとして日本でも出てきていいのかなと思います。

武井　サステナビリティ・コミッティの取り組みについて、日本も参考になる点がありますね。日本でもCSR委員会等が設置されている例がありますがその先の実務ですね。

北川　社外取締役にお会いするという時も、例えばグラクソ・スミスクラインは、年に1回、社外取締役の構成メンバーが全員集まりまして、投資家向けにロンドンなどで行われるミーティングがあるのです。僕は別のある会社のミーティングに行ったことがあるのですが、やはり相当なものでした。機関投資家側から各社外取締役に対しそのミッションに応じてまことに厳しい質問が来る。CEOの報酬問題、環境問題への取り組み、ダイバーシティの進展等、容赦ない。これをみて社外取締役の責任は大変重いものだなと痛感させられました。

武井　企業の側としては、サステナビリティ・コミッティに入れるだけの専門性がある人を社外役員として招聘しないといけないわけですね。

北川　拝見している限り日本の企業でも、招集通知を見ていると、その点を多少意識している会社さんも少数ではありますが出てきているというのはすごいことです。

武井　さっきのベストプラクティスの例ですね。

北川　ベストプラクティスです。ですから、形式的な部分では社外取締役が4人ないし5人要る。しかしスキルセットを考慮し実質的な部分でこういう配置にしたという役割・期待を明確に記述しています。

S（社会）とE（環境）への対応を示すことの重要性

北川　ノヴォノルディスクは、資本効率性の指標に関しても有名なのですが、図表1－18の通り、練りに練られた社会・環境パフォーマンス目標を題していることでも有名なのです。例えばS（社会）の評価の中では、従業員の退職率が8％くらいで、同業他社に比べて低いことを意味しています。財務面での目標を持つとともに、ESGの各指標に対するターゲットを持ち、それらがアニュアルレポートの中で示されているのです。ESGについて関心のある投資家に対しては図表1－18のように対処し、財務的なところに関心のある投資家には図表1－19のように対処している。そういったことが、きわめてコンパクトな表現で示されています。

こうした事例などを見ていると、結構考えさせられます。つまり「洗練された投資家としか対話しない」という企業側の意思表明にも思えるのです。お高くとまっているような印象を受ける方もいらっしゃるかもしれませんが、こういう会社さんがあってもよいと私は思います。

武井　これらはまさに会社としての経営理念、経営戦略そのものなのですね。

図表1-18　練りに練られた社会・環境パフォーマンス（ノヴォノルディスク）

	2009	2010	2011	2012	2013	2012–2013
Social performance						Change
Least developed countries where Novo Nordisk sells insulin according to the differential pricing policy	36	33	36	35	35	–
Donations (DKK million)[2]	83	84	81	84	83	(1%)
New patent families (first filings)	55	62	80	65	77	18%
Employees (total)	29,329	30,483	32,632	34,731	38,436	11%
Employee turnover	8.3%	9.1%	9.8%	9.1%	8.1%	
Relevant employees trained in business ethics	N/A	98%	99%	99%	97%	
Product recalls	2	5	5	6	6	–
Warning Letters and re-inspections	0	0	0	1	1	–
Company reputation with external key stakeholders (scale 1–7)	N/A	N/A	5.6	5.7	5.8	
Long-term social targets						Targets
Patients reached with Novo Nordisk diabetes care products in millions (estimate)	N/A	N/A	20.9	22.8	24.3	40 by 2020
Working the Novo Nordisk Way (scale 1–5)	N/A	N/A	4.3	4.3	4.4	4.0
Diverse senior management teams	50%	54%	62%	66%	70%	100% by 2014[3]
Environmental performance						Change
Energy consumption (1,000 GJ)	2,246	2,234	2,187	2,433	2,572	6%
Water consumption (1,000 m^3)	2,149	2,047	2,136	2,475	2,685	8%
CO_2 emissions from energy consumption (1,000 tons)	166	95	94	122	125	2%
Wastewater (1,000 m^3)	2,062	1,935	2,036	2,272	2,457	8%
Waste (tons)	26,362	25,627	41,376	82,802	91,712	11%
Long-term environmental targets						Targets
Energy consumption (vs prior year)	(11%)	(1%)	(2%)	11%	6%	6%[4]
Water consumption (vs prior year)	(20%)	(5%)	4%	16%	8%	6%[4]
CO_2 emissions from energy consumption (vs 2004 baseline)	(24%)	(56%)	(57%)	(44%)	(42%)	10% reduction by 2014

図表1-19　洗練された中期目標の提示 ～マーケットの熟知とアドバンテージ（ノヴォノルディスク）

Long-term financial targets

Performance against long-term financial targets

	Average 2008-2012[1]	Result 2012	Previous targets	Updated targets[2]
Operating profit growth	27%	32%	15%	15%
Operating margin	32%	38%	35%	40%
Operating profit after tax to net operating assets	65%	99%	90%	125%
Cash to earnings (three years' average)	108%	104%	90%	90%

Note: The long term financial targets are based on an assumption of a continuation of the current business environment and given the current scope of business activities and has been prepared assuming that currency exchange rates remain at the level as of 28 January, 2013.
[1] Simple average of reported figures 2008-2012; [2] The long-term financial targets were updated in connection with the FY2012 Financial Release.

changing diabetes

novo nordisk

北川　そうです。ESGも重視しながら財務目標も完璧であるという企業です。

複雑化するステークホルダーとの関係をいかに調整すべきか

北川　ノヴォノルディスクの活動でさらに特筆されるのが、ステークホルダー間の利害対立と、ESG課題への能動的取り組みです。図表1－20をご覧ください。同社は、『サステナビリティーの20年史』という冊子を発行しています。多くの企業さんが「あらゆるステークホルダーに対して」と標榜していますが、この20年史を読んでみると、ときにステークホルダー間で利害が鋭く対立することがわかります。

例えば、従業員と株主との対立があります。従業員に賃金や年金を払い過ぎると、株主への配当が少なくなるといった問題です。ノヴォノルディスクが指摘しているのは、従業員と社会運動家の間の利害対立なのです。

1960年代から70年代にかけて、社会派弁護士の方々が公害問題に対して立ち上がった時期がありました。ノヴォノルディスクが製造していた洗剤用の酵素に関しても、その最終製品（米国で販売）が子供の皮膚のアレルギーの原因だという指摘があり、不買運動が起きたのです。その影響で、同社は工場を閉鎖し、リストラを余儀なくされたのですが、1年くらい経ってから、米国食品医薬品局（FDA）が精査したら、同社の

図表1-20 Stakeholder 間の対立 20年史より（ノヴォノルディスク）

The first time enzymes in laundry detergents came under fire was in the late 1960's, when Ralph Nader started a campaign in the USA against the laundry detergent industry, claiming that enzymes in washing powders caused allergic skin reactions in consumers. The campaign had an enormous impact in the USA, as well as worldwide repercussions. Despite findings of a US Food and Drug Administration (FDA) commission that there was no threat to consumer health, the outcome was that Novo Nordisk's sales of detergent enzymes in the USA were halved between 1970 and 1971. As a result,700 employees in Denmark lost their jobs.

● Ms.Lise Kingo は「この酵素に関する危機を経験した我々の社員はこの問題に会社としてもっと能動的（Proactively）に今後行動すべきであった」と指摘している。「声高に叫ぶ人々（彼らもステークホルダーの一つである）による集団的な衝動というものが再び起こる可能性はあるので決して軽くみてはいけない」とも述べている。

● この意味することは重要である。
環境問題について実は企業自身が能動的に振る舞い様々なノイズ、それはどんなに正義感を帯びたものと思われていても、真実を探求し堂々と論陣を張ることの必要性を述べているようにも思えるのである。このような歴史的経緯があるからこそ彼らは徹底的に環境問題にも取り組むのである。企業自身、従業員自体をを守るためにも主体的に取り組まなければならないのである。

（出所）Novo Nordisk [2012-a] 20 YEARS IN THE BUSINESS OF SUSTAINABILITY

供給する酵素には問題がないということが判明したのです。

その際、ノヴォノルディスクはこういうことは二度と起きてはならないと思ったわけです。環境や品質管理に関しては、何らかの問題が起きる前から対処しなければならないと確信したのです。ステークホルダー間の対立をきちんと見きわめるためにも、会社として真剣に取り組んでいくことを宣言したわけです。ＣＳＲ担当の執行役員の方が、「声高に叫ぶ人々、彼らもステークホルダーの１人である。彼らによる集団的な衝動が再び起こる可能性があるので、決して軽く見てはならない」「この問題に関する危機を経験した当社は、今後はより能動的に行動すべきである」と指摘しています。ＥＳＧに関して完璧とも思える準備が整っているからこそ、投資家も安心して投資してくれるし、従業員も安心して業務を遂行することができるのだと。私はこの指摘にとても感動しました。

武井 能動的なＥＳＧ対応ですね。

北川 あくまでも冷静な対処をしなければいけないということです。準備ができていれば、どのような問題であってもプロアクティブに振る舞えたはずだという指摘なのです。環境問題についても、企業自身が能動的に対処していれば、さまざまな意見に対しても、堂々と論陣を張ることができたはずだと。そういった考え方の必要性が述べられているのです。そういう歴史的経緯があるからこそ、ノヴォノルディスクは徹底的に環境問題に取り組んできたのです。要するに、企業自身が主体的に取り組まなければならないということなのです。

武井 日本でも、消費者や労働者などのステークホルダーをめぐる法制が一段と強化されつつありますので、とても参考になるお話だと思います。コードの基本原則２に書かれていない、いわゆるＥＳＧ問題への積極的・能動的な対応を含めた、ステークホルダーとの適切な協働が不可欠である、という指摘の1つの実践編ですね。

北川　その通りです。現在でも、医薬品企業の中にはＦＤＡの査察で問題点が指摘されるケースが少なくないのですが、ノヴォノルディスクでは起きていません。過去の教訓が生かされているのだと思います。負の経験を決して忘れないということも、同社の20年史では強調されています。

武井　すごいですね。

北川　そういうところに精力をつぎ込んでいながらも、非常に高い利益率を維持しているのは本当にすごいと思います。

1年目から100点を取ろうとするより毎年改善を重ねていくことが重要

北川　図表1―21が有名な『20年史』の冊子の表紙です。大学の演習で学生と何度も精読しました。私の愛読書の1つです。この中にも、投資家向けに統合報告を2004年から始めたことが書かれています。私は、ほとんど毎年の統合報告を読み込んでいますが、当初は、それほどの出来栄えとは思えなかったのです。それが、毎年毎年改善をしていって、今日に至っているのです。こうした改善は、非常に重要なメッセージだと思います。

図表1-21 研究の重要性（ノヴォノルディスク）

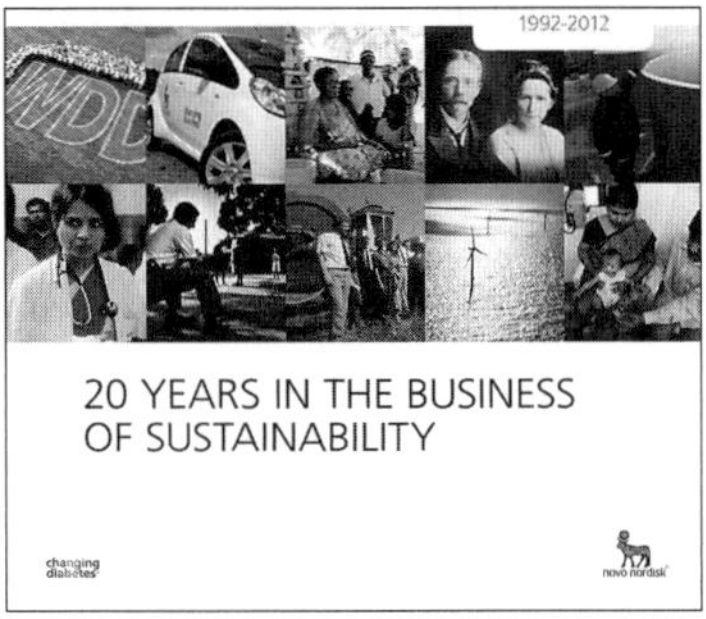

- なぜ当社は優れたCSR活動を実践していると評価されるようになったのか。
- また統合報告書の作成にいち早く（2004年）着手したのはなぜか。
- 20年史の重み

武井　1年目から100点は無理ですからね。

北川　そうなのです。1年目から完成度の高いものを作成することは無理ですから。

武井　まず始めることに意義があるということですね。ガバナンスがまさにフォワードルッキングだということですね。

北川　そのものです。だから、ガバナンス・コードへの対応も毎年毎年漸進するのだという気持ちで進めていくのがよいと思います。海外の企業もそうなのですから。そこで先ほどの議論になるのですが、個々の会社が取り組みを始めたときに、どうやって自己評価をするか。あるいは、他人の厳正な評価をどう取り入れるかという視点も重要です。社会全体でも評価が必要があると思います。ガバナンス・コードにしても、スチュワードシップ・コードにしても、「アドバルーンがあがった」「世の中が変わった」というところの先

図表1-22　1997年に制定されたTBLの意味（ノヴォノルディスク）

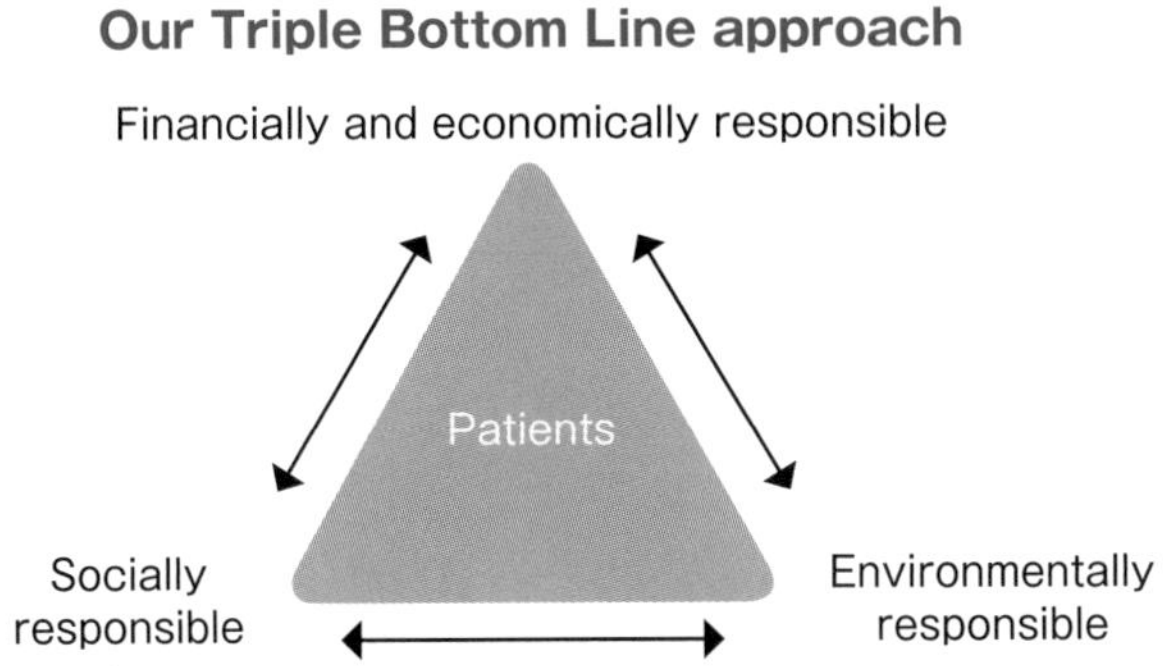

の、浸透し始めてからが勝負なのだと思っています

武井　いろいろ試行錯誤の末にたどり着いている海外の事例も参考になりますね。

北川　企業によって事情は違うでしょうが、いろいろな事例を参照しながら、企業ごとに工夫を凝らしてほしいと思います。

社会で認められてこそ収益が上がる

北川　図表1-22は、もう17～18年間変わっていないノヴォノルディスクの経営理念が3つ示されています。一番上は、財務的なパフォーマンスです。Financially and economically に責任があると。その下の2つが社会と環境ですね。その上で、三角形の中核にあるのは、この会社は医薬品会社なのでやはり「患者さん」です。同社の主力製品は糖尿病治療薬です。ですので、社会的な指標の中でも何とか糖尿病の患者数を減らそう、治療の負担を減らそう、ということに懸命に取り組んでいるわけです。このTriple Bottom Lineというのは経営学の用語でもよく出てくるらしいのですが、この会社がかなり早く具現化したといわれています。

この3つがほとんど並行的ではあるのですが、ただ一番上にあるファイナンシャルが重要といえば重要なのです。企業として社会に受け入れられる製品・サービスを供給して、オーガニックな成長を成し遂げながら財務的に成功し、社会・環境に目を向けることができる、ということが20年史にも表現されています。

DXガバナンス

サステナビリティガバナンスの1つの重要なテーマが**DXガバナンス**です。**2021年改訂**でも、対話ガイドラインにおいて「ESGやSDGsに対する社会的要請・関心の高まりや**デジタルトランスフォーメーション**の進展、**サイバーセキュリティ**対応の必要性、サプライチェーン全体での公正・適正な取引や国際的な経済安全保障を巡る環境変化への対応の必要性等の事業を取り巻く環境の変化が、経営戦略・経営計画等において適切に反映されているか」（1-3）と言及されています。

デジタルトランスフォーメーション（DX）とは、企業の経済活動の文脈では、企業がデジタル社会・デジタル経済に対応して新たな価値を創造し企業価値を高めていくことを意味します。内容的には様々なものが含まれています。①データのデジタル化と有効活用や業務の効率化（あるいは無意識に続けていた非効率な業務の見直し）といった業務プロセス面の話だけでなく、②デジタル化に伴ってビジネスモデル自体を根幹的に見直したり、生産性を向上させ新たな収益機会を見いだすべく企業自身が変革することも含んだ議論が展開されています。新型コロナの影響等もあり企業及び社会のDX化の進展が待ったなしの状況ですが、DX化にはいろいろな効率性を高め新たな社会的サービスを生み出す面と、新たな社会的課題を生み出す面の両面があります。

企業その他の各主体が取り組むDXが社会的価値を実現するための各種動機付けと規律付けの仕組みが「DXガバナンス」です。DXガバナンスの仕組みの構築には、まず何のために行うのかという目的・理念が重要となります。現在のビジネスからの「連続型DX」なのか、それとも「非連続型DX」なのかによって、成功に向けた社内のDX推進体制も異なってきます。

DX化では、①各社がどうこうする以前からグローバル化社会において必然的に進展していくものでもあることと②イノベーションを促進する面と新たな課題（昨今深刻化しつつあるサイバーセキュリティをめぐる問題、レガシーを失うことによるデメリット、社会的課題等）への対処という両面が生じ、ときに難しい利害調整を要するイシューとなることも少なくありません。

推進されるDXが真の社会的価値を実現するためには、多くの法分野を横断的に分析・思考できる一種のシナジー態勢を、**バイデザイン**でDXガバナンス機能として整えておく必要があります。「何が出来るのか」という技術的視点などの一種の理系的素養の人材だけでなく、「それをしてよいのか」という社会的視点による意思決定が重要となります。たとえば、DXの一つの中核となるAI技術は、今後、人間を遙かに超える能力を持ち、また、自律的な判断を行うという意味で、今までに存在しなかった技術になりつつあります。深層学習（ディープラーニング）といっても、いかなるアルゴリズム・因果関係等があってそういった解を導き出したのか不明で、人々が安心できる形でAIが社会において利用されるルール作りの重要性が指摘されています。人や法人は自らの意思で行動等を決定し、またそれに対して責任を負う（人や法人に権利義務や責任の帰属主体性がある）という近代市民社会の基本が徐々に変更されていくのではないかとも指摘されています。ビッグデータによるプライバシー侵害の懸念や、個人等が自らの知らないうちに社会におけるラベリングが行われるプロファイリング等、個々の権利の侵害にいかに対処するかが、国際的にも論点となっています。

直近では2021年春にEUにおいて、AIシステムについて①受容できないリスクであるため禁止される領域、②高リスクであるため事前・事後規制の対象となる領域、③限定的リスクであるため透明性確保により可能な領域、④リスクが少ないため行動規範で良い領域の4類型に分けた、違反の巨額制裁を伴った**AI包括規制案**が公表されています。企業側で自発的にAI利活用原則を定めたり、**サステナビリティ委員会**の一環としてAI倫理委員会等を設置する動きもみられます。

「起承転結型」を含む多様な人材によるコラボレーションも重要で、この点は経営人材や取締役会における多様性やスキル・マトリックスのあり方についても関連してきます。

第7章　収益性と資本効率性の向上

収益性及び資本効率性の向上

ガバナンス・コードでは、収益性と資本効率性とを意識した経営計画について、以下の通り言及しています。

「経営戦略や経営計画の策定・公表に当たっては、自社の資本コストを的確に把握した上で、収益計画や資本政策の基本的な方針を示すとともに、収益力・資本効率等に関する目標を提示し、その実現のために、事業ポートフォリオの見直しや、設備投資・研究開発投資・人的資本への投資等を含む経営資源の配分等に関し具体的に何を実行するのかについて、株主に分かりやすい言葉・論理で明確に説明を行うべきである。」（原則5-2）

「取締役会・経営陣幹部は、中期経営計画も株主に対するコミットメントの一つであるとの認識に立ち、その実現に向けて最善の努力を行うべきである。仮に、中期経営計画が目標未達に終わった場合には、その原因や自社が行った対応の内容を十分に分析し、株主に説明を行うとともに、その分析を次期以降の計画に反映させるべきである。」（補充原則4－1②）

「上場会社は、資本政策の動向が株主の利益に重要な影響を与え得ることを踏まえ、資本政策の基本的な方針について説明を行うべきである。」（原則1－3）

日本の上場企業のROE等の資本効率性が欧米企業に比較して低いのではないかという指摘が頻繁になされています。伊藤レポートは以下のような問題指摘をしています。

①最もイノベーティブな国である日本の企業の収益力は、……代表的な指標である総資産利益率（ROA）や売上高営業利益率（ROS）等を見ると、日本企業と欧米企業ではほぼ倍の格差があり、この傾向が20年にわたり続いてきた。最もイノベーティブと見られてきた日本企業が、持続的な低収益性というパラドックスに陥っているのである。……この問題に正面から取り組まなければ、持続的成長に向けた方策を見出すことはできない。

②日本企業への中長期投資が低リターンしか生まなければ、合理的な投資はより短期の変動からの収益機会を求めるものにならざるを得ない。世界的にも大きな議論となって

いる市場のショートターミズム（短期志向）には様々な要因がありうるが、日本の株式市場における短期化は、投資機会の短期化がもたらしてきた部分が相当程度あるのではないか。

③多くの投資家は企業評価の最も重要な指標の一つとしてROEを捉えているが、ROEは経営の目的ではなく結果であり、持続的成長への競争力を高めた結果として向上する。したがって投資家は、企業が内部留保を再投資して成長することを求めており、有効活用できない場合は株主還元も含めた対応を期待している。ROEを極大化すべきか否かは議論が分かれるが、最低限資本コストを超える水準を目標にすべきとの考えは共通している。投資家が長期投資できる企業とは、持続的な競争優位により、中長期的に資本コストを上回る利益を創出できると見込まれる企業である。

④投資家が重視する収益性指標であるROEを国際比較すると、日本企業のROEは、最近上昇しているものの長期にわたり低水準を続け、特に他国に比べてばらつきが少なく低位集中傾向にあった。その要因を探るため、ROEを売上高利益率、資本回転率、レバレッジに分解し、それぞれ日米欧で比較すると、回転率やレバレッジには大きな差がない。日本企業の低ROEは売上高利益率、つまり事業の収益力の低さによるところが大きい。

⑤日本企業によく見られる例として、資本市場や投資家との対話と自社内の経営指標が

違うという「ダブルスタンダード経営」がある。また、資金調達における間接金融の比率が高く、資本市場との密な対話が必ずしも必要なかった。これらは、日本企業が長期的な研究開発や設備投資等を継続できた理由の一つであるが、一方で資本コストやROE等への認識の低さ、内部留保の再投資や配当政策の不明確さにつながっている。

⑥企業側は、ROEを重要な指標として認識していても、必ずしも最重要視しているわけではない。実際の経営目標として現場に落とし込みにくいことや（無借金経営を是とする考え方もあって）レバレッジの考え方が馴染まないことが理由として挙げられる。企業側においては、これまで間接金融中心の資金調達構造が続いてきたこともあり、資本コストに対する意識が国際的に見て低いことが重大な問題である。日本の上場企業のうち、資本コストを意識する企業は約4割、投資家に開示している企業は全体の約1割弱という調査結果も得られている。

⑦持続的に低収益状態にある企業や資本規律に対する考えが明確でない企業で、四半期等の短期業績を意識した利益調整で長期投資を控える傾向やセルサイド・アナリスト等の関心が四半期業績や短期的な業績予想に集中することの影響を受けて短期志向化する懸念がある。

ROEという指標については、数値を自己目的化させることへの警戒も指摘されています。例えば「もし企業経営者がROEを毎期上昇させるという目標ばかり追求したら、資本を長い間じっくりと醸成させ、利益は遠い将来にやってくるという経営方針をとるのは不可能に近い」「ROEという投資家が振りかざす尺度にはどこか米欧流の冷たさも漂う」などの指摘が欧米でも根強くあります。目先のROEの数値を自己目的化させて自社の持続的・中長期的成長を損なわせることは、長期投資家の目線とも合わないですし、本末転倒です。

こうした状況の中、資本コストを上回るリターンを意識することは、上場会社として共通に求められる事項といえます（資本コストの数値はもちろん各社によって異なります）。資本効率性を経営計画策定において明確に意識する企業さんも増えてきました。資本効率性・資本収益性と資本コストへの意識づけのあり方について、例えば伊藤レポートは以下のように述べています。

⑧ROEを事業の利益率や資産の回転率等に要素分解して自社にあった形で現場の目標に落とし込むことも重要である。その際、資本利益率を念頭に置いて個々の事業を評価するため、ROIC（投下資本利益率）等を活用することも有益である。ROEを社内目標に落とし込み、投資家との対話において企業の経営戦略を表現する上で、こうした具体的な例（要素分解した目標やロジックツリー等）を用いることも重要性が高い。

⑨投資家側も、ROEを押し付けるのではなく、企業が事業活動の現場に具体的に落と

し込めるように、ROEを高めるための投資判断、製造リードタイムの短縮、在庫の短期化、歩留り改善等に分解して共通理解を促す努力をすべきである。

⑩日本の株価パフォーマンスが低迷していた過去20年においても、データが継続して得られる上場企業1600社のうち、株式のリターン（配当込みの株価上昇率）がプラスとなった企業が約200社程度存在している。……このように収益性や市場における優位性を確保している企業の共通項（競争力の源泉）としては、（1）顧客への価値提供力、（2）適切なポジショニングと事業ポートフォリオ構築のための選択と集中、（3）継続的なイノベーション、（4）環境変化やリスクへの対応が挙げられた。これらの要素は、企業側、投資家側ともに重要なものとして認識している。

⑪資本コストの概念は企業価値創造において決定的に重要な役割を演ずるものであり、ROEの水準を評価するに当たって最も重要な概念である。長期的に資本コストを上回る利益を生む企業こそが価値創造企業であることを日本の経営陣は再認識し、理解を深めるべきである。……資本コストの水準については、企業と投資家、あるいは投資家間でも意見が異なる。事業における競争力はもちろんのこと、経営陣の価値創造への姿勢やコミットメント、環境変化への適応力、課題解決力等の質的な情報が、投資家が認識する将来の不確実性に影響を与え、それが資本コストの水準に投影される。したがって経営者は、こうした投資家側の総合的な評価手法を視野に入れて、投資家と対話し理解

を促すことが重要であり、それが資本コストの低下へとつながるという意識を持つことが重要である。企業が、自らの資本コストについて、精緻な数値ではなく判断基準や妥当と考える水準を開示し、それに対して投資家がどう考えるかという対話を促進することが、経営規律を変え、企業価値創造を促進させる上で重要である。

日本の中期経営計画を取り巻く課題

日本企業が開示している**中期経営計画**の内容が欧米企業に比して特異ではないかという指摘があります。日本の中期経営計画の多くに見られる1つの傾向として、①3年後の売上、営業利益、純利益など損益計算書の指標について詳細な具体的数値を述べていることが多い、②こうした具体的数値の開示を受けて、投資家側の関心も当該数値や施策の達成度合いの点に寄っている（逆に具体的数値の開示がないと不満を表明する投資家もいる）、③3年の期間中の経営環境等の変動への対応が難しい、④③もあり結局達成できないことが多い（よって投資家から見てもコミットにみえない）などの課題があると指摘されています。

これに対して欧米企業の経営計画は①3年などの中期の目標数値を詳細・明確に示すことはなく、企業の長期ビジョンを踏まえた長期的視点からの企業価値向上のロードマップに重点を置いており、数値目標を出すにしても達成年限を明示しないとか「EPSの中長期成長率は○○%から○○%」といった長期的な下限やレンジ等を示している（そこから先はアナリストが本来業務として分析すべきこと）、②①の結果、外部の経営環境の変化には原則左右されにくい内容となっている、③投資家の関心も細かい数値やその達成度合いよりも企業価値向上の長期的ロードマップのほうに向かいやすい（投資家・アナリスト側も、詳細な予想数値の開示はそれが独り歩きする副作用を懸念している）などの特性があるといわれています(16)。

経営計画の期間が長期になるほど、財務情報よりも非財務情報が重要となります。不確実な将来に対して確定数値で回答することが必ずしも良いともいえないでしょう。かといって日本の現状において、中計から数値目標の公表自体が少なくなってしまうと、そもそも当該期間内の定性的情報が建設的に対話される材料・きっかけさえもなくなってしまう懸念があります。

今後の経営計画においては、①どういう長期ビジョンがまずあるのか（さらに、そのwhyに関する説明）、②①を踏まえてどういった経営課題に重点なり優先順位を置いて対処する戦略と意思を持っているのか、③それを踏まえていかなる財務係数やＫＰＩ（重要業績

(16) 欧米では、いろいろな数値を開示したときにそこから乖離した場合には証券訴訟の対象になり得る点も影響しているのかもしれません

評価指標）が目標値として選択されたのか、④当該目標実現に向けていかなる施策をもって現場への浸透を図っているのか（例えば社内業績管理指標との関係等）、⑤中長期的な事業拡大等への成長投資、各種リスクへの対応、株主還元の配分など株主資本の活用方針など、経営の意思としてのストーリーに関心が寄せられることになりましょう。例えば今後5年などの期間においてどういった成長投資や経営課題に重点なり優先順位を置いて対処するのか、当該期間の経過の中で不採算事業が生じた場合にどういう視点・基準や時間軸で投資継続なのか縮小なのかを判断していくのかなど、企業の経営観や経営戦略の背景等を投影した定性的情報が重要となります(17)(18)。

日本企業の資本効率性は、①制度環境など企業としては受動的に受け入れざるを得ない要因（法人税率等）や②制度とまでいかなくても企業の持続性の前提としてなかなか変えにくい事項（共存共栄的な社会の仕組みなど）などから制約を確かに受けます。しかし①②を踏まえてもなお、自社として中長期的視点でかつ将来志向で、現場での工夫、日々の仕事の積み重ねなど、日本流の現場主義・顧客主義などの日本的経営の良さを通じて向上させられる部分を持続的に追求し続けることが重要となります(19)。

(17)ガバナンス・コードに対するパブリックコメントの回答においては、（a）「補充原則4－1②を支持する。ただし……中期経営計画（あるいはそれに類する株主に対するコミットメント）の策定を明確に求めるべきである。中期経営計画を策定しないのであればエクスプレインが求められることにすべき」という意見と、（b）「補充原則4－1②についてはその表現を見直す必要がある。日本においては多くの企業が中期経営計画を発表し、3～4年後の売上高、利益、ROE等の具体的目標数値を示しているが、欧米やアジアの国々ではそのようなケースは非常に稀である。過去20年にわたって市場が低迷した事実を背景に、日本企業のコミットの度合いに対して懸念を持つ投資家が多いのは事実である。しかし、そもそもガバナンス・コードは企業が掲げた目標を達成することを可能とする枠組みをつくるためのものであり、目標数値のコミットメントそのものを直接的に要求するものではない。海外の主要コードでも中期経営計画に言及するものは存在しない」という意見という、両方向からの意見が寄せられたことに対して、（c）「我が国においては多くの上場会社が中期経営計画を策定・公表しておりますが、その達成に関する信頼性の向上を図ることが望ましいと考えられることから、「中期経営計画も株主に対するコミットメントの一つであるとの認識に立ち、その実現に向けて最善の努力を行うべきである」との補充原則4－1②を置いているものです。もっとも、そもそも中期経営計画を策定しないという経営判断も否定すべきでないと考えられ、こうした上場会社には補充原則4－1②は適用されない。なお本コード（原案）はプリンシプル・アプローチを採用しているため、実質的にみて中期経営計画といえる内容のものであれば、その名称に関わらず補充原則4－1②の適用がある」と述べられています。

(18)いわゆるMD&A（Management's discussion and Analysis of Financial Condition and Result of Operations）に相当する箇所の開示充実も1つの重要課題です

(19)自社株買いで短期目線の投資家が喜ぶときがあっても、自社株買いはあくまで限られたパイの分配の議論であり、持続的にパイの拡大ができる企業のほうが長期目線の投資家にとっては望ましいという指摘がなされるときもあります。

補足コメント

中計の経営目標がどの程度まで現場に浸透しているか

井口　伊丹先生の「(戦略とは)市場の中の組織としての活動の長期的な基本設計図」の中に「組織としての」という言葉があります。これは大変重要だと思っています。中期経営計画を実際に実行するのは現場の方々です。したがって、この中期経営計画で定める経営目標がどの程度まで現場に浸透、共有化されているかというのが、投資家にとっての中計達成の確信度につながるからです。

武井　おっしゃる通りですね。例えばどういう場合に投資家の確信度は高まるのでしょうか？

井口　よくあるのが、現場見学会です。製造業では工場見学、小売業では店舗見学、営業所見学です。このような機会に、現場のマネージャーの方々と対話する機会をいただくわけですが、その対話の中で確認するわけです。

具体的には、経営計画で、ROICの改善が掲げられ、ROICの分母(資産)の有効活用が目標とされているとします。しかし、担当のアナリストが現場のマネージャーと話をする中で、在庫の管理といったことが全く意識されていない。あるいは、給与の査定項目に入っていないとします。この場合、企業の「投資家への説明」と「現場への指示」にダブルスタンダードがあるリスクがあるわけです。当然、投資家の中期経営計画の実現性に対する確信度は落ちることになります。

武井　なるほど、わかりやすい例ですね。

ROEを現場のKPIに落とし込む逆ツリー

武井　あと、資本効率性に対する意識付けの例として、伊藤レポートではROEの逆ツリーが示されています（図表1-23）。ROEの逆ツリーは、ROE向上というのはどうすれば現場のKPIからたどり着けますかという思考で現場のKPIを示しているわけです。

資本効率性への意識付けについて、伊藤レポートでは以下のように述べられています。「ROEの平均的水準が直近1年でだいぶ回復したとはいえ、1年前まで長い間にわたって5%を割る低水準に陥ってきたのである。資本コストの平均水準はそれよりはるかに高いにもかかわらず。これは資本効率が相当に低いことを意味し、日本企業の構造的問題といえる。資本主義の根幹を成す株式会社が継続的に事業活動を行い、企業価値を生み出すための大原則は、中期的に資本コストを上回るROEを上げ続けることである。なぜなら、それが企業価値の持続的成長につながるからである。この大原則を死守できなければ資本市場から淘汰される。資本主義の要諦は労働分配率にも配慮しながら、資本効率を最大限に高めることである。個々の企業の資本コストの水準は異なるが、グローバルな投資家から認められるにはまずは第一ステップとして、最低限8％を上回るROEを達成することに各企業はコミットすべきである。もちろん、それはあくまでも「最低限」であり、8％を上回ったら、また上回っている企業は、より高い水準を目指すべきである。ROEの向上は確かに経営者の責務であるが、それを各種指標に分解し、現場にまで落とし込むことによって、現場の高いモチベーションを引き出すことも重要である。現場力を伴ったROE向上こそ日本の経営スタイルに適合する。それは「日本型ROE経営」ともいえる。」

井口　逆ツリーには2つの効果があると思います。1つ目が、これをうまく用いれば、中期計画の目標が経営と現場で共有されることです。ある経営者の方が「ROICといった指標は現場には落とさない、現場はシンプルなほどよい」とおっしゃっていましたが、実際、営業の現場にROICやROEなどを持ち込んでも混乱するだけです。現場は売上高や粗利、あるいは在庫水準などの目標でよいわけです。最終的な利益や資本配賦などは本部の仕事です。ただ、企業として各階層にどのような目標を付与しているかを認識することは、経営目標の浸透・貫徹につながり、「稼ぐ力」を蓄える大きな仕組

図表1-23 ROE の分解事例

- ROE
  - ①純利益率
    - 税前利益率
    - 法人実効税率
      - 売上高粗利率
        - 限界利益率
        - 単価（売価）
        - 数量効果
        - ロイヤリティ収入
      - 売上高原価率
        - 売上高減価償却費率
        - 単価（原価）
        - 数量効果
        - 稼働率
        - 価格ヘッジ（原材料、燃料、為替等）
      - 売上高販管費率
        - 営業費用・管理費用
          - 一人当たり売上高
          - 一人当たり営業利益
          - 販促費
          - 広告宣伝費
          - 契約更新率（継続率）
          - 外部委託（アウトソース）
        - 研究開発費
          - インライセンシング
          - ライセンスアウト
      - 営業利益率
      - EBIT マージン
      - EBITDA マージン
  - ②売上高資産回転率
    - 売上高流動資産回転率
      - 在庫回転日数
        - リードタイム
        - 日販
        - 既存店売上
        - 受注残
        - 在庫処分、廃棄
      - 現金回収サイクル
        - 売掛金回転日数
        - 買掛金回転日数
    - 売上高固定資産回転率
      - 稼働率
      - 歩留り
      - 設備投資（能力増強、メンテナンス）
      - 床面積当たり売上高
  - ③財務レバレッジ
    - 有利子負債比率
    - 有利子負債 /EBITDA
    - インタレスト・カバレッジ・レシオ
    - コア Tier1 比率
    - 外貨調達

（注）
①～③はデュポン分解として知られる３要素分解：（当期純利益 / 売上高）×（売上高 / 総資産）×（総資産 / 株主資本）
多様な業種を想定した汎用的なものであり、全ての分解要素が一つの企業に当てはまるものではない。

（出所）「持続的成長への競争力とインセンティブ～企業と投資家の望ましい関係構築～」プロジェクト（伊藤レポート）

みとなると思います。

もう1つは、先ほどいいましたように、投資家は経営層の方々と話をするだけでなく、計画達成の確信度を上げるため、現場で働いていらっしゃる方々とも対話します。そのときに、投資家と現場の方々の対話を促進するツールになると考えます。

武井 逆ツリーの思考回路が現場に浸透しますと、経営陣が将来的に変わっていっても、業務の改善が継続的に進んでいきますね。

ROEの数値を下げてでも成長を狙いにいってほしいときもある

武井 以上の話を少しまとめますと、上場企業側は今後どういう形で資本効率性向上を考えていくのが良いのか。R&Dにしても何にしても何でも実を結ぶわけではないわけですが、かといって困窮しているときこそ将来の利益を生む投資・種をつぶすわけにはいきません。そうした中、資本効率性の指標自体が悪いというのではなく、経営者側が、投資家がトラックして評価できる長期的な時間軸を示すことで対応すべきではないかということですね。もっとも、惨たる結果を目の前にして「長期的視野に立っていますから」という言い逃れはできないわけですが、今のお話にあった長期的視点からの開示や説明、長期投資家との実りのある建設的対話を行うことで、過度な短期志向化からの弊害をマネージしていくことになるのでしょう。

ＲＯＥの数値を向上させるために企業の成長を縮小均衡させてしまうことへの警鐘についてはいかがでしょうか。

井口　答えは、今のＲＯＥや資本効率の水準にあると考えます。教科書的な説明になり恐縮ですが、資本コストを上回る部分が企業価値の増分となるわけです。米国のサービス業で、過剰に自社株買いや株主還元を行った結果、将来の成長につながる研究開発費・買収の資金がなくなり、売上高が低下、株価パフォーマンスも低迷した会社があります。縮小均衡の典型的な例と思います。ＲＯＥや資本効率が凄く高い会社、例えばＲＯＥが十数％を上回る会社で、資本コストを上回るような良い成長機会がある場合、資本効率が低下してもよいわけです。〈資本効率×投下資本〉の面積が重要だからです。長期の投資家であれば、このような企業との対話の際には、売上高成長率などの成長指標が重要となるわけです。

武井　面積といいますのは。

井口　資本効率×投下資本という掛け算の結果、算出される面積です。図表1－24をご覧ください。縦軸にはＲＯＩＣやROAといった資産ベースの収益性（資本効率）、横軸には投下資本の額を示しています。横に点線で資本コストの水準を示しています。収益性と投下資本の掛け算の四角形の面積のうち、資本コストを上回る部分が企業価値・

株主価値にプラスに寄与することになります。この図では、収益性は高いものの、将来の成長に不安を抱える企業が思い切って新規案件に進出した様子を示しています。収益性は低下するものの、成長性が大きく増加するため、面積としての企業価値・株主価値は増加します。株主価値にはプラスの経営行動であったということです。

武井　なるほど。成長投資によって例えば、ROEが15%から10%とかに減りましたが、面積、ひいては時価総額としてはプラスになっていくということですよね。

井口　はい、ご指摘の通りです。このタイプの会社の投資家との対話では、ROEやROICを如何に上げるかという議論ではなく、成長戦略が主な議題となります。

武井　たしかに資本コストを上回れば株主価値にはプラスですからね。

井口　伊藤レポートでROE8%が示されましたが、15%くらいのROEになってくると「ROE・収益性が高いのはわかった。では、ここからどうやって、さらにこの面積を広げていくか」という議論になるわけですね。

武井　なるほど。なにがなんでもROEを高く維持してくださいというのが、投資家・株主が望む話でもないわけですね。

井口　はい。会社の置かれた状況により、対話の内容が異なるということです。

武井　ちなみに年金資金を預かっていて求められるリターンと、資本コストとはどういう関係になりますでしょうか。

図表1-24 企業価値と収益性・投下資本の関係

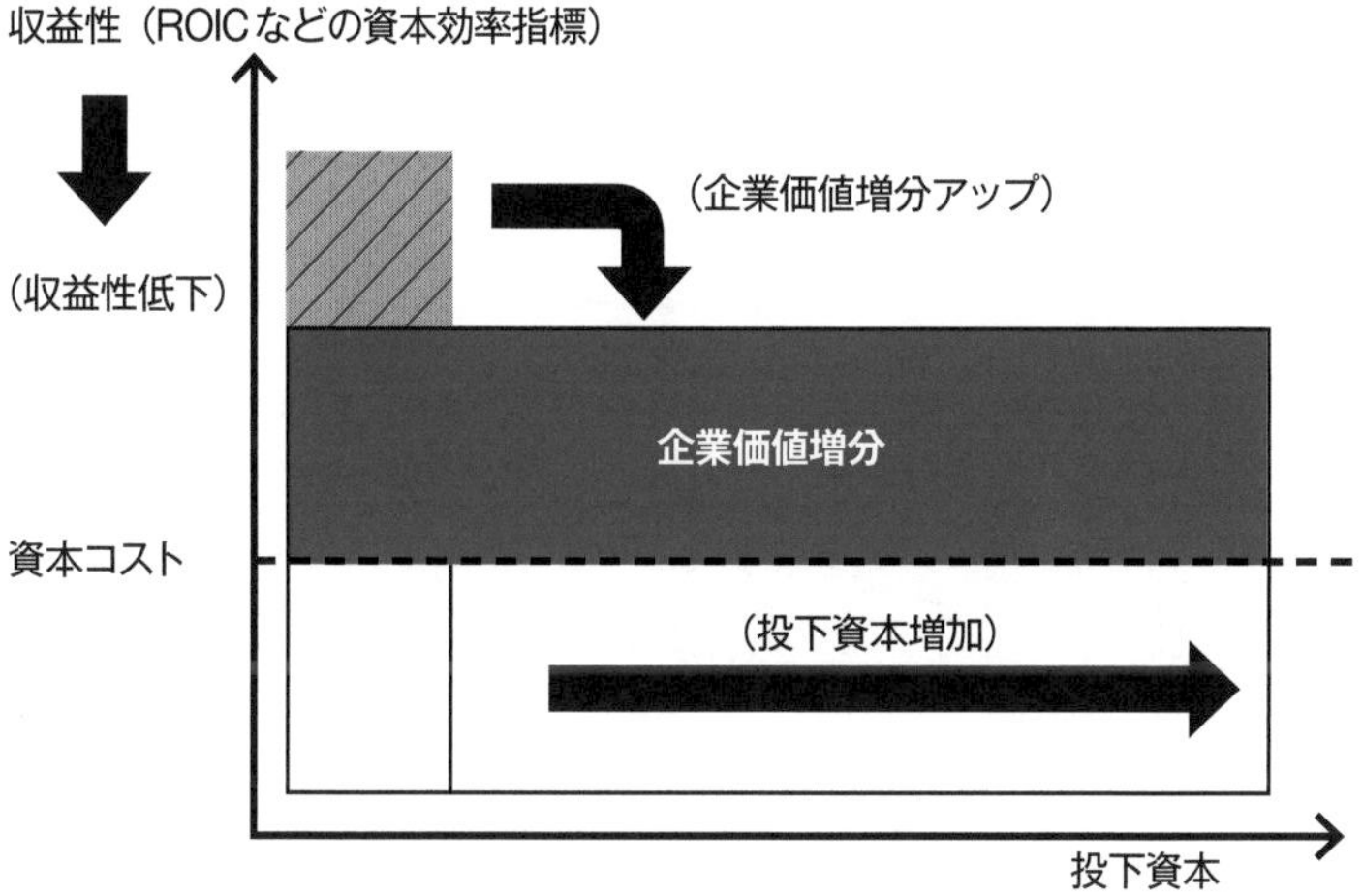

（出所）井口作成

井口　年金運用でのリターンは株価のパフォーマンスであり、株主価値・企業価値の増分となります。ですから、さきほどお示しした資本コストを上回る斜線部分が、投資家が株式への投資から得るリターンとなり、年金のリターンとなります。

したがって、年金運用のリターンとの関係でいうと、この資本コストを上回る面積をいかに拡大させるかということが重要となります。もし、収益性が資本コストを下回っている場合、企業価値・株主価値へマイナス寄与になり、企業価値全体は縮小していき、年金運用における株価パフォーマンス・リターンもマイナスとなります。

株主還元に関する考え方
——経営戦略と整合的な還元方針の説明を

武井　株主還元の考え方も重要な経営戦略なのだと思うのですが、自社株買いなどによる株主還元というのは、どういうときにすべきと整理されていますか。

井口　企業にとって一番大事なことは成長することだと思います。長期投資家にとっても同じです。ただ、資本コストを上回る投資先がない場合には、株主還元に回す必要があると考えています。

武井　非効率な内部留保というのが日本でいわれますが、非効率な内部留保かどうかはどのように判定すればよいのか。

井口　よくいわれることではありますが、一般的にいって日本企業が過剰の現金を保有されていることは事実と考えています。ただ、個社別にみる場合は、中長期的に企業価値をどう高めるのかという軸で判断すべきと考えます。将来の成長、将来の買収や設備投資のために保有するということで、かつ、有効に使われる（資本コストを上回る）ということであれば効率的な内部留保ということができると思います。また、将来のビジネスの展開上、ある程度の健全な財務体質の維持が必要で内部留保することも理解できます。

投資家向けのアンケート結果を見ますと、約70％の日本の投資家が、その株主還元の水準もさることながら、株主還元の方針の〝説明〟が不十分であることに不満を持っています。ここにも象徴的に出ていますように、まずは、明確な還元方針の開示が大事ということかと思います。

ROE改革をめぐる一連の議論について

武井　次にROEに関する話に移ります。伊藤レポートで、今のアウトカムのほうの資本生産性に関してもかなり活発な議論がなされていますが、ROEの部分についても補足説明をお願いできればと思います。

三瓶　ROEも企業価値創造の議論の一部です。ROEに関連して集中した主な議論は2つだったと記憶しています。ROEに集約してメッセージを発信するのか、資本コストについてのリテラシーを高める方向でメッセージを発信するのかという軸と、もう1つはクリアすべきハードルを数値的に示すかどうかという点です。3つ目があるとすれば、ROEではなくてROICとかROAなど、各社の事業部門への落とし込みをしやすい指標の方が良いのではないかという点でしょう。

武井　なるほど。

三瓶　この議論は、「企業価値とは何か」において見解が分かれたのとは違い、皆でほぼ共通理解を持ちながら何を優先して強調するかを話し合うことができたと思います。具体的には、日本の企業の抱えている問題というのは、多くの場合ＲＯＥが株主資本コストを下回っているという点です。

株主資本コストに関心がないか、あるいは気づいていないというエビデンスがあるので、正面から取り組んでいただけるよう、資本コストをもっと前面に出すべきだというのは正論だと思います。

ただし、そこまで資本コストに対する注目度または関心が高くないのだとすれば、いきなり資本コストというものを前面に出してもわかりにくく、かえって消化不良になってしまうのではないかという現実論もありました。わかりにくいと教科書的な資本コストの理解にとどまってしまいがち、つまり、計算式のコピーと必要変数の機械的な準備、いわゆるボックス・ティッキングに陥る懸念があるので、ある程度のわかりやすさ、受け入れやすさを優先してＲＯＥを前面に出そうとなったわけです。

ＲＯＥを前面に出したときに、ＲＯＥという用語は、たいていは理解されるのだとは思いますが、ではそれがどの水準なら良いのかという話になります。平均的な株主資本コストがどのくらいかということを、これはヒアリングベースですが委員から提供してもらいました。国内と海外の両方で行ったヒアリングの結果、国内平均が６・３％、海外平均が7・2%だったのです。したがって、グローバル投資家が想定する株主資本コストを上回る最低ラインという考え方からすると、7・2%に超過分を上乗せして最低8%を超える水準を意識すべきだということになったのです。

ROE 8%という数値はそのような紆余曲折というか、議論があってのことなのですが、「8」という数字が固まったとたん、数字が独り歩き始めることは議論の過程でも想起されていました。「伊藤レポート=最低ROE 8%」という印象がすでに企業さんの間であるようですが、業種や会社さんによっては「いやいや、そうじゃないはずだ」という反論は、もちろんあり得るのだと思っています。ただし、これは広く平均的な考え方に基づいて、ある種の明確なスローガンを出そうとして8%を出したものですから、これについて「違う」という強いご意見・持論は当然あり得るわけでして、そうであればぜひそこから議論をスタートしていけると、そのこと自体、大変よいことだと思っています。それこそ対話の重要なアジェンダでもあり、資本コストについての深い理解を広めていくきっかけになる良い効果になればと思います。

小手先のROE向上策に走るべきではない

武井 ROEという数値に関して、「もし経営者がROEを毎期上昇させるという目標ばかり追求したら、資本を長い間じっくりと醸成させ、利益は遠い将来にやってくるという、まさに長期的な経営方針をとるのは不可能に近いだろう」という批判論もあります。ＲＯＥ至上主義に対する懸念・警戒の一例だと思います。効率性を過度に強調してもＲＯＥは上がるので、企業自体の成長は縮小均衡してしまうのではないかという指摘です。長期の投資家の方からしても、回るべき中長期の成長資金に資金が回らずに縮小均衡されたら逆に困るわけなので、こういったＲＯＥ向上の議論に対して企業側がまさに気をつけなければいけないことはどういう点でしょうか。

三瓶　そうした批判論はよくわかります。米国では実際にそういうことがありました。それは株主至上主義、例えばＲＯＥでＣＥＯのボーナスが決まるとか、株価水準がインセンティブになっているということがあり、企業価値創造とはかけ離れた表面的なＲＯＥ向上策が取られることがかつて１９８０年代、１９９０年代前半のフィナンシャル・エンジニアリングが流行った時代にありました。

武井　ＲＯＥの数字自体にインセンティブ付けまでした時代ですね。

三瓶　そうです。例えば、事業として〝稼ぐ力〟を測る指標にＲＯＡというのがあります。ところが、ＲＯＡが年々悪化している会社でも、事業そのものてこ入れをせず、ただＲＯＥを維持・向上した例はたくさんあります。自社株買いなどで株主資本を減らし、有利子負債を増やしレバレッジをどんどんかけていくと、当期純利益は増えなくてもEPSは増大しROEも向上します。でもそれだと、会社の財務体質としては、非常に危険な状態に近づいていきます。それで最終的に破綻に近い状態になるということが、ニューヨーク・ダウの30銘柄に入っているような企業でもいくつも起こりました。こういうことからするとROE至上主義的な、ROEだけがインセンティブのツールになるような状態は大変危険だとは思います。

しかし、日本がそういう方向にいきそうかというと、あまりにもROEに無頓着な状況なのだと思うので、外部者がけしかけない限り机上の空論に近いのが現状ではないかとも思っています。ただちょっと心配なのは、すでにリキャップCBを広めている動きがあることです。こうしたことについても、投資家が企業との対話において毅然とした態度で「小手先でのROE向上は求めていない」と明確に伝えるべきだと思います。

「持続的」と「成長」を両立させる競争力確保の共通項

武井　伊藤レポートにおいて、この20年間できちんと競争力確保、差別化ができていて、企業価値を向上させている200社ほど日本企業の例が、類型として4つ述べられていました。①他社との差別化で顧客に付加価値を提供して価格決定権を持つ、②自社の存在が不可欠となるポジショニングと事業ポートフォリオの最適化を徹底する、③オープンイノベーション等他社との連携も視野に入れた継続的なイノベーションを行う、④時代や自社に合った経営革新に変化を恐れず合理的に取り組むなど、自社の事業収益力を高めるための経営戦略であるなどです。

こういう競争力確保なり差別化ができていたら、雇用拡大にもつながります。効率性を向上させていく中で縮小均衡させるだけではだめで、ROE改革から生み出された効率性をこうした差別化戦略などに使うべきなのだという議論をする方もいます。伊藤レポートで紹介されたこれらの4類型についてはいかがでしょうか。

三瓶　そうですね。①差別化、②ポジショニング、を1つの括り、③イノベーション、④変化への対応、をもう1つの括りとして、2つに大きく分けるとよりわかりやすいかもしれません。

差別化は着眼点であり発想の出発点です。それを競争力や「稼ぐ力」に具体化するのがポジショニングであり、事業ポートフォリオの最適化です。しかし、ここで終わりではなく、他社も常に考え行動していますから相対的優位性を伸張させなければなりません。それが、イノベーション。そして、最も難しい決断を求められるのが時代の環境変化に適応するための進化です。これには、伝統すら見直す気構えが必要です。100年企業、長寿企業からその真髄を学ぶことができます。

差別化については、むしろ差別化の反対側から説明した方がわかりやすいかもしれません。それは、群れる現象またはハーディング現象といい、行動経済学用語です。差別化とは端的にいえば群がりを避けるということです。例えば、事業計画や中計の説明をお聞きしていると、「どこどこ市場の環境がいい、需要が伸びる、だからそこへ参入する」という説明が非常に多いのが気になるのです。つまり同業他社皆さんの説明を併せてみると、同じ方向に向かっていってしまっているのです。一見合理的な計画ですが、結局は皆で同じ市場に群がっているのではないか。すぐに過当競争に陥り参入に費やした先行投資は、回収もおぼつかず体力を消耗する懸念があります。誰にも明らかな成長市場に参入することが本当に競争力確保につながるのかということは、十分に考えるべきなのでしょう。あえて誰にも明らかな成長市場に参入するのではなく、皆が懸念して近寄らない市場を徹底的に調査・分析して参入することが、差別化の一例です。

では、どこの市場に参入したらいいのか——判断するときに、独自の市場調査をどの程度行っているのかも重要となります。例えば米国の競争力の高い企業は、まず独自の調査というのを徹底しています。特にBtoBに身を置く企業にとってその意義は大きいです。納入先が契約で決まっています。納入先とは営業のパイプがあり発注をもらいます。そのために必要な製品のスペックをもらいます。それにピタッと合わせたら商売は成り立つ、というふうに思っている日本企業さんは多いかもしれません。これに対して米国企業は、発注してくれている顧客企業のことを本当に信じていいのか、その会社が最終需要の読みを誤ったら自分たちに過剰在庫の負担がまわってくると考えます。だから、もっともっと先の最終需要がどうなっているのかというのを自分たちで調べに行って、自分の今日のお客さんは明日もちゃんと伸びていける会社なのか、ということを独自調査しています。独自というのは、自分のところに調査部門があって調査するとは限りません。外部機関に依頼するところも含めてですけれども、でも、自分たちの視点、目でそれを確かめようということをします。それで必要な差別化、イノベーション、研究を進めていくことになります。これが、競争優位なポジショニングを決めることにもつながります。海外では最終製品のセットメーカーではなく、競争力のある付加価値の高い部品を提供する会社が最終製品の開発・設計の方向性をリードすることさえあります。価格決定力を持ち、その製品のバリューチェーンで力を持つことになります。そういったしたたかさが「稼ぐ力」を支えることになるのだと思います。

伊藤レポートの議論の中で、「オーナー系企業の強さ」や「日本には数百年続く老舗企業が多い」という印象論がいったんは展開されましたが、掘り下げて調べていくうちに、むしろ、元気な長寿企業の共通点として生物の進化のような柔軟な環境変化への適応力があることがわかりました。すなわち、「継続的」というのは、同じことをずっとやっているから継続的または持続的なのではなくて、むしろ環境変化に対応すること、または変化が起こっているかもしれない状況の中で先手を打つということです。そのように変化を敏感に察知できる会社が、自らのポジションを柔軟に変えていって優位性をキープできる。早く対応することによって優位な時間が長くなる。優位な時間が長くなると、経済的にいえば利益が大きくなる。すると、再投資の原資としての資金が確保できる。さらに、次の先行投資にいち早く取りかかることができる、というような長寿の好循環が生まれるようです。

武井　ダーウィンの進化論ではないですが、変化に強い種が生き残るということなのですね。今のお話をうかがっていますと、①②③④はすべて密接につながっていて奥が深いですね。そして今回のガバナンス改革で機能強化される取締役会においても、攻めのガバナンスを実現するため理解・共有すべき視点の1つですね。

「持続的成長」という命題を最優先に掲げることの重要性

三瓶　「持続的」と「成長」を両方ともかなえるには、縮小均衡では無理だと思います。持続的に縮小均衡することは不可能ですから。命題の最初に「持続的成長」を掲げるのを忘れないようにすることが大事ですね。そこに向かうのにどうするのか、この大きな目標のもとで将来成長するための原資をいかに蓄えるかと考えるときに、ＲＯＥの意味が出てくるのだと思うのです。成長原資創出力としてのＲＯＥを高めることにより、将来の競争力を一層高める再投資を行う、という理屈で理解すれば、いくら目先のROEが高くても、縮小均衡に向かっているのでは意味がないということがわかるはずです。

武井　そうですよね。

三瓶　ただし、経営が行き詰まっている状態から再興するような場合、いったん縮小して経営を効率化しなければいけない局面があります。例えば「選択と集中」に向かう際に一部の事業から撤退して「稼ぐ力」を回復させてから、今度は自分たちの強みのあるところに成長原資を投入していく。そうすると持続的成長の局面に移っていける。年がら年中、「成長だ」「拡大だ」ということをやっていることが「持続的成長」につながるわけではないのです。

武井　なるほど。

利益率がドライバーとなってROEを引き上げるのが好ましい

三瓶　いったん取捨選択をして、選択と集中ができて、これから成長軌道に入るのだというときにROEを押し上げる重要なドライバーは、営業利益率、ROSなどの利益率であるべきだと思います。攻めの経営を形にすることです。売上高総利益率、いわゆる粗利率をどれだけ引き上げられるか。引き上げた売上高総利益率を営業利益率にどれだけ残せるか。要するに1つひとつの事業の中で、どれだけの利益率で高付加価値のものを提供するかというところにシフトしていかないと、持続的には伸びていかないことになると思います。

武井　伊藤レポートでも日本企業の平均的ROEが低いのは、日米欧で比較すると、資本回転率やレバレッジには大きな差がなく、売上高利益率、つまり事業の収益力の低さによるところが大きいという問題提起があったわけです。利益率がなぜ低いのでしょうか。値引きをしすぎだという話も指摘されていましたが。

三瓶　そうですね。利益率が低い1つの原因としては、株主以外のステークホルダーの目を気にして企業さんが意識的に抑えている傾向もあるのだと思います。この傾向は非常に日本的な考え方なのだと思います。顧客企業よりも自社の利益率が高いのは、顧客に納入している製品の値段が高いから、という解釈が一般的です。お客様より儲けてはいけないというような空気でしょうか。

これが海外では、空気を読むのではなく、論理的な交渉の駆け引きで決まります。その製品を購入している側の顧客がいうのは、「非常に付加価値の高い製品を納入してくれているので、その製品の強みを活かして自分たちも強くなれる」ということです。逆に過度に値段を下げて納入業者の稼ぎを小さくすると、納入してくれている会社の再投資も研究開発費も制限され、製品競争力が阻害され、ゆくゆくは自分たちも競争力を失ってしまって困るといいます。だから、良い製品を作って良い仕事をしてくれている会社は、存分に稼いでもらって結構だということになります。最終的に自分たちに強みをもたらす好循環を考えてのことなのです。日本では、何となく納入業者と顧客の間には上下関係があって「納入業者がなぜ客である我々よりも稼ぐのだ」といった考え方が依然として強いのかもしれません。

一方では、いわゆるバリューチェーンの中でのプロフィット・シェアリングだという考え方もあります。利益を適正分配しているから、バリューチェーンの中の企業さんがみんな生きていけるようになるというリーダーシップ、または責任感の考え方があるようです。他方、欧米では、誰がそのバリューチェーンでより競争力を持って支配するかを目指して戦略・戦術を練っています。そういう競争をしているから欧米企業の利益率が高いという見方もできます。

武井　なるほど。そうした日本の社会的構造なり要因に近い部分は、企業さんによっては、いかんともしがたい面もあるとすると、現実論としては、社会的要因以外からの利益率引き上げ要因もいろいろ探していく必要がありますね。

ROEは経営幹部こそが管理できる指標

三瓶　私は、ROEは経営トップの方こそが管理できる指標だと思っています。バランスシートの左側のアセットをどう使って稼いでいくかということを踏まえながら、バランスシートの右側の資本構成を考えなければならないからです。

武井　なるほど、そうですね。

三瓶　米国の先例のように、フィナンシャル・エンジニアリングだけでROEをつくり上げてしまうと弊害が生じますから、ROEを現場と共有するということも、ある程度は必要なのでしょうが、例えばモノ作りを一生懸命やっている現場の方がそこまで理解するかというと、これは現実には難しい面があるのだと思います。米国企業でも、現場の工場長がROEを深く理解しているかというと、それは甚だ疑問です。それよりも在庫日数や製品のリードタイムのような、もっと具体的な現場の指標があるはずです。でも、そうした現場の指標は、実はROEと無関係ではなく、すべて関係しているのです。

日数をどれだけ縮めるとワーキング・キャピタルがどれだけ減少して、ROAの流動資産の部分がこんなに小さくなり、ROAの改善余地がどれだけあるのか――というように、すべてどこかに影響してくるわけです。その意味合いを、例えば工場長がわかっているかどうかは別としても、貢献することにはつながります。各現場の方々が、自分たちの貢献の仕方はこのリードタイムを短くすることだと具体的に理解し、やり遂げて達成感を味わう、そういうことで良いのだと思っています。また、そうした社内の取り組みを、投資家とコミュニケーションする担当者が、どのくらい把握しているのかという点も大事だと思います。そうでないと、目標として掲げたROEについて、「コミットメントしてやります」といった抽象的なことしかいえない事態になってしまいます。「どのくらい順調に改善しているのですか?」「まあまあ、順調です」というようなことでは、建設的対話とはいえません。「あの現場ではこんな取り組みをやっているし、こちらの現場ではこの取り組みをやっていて、進捗は8合目まで来ました」とか、そういった現場に落とし込んだ具体策があってはじめて、実際に社内での取り組みが進んでいることが、投資家にも伝わることになります。

武井 逆ツリーを含め、現場への落とし込みは重要ですよね。そういう意味で、無理して「why」も「how」もなくROEの数字をコミットするよりも、数値はなくても「現場でこういうふうにやっていますと」と分解したところをいう方が大事だということですね。

三瓶 例えば、過去15年間にわたりROEが3%だった会社が「3年以内に10%にします」と言うと、すごいなあとは感じますけれども、同時に「過去15年間で1回も達成できなかったことを、どうしたら達成できるのだろうか」とも自然に思ってしまいます。そうすると、それこそ自社株買いで内部留保を返してしまうとか、何かウルトラCのような手法を駆使するのかなと疑問に駆られ、それで将来の成長は大丈夫なのだろうかという別の心配が残ってしまいます。

武井　そういうウルトラCだと縮小均衡してしまうので、長期的なリスクマネーは出しにくくなりませんか。

三瓶　そうですね。ですから、方策の全部をいわなくても良いのですけれど、「こういう現場、こういう現場でまだ改善余地がありますので」というふうに、代表的な事例をいくつか挙げていただければ、「なるほど達成可能なのだ、本気なのだ」という実感が伝わるのです。あとは、現場でそれをきちんと実行できるかどうかという問題になります。

ROEは過去を問うよりも中長期目線の将来志向で活用すべき

武井　伊藤レポートを含めまして、日本企業の資本収益性、ROEが低いことが指摘されています。ROEという言葉に対して、短期志向を助長するのではないかという警戒心を持つ方は結構いらっしゃいます。分子分母の世界なので、分母をどんどん減らしていけばＲＯＥは上がりますから、手段と目的が逆転したかのような、ＲＯＥの数値自体を目的化させてしまう対応に走らないか。日本の企業さんが、今の全体の流れの中で、どういうふうにＲＯＥのことを意識すればよいかについてご見解をお聞かせください。

北川　はっきりとＲＯＥの議論が出てきたのは伊藤レポートなのですね、私も伊藤レポートの参画者の１人なのですけれども、今のようなご指摘は、私も少し恐れていました。

ＲＯＥはわかりやすい指標なのですね、特に投資家にとって。ＲＯＥは理論的にいえば、株主資本に対するリターンですから、高ければ高いほど良いと。あとファイナンス理論的にいうと、「いわゆる株主資本コストを上回るＲＯＥは必要だ」ということが重要で、このこと自体は普遍的で、誰も否定できないわけです。ただ、その株主資本コストは、会社によって随分違いますし、時期によっても違います。だから、伊藤レポートで示された８％というのは、たしかに日本株式会社全体が記録してきた過去の業績や金利水準を踏まえるとそれくらい必要なのかもしれませんが、それがシンボリックになってしまうと、企業さんによってはきついだろうなと思います。景気循環の中で悪化する局面もありますし、セクターによっても事情が違いますから。

繰り返しになりますが、理念として「株主資本コストを上回るＲＯＥを目指す」という考え方は正しいのです。ただ、社内で議論をするには、株主資本だけではなく借入金も含めますから、ROEよりもROICやROAのほうがマネージしやすいという側面もあるでしょう。そういうことも考慮しながら伊藤レポートを読むことが重要なのだと思います。

それはそれとして、やはりある程度は日本企業さんにROEを意識していただく必要があるのだと思います。重要なのは、ROEの議論において、直近とか、過去の数値を問うても仕方がないということです。議決権行使の助言機関は業績予想を行う機能までは持たないので、どうしても過去の数値のことをいいますが、実は、「会社がこういうふうに向かっていく」というプロセスの中で将来のROEが上がっていく、あるいはキャッシュフローの成長性が高まる道筋が見えれば、投資家にとっては本来それで十分なのです。そういう道筋を投資家に企業が示せればよいのです。それを「過去がこうだから反対推奨するよ」とか「1年後、2年後、こうしないと反対推奨するよ」といったやり方は、私は危険だと思っています。「そういうことをしないと甘やかす」という議論もあるのかもしれませんが、今の理由から違和感を感じています。

資本効率性への意識に裏打ちされた説得力のある企業価値向上プランを示す

北川　本当の長期投資家であれば、5年先、7年先ぐらいのグランドデザインをきちんと描いて、「我々の試算では、現在の経営戦略の遂行では○年後の将来でもROEが低いままです」と指摘したり、「もう少しこういうことを考慮して経営計画を立てたほうがよろしいんじゃないでしょうか」などと助言することができます。経営者の頭の中には、「今年来年は無理でも5年後には事業改革をやり遂げて、こういう姿になる」といった構想があるはずですから、投資家の意見に納得するところがあると思うのです。ROEについても、企業さんと投資家との間で論議することから始めるのがよいと思うのです。

今の話は、「来年ROEを何パーセントにしなきゃいけない」とか「そうするとリターンが低くなるから、配当を増やすか、自社株買いをしなければいけません」という思考経路とは、かなり話が違うわけです。といいますのは、自社株買いすることによって余剰資金を取り崩してしまえば、翌年になって多額の設備投資が必要になったときに、設備投資も長期のROE目標も両方とも達成できなくなく可能性もあるわけです。「3年後のＲＯＥを高めるためにも、近いうちに余剰資金を設備投資に振り向ける予定なので、今年はあなた方投資家が要求するＲＯＥ目標の達成は無理です」という説明が企業さん側からあれば、長期投資家にとってはそれで十分なのです。それに対して「どうしてもＲＯＥ目標を達成しないとだめだ」などという長期投資家はいないのですよ。とはいえ、企業さん側の説明がその場しのぎのいい加減なものだったら、その場合は長期投資家との**「静かなる別れ」**がやってきます。

武井　なるほど。しかも株主資本コストの値自体も、平均７％とかいってもそれはあくまで試算からの全体平均であって、各上場会社さんによって個別にかなり異なっているわけですし。「ＲＯＥは事業を行う上での制約条件ではあるが、事業の目的ではない」という指摘も聞いたことがあります。日本企業さんとしては、資本効率性と資本コストへの意識を現場に落とし込む形できちんと持つことがまず重要で、その上で、目先のＲＯＥという数字を追いかけるよりも、根っこのある、現場としての説得性のある企業価値向上の長期プランできちんと対応していくということですね。

セクターの違いや法人税率・会計基準の相違を反映したＲＯＥ議論

北川　株主資本コストがセクターによって違うように、ＲＯＥの水準もセクターによっ

図表1-25 ROE議論の盲点

1）貨幣価値変動の激しい国とそうでない国、あるいは法人時負担率が異なる企業とでは意義がことなる。個別企業で観察すべき。

●ある年度の当期純利益 / 株主資本

●当期純利益（当該年度）/ 株主資本（過去の投下資本＋未処分利益の蓄積）

●法人税負担率の相違（日本企業大手100社平均39%、欧州企業平均FTSE100社平均25%）

●試算：

①ある日本企業A **ROE=10%**（=200/2000）
デフレ調整後・税率調整後 **17.1%=**（300/1750）

②ある欧州企業B **ROE=20%**（=400/2000）
インフレ調整後 **14.4%=**（400/2775）

2）ROEは過去を問うのではなく将来（中長期）の結果を問うべき（近未来ではない）
⇒過去を問うて罰するのは間違えているのでは。

て全然違います。例えば、景気循環の波が激しい業界では、景気が上向くとすぐに利益が出て一気にROEが高まりますが、景気が悪化すると途端に赤字に転落する企業があります。セクターによって、ROEや株主資本コストの議論はかなり変わってくるのです。

図表1-25をご覧ください。もう1つ、ROEの議論の中できちんと考えるべきだと思う点があるのです。ROEの計算式の分母（自己資本）のほうは、過去の投下資本と未処分利益の蓄積の合算になります。したがって、貨幣価値の変動が激しい国でオペレーションしている場合とそうでない場合とでは、ROEの分母である自己資本の持つ意味合いが違ってきます。そのため、本来は貨幣価値変動の調整をしなければ

ばいけないのです。また、インフレの世界とデフレの世界でも、ROEの意味が変わってきますので、その点も考慮しなければなりません。

加えて、いわゆる内需株といわれている日本企業さんの場合、つまり、ほとんどの利益を国内事業から生み出している日本企業さんの場合は、法人税率の影響をものすごく受けている点を見過ごすわけにはいけません。

日本では、法人の実効税率が過去4割程度なのですが、グローバルで活動している海外企業は20％程度しか負担していません。ROEの分子のリターンは税引後の数値を使いますから、国際比較すると、税率が大きく効いてくるわけです。

例えば、ある警備保障会社（A社）は営業利益が1300億円ほどあるのですが、税引後の当期利益は700億円程度まで減少します。法人税等の負担率が46％くらいあるからです。収益の大半が国内から生じる企業の場合は、このようなケースが少なくありません。この場合、（売上高は約8600億円なので）売上高営業利益率は約15％、売上高純利益率は8％、ROEは9・6％となります。投資家から何ら非難されるような数値ではありません。しかし、ほぼ同規模の外国企業（A社、売上高約9000億円、営業利益は約900億円）を見てみると、売上高営業利益率は10％なのですが、法人税負担率が約20％と低いので、売上当期純利益率は9％、ROEは13％と、A社を上回っているのです。

この事実が示しているのは単純なことです。本業では、A社のほうがはるかに収益性が高く、付加価値の高いサービスを提供しているのですが、投資家が重んじる財務指標で比較すると、B社のほうが収益性が高いと判定されるということです。

武井　税調整後のROEといった指標はないのでしょうか。

北川　core operating earningsと呼ばれる指標があり、企業側が投資家にアピールしている場合もありますが、実際には、ROE数値の単純な国際比較という、あまりフェアではない評価がまかり通っているときがあるのです。そういった意味で、ROEの国際比較にはまだまだバイアスがかかっているので補正が必要なのです。

以上の通りで、ROEをめぐる問題としては、将来志向という時間軸の話と、計算上のバイアスという2つの側面があるのです。

資本コストの把握

2018年のガバナンス・コード改訂では、自社の資本コストの的確な把握と、事業ポートフォリオの見直しや戦略的・計画的な設備投資・研究開発投資・人材投資等の重要性が明記されました。

対話ガイドライン（2021年改訂後）において以下の事項が指摘されています。

「経営陣が、自社の事業のリスクなどを適切に反映した資本コストを的確に把握しているか。その上で、持続的な成長と中長期的な企業価値の向上に向けて、収益力・資本効率等に関する目標を設定し、資本コストを意識した経営が行われているか。また、こうした目標を設定した理由が分かりやすく説明されているか。中長期的に資本コストに見合うリターンを上げているか。」（1-2）

「経営戦略・経営計画等の下、事業を取り巻く経営環境や事業等のリスクを的確に把握し、より成長性の高い新規事業への投資や既存事業からの撤退・売却を含む事業ポートフォリオの組替えなど、果断な経営判断が行われているか。その際、事業ポートフォリオの見直しについて、その方針が明確に定められ、見直しのプロセスが実効的なものとして機能しているか。」（1-4）

「保有する資源を有効活用し、中長期的に資本コストに見合うリターンを上げる観点から、持続的な成長と中長期的な企業価値の向上に向けた設備投資・研究開発投資・人件費も含めた人的資本への投資等が、戦略的・計画的に行われているか」（2-1）

「経営戦略や投資戦略を踏まえ、資本コストを意識した資本の構成や手元資金の活用を含めた財務管理の方針が適切に策定・運用されているか。また、投資戦略の実行を支え

る営業キャッシュフローを十分に確保するなど、持続的な経営戦略・投資戦略の実現が図られているか。」（2－2）

資本コストをいかなる計算式で正確に数値を算定するということに主眼があるというよりも、バランスシートの左右をよく見て、左側のアセットを支える右側が何であるべきかを踏まえたバランスシートの見直しが**財務管理**として重要です。

補足コメント

製造コスト逓減が得意な日本企業がまだ取り組んでいない資本コスト低減

三瓶　資本コストについては、そもそもまず、コストという意識がまだ薄いのではないかと感じています。それ以外の目に見えるコストに対しては、日本企業はものすごく敏感なのですが。

長ったらしいタイトルですけれども、証券アナリストジャーナル（2014年12月号）の拙稿には「製造コスト逓減が得意な日本企業が、まだ本格的に取り組んでいない資本コスト低減」という副題をつけました。意識が薄いというか、そもそも一般的にはコスト扱いしていないのではないかと感じているからです。おそらく、いったんそれがコストだとしっかり頭の中に刻まれれば、すばらしいコスト削減が実現できるのだと期待しています。

ただ、残念ながら資本コストは財務諸表などにコストとして載ってきませんので、はっきり見えないというのが1つの問題だとは思います。たしかに資本コストは難しい概念なのです。コーポレートファイナンスの教科書には計算の仕方は出てきますけれども、これが現実のマーケットで使われているかというと、そうとも限りません。学術的な計算式はあるものの、インプットする変数に議論の余地がたくさんあります。重要な変数が1％違っただけでも企業価値の評価は大きく変わるわけですから、そういう意味では資本コストは非常に取り扱いにくいというのも事実です。

企業価値をキャッシュフロー割引モデル（DCF）で説明しようとするとき、資本コストは最も厄介で、また最も重要な変数の1つです。資本コストは企業側から見れば、資本市場での資金調達力、資本構成を反映したコストですが、投資家側から見れば資本市場における資金の余剰・逼迫感、リスクを反映したハードルレートです。両者の見方が一致すれば「WACC＝資本コスト」ということになりますが、現実には必ずしもそうではありません。

WACCを決定するすべての要素「負債コスト」「株主資本コスト」「資本構成」につ

いて、それぞれ哲学論争があります。「負債コストは何を使うか?」「リスクフリーレートは?」「CAPMのベータ値は何を使うか?」「マーケット・リスクプレミアムは何を使うか?」「過去データか推定値か?」などです。事後的に資本コストを説明する方法はいくらでもありますが、将来については信頼できる予測方法がないのが実情です。

ただ、「投資家が考える資本コストは、投資家の期待を反映する」ということにはコンセンサスが形成されています。言い方を変えれば、資本コストはその会社を高く評価するのか低く評価するのかに直結しているからです。

こうしたいろいろな状況を経て、伊藤レポートでは、単にバランスシートだけで決まる企業側から見たWACCではなく、市場の期待を反映するハードルレートの方法が重視されています。といいますのは、企業価値が経営努力によって上がるのであれば、そこにはインセンティブが働きますので、そう捉えるのが望ましいからです。単にバランスシート右側の負債と資本の比率で資本コストが決まるのではなく、コミュニケーションが資本コストに影響しているという理論が、伊藤レポートの目的には合致しているわけです。

いずれにしても、他人から資金を調達しているということは、当然それに対してのコストがかかっています。それは金利のように見えやすいものではないし、「期待と信頼」というつかみどころがないものではありますが、経営者の皆さんにはぜひとも意気に感じて資本コストの引き下げに取り組んでいただければと思います。

資本コストの引き下げにつながる企業側の取り組みとは

武井　経営陣や取締役会が資本コストの引き下げに取り組む上で、具体的には何をどうすればよいのでしょうか。

三瓶　すごく柔らかい言葉で表現するなら、最終的には期待と信頼なのです。期待に応える、信頼されるということで、資本コストは下がるのです。ということは、「どうやってROEを3％から10％に引き上げるのか」という「how」を明確に伝えるということで信頼される、それで資本コストは下がるのです。さらに進捗していって、きちんと結果を出し、期待に応えていくことで、さらに下がるのです。それは、行動面でいえば、情報開示であり、コミュニケーションであり、達成するということなのです。

一方、内容面で捉えれば、引き下げる要素は大きく4つに分けられます。成長性、収益性、予見可能性、経営力です。第一に将来の成長性の高さに納得したとき、期待や評価が高くなり、資本コストが下がります。第二に、ROAやROEなど「リターン・オン・○○」の数値が将来にわたり高そうだというときは、その会社さんが競争に勝ち抜く体力があることを示していますので、これも評価が高くなり、資本コストが下がります。第三が、先々の見通しが立つか立たないかです。例えば企業さんに10年の長期ビジョンがあり、3年で区切って順調に中期経営計画を達成していくと、非常に予見可能性が高くなる。これも評価が高くなり、資本コストは下がります。第四に、合理的な判断、迅速な意思決定、不測の事態への対処能力、計画達成力など経営者の能力が企業価値創造に寄与している事例の積み重ねが評価につながり、資本コストは低下します。

武井 なるほど。成長性、収益性、予見可能性、経営力の4点ですね。コードの基本原則5も指摘しているように、建設的な対話をきちんと行うことによって、資本コストは下げられるわけですね。

三瓶 そうですね。

武井 その上で、自社の資本コストがいくらなのか。例えば、「伊藤レポートでは7%平均となっていますが、当社では6%です」とか。そこから建設的対話もスタートできるということですよね。

三瓶 そうです。定義をまず明確にしようという人たちもいるのですけど、私はどちらかというと、まずは自社で考えていただいたところから議論を始めたほうがよいのではないかと思っています。極端な例ですが、「ROEが4%、株主資本コストが3%です。だから上回っています」とおっしゃる会社さんがいらっしゃるかもしれません。その場合には、その4%、3%から議論を始めるべきだと思うのです。おそらく市場関係者の大半は「いやいや、その3%の株主資本コストは違いますよ」と反論することになるのかもしれませんが、そうすることで議論する機会が増えて、資本コストについての理解が一気に深まるのではないかと思っています。

武井　建設的な対話を深めていくうちに、案外会社がいっているコストの算定のほうが正しかったりすることもあり得ますか。

三瓶　あり得るかもしれません。会社が主張する「株主資本コスト＝3%」のロジックに合理的に反論し、相手を説得できる実力を高める必要があるかもしれませんが。禅問答のようになるかもしれません。

武井　そういう意味では、厳格な数値がいくらかというよりも、建設的な対話を行うスタート地点と考えて、将来志向で中長期的な成長に向けて議論を深めていくことが重要なのですね。

資本コストの算定

武井　重要となる資本コストですが、伊藤レポートでも「企業は、投資家との対話の質が資本コストに影響を与えることを認識すべきである。前述の通り、事業における競争力はもちろん、経営陣の価値創造への姿勢やコミットメント、環境変化への適応力・課題解決力等が、投資家が認識する将来の不確実性に影響を与え、資本コストの水準に投影される。したがって、経営者が投資家側の視点を視野に入れて、投資家との対話を通じて理解を促すことは資本コストを低下することにつながる」という指摘があります。

資本コストについてはどんな感じで算定されていますでしょうか。資本コストがある程度共有されていない中だと、資本コストを上回るリターンという話もなかなか前に進まないことになりますね。

石坂 そうですね、資本コストは社内的にはもちろん算出をしています。例えば、M&Aをするときには、その投資利回りが資本コストを踏まえたハードルレートを上回ることが前提となり、そういう指摘なり質問も受けますので、その時に具体的な資本コストの数値などを持っている必要もあります。

ただし、株主資本コストはその算出の仕方でブレますし、投資家側も外部データはとれる数字となります。それを積極的に開示することに意味があるのではなく、大切なことは、企業側もその意味を踏まえて、ＲＯＥの水準などを考えていくということかと思います。

武井 なるほど。資本コストの算定はいろいろ難しいところがありますが、佐藤さんはいかがですか。

佐藤 多くの日本企業が、一定の前提で資本コストの算出をされていますが、公表しているところは少ないですね。
日本IR協議会が実施している「IR活動の実態調査」で資本コストについてたずねていますが、規模が大きく、グローバルに事業展開しているような企業さんは、M&Aや、新規投資案件の判断などと絡めて資本コストの意識は高いと思います。ただ絶対的な数値で決めにくいものなので、公表やディスカッションがしにくいのではと思います。

武井　そうなのですね。

佐藤　先ほど「ROEの数値へのコミットメントは難しい」という話がありました。投資家からすると安定的に高いROE、それは資本コストを上回るROEということなのですが、それを、果たして企業がどのように考えているのかは確認したいと思っているでしょう。ですので、できれば一定の資本コストの水準を認識した上で、こういった目標値――というか、目指すところの議論をしていけたほうがIR上は望ましいのだと思うんですね。

武井　資本コストがいくらなのかは、時間の経過とかによっても変わってきますし、建設的対話によって引き下がるというところもあるんだと思いますけれども、資本コストへの意識はなければいけないということなんですね。いくらが正解か、というそっちの話ではなく。

佐藤　そうですね。

武井　資本コストがいくらが正解なのだということを精緻に詰めすぎなくてもよいのでしょうか。

石坂　具体的な数字というよりは、リスクマネーを提供してくれる株主や投資家に対して、どういったリターンを提供しようとしているのかといった対話に活かしていくべきだと思います。投資家にとっては当たり前の資本コストの考え方は、従来は企業にとってはわかりづらいものだったと思います。

株主資本コストというからわかりづらい面もありますが、株主の「期待利回り」と捉えれば、ＲＯＥの設定も含めて投資家との対話も食い違うことが無くなるような気がします。

佐藤　資本コストは投資家からすると、期待収益率を意味します。企業からすると「コスト」ということになりますが投資家はそれだけ期待していますよ、ということなので。

武井　デットの期待利回りの金利の数字ならば外に出てわかりやすいですけどね。コストという言葉から何か企業側にはわかりにくかったというか。

石坂　最近はかなり変わってきていると思いますが、その部分が、投資家と企業の対話で食い違いを生んだ面もあったと思いますね。

資本コストの細かい数値の算定や開示自体には余り意味がない

井口　対話ガイドラインにある「資本コストを踏まえた上で戦略を策定し、ＲＯＩＣなどの目標を設定する」というのは、実は、機関投資家が企業の戦略を評価するプロセスそのものです。ですので、企業の方にもこの対話ガイドラインに沿った形でご説明いただければ、企業と投資家の対話のベクトルが一致し、よりよい対話に結びつくと考えています。意外かもしれませんが、まだ多くの企業でこのような説明がなされていないとも認識しています。

また、資本コストの数値自体を開示するよりも、この対話ガイドラインにありますように、資本コストを踏まえた上で戦略を策定し、ＲＯＩＣなどの適切な資本効率の目標を設定し、その目標数値を適切に開示していただくことが望ましいと考えています。この場合、投資家からは資本コストの数値は見えず、ＲＯＩＣなどの資本効率の目標数値だけが見えることとなりますが、この目標が投資家の目線で低いときには、本当に資本コストを意識して戦略を策定したかについて投資家は疑問を持ち、企業と対話を行い、資本コストの考え方について聞くことになります。このような資本コストを共通言語とした企業と投資家との対話は、対話をより充実したものとし、企業の資本効率性の改善につながると考えています。

また、**政策保有株式**についても、ガバナンス・コードの原則1-4や対話ガイドラインの4(2)で資本コストに合っているか等を具体的に精査し、となっていますが、政策保有株式の価格変動リスクを考えますと、かなり高い資本コストが要求されるものと想定されるため、すべてではないかもしれませんが、多くの政策保有株式の正当化は難しくなってくるのでは、と思っています。

三瓶　私も資本コストを計算すべきとは思いません。多くの投資家が、「計算してもそれぞれ違う答えが出るよね」と思っていますから。

資本コストの数字をあまり強調しすぎると、計算の方法とか違うところに話題がいってしまうのですが、大事なのはそこではないと思います。

資本コストを踏まえた財務管理のありかた

三瓶　資本コストはバランスシートの右側から算出すれば良いと思う人が多いわけですが、そうではなくて、大事なのはバランスシートの左右をよく見て、例えば事業経営から考えたらバランスシートのアセットサイド、左側にどんなアセットがあるのかというところから始まるのです。

ただそのアセットの中身を見た時に、それを支える右側が何であるべきかということです。その中でも特に株主資本というのはいろいろな使い途があります。右側にある他人資本を支える部分もあるし、左側のリスク性資産を直接支える部分もあるし、縦横無尽にリスクを支える大切なものなのです。だから左側の事業資産を考えた時にどうやって支えるのですかというのがバランスシート・マネジメント、バランスシート設計のスタートです。アセットの中を見たら実は事業資産とは関係ないんじゃないかなと思うようなものも入っている。これ、現金のことではありません。現金は余剰部分は別として、それなりの部分が事業資産として事業を賄う大事な部分です。

以上のように見ていって、全体のバランスシートをもう1回見直さないといけないですねということが、改訂版コードで意味している**財務管理**という用語です。そうすると、左右上下それぞれのコストとかリスクとかを考えるのです。以上のことをよく考えて経営することが大切であるということが、対話ガイドライン2-2で「経営戦略や投資戦略を踏まえ、資本コストを意識した資本の構成や手元資金の活用を含めた財務管理の方針が適切に策定・運用されているか」と述べられています。

このガイドラインを使う投資家の側は、企業と対話するときに、以上のような点を含ませて説明する必要があると思います。

事業ポートフォリオマネジメント

経営環境の変化が激しい中、**事業ポートフォリオマネジメント**も重要なテーマとなっています。**2021年改訂**でも、以下のように述べられています。

「取締役会は、・・人的資本・知的財産への投資等の重要性に鑑み、これらをはじめとする経営資源の配分や、事業ポートフォリオに関する戦略の実行が、企業の持続的な成長に資するよう、実効的に監督を行うべきである。」（補充原則4－2②）

「上場会社は、経営戦略等の策定・公表に当たっては、取締役会において決定された事業ポートフォリオに関する基本的な方針や事業ポートフォリオの見直しの状況について分かりやすく示すべきである。」（補充原則5－2①）

2020年7月31日に経済産業省から、事業ポートフォリオマネジメントに関する実務的な考え方を整理した「事業再編実務指針～事業ポートフォリオと組織の変革に向けて（事業再編ガイドライン）」（**事業再編実務指針**）が公表されています。事業の企業価値を中長期的に最大化することが期待される経営主体を「ベストオーナー」と定義し、自社が「ベストオーナー」ではない事業を抱え続けていても、十分な成長投資が行われず、事業としての成長戦略を描くことが難しい場合には、長期的に見れば従業員の利益とはならないと述べています。

経営計画策定との関連について、事業再編実務指針では、以下の点を指摘しています。

「経営目標や経営陣の業績評価指標は、経営戦略等も踏まえて体系的で一貫したものとなるように設定するとともに、『規模』（絶対額）から『率』（資本収益性や成長性を基本としもの）へ移行させていくことが重要である。

現状、日本の上場企業では、中期経営計画上の経営目標や役員報酬における業績評価指標として、売上高や利益の絶対額等、企業規模に連動するものが重視されており、規模縮小につながる事業の切出しに対して負のインセンティブとなり、継続的に赤字の状況に陥るまで判断を遅らせているのではないか。

売上高や利益額（絶対額）等の企業の『規模』に連動する指標を重視しすぎることが事業再編への阻害要因になっているのではないかとの指摘を踏まえ、経営目標等の主軸を「規模」（絶対額）から「率」へ、すなわち、…事業ポートフォリオマネジメントにおける事業評価と同様に、資本収益性と成長性を基本軸とした評価指標へと軸足を移していくことが重要である。

具体的な指標の設定については、持続的な成長を実現する観点から、各社の置かれた状況や経営戦略等に応じて、各指標の特徴を踏まえて適切な指標を選択（組み合わせ）し、随時見直していくべきものであるが、……例えば、①資本収益性に関する指標としては、各事業部門の経営目標等としてはROIC、グループ全体の経営目標等としてはROE、②成長性に関する指標としては、自社における売上高成長率、利益成長率、投下資本の増加率（いずれも**オーガニックグロースベース**）等を組み合わせることが考えられる。」

補足コメント

額へのコミットより成長率や収益率へのコミット

武井　経営計画については、今後どういった内容であればストーリー性があると感じられますでしょうか。「中期」とつけるのが良いかどうかもありますが。

三瓶　まず中計が3年ごとに区切られていて、3年ごとにポリシーが変わってくるようだと、中計より長期の考え方が安定しにくくなります。ですので、先ほどのバックグラウンド・ストーリーの話に関連しますが、少なくとも中計よりもっと長い、または大きなビジョンがあり、「こういう会社になっていたいのだ」という認識を共有することがまず重要だと思います。それで、今現在の現実はこうだ、課題はこうだとなったときに、課題を解決するための取り組みの方策としての中計があるということを期待しています。その中計が過ぎたときには、同じ大きなビジョンのもとで次の課題解決のステップに入っていく。こういう思考回路であればわかりやすいと思います。そのときに数値なり金額、例えば「売上高1兆円」とか「ROE15%」といった数値目標が果たしてどれだけ重要なのだろうかと感じてしまいます。

武井　欧米企業は別に「3年後にROE何%」という目標はあまり開示していないわけですよね。

三瓶　中計とか実施計画というよりは、ポリシーですかね。うちの会社はこういうビジネスモデルを貫き、ROE20%前後を維持するとか、利益成長年率20%のために適宜事業ポートフォリオは入れ替えるとか、目指していく基準というものが示されているのです。起点がいつで、終点がいつ、といったことではなく、変化率なり効率なり、それが私たちのビジネスモデルが目指すところだというベンチマークのようなもので表現しています。それを上回るときもあれば、下回るときもあるが、長期では軌道上にあるというものを欧米企業は開示しています。

武井　なるほど。「3年後にROE何%」ということを3年前の時点でいわないのですね。

三瓶　それはどちらかというとリハビリ期間にあって、これまで未達で批判を受けているような会社さんが、3年以内には何とかしなければいけないという場合には掲げる例があります。

武井　その場合、「how」もかなりきちんと示されているわけですね。

三瓶　そうですね。米国企業の場合は、再び未達だったらCEOが交代させられますから。

武井　なるほど。補充原則4－1②で「取締役会・経営陣幹部は、中期経営計画も株主に対するコミットメントの一つであるとの認識に立ち、その実現に向けて最善の努力を行うべきである。仮に、中期経営計画が目標未達に終わった場合には、その原因や自社が行った対応の内容を十分に分析し、株主に説明を行うとともに、その分析を次期以降の計画に反映させるべきである」とありますので、何をコミットできるのかを改めて企業さんは「how」のところからきちんと遡って考えるべき時期なのかもしれませんね。目標がROEの数値である必要があるのかどうかも含めて、いろいろな考え方があるでしょうし。

三瓶　そうですね。補充原則4－1②の「コミットメント」という表現は少し気になっています。現在のような中計でコミットするのはどうかと。また、達成容易な計画にコミットされてもがっかりします。持続的な企業価値創造という意味では、売上高や利益の額へのコミットより、成長率や収益率へのコミットのほうが重要かなと思います。これは率ですから維持していけば継続的な価値創造になります。そして成長率や収益率には根拠が必要ですから、「why」と「how」とを伝えればよいと思います。あとは、それをどう解釈するかは、アナリスト側の能力の問題ということになるのだと思います。

取締役会に期待されるのは「軸がブレないようにリマインドする役割」

武井　今のお話を踏まえて、中長期の投資家目線から見た「攻めのガバナンス」を支える取締役会のあり方について、ご意見をお願いします。中長期の投資家の目線から見て、独立社外取締役を含んだ取締役会には、どのような役割が求められるのでしょうか。

三瓶　取締役会の重要な役割の1つは、企業価値創造という軸がブレないようにリマインドすること、社内の論理、閉鎖的な価値観に陥らないようにバランスを取ることではないかと思っています。

助言者、アドバイザリーとして迎えるという企業さんもいらっしゃいますが、私の感じとしては、アドバイザーという語感以上に、モニタリング、スーパーバイザリーという役割を担い、グッド・クエスチョンをしていただくことを期待します。こういう点は考えたのか、こういう点はどう説明するかなど、アカウンタビリティの一種のテストをしていただきたいと思います。

例えば、M&A、新規事業、撤退などの議論の際に、リスクの取り方や時間軸の考え方などの点でリマインドをすることです。そうして資本コストに関する意識づけを行っていくことが、企業価値創造という軸からのブレを防止することにつながるわけです。

ただ、それは社外取締役の能力に依存するところがありますので、より一般的に可能なこととしては、一種の説明力テストをしていただく役割を挙げることができます。審議している事項について、それは社内にしか通用しない閉鎖的な考え方に基づいていないか、社外での説明力があるかどうかを確認していただくのです。例えば、一般の人が聞いたときに「なるほど」と思うのかどうかということです。一般というと少し言い過ぎかもしれませんが、社外の企業経営の知見を備えている方がお聞きになったときに「なるほど」と思うのか、それとも「それは社内の論理でしょう」となってしまうのか。そういうことについてクエスチョンをして、説明力テストをしてもらうことを期待しています。

このことは結果責任とは少し違います。リーズナブルなプロセスを経て結果的には成功しなかったということと、そのようなプロセスが抜けていて失敗した場合とでは、社会的な責任がまったく違うからです。言い方を換えると、そういう質問を想定したことがあるのかということです。「こういうことを考えたことがありますか?」という質問に対して「はい、それも考慮した上で判断しています」というのなら問題ありませんし、あるいは「そういう見方もあるのですか。考えたことがありませんでした」ということで判断を是正することができれば、それでもよいのです。

武井　長期目線の投資家を含めたステークホルダーに対して、企業経営者としての説明責任を果たせているかという説明力を、取締役会はテストすべきだと。「how」と「why」も全部、この説明力を見る視点として入ってきますよね。

三瓶　そうですね。

武井　そうしたグッド・クエスチョンを発することができるかという観点からも、経験を積んでいくわけですね。

第8章　ボード機能とスキル・マトリックス

監督機関としての取締役会等（the board）のあり方

ガバナンス・コードでは、**OECDコーポレートガバナンス原則**でthe boardと言及されている取締役会等の責務を踏まえ、基本原則4において「上場会社の取締役会は、株主に対する受託者責任・説明責任を踏まえ、会社の持続的成長と中長期的な企業価値の向上を促し、収益力・資本効率等の改善を図るべく、（1）企業戦略等の大きな方向性を示すこと、（2）経営陣幹部による適切なリスクテイクを支える環境整備を行うこと、（3）独立した客観的な立場から、経営陣（執行役及びいわゆる執行役員を含む）・取締役に対する実効性の高い監督を行うことをはじめとする役割・責務を適切に果たすべきである」と明確に整理されています⒇。①企業価値向上に向けた動機づけの仕組み（マイナスを防ぐ利益相反の解消、プラスを伸ばすインセンティブづけなど）と②ステークホルダーに対する説明責任を果たすこと（透明性・公正性、アカウンタビリティ）が込められています。

株式会社は世界の資本主義国で広く採用されている組織形態であるところ、上場会社を含む一定規模の株式会社では、業務執行者（経営者・経営幹部。マネジメント・ボード）に対する一定の監督機能を持つ機関を置くことが、世界の共通インフラとなっています。株主が分散する中で所有と経営が分離され業務執行者がヒト・モノ・カネを握ることで、株主を含むステークホルダーとの利益相反を監督する仕組みが求められるからです(21)。ここでいう利益相反とは広義のもので、不祥事防止などのマイナスを防ぐ側面のものだけでなく、経営陣の人事・報酬といったプラスを伸ばす側面の事項も国際的に広く含まれています。監督機能は英語では supervisory や monitoring や oversight などと呼ばれます。監督機能を担う社内機関がスーパーバイザリー・ボードです。

監督機能の内容は、ガバナンス・コードの**基本原則4**で①企業戦略等の大きな方向性を示すこと、②経営陣幹部による適切なリスクテイクを支える環境整備を行うこと、③独立した客観的な立場から経営陣・取締役に対する実効性の高い監督を行うことにブレークダウンされています。

(20) 欧州各国のガバナンス・コードは、この the board の機能が内容の多くを占めており、またかなり詳細な事項をきめ細かく規定しています。欧州のガバナンス・コードに比較すると日本のガバナンス・コードは、あまり詳細に過ぎる事項を書いて多種多様な日本企業の裁量・自由度を縛らないよう、日本の実情等に照らした記載になっているように思います。

(21) 株主も有限責任の下で無責任となり得ることから、株主も経営者も共に無責任となり得る状況で、株式会社というリスクを採れる組織体が社会に多大な影響を与える行為を行うことを監督することも重要となります。かかる監督機能は非業務執行役員による監督だけでなく、会社を取り巻く債権者、社会その他の各関係者からの監督によっても補われることになります。

れています。

日本の株式会社では、監督機能を担っている機関は、経営機構の選択肢によって異なっています。日本の上場会社の大半を占めている監査役会設置会社では、①監督機能を取締役会と監査役・監査役会とが二元的に協働して担っている、②取締役会がスーパーバイザリー・ボードとマネジメント・ボードとを兼ねているという2つの重要な特徴があります。

監査役会設置会社では、業務執行者に対する人事権の行使等による監督機能は取締役会が担い、業務執行において善管注意義務に反する行為がないのか等の観点からの監督機能は監査役・監査役会が担っています。また両機関の監督機能の協働を実効化させるため、監査役の取締役会への各種報告義務・出席義務などが規定されています。

また、日本の監査役会設置会社の取締役会は、監督機能を担うスーパーバイザリー・ボードとしての機能と、マネジメント・ボードとしての機能の2つの機能を担っていることになります。監査役会設置会社では、①業務執行を行う者は取締役でなければならないという規律（会社法363条1項）と②重要な業務執行事項は取締役会で決議しなければならないという規律（会社法362条2項1号・4項）がかかってくるため、監査役会設置会社の取締役会はマネジメント・ボードの機能も負っているのです（監督機関としての機能は会社法362条2項2号「取締役の職務の執行の監督」などに規定されています）。

これに対して、**指名委員会等設置会社**や、**監査等委員会設置会社**（図表1-26）では、取

図表1-26 監査等委員会設置会社（Company with a Supervisory Committee）

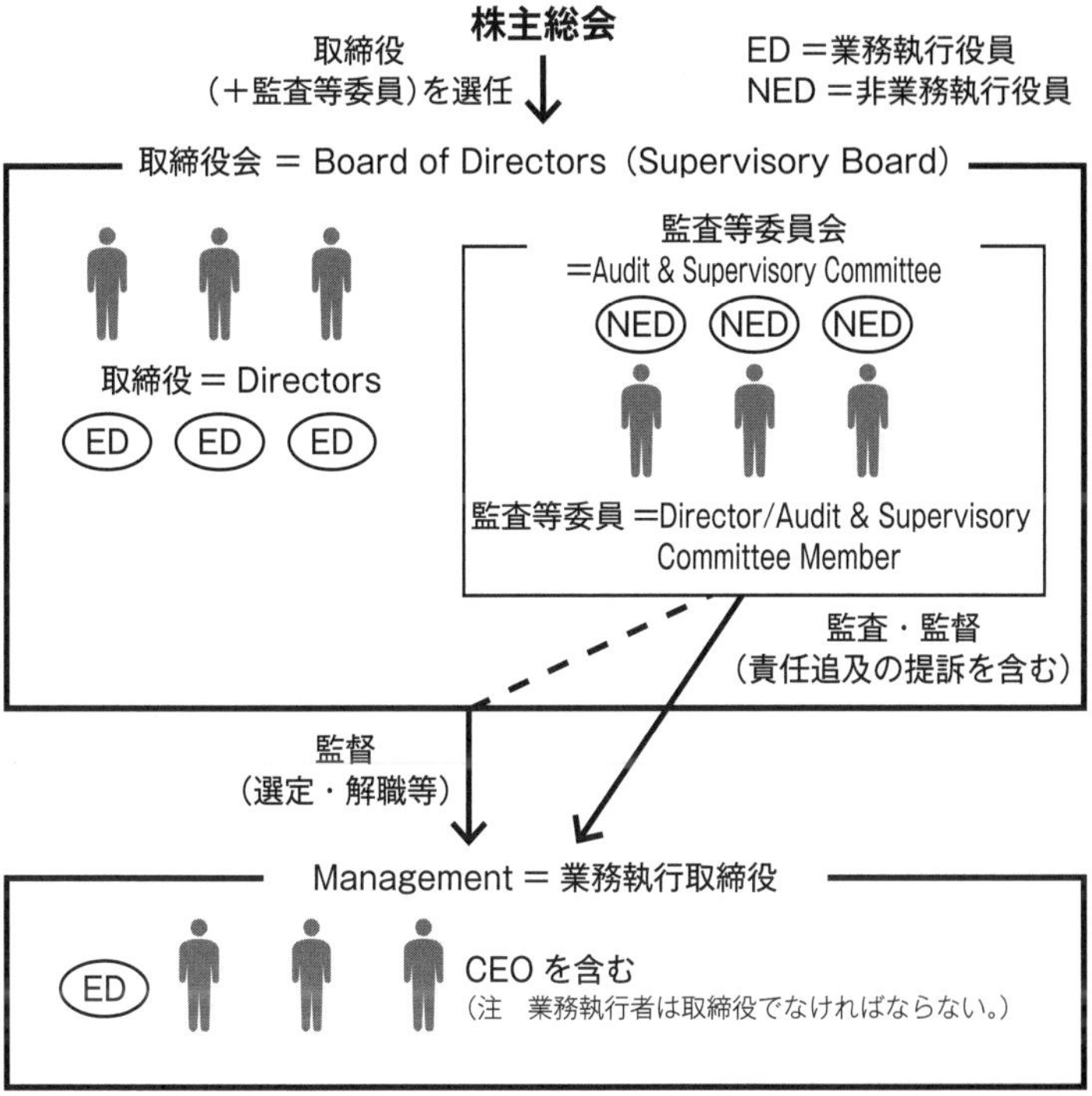

締役会が監督機能を一元的に担います。

三類型のいずれを選択するのであれ、上場している株式会社として、監督機能が備わっている必要があります。コードの**基本原則4の考え方**でも「3種類の機関設計のいずれを採用する場合でも、重要なことは、創意工夫を施すことによりそれぞれの機関の機能を実質的かつ十分に発揮させることである」と述べられています。

独立社外取締役の増員と監査等委員会設置会社

令和元年改正会社法で上場会社等には社外取締役が1名以上必置とされました。またガバナンス・コードの**2021年改訂**では**原則4－8**において以下のように明記されました。

「独立社外取締役は会社の持続的な成長と中長期的な企業価値の向上に寄与するように役割・責務を果たすべきであり、プライム市場上場会社はそのような資質を十分に備えた独立社外取締役を少なくとも3分の1（その他の市場の上場会社においては2名）以上選任すべきである。また、上記にかかわらず、業種・規模・事業特性・機関設計・会社をとりまく環境等を総合的に勘案して、過半数の独立社外取締役を選任することが必要と考えるプライム市場上場会社（その他の市場の上場会社においては少なくとも3分

図表1-27 監査等委員会設置会社の取締役会の法定決議事項

①株主総会付議事項（取締役選任、報酬、定款変更、組織再編等）
②業務執行を行う役員の選定及び解職
③経営の基本方針（プラスの伸ばし方の基本方針）
④内部統制システムの基本方針（マイナスの防ぎ方の基本方針）
⑤会社の決算関連
⑥剰余金配当（内部留保するか株主還元するか）
⑦利益相反に伴う役員の法的責任の判定に関する事項

の1以上の独立社外取締役を選任することが必要と考える上場会社）は、十分な人数の独立社外取締役を選任すべきである。」（原則4－8）

独立社外取締役の比率が増えることは、取締役会の監督機関的性格が強まり、監査役会設置会社の取締役会の「重要な業務執行事項を決定する機関」との相性があまり良くなくなります。そこで監査役会設置会社である上場会社の中で、監査等委員会設置会社などへの移行を検討する企業が増える可能性があります。

監査等委員会設置会社について少し補足説明を行っておきます。前述の通り監査役会設置会社は、取締役会がスーパーバイザリー・ボードとマネジメント・ボードを兼ねているため、社外取締役の員数をあまりに増やしていくと、社外者がマネジメント・ボードに入って全ての重要業務執行事項の決定に一票を投じる構造となります。これに対して監査等委員会設置会社では、取締役会が決める必要があると会社法が指定している法定事項は、ざっくり類型化すると**図表1－27**の7項目となります。これら以外の事項を取締役会で決めるのかどうかは自由です。欧米型のモニタリングモデルに寄せることもできれば、意思決定機関性を一定程度残したハイブリッド型にすることも可能です。意思決定の効率性と（独立社外取締役を含んだ）取締役会で議論すべき事項の重要性との兼ね合い・バランスの中で自由に設計できます。

監査等委員会設置会社では、監査等委員を、取締役会で選解任するのではなく株主総会で選解任することになっています。また、指名委員会等設置会社では**指名委員会**や**報酬委員会**の結論を取締役会全体で覆せませんが(22)、監査等委員会設置会社では、**業務執行取締役**等の指名及び報酬について（意見陳述権を監査等委員会に付与しつつ）取締役会全体で議論して（総会付議議案の内容を）決議をする構造になっています。さらに、監査等委員会設置会社では、利益相反取引への免責権限などが監査等委員会に付与されています。

「守りのガバナンス」の側面については、常勤の監査体制を敷くなど、監査役監査の良さを維持した経営機構とすることが可能です。少なくとも「守りのガバナンス」の側面で監査役・監査役会で得られていた機能性は、監査等委員会でもきちんと設計・工夫することで維持できます。

監督機関への独立社外取締役等の非業務執行役員の参画

業務執行を監督する以上、業務執行を行わない者、すなわち**非業務執行役員**が監督機関に参画する必要があります。世界中の会社法等で、監督機関に非業務執行役員が参画する旨が規定されています。

ガバナンス・コードは原則4―8の考え方で「独立社外取締役を巡っては様々な議論があるが、単にこれを設置しさえすれば会社の成長が図られる、という捉え方は適切ではない。独立社外取締役を置く場合には、その期待される役割・責務に照らし、その存在を活かすような対応がとられるか否かが成否の重要な鍵となると考えられる」と指摘しています。「独立社外取締役を複数名にしたら企業価値が向上する」といった単純な図式がとられているわけではありません。いかなる独立社外取締役に来ていただきいかなる職務を果たしていただくのか、そこに企業としてのガバナンスの意思があります。企業価値向上のために活かす意思が企業側に必要であることは、独立社外取締役の導入についても同様です。ガバナンス・

(22) なお指名委員会等設置会社の取締役会には各委員会の委員の選解任権があります。また指名委員会等設置会社では、役員報酬を株主総会決議を経ずに報酬委員会で決定できます。

コードにおいても原則4－8、原則4－12、原則4－13、原則4－14等において、独立社外取締役を中長期的な企業価値向上に活かす工夫に関連した言及があります。諸外国のコードでも、いかに独立社外取締役を活かすのかという企業側の工夫・意思が重要視されています。

不祥事対応など「守りのガバナンス」では、業務執行レベルでの利益相反の懸念・度合いが大きいこと、危機管理などの局面では「1回で膿を出し切る」など会社利益にとってとるべき選択肢の幅が狭いことなどから、非業務執行役員が果たすべき役割は比較的明確でわかりやすい面があります。そこで「攻めのガバナンス」においていかに非業務執行役員が貢献するのかが、今後の重要テーマといえます。

果断な経営判断を支える
リスク・マネジメントの機能を高めるコーチング力

独立社外取締役を含む取締役会が、会社の持続的な成長と中長期的な企業価値の向上（収益力・資本効率等の改善を図ることを含む）の役割をいかに果たすのか。いくつか私見を述べたいと思います。

企業価値を高める中心的役割はマネジメント・ボードである経営陣が担うものであり、取締役会はそうした経営陣の戦略や提案を建設的に揉んで、グローバル競争など外部環境に耐え得る内容へと方向付けていくことが期待されます。リスクテイクをしなければ超過収益力はなかなか生み出されないものの、重要なのはリスクをいかに適切にマネージするのかにあります。そこで「攻めのガバナンス」として取締役会に求められる重要な役割として、会社としての果断な経営判断を支えるリスクマネジメント力を高める点が挙げられます。

例えば、**グッド・クエスチョン**を経営陣に発して経営課題とその克服に対する気づきを与え、リスクをマネージして前に進む力と説明力とを高めていくいわゆるコーチング機能が期待されます。取締役会の機能性が発揮される中で、超過リターンの源泉となるリスクの採り方が自律的に磨かれていくことになります。自律を磨く発想です。

取締役のスキル・マトリックス

取締役の**スキル・マトリックス**に対する関心が高まっています。サステナビリティ関連やＤＸなど、経営環境の変化が激しい時代です。それだけにグッド・クエスチョンを伴った骨太な議論がマネジメント及び監督機関においてなされていることが、変化に強いレジリエントな企業体につながります。その１つの礎となるのがスキル・マトリックスです。

ガバナンス・コードでは、**２０２１年改訂**を経て、以下のように述べられています。

「取締役会は、その役割・責務を実効的に果たすための知識・経験・能力を全体としてバランス良く備え、ジェンダーや国際性、職歴、年齢の面を含む多様性と適正規模を両立させる形で構成されるべきである。また、監査役には、適切な経験・能力及び必要な財務・会計・法務に関する知識を有する者が選任されるべきであり、特に、財務・会計に関する十分な知見を有している者が1名以上選任されるべきである。」(原則4－11)

「取締役会は、経営戦略に照らして自らが備えるべきスキル等を特定した上で、取締役会の全体としての知識・経験・能力のバランス、多様性及び規模に関する考え方を定め、各取締役の知識・経験・能力等を一覧化したいわゆるスキル・マトリックスをはじめ、経営環境や事業特性等に応じた適切な形で取締役の有するスキル等の組み合わせを取締役の選任に関する方針・手続と併せて開示すべきである。その際、独立社外取締役には、他社での経営経験を有する者を含めるべきである。」(補充原則4－11①)

「取締役会は、金融商品取引所が定める独立性基準を踏まえ、独立社外取締役となる者の独立性をその実質面において担保することに主眼を置いた独立性判断基準を策定・開示すべきである。また、取締役会は、取締役会における率直・活発で建設的な検討への貢献が期待できる人物を独立社外取締役の候補者として選定するよう努めるべきである。」(原則4－9)

こうしたグッド・クエスチョンを行うコーチング機能において、自社の取締役会の構成及び多様性がどう活きているのかが重要となりましょう。リスクをいかに適切にマネージするのかが攻めのガバナンスにおける取締役会の1つのキモとなるわけで、その観点からグッド・クエスチョンができる多様性が取締役会の中でどのように活かされるのかが問われるということです(23)。

独立社外取締役の人選に当たって重要なのは、単に数を揃えるというよりも、その方の果たす多様性や機能性にあり、またそうした点を説明するのがストーリー性のあるガバナンスとなります。

補足コメント

会社の戦略性を示す取締役会の構成の多様性

北川 図表1−28をご覧ください。これはグラクソ・スミスクライン（GSK）の事例です。ガバナンスの話では、ブリティッシュ・テレコム社とGSK社の例がよく引き合いに出されます。欧米でもかなり先端的な企業なので、日本企業さんがいきなり真似しようとするにはハードルが高いのですが、英国の究極的なガバナンスの事例としてご紹

(23)「独立性のほうは消極要件、多様性のほうは積極要件」と位置づける議論もあります。独立性要件については、開示加重要件の廃止（属性情報の開示への一本化）など一定の見直しが行われています。

図表1-28 議長が株主と頻繁に対話している例
（グラクソ・スミスクライン）

● 240回のミーティング

Communications with shareholders

We value open, constructive and effective communication with our shareholders.
Our CEO, Sir Andrew Witty, our CFO, Simon Dingemans, and myself have continued our regular dialogue with major shareholders, holding over 240 meetings with shareholders this year. I also attended meetings with the Chairman of the Remuneration Committee, Sir Crispin Davis, where we discussed remuneration policy and governance matters. I am always available to meet shareholders and would anticipate we will continue this programme of meetings each year.

Corporate governance debate

The debate over good corporate governance continues at a national, EU and international level. We have sought to contribute to that debate by responding to the numerous consultation documents issued bodies-should contribute to the structure of governance processes going forward.
The Corporate Governance Report that follows sets out how we complied with the Code during 2011.

Sir Christopher Gent
Chairman
9 March 2012

介しておきたいと思います。

図表1－28の通り、GSK社のアニュアルレポートに、取締役会議長が株主と頻繁に対話したということが書かれているのですね。取締役会議長というのは、イギリスの場合は当然、社外取締役です。社外取締役が一種の資本市場との架け橋になっている面があります。議長が交代する際にも、議決権を行使する前に「今度はこういう人が議長に選ばれますよ」というふうに、主要な投資家に引き合わせるのですね。執行側の会長や社長も同行するのですが、議長がかなり積極的に議論に参加するのです。投資家のほうも、「この議長が中立的な立場からそういっているのなら問題ないだろう」と信頼するわけです。

また、GSKは取締役会の多様性という側面でも先進的です。図表1－29をご覧ください。今回のガバナンス・コードでも原則4－8で独立社外取締役が2名必要と指摘しているのですが、その次のステップとして、取締役会のコンポジション（構成）がかなり重要になってくるのだと思うのです。

武井　取締役会の構成については、コードの原則4－11に「取締役会は、その役割・責務を実効的に果たすための知識・経験・能力を全体としてバランス良く備え、ジェンダーや国際性の面を含む多様性と適正規模を両立させる形で構成されるべきである」、補充原則4－11①に「取締役会は、取締役会の全体としての知識・経験・能力のバランス、多様

図表1-29 取締役会構成メンバーの特性（グラクソ・スミスクライン）

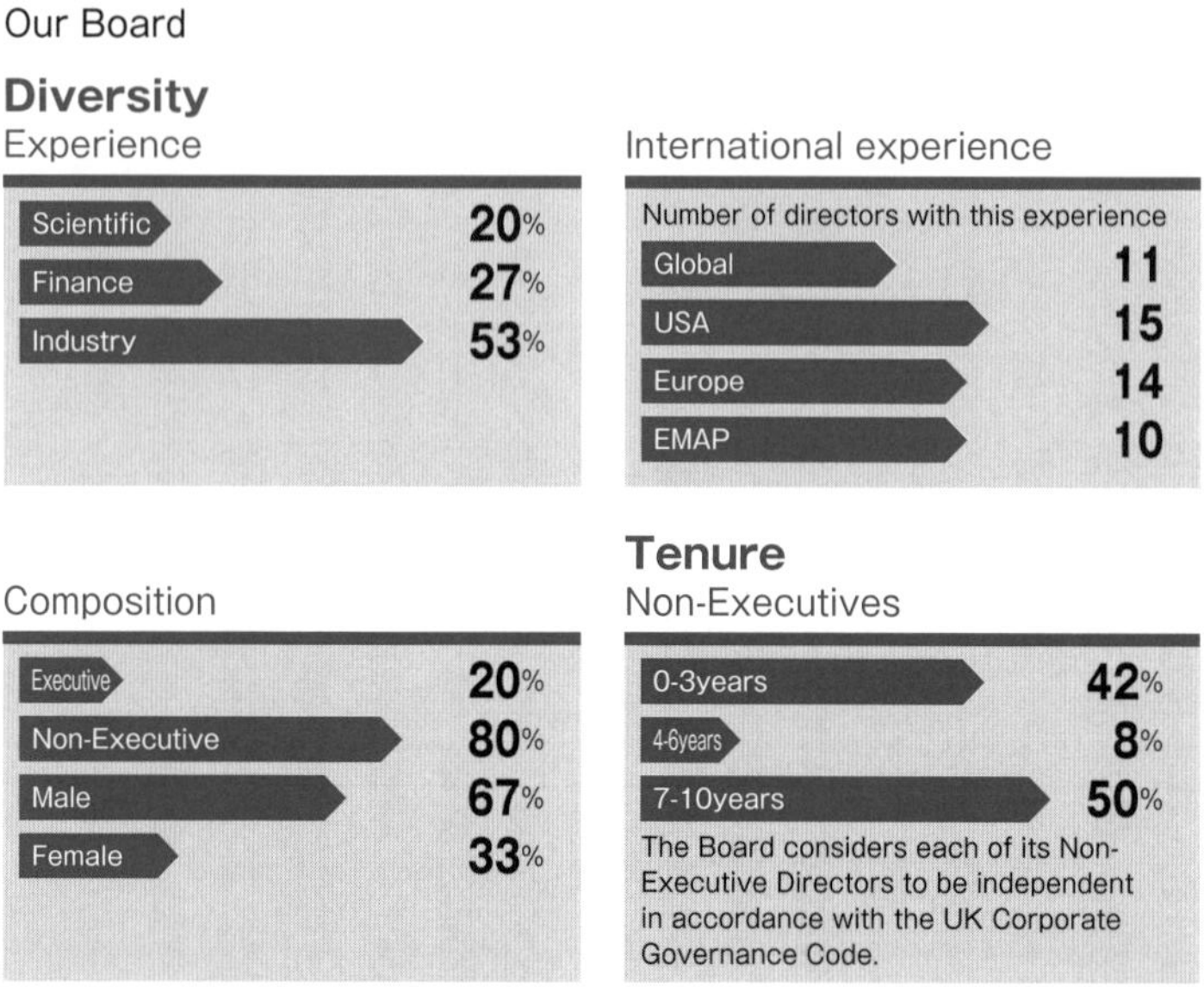

（出所）GSK『Annual Report 2013』

性及び規模に関する考え方を定め、取締役の選任に関する方針・手続と併せて開示すべきである」とあります。

北川 取締役会の多様性（ダイバーシティ）に関して、GSKは①Experience、②Composition、③International Experience、④Tenureの4つの側面を強調しています。①Experienceについては、サイエンスがわかる人とファイナンスがわかる人、インダストリーがわかる人の3点を挙げています。インダストリーには医薬品以外の業界も含まれます。そして、やはりファイナンスのわかる人物を挙げています。日本では系列の金融機関からの派遣は多いのですが、それとは少し意味が違いますね。

②Composition は、エグゼクティブ（執行）かノンエグゼクティブ（非執行＝社外）かの別です。取締役会における執行と社外の比率が2：8になっていますが、ガバナンス先進企業ではこれが「黄金比」だという人もいます。それから、男女比については、随分努力をして女性の比率を最近3分の1くらいまで引き上げたと説明されています。

そして、グローバルな会社なので、③International experience が考慮されていますす。それぞれの取締役の経験値からいって、グローバルなことを議論できる人が11人いると。だから、世界中のいろいろな地域での事業展開に関して、取締役会でバランスよく議論できますよということです。

取締役会の戦略的サクセッション・プラン

北川 最後が④Tenure、在任期間ですね。おそらく多くの日本企業さんと考え方が違うと思うのですが、ＧＳＫの場合は結構長いのです。

武井 在任期間が7年から10年になっていますね。

北川 そうです。これについては、ＧＳＫを訪問したときにも聞いたのですが、会社のことをある程度深く理解する必要性がある半面、会社にあまり関与しすぎてもいけないというバランスを考えたときに、5年から10年が妥当と考えているということなのです。

arm's lengthという言葉がありますね。つかず離れず、それぞれのメンバーがよい距離間を保っていることが重要であるということでしょう。また、日本の場合は任期のタイミングがずれるとよくないといわれますが、あえて期差をつけています。例えば、社外取締役の中にサイエンスのエキスパートがいて、5年目を迎えるとすると、サイエンスのエキスパートをもう1人、新たに社外取締役に迎えるというふうに、バランスをとるのです。

武井　フランスのコードなどでも、取締役会全体の交代を避けるとともに円滑な交代を行えるよう、期差制とすべきであるという原則が書かれていたりします。ボードの中のサクセッション・プランがあるわけですね。

北川　そうです。とても行き届いたサクセッション・プランがあるのです。そうしないと、社外取締役の人数だけがそろっていても、専門性にムラが生じてしまい、執行側に言いくるめられてしまうリスクが高まるということなのです。

図表1-30に実際の取締役のプロフィールが記載されていますが、上から2人目から4人目の方々がエクゼクティブ（社内取締役）で、そのうち2人は生え抜きで、年齢的

図表1-30 取締役のプロフィール（グラクソ・スミスクライン）

	年齢	社外取締役	社内取締役	主なバックグラウンド	就任時期	備考
取締役兼取締役会議長	65	○		元 Voderfone CEO	2004	議長には2005年就任
取締役兼 CEO	49		○	GSK 生え抜き	2008	
取締役兼 CFO	50		○	元 SG ウォーバーグ、ゴールドマン・サックス	2011	
取締役兼 R&D ヘッド	54		○	生え抜き	2006	
取締役兼 SID	66	○		元シティグループ CEO	2004	SID には2013年就任
取締役	66	○		サイエンス・エキスパート	2007	
取締役	59	○		元 Dow Corning CEO	2007	
取締役	50	○		元 Burberry Groupu CFO	2011	
取締役	57	○		元 SunocoCEO	2012	
取締役	65	○		元 Merck &Co CFO	2011	
取締役	60	○		サイエンス・エキスパート	2006	
取締役	67	○		元 ABN-AMRO CFO	2006	
取締役	46	○		現 JP モルガン・チェース副会長	2012	
取締役	63	○		元 Akzo Nobel CEO	2013	
取締役	70	○		元 Rio Tinto CEO	2003	2013年まで SID
平均年齢	59					

（出所）GSK『Annual Report 2013』

にも若いですね。一番上の取締役会議長は65歳で社外取締役、ボーダフォン社の元ＣＥＯです。もう10年近くも議長を務めています。また、ＣＦＯは投資銀行などから来ている方が多いのですね。あと5人目の方はＳＩＤ（Senior Independent Director）、筆頭社外取締役と呼ばれている役職です。シティグループに在籍していた方で、66歳です。アメリカでも例があるのですが、イギリスの場合、議長が社外取締役であるにもかかわらず、ＳＩＤを置いています。ＳＩＤはときとして議長も牽制する機能も担っています。議長を牽制するとともに、いわゆる取締役会全体の自己評価をする人なのです。取締役会がきちんとワークしているかを冷静に考えて、取締役会の評価を行う役割なのです。

このＧＳＫの事例は日本とあまりに違っていて、これをお手本にすると大変なことになるでしょう。ですので、いきなり真似する必要はないと思いますが、いろいろ議論がなされているサクセッション・プランだとか、参考にできる点は少なくないと思います。ともあれ、大所高所から会社の方向性をきちっと抑えて議論するには、申し分のない布陣のように思えます。これだけのメンバーが集まるのですから、年に4〜5回程度でも、相当に中身の濃い議論が展開されているのだと想像できます。

独立性と実効性とのバランス

武井　先ほど、企業内での法務が堅いというご指摘がありましたが、機関投資家内でも、独立性基準の領域がリーガルチックな感があります。

最近公表された江口高顯「多様な投資家、多様なガバナンス効果――パッシブ運用の拡大が意味するもの」（神作裕之責任編集「企業法制の将来展望［2018年版］」（財経詳報社）415ページ以下）では、パッシブ運用が急拡大しガバナンス効果の担い手として存在感を高めている米国でも、個別企業への検討にコストを割けないパッシブ運用者が、one size fits all 的なガバナンス基準の思慮なき一律適用をもたらし、かえって個別企業の企業価値を損なうのではないかという、パッシブ投資家によるガバナンス効果への懐疑論があると紹介されています。

独立性基準というのは消極要件であって、そこで先に多くの人を弾いて否定してしまうと、実効性のある適切ななり手が見つかるのか。本来は多様性や専門性による適切な積極要件を満たした人が就任することが、実効性として重要です。あまり形式的な独立性ばかりいっていると実効性のほうが犠牲になる場合があるように思うのですがどうでしょうか。独立と非独立とのバランス論ですが。

三瓶　そうですね。私たちも議決権の行使においては、独立性というのは最初のスクリーニングでとても重要視しています。ただ、実際のエンゲージメントの現場で意識しているのは、独立性には大事な理由があるけれども、独立性と実効性を比較したときには実効性のほうが必ず大事だということです。これは、バランス論ではなくて絶対に実効性が大事です。

ですので、私たちは先ほどのように、取引先の方で明らかに非独立の方がボードに入っていて社外取締役ですと会社がいっている場合にも、今その会社の事業のフェーズがこうなっていて、ここはとても大事でこの人の知見を用いたいと説明があると、私たちがその会社に投資している理由もそこにあり、社外取締役本人に会って判断し、実効性を評価しますとなったら、議決権行使基準通りの行使を上書きして変更する場合があります。そこには、はっきり実効性の評価があるのです。けれど、それを全件やるかといいますと全件はできません。逆にもし会社が「そうですか、独立性がないから駄目ですか、分かりました」というのであればその程度だなと評価します。

武井　なるほど。

三瓶　「この人をここに置いている理由を分かってください」という場合には、その点をよくよく検討しています。社外セミナーなどで話すときも、「社外取締役の独立性と実効性とを比較すると実効性の方が上なのです」ということははっきりいっています。

そういう問題だと思うのです。

武井　今のご指摘は重要です。独立性基準はパッシブな機関投資家の形式的対応が最も見られている分野です。実効性に照らして適切な者であれば賛成となる個別対応は、まさにあるべき対応なのだと思います。パッシブな対応が増えてしまって、しかも社外取締役はオール独立しなければ反対だといった議決権行使基準の形式適用が増えていくと、実効性のほうが損なわれる懸念が出てきます。形式的対応しか企業側から見えないと、企業側としても結局実効性を犠牲にして人を選ぶことになります。パッシブな機関投資家の形式的対応が問題ですね。

三瓶　それはあると思います。なのでそういう話をして「分かりました、では、この方の選任については私たちは賛成しましょう」というと、企業の方からは「他の投資家ではなかなかそのような対応はないから、とてもありがたい」「来た甲斐があった」といわれたりします。

武井　まさに対話の成果ですね。

三瓶　話を聞いて「分かったけれども、基準が基準なので駄目だと最後にいわれるとても失望するんです」といってました。

武井　まさに議決権行使基準が硬直化しているという問題ですね。

三瓶　ですが私たちがアセットオーナーに報告すると、最初は怪訝な目をされることがあります。「独立性基準に適合していないのに、なぜOKをしたのか」と。

武井 アセットオーナーは怪訝な目をするのですか。

三瓶 だからその判断根拠とプロセスの説明をします。説明すればわかっていただけますが、もっとアセットオーナーの理解を広めていかないといけない部分だと思います。

武井 機関投資家側の形式的対応をもたらす淵源として、アセットオーナー側の事情もありますね。インベストメント・チェーンですから、最後のアセットオーナーのところで断絶してしまうと結局うまくリンクせず終わってしまうのですね。インベストメント・チェーン全体におけるインセンティブの連鎖が今後一層大事なのだと思います。

北川 2018年のCGコード改訂で、アセットオーナーに関連した原則2−6が入りましたね。

武井 そうですね、企業年金の関連でですが。

北川 これを企業に即していうと、企業側のIRやCSRの方々は資本市場において投資家に対し適切な情報開示を行っているわけですがこのような活動を理解しつつ、アセットオーナーである企業の年金基金サイドの方にもよく資本市場における機能を分かっていただいて対応していただけるかどうかを強調した条項です。現実問題として、アセットマネージャーのほうでも三瓶さんのような自律的なスタンスを取るのは大変勇気がいるわけです。フィデリティさんは米国系の独立系大手ですが。一般のアセットマネージャーにとって先ほどいわれた労力を割くことは面倒といえば面倒ですよね。

SSコードの改訂の大きな柱は利益相反でした。もしかしたら、実質対応をすることによって利益相反があるとアセットオーナーからいわれるのではないかという恐れをアセットマネージャーが抱くとするならどう対処すればいいのかということになります。形式適用のままで反対してしまえば良いと安易な方向にアセットマネージャーが考えてもおかしくないわけです。でもこうした形式的適用・運用は問題だと思います。

武井　なるほど。

北川　私も随分前に外資系の運用機関にいましたが、当時でいうと例えばGEの企業年金に説明にいくのは楽でした。真剣勝負ですから大変厳しいことをいわれますが、運用哲学を理解していて良い質問、痛い質問をしてくれるなと思うことがしばしばありました。

独立性基準の適用における対話の重要性

武井　北川先生は、ジュリスト1515号29頁に寄稿された「議決権行使助言会社の役割と今後の課題」というご論文で、「議決権行使のあり方として機関投資家にも**議決権行使助言会社**にもこれまである批判は、形式主義に陥る危険性があるということである。定量的基準の適用はある意味で客観性があり利益相反の可能性を払拭してくれる。しかし、それでは2017年改訂SSコードの際に目論まれた「形式から実質」への転化は期待できない。ここで期待されるのが「対話」である」と述べられています。

北川　本来は、利益相反先であっても、賛成すべきならば堂々と賛成すれば良いのだと思います。しかし、偶然、親会社の銀行の融資先に微妙な議案で賛成していますと、もしかしたらアセットオーナーが見て、君たち利益相反があるのではないかと少しでも誤解を与えかねないと思われるケースを恐れるようなことがあるのかもしれませんね。

武井　利益相反も独立性基準も、消極要件の発想なんですね。消極要件ばかり発展して拡大していくと、実効性等の積極要件のほうが中長期的に犠牲になっていきかねない、そういう事態にならないよう注視していかないといけないですね。

井口　すみません、みなさんのお話に水を差すようで恐縮ですが（笑）、私は、今の武井先生の区分けでいいますと、独立性は消極要件に区分けするのではなく、積極要件の実効性等に含まれるべきだと思います。独立性は実効性の基盤になるため、社外取締役の最も重要な要件の1つだと思っているからです。社外取締役に求められる役割は、取締役会に対するアドバイザー機能だけではなく、よく中立性といわれますが、どんな利害相反的な事象にも影響されず、ただ、企業価値向上の観点でのみ、取締役として行動する点にあるからです。例えば、どんなに優秀で能力のある社外取締役の方でも独立性に欠ける場合、適切にその能力が発揮できないリスクもあるわけです。独立性は、実効性を発揮する基盤なのです。

このような考え方は、日本だけでなく、グローバルの機関投資家にも広く共有化されているため、パッシブ運用やアクティブ運用に関わらず、議決権行使などにおいて独立性を重視する判断がなされていると理解しています。

三瓶さんがおっしゃったようにアクティブ運用を通じて、企業リサーチや対話などを行い、企業のことをよく理解している場合には、議決権行使の基準を乗り越えてオーバーライドする可能性はありうると思います。

ただ、このような場合でも、多くの企業において取締役の選任理由についての説明や開示の工夫が現状以上に求められるのではないか、と思います。例えば、現状の招集通知を見ますと、候補者の方の経歴や資質の説明のみが掲載されていることが多いと思いますが、本当に知りたいのは、個々人の方の説明の前に、現状の企業の置かれた状況や戦略の中で、どのようなスキルが取締役会全体として必要と判断されているか、そして、どのような取締役会の構成が適切と考えているか、といったことです。このようなご説明があり、その後に候補者個々人の資質についてのご説明があると、投資家としても納得感のあるものになるのではないか、と考えています。

武井 企業側の説明の問題もあるということですね。

北川　書面だけではオーバーライドできないと。

井口　申し上げた開示手法やご説明があり、その上で対話ということになるのだと思います。ただ、繰り返しになりますが、一般的に、日本だけでなく、グローバルの機関投資家も、社外取締役の独立性についてはすべての議決権行使の基準の中でも最も重要視しており、かなり慎重に判断することになると思います。

少し独立性の基準の議論から離れると、機関投資家は議決権行使の集計や個別の議決権行使の結果を一律に開示するのでわかりにくいと思いますが、私の経験では、投資家と積極的に対話を行う企業に対する議決権行使における反対率は低いと思っています。これは、投資家が手心を加えるということではなく、対話をされている企業は、積極的な開示や対話を通じ得た意見などを活かし、例えば、ガバナンス面では、社外取締役の増員など、企業行動を改善されているからだと思います。開示や対話を通じた企業行動の変化は企業サイドにとっても重要と考えます。

佐藤　一人一人のプロフィールを招集通知で説明する企業は増えたのですが、例えば、統合報告書や投資家向け説明会など、他の自発的に説明する場でないと、独立社外取締役の考えはなかなか伝わらないのではないかなと思います。招集通知は会社法に基づいて作成しますので、まずは間違いないようにするとか、必要な情報を必ず掲載する、といったことが重視されます。ですから理解を深めてもらおう、というところは、ある程度自由度がある場でするしかない面があるかと思います。招集通知と併せて読んでいただけるものを活用する、あるいはエンゲージメントでどうしてこの取締役が良いのかということについて議論する、といった工夫をしていただかないと、招集通知だけで伝えきるというのは大変ではないかと思います。

取締役会の多様性がグッド・クエスチョンを生み出す

三瓶　社外取締役の方には、ぜひとも新鮮な視点から質問していただきたいのですが、そこで問われるのが取締役会のダイバーシティ（多様性）なのです。例えば、外国人取締役が、「こんなことは欧米では当たり前にやっています」と指摘すれば、ハッと気づく場合もあり得るわけです。

武井　多様性については原則4－11に「取締役会は、その役割・責務を実効的に果たすための知識・経験・能力を全体としてバランス良く備え、多様性と適正規模を両立させる形で構成されるべきである」とあり、補充原則4－11①には「取締役会は、取締役会の全体としての知識・経験・能力のバランス、多様性及び規模に関する考え方を定め、取締役の選任に関する方針・手続と併せて開示すべきである」という指摘があります。ダイバーシティはリスク・マネジメントを機能させる重要な要素なので、なぜ、どのように必要なのかを、企業側が戦略として持っておくことが重要となるわけですね。ガバナンスで多様性を追求して企業価値を上がるのか、という問いに対する1つの答えなのだと思います。

三瓶　そうですね。

長期にわたる投資リスクをマネジメントすることの重要性

三瓶　企業さんにとって一番重要なのは、長期的に資金をコミットする投資判断だと思うのです。例えば、投資額を回収するのに10年かかるプロジェクトの場合、10年の間にいろいろな外部環境の変化があるはずです。こういう投資案件を検討する際に陥りがちなのが、今、投資をするか否かの議論に終始して「大丈夫、長い目で見ればこの市場は有望だ」といった入口議論に基づいて意思決定がなされることです。しかし、本当のリスク・マネジメントは、投資を決定した後の、不測の事態が生じる場合まで想定して、「この投資計画は途中だけれど、投資を中断すべきだ」とか、「設備を売却して撤退すべきだ」という、ある種の出口も選択肢に入れ、判断基準を定めておくことなのだと思います。そこまで考えておかないと、いざというときに判断が後手に回ってしまうおそれがあるのです。

武井　お金を突っ込むか、突っ込まないかという点については散々議論するのに、いったん投資を行ったら、「あれだけ議論をして決めたのだから」といって、ただ突き進むだけというケースですね。それは誰のためにもなっていないのですね。

三瓶　プロジェクトの途中で、環境が著しく変化しているのではないのか、当初の想定とずいぶん違うのではないか、と感じたときには、選択肢を狭めないで振り返る必要があります。それによって、当初の想定線からの脱線に早く気づくことができます。急激な変化のためにとんでもなく違う方向に行ってしまったときには、その時点で計画を中止するとか、事業を売却するといった選択肢を用意しておくことが、本来のリスク・マネジメントなのです。

武井　おっしゃる通りですね。経営環境が変わったことに対して現場の評価が分かれて意見がまとまらないという場合も多々ありますが、それ以外に、当初の判断が間違っていたという責任問題が浮上するのを避けるとか、一種のしがらみが生じることがあるのかもしれません。

三瓶　そうですね。10年間にもわたる長期の投資案件の場合、最初に機関決定がなされていても、5年くらい経過すると責任者が入れ替わることがよくありますから、後任の方は、「私の責任じゃない」と考えるのかもしれません。まして、撤退を提案するとなると全員を説得しないといけないので、大変な負担ですし、その責任を負わされたことを理不尽に思うこともあるのではないでしょうか。

武井　たしかに。

三瓶　上場企業の経営陣のレベルには到底及びませんが、実は私も、後任として何度も敗戦処理のようなことに携わった経験があります。肝心なのは、このまま続けるか、やめるか、どうやめるか、の判断だと思います。リスクに置き換えれば、狙えるリターンに見合うリスクだから続ける、リスクが当初想定よりも増大しているので、リスク抑制の方法とリスクを許容するか否か検討する、当初のリターンが見込めないのでエグジットを検討する。そういう判断をすることが、後任の責任者及び意思決定機関の責任としてあるという共通認識があれば、もっと対応が変わってくると思います。個々の方々は元々責任感が強いですから。

武井　必要な意思決定が放置されていくと、結果として収益性が低下し、資本コストを下回るリターンとして顕在化する場合もあるのでしょうね。

三瓶　そうですね。何となく「まずいな」と思いながらも温存しているうちに、さらに状況が悪化して、減損するしかなくなってしまう。そこで経営会議の焦点は「今期減損？　来期減損？」のような議論になっていると感じることがあります。

武井　以上の一連のお話は、構造的な非効率性ですね。本来は経営陣がきちんと処理すべき問題なのですが、何らかのしがらみなり利益相反があるので処理が進まないというときには、独立社外の入った取締役会の力を借りて問題に対処すべきだということですね。

三瓶　そうですね。

独立社外取締役の人選過程における「お互いを知る」工夫

「攻めのガバナンス」を実現するには、独立社外取締役を含む取締役会が、経営陣幹部が直面している会社の経営課題について、当該経営課題を理解して、経営陣幹部とともに協働できるのかに意を払う必要があります。取締役には、経営戦略、実際の執行、人事関連などについて深く理解する能力と実務的判断力が求められます(24)。

また、経営陣による適切なリスクテイクを支える環境整備を行う創造性を取締役会全体で発揮することが重要です。ある経営課題について独立社外取締役が何らかの理由で自説を主張し過ぎてしまうと、生産的な議論・思考回路が止まってしまうことがあるため、独立社外取締役には一定の自制心等が求められる場面もあるでしょう。

(24) 独立社外取締役の候補者として、こうした経営課題について他の会社で取り組んだことがある経営出身者等が含まれることへの期待が一般に高いのも、こうした理由の現れなのでしょう。

こうした点も踏まえると、実際にどういう方なのかよくわからないままで、独立社外取締役として外部の方をいきなり迎え入れることは現実に難しいときがあります。その場合、求められる多様性や機能性を備えた人について、まずは取締役会で話をしてもらうとか一種の諮問委員会等を組成して意見交換を行う機会を設け、その人がどういう方なのかを先行して理解していく機会を設けておく工夫も考えられます。なおこうした諮問的な意見を聞く機会を（独立社外取締役として就任する前に）設けておくことは、（その後にその方が現に独立社外取締役として就任する際に）独立性基準に抵触することになるとは通常考えられません。

筆頭独立社外取締役

ガバナンス・コードでは、①独立社外取締役として独立した客観的な立場に基づく情報交換・認識共有を図ること（補充原則４－８①）、②経営陣との連絡・調整や監査役・監査役会との連携にかかる体制を整備すること（補充原則４－８②）、③取締役会における率直・活発で建設的な検討への貢献が期待できる人物を独立社外取締役の候補者として選定するよう努めること（原則４－９）など、独立社外取締役を活かすいろいろな方策が言及されています（他に原則４－13など）。

補充原則4-8②で例示されている「**筆頭独立社外取締役**」は欧米でいうところの**lead independent director**に該当します。lead independent directorには、経営陣との間だけでなく取締役会の構成員の間でも建設的な人間関係を構築し、説得力、行動力、戦略的思考力をもって取締役会全体を機能させる職責が期待されます。重要な経営課題については経営陣と一緒に各々の役割分担を踏まえて協働する必要があり、また取締役会や社外役員の議論が細部に入り込み過ぎているときには戦略的な内容に集中するようにリードする役割も期待されています。こうした職務を果たせるだけの人格・識見、他の取締役や経営陣からの尊敬・信頼などが備わっていることが理想的です。

経営人材のスキル・マトリックス

中長期的な企業価値向上を実現する主役がマネジメントであることは異論が無いところです。経営人材のスキル・マトリックスについて、ガバナンス・コードは、**2021年**改訂を経て、以下の通り述べられています。

「上場会社は、社内に異なる経験・技能・属性を反映した多様な視点や価値観が存在することは、会社の持続的な成長を確保する上での強みとなり得る、との認識に立ち、社

内における女性の活躍促進を含む多様性の確保を推進すべきである。」（原則2－4）

「上場会社は、女性・外国人・中途採用者の管理職への登用等、中核人材の登用等における多様性の確保についての考え方と自主的かつ測定可能な目標を示すとともに、その状況を開示すべきである。また、中長期的な企業価値の向上に向けた人材戦略の重要性に鑑み、多様性の確保に向けた人材育成方針と社内環境整備方針をその実施状況と併せて開示すべきである。」（補充原則2－4①）

「上場会社は、法令に基づく開示を適切に行うことに加え、会社の意思決定の透明性・公正性を確保し、実効的なコーポレートガバナンスを実現するとの観点から、（本コードの各原則において開示を求めている事項のほか、）以下の事項について開示し、主体的な情報発信を行うべきである。

（iii）取締役会が経営陣幹部・取締役の報酬を決定するに当たっての方針と手続

（iv）取締役会が経営陣幹部の選解任と取締役・監査役候補の指名を行うに当たっての方針と手続

（v）取締役会が上記（iv）を踏まえて経営陣幹部の選解任と取締役・監査役候補の指名を行う際の、個々の選解任・指名についての説明」（原則3－1）

「取締役会は、会社の目指すところ（経営理念等）や具体的な経営戦略を踏まえ、最高経営責任者（CEO）等の後継者計画（プランニング）の策定・運用に主体的に関与するとともに、後継者候補の育成が十分な時間と資源をかけて計画的に行われていくよう、適切に監督を行うべきである。」（補充原則4－1③）

「取締役会は、独立した客観的な立場から、経営陣・取締役に対する実効性の高い監督を行うことを主要な役割・責務の一つと捉え、適切に会社の業績等の評価を行い、その評価を経営陣幹部の人事に適切に反映すべきである。」（原則4－3）

「取締役会は、経営陣幹部の選任や解任について、会社の業績等の評価を踏まえ、公正かつ透明性の高い手続に従い、適切に実行すべきである。」（補充原則4－3①）

「取締役会は、CEOの選解任は、会社における最も重要な戦略的意思決定であることを踏まえ、客観性・適時性・透明性ある手続に従い、十分な時間と資源をかけて、資質を備えたCEOを選任すべきである。」（補充原則4－3②）

「取締役会は、会社の業績等の適切な評価を踏まえ、CEOがその機能を十分発揮していないと認められる場合に、CEOを解任するための客観性・適時性・透明性ある手続を確立すべきである。」（補充原則4－3③）

経営陣の人選は、ガバナンスの領域において、企業価値向上のhowを司る最も関心が高い重要項目の1つといえます。経営陣及び取締役の指名・報酬関連は、監督機能の中核として欧米でもかなり重視されています。特に経営陣幹部について、人格識見、経験、能力、多様性等を踏まえた人選のあり方を、自社の経営戦略に即して説明していくことが期待されます。多様性は、イノベーションや技術革新、グローバル化への対応等、経営環境の変化に対応できる人員構成という観点からも検討されることになりましょう。

サクセッション・プランとスキルセット

後継者計画は**サクセッション・プラン**とも呼ばれます。サクセッション・プランで重要となる要素としては、①後継者や役員に求められる資質の特定、②対象とする役員の範囲と時間軸の設定、③後継者や役員の候補に対する選定・評価の実施、④プラン策定・プロセスにいかなる機関が関与するのかなどが挙げられます。

①については、経営トップ等の育成には文章化できない部分もかなり多く、また時間をかけて養成・選定すべきものといえます。経営層は「育てる」というより、各人材が100％の能力を発揮できる組織とすることで「育った人が出てくる」企業であることが重要だという考え方もあります。また経営者の資質（**スキルセット**）として、たとえば、（ⅰ）困難な課題であっても果断に取り組む強い姿勢（問題を先送りにしない姿勢）と決断力、（ⅱ）変化への対応力、（ⅲ）高潔性（インテグリティー）、（ⅳ）胆力及び経営者として覚悟・コミットメント、（ⅴ）経営環境の変化と自社の進むべき方向を見極める構想力、（ⅵ）過去の慣

行等に縛られない柔軟性のある変革力などが挙げられることがあります（平成29年3月**経済産業省CGS研究会「CGSガイドライン」**参照）。これらの要素が、事業現場で鍛えられ、評価されることとなります。

固有名詞でどういう人かという点の前に、中長期的な経営理念・経営戦略・経営計画を踏まえてどういう人材が今後の自社の持続的成長のために必要なのかという観点の検討がまず重要です。単なる評価を超えた一種のコーチング機能（課題を自己認識して克服してもらう動機付け）を意識して進めることも重要です。**CREDO／社是**等のすべての経営層が共有すべき価値観と行動様式の落とし込みを行う事例もあります。

事業会社社長／カンパニー長などどいかなる経験を積むことが求められるのかといったプロセス面も、資質の構成要素として考えられます。時間軸としては、次世代である事業部門層を含めた複層的な人材育成策を視野に入れるべきでしょう。

以上のような点を踏まえ、リレーのように渡す側も受け取る側もフルスピードのままバトンタッチが果たされるべく、「あるべき経営トップ像」を策定し、自社に今後求められる変化を実行する力を持った者が経営者として選任される仕組みをいかに構築するのかが、サクセッション・プランの実効性のキモとなります。

サクセッション・プランの実務対応については、経済産業省CGS研究会「CGSガイドライン」が平成30年9月に改訂され公表されていますので、適宜ご参照ください（http://

www.meti.go.jp/shingikai/economy/cgs_kenkyukai/201809_report.html)。

指名委員会・報酬委員会

指名委員会・報酬委員会のあり方について、ガバナンス・コードは以下の通り述べています。

「上場会社が監査役会設置会社または監査等委員会設置会社であって、独立社外取締役が取締役会の過半数に達していない場合には、経営陣幹部・取締役の指名（後継者計画を含む）・報酬などに係る取締役会の機能の独立性・客観性と説明責任を強化するため、取締役会の下に独立社外取締役を主要な構成員とする独立した指名委員会・報酬委員会を設置することにより、指名や報酬などの特に重要な事項に関する検討に当たり、ジェンダー等の多様性やスキルの観点を含め、これらの委員会の適切な関与・助言を得るべきである。

特に、プライム市場上場会社は、各委員会の構成員の過半数を独立社外取締役とすることを基本とし、その委員会構成の独立性に関する考え方・権限・役割等を開示すべきである。」（補充原則4-10①）

「経営陣において特に中心的な役割を果たすのはＣＥＯであり、その選解任は、企業にとって最も重要な戦略的意思決定である。こうした点も踏まえ、前回の本コードの改訂においては、指名委員会・報酬委員会など独立した諮問委員会の設置に向けた記載が盛り込まれた。しかし、委員会に期待される機能の発揮のためには、その独立性の確保が重要な要素の一つであるにもかかわらず、現状十分でないのではないかとの指摘や、国際的に比較してもその独立性を更に高めることが重要であるとの指摘がされている。

そこで、取締役会の機能発揮をより実効的なものとする観点から、プライム市場上場会社においては構成員の過半数を独立社外取締役が占めることを基本とする指名委員会・報酬委員会の設置が重要となる。

加えて、指名委員会や報酬委員会は、ＣＥＯのみならず取締役の指名や後継者計画、そして企業戦略と整合的な報酬体系の構築にも関与することが望ましいが、実際にはこれらの委員会にいかなる役割や権限が付与され、いかなる活動が行われているのかが開示されていない場合も多いとの指摘もある。そうした指摘も踏まえれば、指名委員会・報酬委員会の権限・役割等を明確化することが、指名・報酬などに係る取締役会の透明性の向上のために重要となる。そして、ＣＥＯや取締役に関しては、指名時のプロセスが適切に実施されることのみならず、取締役会・各取締役・委員会の実効性を定期的に評価することが重要となる。」（２０２１年改訂時の意見書）

指名・報酬委員会の設計に当たっては、指名及び報酬のいかなる部分について独立社外役員の関与を求めることが合理的なのかが重要となります。元々社内者に比して限られた情報しか有していない社外役員が指名及び報酬に関与することの必要性なり合理性は、指名及び報酬の合理性についての説明責任を果たすプロセス性にあります。業務執行者が不可避的に抱える可能性がある利益相反について、会社の持続的成長に適う判断がなされることをプロセス面で確保するものです。従って、独立社外者が何でも決めることが求められているわけではなく、いかなる部分について独立社外者の関与を得ることが現業務執行体制の利益相反を解消できるのかを、各社の特性に応じて考えるべきです。

適切な経営トップ等の役員選定は、候補の絞り込みや**タフ・アサインメント**など10年がかりのプロセスです。社外役員がプロセスに関与するには、当該社外役員も10年スパンで当該企業に関与・コミットすることが望まれます。

なお、監査等委員会設置会社では監査等委員に指名報酬に対する意見陳述権が会社法で付与されていることもあり、監査等委員が一定の関与をすることにも合理性があります。監査等委員に限らず、監査役や（指名委員会等設置会社の）監査委員であっても、会社法上情報収集権が付与されている点に重要な特性があります。役員資格として高潔性が強く求められている昨今、こうした情報収集権を指名報酬の場面でも活用することも1つの合理的施策として考えられます。

また、指名と報酬とはいずれも経営者評価という面で共通性があることから、両諮問委員会を分けない事例もあります。報酬決定の業績評価と役員人選の評価とは、多くの場合、表裏一体となります。日本でも、指名・報酬などの特に重要な事項に関する検討に当たり独立社外取締役の適切な関与・助言を得るための**企業統治委員会（ガバナンス委員会）**などを設置することも、1つの考えられる工夫といえましょう。

第9章　取締役会の実効性評価

取締役会の実効性評価の視点

取締役会としての機能性について評価を行うのが、補充原則4－11③「取締役会は、毎年、各取締役の自己評価なども参考にしつつ、取締役会全体の実効性について分析・評価を行い、その結果の概要を開示すべき」です。①取締役会の運営方法、②重要な事項が適切に準備され議論されているのか（決議事項や審議事項の適切性等）、③取締役会の議論における生産性・創造性、④各取締役の参加状況・貢献状況等が、分析対象事項として挙げられます。

取締役会が実効的なのかどうかは、取締役会がチームとして機能しているか、最高機関にふさわしい議論の場となっているかなどが重要となります。具体的にはたとえば以下のような点が評価の視点として挙げられます。

①社内取締役と社外取締役との間の信頼関係の状況

②どこまでが取締役会の領域でどこまでがマネジメント（業務執行側）の領域なのかの境界についての認識の共有があるか
③（2にリンクして）情報の共有の程度
④基本理念・経営戦略・経営目標の共有の程度
⑤取締役会構成員の多様性、スキル・マトリックス
⑥外部経営環境の変動など、持続的成長に活きる外部の知見・新たな視点を引き出せているか

補足コメント

取締役会実効性評価の開示において何が今の課題なのかを示すこと

武井　取締役会の実効性評価は、前に進んでいますが、まだ課題もある状況なのでしょうか。

三瓶　そうですね。毎回企業にお伝えしていますのは、今北川先生もおっしゃいましたが、「問題なく機能しています」ということを聞きたいのではなくて、課題を見つけたのかどうかなのです。機関投資家側もそうですけれど、課題は絶対にある。課題がないはずはありません。その課題をどう見つけて、取締役会の中で合意形成してその課題に

ついて解決していくかが大事で、そのためにやっているということが1つ。このことは、CGコード改訂に併せて策定された対話ガイドライン3-7に「評価を通じて認識された課題を含め、その結果が分かりやすく開示・説明されているか」と明記されています。あと第三者機関がアンケートを取ったり評価をするときには、取締役会の議事録まできちんと見てほしいと思います。

武井 石坂さん、実効性評価に関してはいかがでしょうか。

石坂 当社の実効性評価については、過去3回実施する中、そこから得られた課題認識に基づいて議論は深まっていると思います。サクセッション・プランについては、社外取締役からの要請も踏まえて拡充してきました。またグローバル化が急速に進んだということもあり、グローバルリスクマネジメントの高度化やESGの取り組みとの関連性強化などの提言もなされており、具体的な課題を開示することでさらに議論が進むという好循環に繋がっていると思います。

井口 私は、アサヒさんの実効性評価をいつもベストプラクティスとして取り上げさせていただいています。取締役会が何を重視されているかがよく伝わってくるからです。

石坂 お褒めいただき恐縮です。担当している法務部門にも伝えたいと思います（笑）。

井口 実効性評価の開示で、私が一番注目するのは、よくある取締役の方に事前に十分に情報提供がなされたか否かなどの説明ではなく、取締役会の今後の課題が開示されているところです。アサヒさんの場合は、企業戦略の3つの柱の1つとして「ESGの取り組み強化」を表明されており、実効性評価の今後の課題でも、取締役会の今後の取り組みとして「ESGへの取り組みを推進していく」ことが書かれていますね。取締役会が適切に経営戦略をモニタリングされていることがわかり、非常に心に響きました。

武井　会議体が機能している前提としてのアジェンダが何かというのが一番大事ということですね。

井口　その通りです。中長期投資家にとって、企業の方向性を決定する取締役会が適切に機能しているかどうかを確認することは重要です。企業戦略などのモニタリングができる適切な能力を持った取締役会が望ましいとは思いますが、投資家は外部者ですので、この判断を行うことは非常に難しい状況です。本当は、海外企業のように、取締役会の活動状況やアジェンダをもっと開示をしていただきたいところですが、現状、日本ではそのような開示はなく、この取締役会の実効性評価に伴う開示が判断の唯一の手がかりと思っている次第です。

取締役会全体のチームとしての機能性

取締役会と経営陣とは、中長期的企業価値向上に向けたチームです。独立社外取締役の数が増えていっても、取締役会全体のチームとしての機能性がとても重要です。その観点から、例えば取締役会全体としての人間関係が建設的なものとなっているのかが大切です。取締役会内部の人間関係がぎくしゃくしていては、いくら個別の取締役に専門性があって情報を得ていたとしても、取締役会全体として果たすべきチームワークが発揮されません。

取締役会全体の機能性に絡んで、独立社外取締役などの社外役員を含んだ取締役会で議論する射程について、ガバナンス・コードは以下の通り述べています。

「取締役会は、取締役会自身として何を判断・決定し、何を経営陣に委ねるのかに関連して、経営陣に対する委任の範囲を明確に定め、その概要を開示すべきである。」（補充原則4－1①）

「内部統制や先を見越した全社的リスク管理体制の整備は、適切なコンプライアンスの確保とリスクテイクの裏付けとなり得るものであり、取締役会はグループ全体を含めたこれらの体制を適切に構築し、内部監査部門を活用しつつ、その運用状況を監督すべきである。」（補充原則4－3④）

「取締役会は、会議運営に関する下記の取扱いを確保しつつ、その審議の活性化を図るべきである。

（ⅰ）取締役会の資料が、会日に十分に先立って配布されるようにすること

(ii)取締役会の資料以外にも、必要に応じ、会社から取締役に対して十分な情報が(適切な場合には、要点を把握しやすいように整理・分析された形で)提供されるようにすること

(iii)年間の取締役会開催スケジュールや予想される審議事項について決定しておくこと

(iv)審議項目数や開催頻度を適切に設定すること

(v)審議時間を十分に確保すること」(補充原則4-12①)

独立社外取締役を含む取締役会と経営陣との役割分担として、取締役会が関与すべき事項とそうでない事項とをどう分けるのかも、取締役会の機能性を検討する1つの重要な考慮要素となります。例えば細かい四半期ごとのブレークダウンされた拠点や店舗ごとの数値を取締役会に知らせ、そうした情報・データの山に独立社外取締役を突っ込ませても、かえって無駄な非効率性を生み出してしまう場合があります。取締役会として本来果たすべき役割は何なのか、その観点から取締役会が関与すべき事項と関与すべきでない事項、業務執行機関の責任で行うべき事項とを切り分けておくことが重要です。例えばモニタリングモデルが採用されている米国の取締役会では、取締役会が経営陣に質問をして情報を得ることは重要だが、他方で経営陣が判断・決断すべき事項を取締役会が奪うことがあってはならないという

線引きが常に意識づけされています。モニタリングモデルを採用するのか否か（あるいはどの程度採用するのか）は、自社の経営戦略や置かれている状況等を考慮した企業の意思によります。

ただいずれにしても、こうした線引き・切り分けの前提として、経営陣などの業務執行側が十分かつきちんと考え抜かれた判断を行っているということに対して、取締役会側が一定の信頼を持っていることが重要です。

独立社外取締役に来ていただく方にも、こうした役割分担・職分をあらかじめ理解しておいていただくことが重要となりましょう。

以上の点を踏まえた上でという前提で、取締役会においては、必要な情報はきちんと独立社外取締役に示されるべきでしょう。一種の公の場なのですべての情報を出すことができない株主総会とは異なります。独立社外取締役を含む役員には一定の守秘義務が課されています。

取締役会における審議事項の範囲

独立社外取締役も出席する取締役会では、経営会議で決めた事項を単に取締役会に再度付議する時代と異なり、会社の基本理念、経営戦略、リスク、ビジネスチャンスなどにより多くの時間を割いていくことになりましょう。独立社外取締役と経営陣との協働関係を構築するためには、取締役と経営陣とが会社の方向性、市場の見通しなどの現状とそれを踏まえた経営上、財務上、コンプライアンス上の目標を共有しあっていることが重要です。

監査役会設置会社では重要な業務執行事項の決議を取締役会で行う必要があるという会社法からの縛りがあります。しかしそれでも、業務執行事項の意思決定に過度に時間を割いてしまって、会社の戦略的な方向づけや具体的な経営戦略・経営計画等への建設的な議論に時間を割けていない状況が起きないよう、法的に許容される範囲内で工夫するほうがよいのでしょう。

他方、**監査等委員会設置会社**と**指名委員会等設置会社**では、重要な業務執行事項を取締役会で決議する義務が課されていないので、取締役会で審議すべき事項を企業が自由に設計できます。

適切なリスクテイクのあり方に関するコーチング機能を取締役会が果たす観点から、どういう事項を取締役会で審議するのが良いのかという点以外に、取締役会への付議の方法についても、多様な選択肢を検討し工夫していくことになりましょう。①取締役会で決議を経る、②経営会議などのマネジメント・ボードの決議事項とする（取締役会には事後報告を行う）といった選択肢の中間として、③相応のリスクテイクを伴う業務執行事項等についてマネジメント・ボードが決める前に取締役会の意見を聞いておくという選択肢もありえます。

③についても、取締役会という法的な会議体で事前報告を行って意見を聞くという方法以外に、社外役員を任意で集めて事前に意見を聞いておくという非定例での意見交換会的な方法(25)も考えられます。こうした工夫も、原則4-10の任意の仕組みの一例となりましょう。

いかなる会議体で議論を行うのであれ、業務執行側から、社外役員の意見を聞きたい事項・議論をすべき論点が何なのか、アジェンダをきちんと示すことが重要です。独立社外取締役の方を交えて果たして何を議論していただきたいのか、その点を示すことなく社内からのプレーンな説明だけでは、独立社外取締役の方から有益なインプットがなかなか得られにくくなります。

取締役会実効性向上のための工夫

2015年のCGコード施行以降、**取締役会の実効性評価**の実務も進展しています。これまでに述べてきた点以外に、取締役会実効性評価のために有用と考えられる工夫例をいくつか列挙します。

第一に、いかなる事項及びいかなる情報を取締役会に示すことに意味があるのかを詰めた上で、境界線をきちんと引くことです。社外役員が何処までの事項に関与するのかの線引き・境界線は、欧米のボードでも難題で、永遠の課題となっています。

第二に、上程資料についても、第一の境界線を前提に上程すべき情報を精査することです。たとえば、社外役員の数が取締役会において増えているのに、経営会議での説明資料などマネジメント型監督の過程での説明資料とそのまま同じ説明資料を取締役会で使用するのだと、情報の細かさ等の点でかえって混乱する場合があります。一定数の社外役員を含んでいる以上、オーバーサイト型監督のためにいかなる情報を示すべきなのかを意識することです。

第三に、大型M&Aなど重要投資案件等については、執行側でリスクを詰め切った上で、リスクを（何でも同列に書くのではなく）強弱をつけて資料に示すことです。執行側がリスクをきちんと詰めていることがわかると、社外役員も背中を押せることとなり、果断な意思決定の前提が醸成されます。取締役会への上程議案について、この視点から内容をチェックする取締役会事務局機能を置くことも有用です。

第四に、上記第一の境界線を前提に、一問一答型（あるいは一刀両断型）のやりとりとするのではなく、社外役員からの意見・コメントを膨らませる議論の進め方となるよう、取締役会議長が心がけることです。こうした議論の進め方ができるようなたかファシリテータ

(25) この非定例の意見交換会が招集出来るのかどうかは社外役員の方の多忙度からの集まりやすさ等にもよりますが、①事務局から各社外役員への説明・報告が効率的に行える、②他の社外役員の意見を聞いた上での活性化した意見が社外役員から出されることがありえる、などのメリットがあります。

ー的な役割を担う方がいることも有用です。社外役員から指摘される事項で前に進んでいない事項があることも現実には少なくないですが、なぜ進んでいないのかのフィードバックを行うことも社外役員との間の信頼関係の醸成の観点から重要です。ただ、元の社外役員からの指摘がミクロ的な指摘であるほど、そのままでは前に進みにくい傾向があります。それだけに、取締役会の場において議論を膨らませておくことが有用となります。

第五に、マクロ的事項や長期的視点の議論を行うことです。「10年先のことについてコミットできないし生煮えの状態で議論をしても意味がない」という感覚が経営現場にあることが少なくありません。ここまで不確実性が高い経営環境ですとそれはその通りなのですが、他方で長期ビジョンがないと長期的投資家に刺さる議論が取締役会で展開されないことになります。そこで取締役会で議論している射程をよりマクロ化させることを心がけることで、社外役員から外部環境的なインプットが引き出せることにつながることがよくあります。

第10章　役員報酬の構造改革

役員報酬の構造改革

役員報酬の構造改革も、経営者がリスクをマネージして新たな経営戦略に挑戦する環境を支えるという観点から、1つの重要なテーマです。

役員報酬の構造改革について、ガバナンス・コードは以下の通り述べています。

「上場会社は、法令に基づく開示を適切に行うことに加え、会社の意思決定の透明性・公正性を確保し、実効的なコーポレートガバナンスを実現するとの観点から、（本コードの各原則において開示を求めている事項のほか、）以下の事項について開示し、主体的な情報発信を行うべきである。

（ⅳ）取締役会が経営陣幹部の選解任と取締役・監査役候補の指名を行うに当たっての方針と手続（原則3－1）

「取締役会は、経営陣の報酬が持続的な成長に向けた健全なインセンティブとして機能するよう、客観性・透明性ある手続に従い、報酬制度を設計し、具体的な報酬額を決定すべきである。その際、中長期的な業績と連動する報酬の割合や、現金報酬と自社株報酬との割合を適切に設定すべきである。」（補充原則４－２①）

役員報酬は①固定報酬、②毎年の成果に応じた短期**業績連動報酬**、③複数年度の業績や企業価値に連動した長期業績連動報酬の３つの類型に分けられます。日本企業の課題として、長期業績連動報酬の構成比率が低いことが指摘されています。

欧米企業は総じて固定報酬、短期業績連動報酬、長期業績連動報酬が３分の１前後ずつ分布しています。その中で長期業績連動報酬の比率を高めることが欧米で大きな流れとして定着しており、最近は長期業績連動報酬の比率が過半を占めている例も増えています。これに対し日本の上場企業の平均は、最近の調査によれば、固定報酬が全体の７割前後を占め、短期業績連動報酬が約２割、長期業績連動報酬は１割前後しかありません。日本の上場企業のＣＥＯの報酬は同規模の欧米企業よりかなり低いですが、その要因がこうした報酬構成の偏りに如実に表れています。

役員報酬の設計に当たっては、①長期インセンティブとして適切であること、②会社が目指す中長期的目標と整合した内容であること、③恣意性を排除した透明性を充たしたものであること、④**自社株報酬**については交付株式が一定期間保有されることなどの考慮要素を踏まえて、自社の経営戦略に沿っていろいろな工夫を検討していくことになります。役員報酬のあり方は、どんな業績連動の指標・ＫＰＩを用いるのかなど、自社の成長戦略を示すメッセージにもなります。業績連動の拡充は成長戦略への長期コミットを資本市場にわかりやすく示すことにもつながります。

また業績連動として用いるＫＰＩも、攻めの指標にとどまらず、例えば現場の保安・安全など守りのガバナンスに関連した指標を採用することも考えられます。

長期業績連動報酬としての有力な選択肢である自社株報酬

長期業績連動報酬の有力な選択肢が、自社株を報酬としてもらう自社株報酬です。国際的には長期業績連動報酬の主流にさえなっています。経営者に自社株の長期保有を求めることで、企業の成長戦略への長期コミットを高めるインセンティブ構造が確保されます。

日本でも浸透した自社株報酬には、事前に決められた権利行使価格で自社株を買える「**ストックオプション**」があります。しかし株価上昇がなければ何のメリットもないため、成熟産業型の企業ではストックオプションは十分な動機づけとして機能していません。これに対して欧米の上場企業では、一定の業績条件を達成したら自社株がもらえるPerformance Share（**ＰＳ**）や、一定期間企業に在職することで自社株がもらえるRestricted Stock（**Ｒ**

S）が主流で、導入企業の割合はそれぞれ約8割、約7割に及びます。
なお日本では各種持株会が独自の発展を遂げてきましたが、会社からの支援金で自社株を買いますので、株価が上がると買える株数が減ってしまう逆インセンティブ構造であって、自社株報酬には該当しません。

役員報酬構造があまりに固定報酬に偏っていると、役員が任期中に大胆な改革に挑まず、事なかれ主義で任期を全うするのではないかという、あらぬ疑い・印象が持たれています。新任役員の持株数があまりに少なく、株主総会シーズンになると株主目線に欠けるとの批判も出ています。

日本の上場企業の経営トップは、同じレベルの業績向上を達成した米国企業の経営者と比較して、20分の1程度しか報酬が増えていないという調査結果もあります。グローバル競争の相手である欧米企業の何分の1といった報酬レベルで日本の上場企業が世界に伍して戦っていけると市場から見えるのか、特にグローバルに戦っている日本企業ほど真摯に考える時期にきています。

さらに悪いことに、企業不祥事が起きた際には日本では固定報酬部分がカットされます。これではマイナス方向の業績連動しか存在しない、まさにハイリスク・ローリターンの役員報酬構造となってしまいます。

自社株報酬が日本企業に乏しいままでは、日本企業のグローバル展開への支障にもなります。海外では当たり前である自社株報酬を日本企業側が提供できないと、海外子会社などでの有能な外国人の獲得やリテンションは難しいわけです。国内トップより海外子会社のトップのほうが現金報酬額が高いという逆転現象さえ生じています。グローバル戦略が重要な日本企業には人材戦略として自社株報酬の導入を真剣に考える必要が生じてきています。

日本企業のハイリスク・ローリターンの役員報酬構造を解消するため、既存の固定報酬に加え、「日本版PS／RS」といえる仕組みの導入が進んでいます。日本法における株式報酬の導入手法は、①包括的なプーリング型である**株式交付信託**、②個別的な直接発行型である金銭報酬債権現物出資型や無償発行型（事前発行型および事後発行型）、③潜在株式の個別発行型である新株予約権などがあります。②は各役員に毎回個別に株式を発行し交付する手法となります。①のプーリング型は、一定数の自社株を信託に置いておいて、当該信託から一定の内容に従って役員に自社株を交付する、海外においても行われている手法です。RS／PSすべてに活用でき、企業が求める多種多様な用途（グローバル対応を含む）を用いて総合的かつ包括的に提供できる点に特性があります。

自社株を役員だけでなく幹部職員にも交付する方策（いわゆる**ESOP**：Employee Stock Ownership Plan）も、検討に値するでしょう。現に従業員向けの自社株交付も信託型を中心に採用事例が出ています。保有している金庫株を役職員に交付してもよいでしょう。こうした報酬の構造改革は、供給サイドで上場企業の構造改革を支えるばかりか、報酬増に伴って消費意欲を刺激しデフレ脱却にも資するわけで、まさにマクロレベルでの成長戦略の礎にもなっていくことが期待されます。

最後に社外取締役等の非業務執行役員への報酬ですが、業績連動型の自社株報酬（ＰＳやＳＯ）の導入には批判がありますが、他方で自社株保有による株主との same boat 性を維持する観点から、業績連動ではない単なるＲＳ（Restricted Stock）型の自社株報酬(26)であれば、何ら否定されるものではない（むしろ肯定的である）と考えられます(27)。現金報酬部分については、委員会活動等の多寡によってその分の報酬額の加算を行っていくことも考えられます。

(26) ＲＳですので、一定期間の株式保有の規律が伴うことが多いでしょう。
(27) 米国の上場企業では、独立社外取締役の報酬は、現金報酬約１０００万円超と自社株報酬約１０００万円超との合算というレベル感になっています。

第11章　その他重要事項

守りのガバナンス

不祥事防止などの守りのガバナンスは、攻めのガバナンスを支える必要条件として依然として重要であることに変わりありません。

守りのガバナンスの局面では攻めのガバナンスの局面よりも業務執行レベルでの利益相反の懸念・度合いが大きい場合があること、危機管理などの局面では「1回で膿を出し切る」など会社利益にとってとるべき選択肢に幅が狭いことなどが特徴として挙げられます。

守りのガバナンスは、有事を防ぐリスク・マネジメントの局面と、有事が生じた局面のクライシスマネジメントの局面とに分けることができます。リスク・マネジメントの局面は経営資源の配分を伴う経営判断の一環として、経営現場に一定の裁量が法的にも認められています。これに対してクライシスマネジメントの局面では、業務執行レベルでの利益相反の懸念・度合いが大きいこと、会社利益にとってとるべき選択肢に幅が狭いこと、しかし対応時間が短いことが多いことなどから、極めて難しい対応が迫られます。

危機管理対応の理想は「できるだけ1回で膿を出し切ること」です。その実現のためには、過不足ない正確な情報が経営トップに上がる必要があります。しかし現実には、情報が組織内あるいは企業集団内で意図せず（あるいは組織人としての性弱説からの帰結として）滞留することで、企業集団としての重大な危機を招いた事例が、現在もときどき公表されています。改正会社法では企業集団内部統制の考え方も明確化され、子会社レベルからの適時な情報収集も求められます。どうすれば日頃から情報がきちんと上に上がるのか、その仕組みを現場の動機づけとともに留意しておくことが重要となります。

守りのガバナンスの関連では、日本取引所自主規制法人から公表されている「**上場会社における不祥事対応のプリンシプル**」（２０１６年2月）及び「**上場会社における不祥事予防のプリンシプル**」（２０１８年3月）なども実務的に参考になります。

２０２１年改訂では、グループガバナンスに関して、補充原則４-３④において「内部統制や先を見越した全社的リスク管理体制の整備は、適切なコンプライアンスの確保とリスクテイクの裏付けとなり得るものであり、取締役会はグループ全体を含めたこれらの体制を適切に構築し、内部監査部門を活用しつつ、その運用状況を監督すべきである」と言及されています。また２０１９年6月28日には経済産業省ＣＧＳ研究会から「**グループ・ガバナンス・システムに関する実務指針**（グループガイドライン）」が公表されています。

支配株主／支配的株主

支配株主や支配的株主がいる上場会社における規律も昨今話題を呼んでいます。**2021年改訂**では、意見書において、以下の通り述べられています。

「グループガバナンスに関しては、グループ経営の在り方を検討する昨今の動きなどを踏まえると、上場子会社において少数株主を保護するためのガバナンス体制の整備が重要、などの指摘がされた。支配株主は、会社及び株主共同の利益を尊重し、少数株主を不公正に取り扱ってはならないのであって、支配株主を有する上場会社においては、より高い水準の独立性を備えた取締役会構成の実現や、支配株主と少数株主との利益相反が生じ得る取引・行為（例えば、親会社と子会社との間で直接取引を行う場合、親会社と子会社との間で事業譲渡・事業調整を行う場合、親会社が完全子会社化を行う場合等）のうち、重要なものについての独立した特別委員会における審議・検討を通じて、少数株主保護を図ることが求められる。特に、支配株主を有する上場会社においては、独立社外取締役の比率及びその指名の仕組みについて、取締役会として支配株主からの独立性と株主共同の利益の保護を確保するための手立てを講ずることが肝要である。なお、支配株主のみならず、それに準ずる支配力を持つ主要株主（支配的株主）を有する上場会社においても、本改訂案を基にした対応が取られることが望まれる。」

その上で、**補充原則4－8③**において、「支配株主を有する上場会社は、取締役会において支配株主からの独立性を有する独立社外取締役を少なくとも3分の1以上（プライム市場上場会社においては過半数）選任するか、または支配株主と少数株主との利益が相反する重要な取引・行為について審議・検討を行う、独立社外取締役を含む独立性を有する者で構成された特別委員会を設置すべきである」と改訂されています。

子会社上場については解消する動きも進んでいますが、子会社上場を維持する場合には、支配株主として上場子会社のガバナンスと、親会社としてのガバナンスの規律との難しいバランスが必要となります。

また**2021年改訂**では、**基本原則4の考え方**において「支配株主は、会社及び株主共同の利益を尊重し、少数株主を不公正に取り扱ってはならないのであって、支配株主を有する上場会社には、少数株主の利益を保護するためのガバナンス体制の整備が求められる」と明記されています。この点も大変重要な改訂です。ガバナンスコードは上場会社に関する規律ですが、その支配株主が上場会社（親子上場状態）でない場合でもこの考え方が妥当します。

昨今、欧米等で一定の保有比率に達した株主が、中長期的企業価値や会社利益を犠牲にして自らの利益を図る不当に行為が散見され、またそうした行動が企業を取り巻く（労働者や取引先などの）ステークホルダーを犠牲にした不当な株主還元や社会格差の拡大等の懸念・不満へと発展し、欧米等ではいろいろな制度整備が進められています。欧米では一定規模以上の機関投資家等に透明性を求める制度論が急速に進められており、日本においても無縁でない論点となりつつあります。意見書においても「支配株主のみならず、それに準ずる支配力を持つ主要株主（支配的株主）を有する上場会社においても、本改訂案を基にした対応が取られることが望まれる」と述べられており、支配的株主についても同様の考え方が及ぶと言えます。

攻めのガバナンスを支える会社補償とD&O保険の重要性

日本の上場企業の役員の就任環境について、会社補償の面において、欧米企業に比較して大幅に後れをとっています。例えば米国の上場会社の大半では by-laws（定款に準ずる社内規程）において、役員就任に伴って何らかの損害を役員が受けた場合には、役員自身に故意や自己利得行為などの不誠実な行為がない限り、会社が補償する旨が明示されています。端的にいうと、役員は自らの職務遂行に軽過失があったからといって、個人財産を召し上げられて個人破産することがない工夫がなされています。軽過失があったかどうかは事後判断でどう判定されるかわからない面があるため、有能な人材を上場会社の役員として得るため、欧米では補償制度が十分に整備されています。

日本でも、攻めのガバナンスの実現に向けて、役員の第三者責任を含め同様の補償措置を整備しておくべきでしょう。特段の法改正を待たなくとも、企業側が役員と現に締結する委任契約や役員規程等において対応できる事項がいくつもあります。

日本のこれまでの役員法制関連の議論は「役員になりたくてなっている」というアプローチからの議論が強かった面があるように感じます。しかしグローバル競争が激化し、攻めのガバナンスに向けて役職員の人材をグローバルにも多角的に求めていくためには、欧米の法制度のように「有能な人にお願いして役員の重責を担っていただいている」という発想で制度設計していくべき時代にきているのでしょう。経営者及び役員は、日本経済発展のために極めて重要な経営資源であることを忘れてはなりません。

２０２１年3月に施行された**令和元年改正会社法**において、**会社補償**及び会社役員賠償責任保険（**D&O保険**）に関する規律が明記されました。Ｄ&Ｏ保険については、従前から保険料全額が会社負担とすることが適法化されています。

会社補償は、役員がその地位又は職務執行に関連して損害賠償請求等の民事的請求や行政調査・刑事訴追等を受けた場合、役員個人が被った損害賠償金等や当該請求等に関連して生じた争訟費用等について、会社が一定の場合に負担する行為です。会社の持続的成長と中長期的な企業価値向上を図るいわゆる攻めのガバナンスの強化に向けた環境整備が進展する中、会社補償は、会社損害の拡大や役員の過度なリスク回避を予防し、優秀な人材の確保にもつながるなど、会社の利益に資する面があります。役員が職務の執行に関し訴訟等で責任追及を受けた場合に、当該役員が適切な防御活動を行えるよう会社において当該費用を負担することは、当該会社の損害の拡大の防止にもつながります。会社法で明記された会社補償契約制度を利用することによって、現に補償を実行する際の補償費用の範囲や善管注意義務に関する疑義・不明確性等の実務上の懸念がなくなり、役員側にとっても予見可能性と法的安定性が高いものになるとなります。

会社補償とD&O保険とは車の両輪となります。会社補償は、保険支払手続を待たずに即時に防御費用が支給できること、D&O保険でカバーされない範囲を補償できる場合があること、などの特徴があります。D&O保険は、会社に対する責任についても補填されうること、会社が倒産状態になっても機能しうることなどの特徴があります。

招集通知発送前のウェブサイトでの開示（総会集中日への対応）

株主総会の集中日についていろいろな議論が別途なされていますが、多数の上場会社株式を保有している内外の機関投資家等もいらっしゃる中、招集通知の内容が取締役会で確定した段階で正式郵送前に内容を自主的にウェブサイトに掲載されることで、機関投資家等の株主側の議案検討期間が相当日数追加で確保できるメリットがあります。

ガバナンス・コードは以下の通り述べており、現に2015年度以降、総会招集通知の総会前WEB開示は広く行われるようになりました。

「上場会社は、株主が総会議案の十分な検討期間を確保することができるよう、招集通知に記載する情報の正確性を担保しつつその早期発送に努めるべきであり、また、招集通知に記載する情報は、株主総会の招集に係る取締役会決議から招集通知を発送するまでの間に、TDnetや自社のウェブサイトにより電子的に公表すべきである。」(補充原則1－2②)

さらに株主総会関連の電子化は、近時急速に進んでいます。株主総会のデジタル化対応には、①招集手続関連のデジタル化、②議決権行使関連のデジタル化、③株主総会の場自体のデジタル化という3つのパートがあります。①については、令和元年改正会社法により、株主総会資料を自社HP等のウェブサイトに掲載し、株主に対して当該ウェブサイトのアドレス等を株主総会招集通知に記載等して通知した場合には、株主の個別の承諾を得ていないときであっても、株主総会資料を適法に提供にしたものとする制度が新設されています。また、コロナ対策としてのウェブ開示の特例も別途行われています。

②に関しては、**2021年改訂**において、補充原則1－2④において「プライム市場上場会社は、少なくとも機関投資家向けに議決権電子行使プラットフォームを利用可能とすべきである」と述べられています。個人株主向けのスマホ行使のインフラ整備も急速に進んでいます。

③に関しては、2020年2月26日に経済産業省から「ハイブリッド型バーチャル株主総会の実施ガイド」が公表されています。**ハイブリッド型バーチャル株主総会**とは、リアル株主総会を開催しつつ、当該リアル株主総会の場に在所しない株主についても、インターネット等の手段を用いて遠隔地からこれに参加又は出席することを許容するものです。また2021年には産業競争力強化法の改正により**バーチャルオンリー型株主総会**も解禁されています。

政策保有株式等に関する2018年改訂

2018年に行われたその他の重要な改訂として、政策保有株式関連と企業年金等のアセットオーナー関連があります。

ガバナンス・コードは、政策保有株式について、2018年改訂を経て以下の通り述べています。なお政策保有株式については、市場構造改革の**流通株式**の定義（図表1－6）からの様々な影響が想定されます。

「上場会社が政策保有株式として上場株式を保有する場合には、政策保有株式の縮減に関する方針・考え方など、政策保有に関する方針を開示すべきである。また、毎年、取締役会で、個別の政策保有株式について、保有目的が適切か、保有に伴う便益やリスクが資本コストに見合っているか等を具体的に精査し、保有の適否を検証するとともに、そうした検証の内容について開示すべきである。上場会社は、政策保有株式に係る議決権の行使について、適切な対応を確保するための具体的な基準を策定・開示し、その基準に沿った対応を行うべきである。」（原則1－4）

「上場会社は、自社の株式を政策保有株式として保有している会社（政策保有株主）からその株式の売却等の意向が示された場合には、取引の縮減を示唆することなどにより、売却等を妨げるべきではない」（補充原則1－4①）

「上場会社は、政策保有株主との間で、取引の経済合理性を十分に検証しないまま取引を継続するなど、会社や株主共同の利益を害するような取引を行うべきではない。」（補充原則1－4②）

企業年金についても、以下の通り述べられています。企業年金の母体企業においても、企業年金の運用が従業員の資産形成や自らの財政状態に影響を与えることを十分認識し、企業年金がアセットオーナーとして期待される機能を実効的に発揮できるよう、自ら主体的に人事面や運営面における取り組みを行うことが求められています。

「上場会社は、企業年金の積立金の運用が、従業員の安定的な資産形成に加えて自らの財政状態にも影響を与えることを踏まえ、企業年金が運用（運用機関に対するモニタリングなどのスチュワードシップ活動を含む）の専門性を高めてアセットオーナーとして期待される機能を発揮できるよう、運用に当たる適切な資質を持った人材の計画的な登用・配置などの人事面や運営面における取組みを行うとともに、そうした取組みの内容を開示すべきである。その際、上場会社は、企業年金の受益者と会社との間に生じ得る利益相反が適切に管理されるようにすべきである。」（原則2－6）

企業価値向上に活かす意思を持ったガバナンス・コード対応

ガバナンス・コードには、第1章の各原則など、本章では触れられなかった重要項目がまだたくさんあります。ガバナンス・コードを自社の中長期的な企業価値向上に前向きに活かそうとされる上場企業の皆さんにとって、何らかのヒントとなれば幸いです。

ガバナンス・システムは、自社の経営理念・経営戦略を実現する仕組みです。企業としては、ガバナンス・コードに対して、中長期的企業価値向上のための攻めの経営判断を後押しする仕組みを強化していくものとして、前向きに取り組んでいくことが重要になるように思います。何か制度対応的に捉えたり数値基準等を形式的に充たそうとするのではなく、経営理念と（収益性・資本効率性を踏まえた）具体的な企業価値向上策を示していくことが重要だと思われます。

ガバナンスは企業価値向上に向けた企業の意思そのものです。またガバナンスのあり方は企業の非財務情報の中で最重要項目の1つです。ガバナンス・コード対応は、自社の成長戦略を伝える統合報告のプラットフォームの一環といえましょう。

ガバナンス・コードに対しては、「自社の中長期的な企業価値向上に向けた経営戦略を構築していくに当たって、強化していくポイントや変えていくポイントなどを見極めて整理する、良い教科書として活用できる」といった感想も企業側から出されています。

補充原則5－1②(ii)は「対話を補助する社内のIR担当、経営企画、総務、財務、経理、法務部門等の有機的な連携のための方策」と述べています。ガバナンス・コードへの対応自体、こうした有機的な横断的連携で行う方が、統合報告としてのプラスの効果が得られるように思います。

図表1-31 コンプライ・アンド・エクスプレイン

1-4（政策保有関連）	1-7（関連当事者間の取引）
2-4 ①（多様性確保関連）	2-6（企業年金関連）
3-1（非財務情報等の開示）	3-1 ③（サステナビリティ開示）
4-1 ①（取締役会の審議事項の範囲）	4-9（独立性基準）
4-10 ①（指名・報酬委員会関連）	4-11 ①（取締役会の多様性・規模の考え方）
4-11 ②（社外役員の兼任状況）	4-11 ③（取締役会実効性評価）
4-14 ②（取締役等のトレーニング）	5-1（株主との対話の基本方針）

コンプライ・アンド・エクスプレインの事項

83個の原則の中で、図表1-31に列挙した14個の原則は、コンプライする場合でもガバナンス報告書での開示が求められています。大半の原則が「コンプライ・オア・エクスプレイン」であるところ、これら14個の原則については「コンプライ・アンド・エクスプレイン」であるといえます。図表1-31の各原則が開示対象となっていることにガバナンス・コードの趣旨に照らしたストーリー性があることがわかるかと思います。例えば、①企業の持続的成長のためにまず経営理念がある（原則3-1(i)）、②中長期の企業価値向上のためいかなるリスクがあるのかとそれに対するマネージを示す経営戦略と経営計画がある（原則3-1(i)）、③かかるリスクに対してグッド・クエスチョンを発するコーチング機能を果たすために取締役会が備えるべき多様性と規模とは何か（補充原則4-11①）、④そうした多様性のある取締役会で議論すべき事項とは何か（補充原則4－1①）です。ストーリー性の備わったガバナンス・コードード対応をしていくことで、自社の持続的成長の環境を自ら自律的に整えていくメリットがあります。

第2部

2021年ガバナンス・コード改訂と今後の実務対応

第1章　市場構造改革

一連の改革を経て日本の上場企業のさらなる切磋琢磨が進むことを期待

武井　2018年にもガバナンス・コードの改訂が行われましたので、今回は初回から数えますと3回目となりますが、いつもの皆様にお集まりいただきましてご議論をお願いできましたらと思います。

今般のガバナンス・コードの改訂は、2018年から議論が開始されました**市場構造改革**と関連しております。端的に言いますと市場のコンセプトを明確にして**プライム市場**、**スタンダード市場**、**グロース市場**の3つに分けますということとTOPIX等の**インデックス改革**であります。その議論の過程で、プライム市場について一段高いガバナンスをという定性面の議論があり、今回のガバナンス・コードの改訂の1つの背景となっております。

今回の市場構造改革にはいろいろなインパクトがありますが、まずは金融庁の市場構造ワーキングにも参加されていた井口さんと三瓶さんから、お願いできたらと思います。

三瓶　では、市場構造改革に絡むところについてお話しします。まず、プライム市場上場会社の期待イメージが、フォローアップ会議で議論していても、関係者間でそれぞれイメージがばらばらで一致していないところがありましたので、目指すべき姿がブレてうまく着地しないかもしれないというか、未だに人によっては期待が違うと感じています。

それはどう違うかといいますと、今の市場第一部を引き継ぐのがプライム市場だという期待イメージが1つで、今の市場第一部に上場している会社がそのまま移行できないとなると、コンプライ要件が現実的ではないという見方です。もう1つの考え方は、今回3つの区分に整理したことによって、プライム市場を選択する上場会社はグローバルの目線でものを考えていって、一層高いガバナンスを目指すというその言葉どおりの期待です。そのレベルに合わせて自ら取り組む意欲のある企業が上場するんだという期待イメージですね。2つの期待イメージは随分違うのではないかと思うのです。それが一致しないまま議論されたなという感じがしています。

2点目は、これもまた最初に仕切っておいたほうがよかった話なのだろうと思うのですけれども、市場区分は3つに分けると言ったのだから、プライムとスタンダードに求めることは明らかに違うと、東証の上場規程に書くということがあり得たと思うのです。しかし、東証としては、今般の金融庁でのコーポレートガバナンス・コード改訂の議論を待ってそれを反映するとしたことによって、市場区分によって求められるミニマムなガバナンス規律（コンプライ）の違いが明確にならなかったと思います。

ガバナンス・コードはあくまでも原則主義なので、コンプライ・オア・エクスプレインが基本です。そうすると、プライム市場上場でもエクスプレインが可能で、スタンダード市場上場でも頑張ってプライム市場上場会社に要求されるガバナンス規律の一部にコンプライすることもあり得るわけですね。そうすると、市場区分は何なんだと分かりにくくなります。上場規程というルールと、原則主義というコードとの使い分け、どこをどういうふうに使い分けるのかの基本設計を明確にしておくべきだったと思います。

結局、企業には上場区分の選択肢があり、コードのコンプライ・オア・エクスプレインの選択肢があるので、市場区分とコードの2つの選択肢をどういう理由で選んでどうやって活かすんだというところが、特に、海外の投資家からは分かりにくくなってしまったので、最初からこうしたことをちゃんと議論していたらもっと意義が明確化したんではないかという課題は残っています。

武井　ありがとうございます。インデックスの点についてはいかがでしょうか。

三瓶　インデックスについても、TOPIXを大きく変えるべきではないという見方と、いやTOPIXはもっと合理的に変えていくんだ、またとないの見直しの機会だから変えるんだ、厳選するんだという見方があります。私は金融庁の市場構造専門グループのミーティングでは、まず組み入れ銘柄数に上限を設けることがものすごく重要だということを伝えたのですけれども、現在進められているTOPIX見直しの俎上には載っていません。4月30日に東証から公表された指数コンサルテーションの結果において、組み入れ銘柄数上限などは〝今後のさらなるTOPIX（東証株価指数）等の見直しの方向性などに関するご意見〟とされています。そういう意味で、どのぐらいの銘柄数にするのかとか、またそこが決まっていないことによって、いろいろなものが流動的になる課題が残っているかと思います。

TOPIXの組み入れ企業数に上限を設ける意義は、そしてその基準が合理的で公正なものだとすると、TOPIXに入りたい企業が常に相対的な競争をし続けることによって、切磋琢磨してどんどん良くなっていく自律的な仕組みができることにあります。そうすると、むしろ投資家が企業に対してうるさいことを言わなくても、基本的にミニマムスタンダードはこうですよということさえ言っておけば、あとはそれに向かって頑張りたい会社は頑張るということで、企業側にも自由度が十分に確保されつつ、市場全体を牽引していくという力学が働く可能性が高いと思っています。そういう自律的な作用が活かされるのかどうかが、現状の見直しでは心配なところですね。

武井　ありがとうございます。続きまして井口さんからも、宜しくお願いします。

井口　まずは、市場区分を取り入れた改訂ガバナンス・コードへの評価についてお話しさせていただきます。三瓶さんや私も委員となっていました金融庁の市場構造専門グループから出された報告書では、プライム市場を『機関投資家の投資対象となりうる企業が集まる市場』と位置づけています。

では、機関投資家から、どういったことがプライム市場上場企業に求められるかということ、持続的な成長を支える「高いガバナンス水準」と中長期の企業価値創造ストーリーを投資家に確信させる「適切な企業開示」と考えています。改訂ガバナンス・コードでは、プライム市場上場企業に対し、高いガバナンスや企業開示への期待が示されていますが、それは妥当な方向だと考えています。プライム市場上場企業に気候変動関連の開示を求めるというのも、企業側からはやや唐突感があるかもしれませんが、機関投資家にとっては非常に重要な情報ですので、歓迎すべきことと考えています。

取締役会の構成については、グローバルの投資家からは社外取締役の過半数を望む声があるということは認識していますが、個人的には、プライム市場といっても、様々な企業があるだろう、という日本の現実と、日本ではプリンシプルベースのコードであったとしても、比較的強制力を持つということを考えると、現状では、社外取締役の比率が1／3というのは妥当な水準と考えています。ただ、もちろん、ここが終着点ではなく、今後、この水準をグローバルのレベルまで引き上げていく必要があるとは思っています。

課題は、ガバナンス・コードはプリンシプルベースですので、これをどう資本市場の規律として機能させるかということです。ここで重要となるのは、機関投資家の行動と思っています。既に公表していますが、当社は市場区分ごとに行使基準を分ける考え方を**議決権行使基準**に取り入れ、2022年6月から実施することとしています。具体的には、コードと同様、**プライム市場**には1／3以上の独立社外取締役、支配株主の存在する企業がプライム市場に上場する際には、過半数の独立社外取締役を求めます。このような行動が資本市場に規律をもたらす一助となることを期待しています。

市場区分の効果が動態的に生じることが期待される

井口　次に、市場区分を取り入れた改訂ガバナンス・コードの効果という観点でお話させていただくと、その効果については、静態的に捉えるのではなく、動態的に捉えるべきだと思っています。金融庁の市場構造専門グループの審議会では、地方企業も含め、何社かの企業に東証の市場改革についてヒアリングしました。みなさん、プライム市場へ上場したい、という考えはお持ちでしたが、そのインセンティブについては、投資家からすると非常に残念なのですが、資金調達や資本コストが有利になるという企業はほとんどいらっしゃらず、プライム市場というブランドを活用し、本業のブランドを維持したい、良い人材を採りたいといったものでした。

ただ、前向きにとらえると、理由はともあれ、プライム市場に残りたい、あるいは、スタンダード市場からプライム市場に入りたいというインセンティブがあるということです。従って、プライム市場に高いガバナンスや高い開示の基準を設けると、上場企業は、それに適合するような態勢を整えようとすることになるので、日本の資本市場全体のガバナンスや企業開示の水準が向上するメカニズムが働くことにつながります。このように、今回の市場区分をとりいれたコード改訂は、単にプライム市場をよくするという効果だけではなくて、動態的に考えると、日本の資本市場全体のクオリティ向上という効果も有していることは忘れてならないと思っています。日本の資本市場の機能向上という点でも、今回の市場区分を取り入れた改訂ガバナンス・コードを高く評価したいと思っています。

最後に、**TOPIX**のところですが、TOPIXは、年金基金を受託する際に交わされる、アセットオーナと運用会社の契約の中で**ベンチマーク**として記載されるなど機関投資家の実務の中で、すでに幅広く使われています。ですので、TOPIXの性格を大きく変更するとなると、契約の変更の有無も検討する必要があるでしょう。また、それに伴う、市場売買の発生などで市場に大きな混乱をもたらすことになるので、私はTOPIXの性格を大きく変更すべきではないと考え、審議会でもそのように発言しています。また、TOPIXはあくまで市場全体の動きを示すベンチマークでよいのであって、あまり、色をつける必要もないとも思っています。

ただ、一方で、国民の資産がパッシブ運用のETFなどを通じて運用されているので、インデックスのクオリティ向上が重要という考えも理解できます。これについては、最近、ESGを重視した**ESGインデックス**といったこともよく聞きますが、TOPIXとは別に、アセットオーナーが採用し、機関投資家が活用できる良いインデックスを開発すれば、TOPIXを大幅に変更する必要はないのではないか、と思っています。

武井　はい。ありがとうございます。では他の皆様からもお願いします。

石坂　それでは企業側の視点から発言させて頂きます。アサヒグループとしてもプライム市場への上場を目指していくことになると思いますが、グローバルで日本株全体の地位向上を図るということで、井口さんからありましたように、その一員となる企業には一段高い規律やガバナンスが求められてくるということを再認識しています。

今回のコーポレートガバナンス・コードや対話ガイドラインの改訂を見ると、新市場区分に応じた取締役会の機能発揮、そういった観点での具体的な取り組みの進化が求められています。さらに中核人材のダイバーシティの確保や、今お話がありましたESG要素を含むサステナビリティ課題への取り組みなどが軸になっていると思います。

当社はこれまでも独立社外取締役の構成ですとか、CEOの任命・退任基準の設定、企業価値向上と連動した役員報酬制度の改訂などに取り組んできており、今年からは取締役会の**スキル・マトリックス**やCEOのスキルセットなども設定し開示しています。今回改訂されたコードや対話ガイドラインが求めている主要課題と、当社がこれまで強化してきた取り組みはある程度一致しており、方向性に大きなずれがないことが確認できて、そこは安心しています。ただし、もちろん全て具体的な取り組みができているわけではありませんので、そうした項目について今後もしっかりと取り組みを強化し、株主や投資家の皆さんと対話を積み重ねていくことで、ガバナンスの実効性を高めていく必要があるということを改めて感じています。

この1年はコロナ禍のマイナス影響で業績が落ち込むなど、急激な環境変化の中で様々な混乱もありましたが、改めてこうしたコードの改訂を踏まえて、自社の取り組みを再点検する良いきっかけになると思っています。

武井　ちなみに御社のような、元々ちゃんとプライムにふさわしいことをやってらっしゃった企業さんからすると、プライムについていろいろと求められている実質面について、あまり違和感がないという感じでしょうか。

石坂　そうですね、今回提示されたプライムに求められる方向性に対して違和感はなく、当社として一定の対応はできていると思います。ただし、国を代表する投資対象として優良企業が集まるプライムの上場会社には、さらに高い役割のようなものが求められてくる思いますので、安心している場合ではないなと感じている次第です。

実質を達成する社内KPIの設定が重要

武井　では佐藤さんから、IR業界的にみていかがでしょうか。

佐藤　市場構造改革とあわせたコードの改訂については、私はシンプルに受けとめました。すなわちグローバルにリスクマネーを集めて、企業価値の向上を実現させることが目標だと理解しています。そのためにはやはり開示の充実や、従来以上の建設的な対話が重要であると思います。

ＩＲ活動においても、企業価値向上につながる工夫が求められるでしょう。ただ、対話をより建設的なものにするには、目指す姿を表明するだけでなく、企業グループ全体で実現に向けたロードマップを共有したり、道筋を整備したりということが前提になると思います。格好良いことを書いていても、投資家と「この部分をどうやったら実現できるのですか」といった議論になったときに、具体的な施策が揃っていないのでは前に進めません。

例えばキャッシュフローの配分の考え方を整理し、取り組みを始めていないと、もしアクティビストから突っ込まれたとき、つじつまの合わない対応になるおそれもあります。そんな状態で株主還元の目標を開示しているような状態では、コード改訂の本当の目的が達成できないのではと懸念しています。アサヒグループホールディングスさんのような、十分議論をして取り組みを進めている企業さんもあるのですけども、コードに沿って形を整えたばかり、という企業さんもあります。また内容を充実させようとしている企業さんでも、項目によっては実際には難しいなと思っているところもあります。

日本ＩＲ協議会（以下ＩＲ協議会）の会員数は２０２１年３月末時点で６０４ですが、いわゆる中・小型株企業の会員さんも多いのです。そういう企業さんは大企業に比べるとガバナンス、あるいはＥＳＧ関連の取り組みに投じる経営資源は限られていて、どこまでやったらいいのか判断もしにくい。いざ投資家の皆さんが選別するぞといったときに、何でしょう、それについていけなくなってしまうという事態が生じ、二極化が一層はっきりしてくるということもやや危惧しております。感想としては以上です。

武井　なるほど。ＩＲのところで、実現のための実現プランというかロードマップが無いと、そもそもＩＲというか開示のところまでいかないということだというのは重要なご指摘だと思います。

ちなみに今回、多くの一部上場企業さんが結局はプライムに行く希望を強く持っていらっしゃる状況なわけですが、ＩＲのレベルからご覧になっていてどうでしょうか。鶏と卵では無いですが、これからより頑張っていけば良いということかなとも思いますが。

佐藤　そうですね。三瓶さんがご指摘になった慎重派と先進派の見方のうち、先進派のグローバル目線は投資家の方にとっては当たり前のことだと思うのですが、企業側も２つに分かれているように感じます。

早めに改革を始めた企業さんは、ＩＲ協議会の会員さんの中にも相当数いらっしゃいます。他方で、グローバル目線に近づこうという思いはあるのだけれど、企業全体を動かすのには力がいる。だからＩＲ協議会に入って「世の中ってこんな流れになっているのだよ」っていう外の声を社内にフィードバックして会社を変えていこうという企業さんも少なからずいらっしゃいます。600社でそうですから、現時点の東証一部2100社ほどがすべてプライム市場上場企業の資質を備えているかというと、まだこれからなのだと思います。

ただ政府がカーボンニュートラルを宣言してから、気候変動などへの対応を経営計画に組み込む企業さんが加速度的に増えています。こうした動きを背景に、できるところから取り組んでいらっしゃる過程ではないかなというのが私の印象です。

IR担当者は直接投資家に会ったり、社外の動きに接したりしているので、変化に対する肌感覚はあるのですけど、ずっと事業部門に関わってきた人やその責任者ですと、事業面での目標達成がミッションになるので、そのKPIに即していないと、なかなか自分事としては捉えて頂けないわけですね。先ほど私が「目標実現に向けた道筋が整備されていることが重要です」と申し上げたのは、役員や幹部のKPIや評価がガバナンスやESGとも紐付けされていないと実現は難しいのではないか、という意味です。

武井　重要な点ですね。そういったKPIを含めて変えていかなくてはいけないですね。今回プライム市場は、グローバルな機関投資家が投資するのにふさわしいという明確なコンセプトを打ち出していて、そこを企業さんが自ら選ぶわけです。しかも市場区分の選択は企業側の取締役会決議によるわけです。考え方を根本的に変えなくてはいけないイシューも出てくるのだと思います。

実質が高まる市場構造改革となることが期待される

武井　北川先生はいかがでしょうか。

北川　私は市場区分の箇所の細かい議論をフォローしているわけではないのですけれども、要はプライム市場にアサインされるためのレベルが上がっていて、それに沿って今度のコードの改訂も出てきているように思えます。結構これはハードルが高いですよね。そういう意味では日本を引っ張る企業に高いレベルへ誘導しようというロードマップができているということなのでしょう。

気になるのは、やはりプライム市場に行く限り、必要に応じて資金調達をする、積極的な投資をするとか、そういうことは相当意識されないといけないのではないかと思います。そこら辺のところはコーポレートガバナンス・コードと同じでプライムの定義というのはこれからもどんどん変わっていくべきだし、それから大相撲の番付ではないけどいろいろな基準を設けていって、プライムからあなた方が落ちる可能性があるのだよというようなことも数年経ったらやっていかないと刺激がないと思います。そういう意味では今までの東証の一部とか二部の基準というのは、大相撲にたとえれば、負け越しをずっと続けていてもそのままいられるというようなところがあったわけですね、極端なことがなければ。そこら辺のところは、今後の運営次第だというふうに思いました。

ただ日本の企業さんはやはり、恥を文化とするところなので、井口さんも仰ったように、一度プライムにした限りにおいてはそれを死守しようというところはあるので、そういう意味では、ガバナンス・コードと絡めて、このプライム市場の問題が今度のコードの中に入っているというのはとても意味深いことだと思います。だからそれは良い方向に誘導しなければいけない。その結果として企業価値を高めようとする会社がどんどん出てくるようになるということにつなげていくことになると思います。

独立社外取締役過半数の指名委員会・報酬委員会は相当大きなインパクトに

北川　今回の改訂は、サステナビリティの開示にしてもスキルセットを備えた独立社外取締役の確保の問題にしても、結構大変ですよ。

武井　確かにリアルなコンプライをするのはそんなに簡単ではないと思います。中身・実質を込めたコードの改訂だと思うので。

北川　プライム市場では、やがて指名委員会等設置会社に移行せざるを得ないのかなというふうに読んだんですけどね。

武井　機関設計の形ではなくて実質的な意味でということですね。

北川　実質的にですね。機関設計は監査役会設置会社等でも良いのですけども。そういう感想を抱きました。

機関投資家側で対応が進むＥＳＧインデックス

武井　元々ガバナンス・コードはヨーロッパにあったわけですけれども、ヨーロッパでも例えば対象が数百社だったわけですが、日本の場合は東証一部、二部という切り分けしか良いのがなくて、結局２０００～３０００社が射程になりました。今回、プライムを射程にしたが、ガバナンス・コードができて、日本のプライムが数百社になるということはないと思いますが、投資家の側でインデックスについて、プライムについて切り取るような動きはありますでしょうか。従前からＪＰＸ４００がありますが、今回のプライムを踏まえた新しいインデックスを作る動きとかは出てくるでしょうかね。

三瓶　あるかもしれませんね。ただ、個別企業重視・ファンダメンタル重視のアクティブ・オンリーの投資手法だと、インデックスはあまり関係ないですね。

武井　確かにそうですね。

三瓶　個別企業重視・ファンダメンタル重視のアクティブ・オンリーの投資哲学では、投資先選別の際に「idiosyncratic（特異体質）」であるかどうかを重視します。国・地域の景気サイクルや業種の好調・軟調などに左右されにくく、独自の戦略・ビジネスモデルによって価値向上を目指す企業に投資したいからです。ですから、どこの市場区分に入っているかと か、どのインデックスに入っているかというのと関係なく投資先を選択しています。外国籍ファンドでは日本の未公開株にも投資するくらいなので、本当に関係ないんですよ。ただ、どこの市場区分に上場していてもやはり何を目指しているのか、またそれを話し合う気があるのかということはとても大事ですね。

武井　プライム市場では、建設的対話がコンセプトになっていますので、そういう企業が集まるはずですね。

三瓶　そのはずですが、形式を整えることに注力しているような感じがあると、市場構造改革の本来の目的を理解しているか心配になります。

武井　なるほど。井口さんはいかがですか。

井口　ちょっと話がずれてしまうかもしれませんが、今後、**ＥＳＧインデックス**でのパッシブ運用、あるいは、ＥＳＧインデックスをベンチマークとしたアクティブ運用が増えてくるのではないか、と思っています。ＥＳＧ運用の世界で大きな影響力のある機関投資家団体のひとつであるＰＲＩ（責任投資原則：Principles for Responsible Investment）は、毎年、加盟している運用会社などに責任投資についてアンケート調査し、回答内容を評価するということをしています。そして、この評価結果は、運用会社のビジネスにも直結する可能性があるということで大きな影響力を持っています。

この質問に、今回からESGインデックスを活用して運用しているか、という項目が入ってきています。ESGインデックスを活用した運用をやっていなかったら、その部分の評価を落とすことになるわけです。今までESGインデックスに注目していなかった運用会社の中にも、今後、前向きに見直してくるところも増えてくるのではないか、と思っています。

武井　なるほど、ありがとうございます。

北川　井口さん。今の話というのは、ESGインデックスを機関投資家自ら設定しろということなのですか。

井口　いえ、ESGインデックスを活用している運用資産はどれだけあるのか、といった質問でした。

北川　やはり形式的になるような流れも一部には出てくる可能性もあるのかなと思っています。

第2章　気候変動関連（ＴＣＦＤ等）に関する今回のガバナンス・コードの改訂

気候変動関連のガバナンス・コード改訂の概要

武井　各論に入ります。今回のコードの改訂ではサスティナビリティ関連の話が相当重要な改訂項目となっています。その中で、まずは明確に書かれた**気候関連財務情報開示タスクフォース（ＴＣＦＤ）**や気候変動の話について先に取り上げたいと思います。コードにおける関連箇所は以下の通りです。

意見書（２０２１年４月６日金融庁スチュワードシップ・コード及びコーポレートガバナンス・コードのフォローアップ会議「コーポレートガバナンス・コードと投資家と企業の対話ガイドラインの改訂について」。以下同じ）で「投資家と企業の間のサステナビリティに関する建設的な対話を促進する観点からは、サステナビリティに関する開示が行われることが重要である。特に、気候変動に関する開示については、現時点において、ＴＣＦＤ提言が国際的に確立された開示の枠組みとなっている。また、国際会計基準の設定主体である**ＩＦＲ**

S財団において、ＴＣＦＤの枠組みにも拠りつつ、気候変動を含むサステナビリティに関する統一的な開示の枠組みを策定する動きが進められている。比較可能で整合性の取れた気候変動に関する開示の枠組みの策定に向け、我が国もこうした動きに積極的に参画することが求められる。今後、ＩＦＲＳ財団におけるサステナビリティ開示の統一的な枠組みがＴＣＦＤの枠組みにも拠りつつ策定された場合には、これがＴＣＦＤ提言と同等の枠組みに該当するものとなることが期待される。」と背景が説明されています。

コードの**基本原則２の考え方**において、「持続可能な開発目標」（ＳＤＧｓ）が国連サミットで採択され、気候関連財務情報開示タスクフォース（ＴＣＦＤ）への賛同機関数が増加するなど、中長期的な企業価値の向上に向け、サステナビリティ（ＥＳＧ要素を含む中長期的な持続可能性）が重要な経営課題であるとの意識が高まっている。こうした中、我が国企業においては、サステナビリティ課題への積極的・能動的な対応を一層進めていくことが重要である、と述べられています。

補充原則２－３①で「気候変動などの地球環境問題への配慮、人権の尊重、従業員の健康・労働環境への配慮や公正・適切な処遇、取引先との公正・適正な取引、自然災害等への危機管理など、サステナビリティを巡る課題への対応は、リスクの減少のみならず収益機会にもつながる重要な経営課題であると認識し、中長期的な企業価値の向上の観点から、これらの課題に積極的・能動的に取り組むよう検討を深めるべきである」とされています。

補充原則4－2②で「取締役会は、中長期的な企業価値の向上の観点から、自社のサステナビリティを巡る取組みについて基本的な方針を策定すべきである」とされています。**補充原則3－1③**で「上場会社は、経営戦略の開示に当たって、自社のサステナビリティについての取組みを適切に開示すべきである。・・特に、プライム市場上場会社は、気候変動に係るリスク及び収益機会が自社の事業活動や収益等に与える影響について、必要なデータの収集と分析を行い、国際的に確立された開示の枠組みであるＴＣＦＤまたはそれと同等の枠組みに基づく開示の質と量の充実を進めるべきである」とされています。

今回、ＴＣＦＤという各論がここまで書かれているのは、昨今のいろいろな時代の流れなり、重要性の高さを示しているかと思います。まずは安井弁護士から、ＴＣＦＤ等を含む気候変動関連について簡単に頭出し的な説明を御願いできましたらと思います。

気候変動開示に関する国際的な動向

安井　弁護士の安井でございます。武井と一緒にコーポレートガバナンスやサステナビリティ対応を中心とした企業法務に携わっております。本日のテーマに関連するこれまでの私自身の経験を簡単にご紹介させて頂きますと、２０１６年から２０１８年にかけて、金融庁企業開示課において、前回のガバナンス・コード改訂等を担当させて頂いておりました。加えて、２０１９年から２０２０年にかけてはフィデリティ投信運用本部に出向させて頂き、本日ご参加されている三瓶さんのご指導の下、エンゲージメントや議決権行使、サステナブル投資の実務を、それぞれ担当させて頂いた経験もございます。少々お時間を頂いて、気候変動問題に関する近時の動向についてご紹介させて頂きます。

昨今の気候変動問題に関する政策・規制の状況はご案内のとおりかと思いますが、気候変動問題については、世界各国において、脱炭素化の宣言や、関連する取り組みを後押しするような大規模な経済対策・規制の導入が相次いでいます。直近でも、今年4月にアメリカ主導の気候サミットが開催されたところです。

関連する取り組みについてはＥＵの動きが速く、**「欧州グリーン・ディール」**という政策パッケージの中で、２０５０年までの**カーボンニュートラル**という目標を掲げながら、幅広い政策手段を導入・強化していく方針が示されており、コロナ禍からの回復という文脈でも、**「グリーン・リカバリー」**を掲げて、関連分野に大規模な経済対策を実施しています。

アメリカも今年1月にバイデン政権が発足し、風向きが大きく変わっています。ご存じのとおり、バイデン政権は気候変動問題に対して積極的に取り組んでいく方針を打ち出しており、既にパリ協定に復帰する大統領令に署名をし、２０２１年4月に開催された気候サミットでは、２０５０年のカーボンニュートラルに向けて、２０３０年に２００５年比で50～52％の温室効果ガス排出削減という目標も掲げられました。

加えて、注目すべきところとして、気候変動問題に対しては中国も前向きに対応を進めており、昨年9月に、習近平国家主席が、2030年までに温室効果ガス排出を減少に転じさせ、2060年までにカーボンニュートラルを目指す方針を表明しています。米中間では様々な問題がある状況ですが、気候変動問題への対応については、協調していく方針も打ち出されてきているところです。

こうした中で、日本政府も昨年10月に2050年カーボンニュートラルを宣言し、先日の気候サミットでは、2030年目標も2013年比で46%の温室効果ガス排出削減というところまで引き上げられました。また、そうした目標設定にあわせて**グリーン成長戦略**が策定されており、日本政府として気候変動問題への対応を新たな成長戦略と位置付けて、各種の政策が打ち出されている状況です。こうした中で、今回のガバナンス・コード改訂でも、補充原則2－3①で、サステナビリティを巡る重要な課題の例として「**気候変動問題などの地球環境問題への配慮**」が挙げられています。

また、気候変動問題に関する情報開示についても、その枠組みとしてTCFDを規制レベルで導入していく動きが世界各国で活発化してきています。例えばイギリスでは、昨年12月に、ロンドン証券取引所のプレミアム上場企業を対象に、年次報告書におけるTCFDに沿った情報開示を「コンプライ・オア・エクスプレイン」ベースで求める規制が導入されており、また、別途公表された**ロードマップ**においては、2025年までに、対象範囲を大規模な非上場会社や金融機関にも拡大し、かつ完全義務化していく方向性が示されています。

ＥＵにおいても、２０２１年４月には新たな指令案も公表されていますが、現状の非財務情報開示指令とそれに紐付けられた別途のガイドラインでも、ＴＣＦＤで求められる項目を概ねカバーするかたちで、開示すべき内容が定められています。アメリカにおいても、ＴＣＦＤも念頭に置きながら情報開示の充実を進めていく動きがあり、中国でも同様の検討がなされている状況と認識しています。

どこまでの開示を行えばコンプライか

安井　こういった流れの中で、日本でも、今回のガバナンス・コード改訂で新設された補充原則３－１③において、特にプライム市場上場会社においては、ＴＣＦＤまたはそれと同等の枠組みに基づく情報開示が求められることになりました。
ＴＣＦＤで推奨される開示項目については、図表２－１で一覧にしています。日本でも大企業を中心にＴＣＦＤに賛同する動きが進んでおり、昨年末時点で３３４機関がＴＣＦＤに賛同を表明し、賛同機関数は２０２１年に入ってさらに増加していますが、情報開示の中身についてはまだ十分な情報開示に至っていない企業も少なくない状況と認識しており、今回のガバナンス・コード改訂を踏まえて、具体的な開示内容も含めて、さらに注目が集まって

図表2-1 TCFDで推奨される開示項目

ガバナンス	戦略
気候関連のリスクと機会に係る組織のガバナンスを開示する	気候関連のリスクと機会がもたらす組織の事業・戦略・財務計画への実際の影響及び潜在的な影響を、そうした情報が重要な場合に開示する
推奨される開示内容	**推奨される開示内容**
a）気候関連のリスクと機会に関する取締役会による監督体制を説明する	a）組織が識別した短期・中期・長期の気候関連のリスクと機会を説明する
b）気候関連のリスクと機会を評価・管理する上での経営陣の役割を説明する	b）気候関連のリスクと機会が組織の事業・戦略・財務計画に及ぼす影響を説明する
	c）2℃或いはそれを下回る将来の異なる気候関連シナリオを考慮し、組織の戦略のレジリエンスを説明する

リスク管理	指標と目標
気候関連リスクについて、組織がどのように識別・評価・管理しているかについて開示する	気候関連のリスクと機会を評価・管理する際に用いる指標と目標を、そうした情報が重要な場合に開示する
推奨される開示内容	**推奨される開示内容**
a）組織が気候関連リスクを識別・評価するプロセスを説明する	a）組織が、自らの戦略とリスク管理プロセスに即して、気候関連のリスクと機会を評価する際に用いる指標を開示する
b）組織が気候関連リスクを管理するプロセスを説明する	b）Scope1、Scope2及び該当する場合はScope3の温室効果ガス(GHG)排出量と関連リスクについて開示する
c）組織が気候関連リスクを識別・評価・管理するプロセスが、組織全体のリスク管理にどのように統合されているかについて説明する	c）組織が気候関連のリスクと機会を管理するために用いる目標及び目標に対する実績を説明する

（注）青字は**定量情報**が求められる開示項目

（出所）TCFD（気候関連財務情報開示タスクフォース）最終報告書をもとに安井作成

いくものと思われます。

テクニカルな点としては、どこまで開示をすれば「コンプライ」といえるのかという点については、各企業において関心のあるところかと思っています。TCFDの趣旨を踏まえると、少なくとも**シナリオ分析**を踏まえたリスク・機会の定量的な開示は一定程度は不可欠で、それに加えて、関連する取り組み全体を支えるガバナンス体制の整備や、温室効果ガス排出量に関する指標・目標等の開示も、やはりある程度必要になるのではないかと思われます。他方で、図表2-1の要素を全て1つ1つ満たしていないと「コンプライ」といえないのかどうかという点については、企業ごとの事業内容等を踏まえて、気候変動問題がどの程度重要と考えられるかという個別の判断の下で、必ずしも全ての要素を完全に満たしていなくても、実質的に「コンプライ」といえるケースはあるのではないと考えています。

図表2-2は、丸井グループのTCFD開示の例です。丸井グループは2018年にTCFDへの賛同を表明し、統合報告書のみならず、有価証券報告書においても、リスク・機会の定量的な分析も含めた充実したTCFD開示を行っています。今回のガバナンス・コード改訂を受けて、今後はこういった情報開示がプライム市場上場会社に求められていくことになります。

EUのタクソノミー／サステナビリティ開示規則

安井　ご参考として、ＥＵの**サステナブルファイナンス**に関する規制動向についても簡単にご紹介したいと思います。概要を図表２－３にまとめていますが、近年になってこれまでご紹介したような動きが加速している背景には、ＥＳＧ投資の潮流があります。ここであえてＥＵのサステナブルファイナンスに関する規制をご紹介する趣旨は、特に**ＥＵタクソノミー**を巡る動きが、日本の企業実務にも影響を及ぼす可能性があると考えられるためです。

ＥＵにおいて「サステナビリティ」を定義付ける動きがあります。持続可能な社会への投資を促進するためには、経済活動の環境・社会に対するインパクトやサステナビリティ水準を判断するための統一基準が不可欠であるという課題認識の下で、２０１８年に策定されたサステナブルファイナンスに関するアクションプランに沿うかたちで、「環境的に持続可能(environmentally sustainable)」な経済活動や金融商品の基準を定めるタクソノミー規則が、２０２０年7月に施行されています。

タクソノミー規則の最大の特徴は、規定された6つの環境目標への実質的な貢献として認められるための具体的な数値基準が設けられている点にあります。２０２１年3月に施行された運用機関等を対象とする**サステナビリティ開示規則（ＳＦＤＲ）**も踏まえ、グローバル

（前提要件）

対象期間	現在～2050年
対象範囲	丸井グループの全事業
算定要件	気候変動シナリオ（ＩＰＣＣ・ＩＥＡ等）に基づき分析
	項目別に対象期間内に想定される利益影響額を算定
	リスクは事象が発生した際の影響額で算定
	機会は原則、長期的な収益（ＬＴＶ）で算定
	公共事業等のインフラ強化やテクノロジーの進化等は考慮しない

（気候変動によるリスクおよび機会）

	世の中の変化	丸井グループのリスク	リスクの内容	利益影響額
物理的リスク	台風・豪雨等による水害 ※１	店舗の営業休止	営業休止による不動産賃貸収入等への影響	約19億円
			浸水による建物被害（電源設備等の復旧）	約30億円
		システムセンターの停止	システムダウンによるグループ全体の営業活動休止	対応済 ※２
移行リスク	再エネ需要の増加	再エネ価格の上昇	再エネ調達によるエネルギーコストの増加	約８億円（年間）
	政府の環境規制の強化	炭素税の導入	炭素税による増税	約22億円（年間）

	世の中の変化	丸井グループの機会	機会の内容	利益影響額
機会	環境意識の向上・ライフスタイルの変化	サステナブルなライフスタイルの提案	環境配慮に取り組むテナント導入等による収益	約19億円 ※３
			サステナブル志向の高いクレジットカード会員の増加	約26億円 ※４
			環境配慮に取り組む企業への投資によるリターン	約９億円
		一般家庭の再エネ需要への対応	クレジットカード会員の再エネ電力利用による収益	約20億円 ※５
	電力調達の多様化	電力小売事業への参入	電力の直接仕入れによる中間コストの削減	約３億円（年間）
	政府の環境規制の強化	炭素税の導入	温室効果ガス排出量ゼロの達成による炭素税非課税	約22億円（年間）

＜リスク管理＞

当社グループは、グループの事業が気候変動によって受ける影響を把握し評価するため、シナリオの分析を行い、気候変動リスク・機会を特定しています。特定したリスク・機会はサステナビリティ推進体制の下、戦略策定・個別事業運営の両面で管理しています。グループ会社（小売業・施設運営・物流・ビルマネジメント等）の役員で構成される環境・社会貢献推進分科会で議論された内容は、サステナビリティ委員会において定期的に報告し協議を行い、案件に応じて、取締役会への報告・提言を行っています。企業戦略に影響する気候変動を含めた世の中の動向や法制度・規制変更等の外部要因の共有や、グループ各社の施策の進捗状況や今後のリスク・機会等の内部要因を踏まえて、戦略・施策等の検討を実施していきます。

＜指標と目標＞

・当社グループは、グリーン・ビジネスの指標として、環境効率（営業利益／CO2排出量）およびサーキュラーレベニュー（サーキュラー売上高・取扱高／小売総取扱高）を設定しています。
・温室効果ガスの削減については、グループ全体の温室効果ガス削減目標「2030年までに2017年３月期比Scope１＋Scope２を80％削減、Scope３を35％削減（2050年までに2017年３月期比Scope１＋Scope２を90％削減）」が、2019年９月にＳＢＴイニシアチブにより「１．５℃目標」として認定されています。
・2030年までにグループの事業活動で消費する電力の100％（中間目標：2025年までに70％）を再生可能エネルギーから調達することを目標として、2018年７月にＲＥ１００に加盟しています。

（出所）株式会社丸井グループ「第 84 期有価証券報告書」12 ～ 14 頁

図表2-2 丸井グループの TCFD 開示

■ 気候変動への取り組みとＴＣＦＤへの対応

気候変動は、もはや気候危機としてとらえるべきことであり、当社グループは、重要な経営課題の一つと認識し、パリ協定が示す「平均気温上昇を1．5℃に抑えた世界」の実現をめざしています。「丸井グループ環境方針（2020年４月改定）」に基づき、パリ協定の長期目標を踏まえた脱炭素社会へ積極的に対応すべく、ガバナンス体制を強化するとともに、事業への影響分析や気候変動による成長機会の取り込みおよびリスクへの適切な対応への取り組みを推進しています。当社グループはＦＳＢ（金融安定理事会）により設立されたＴＣＦＤ（気候関連財務情報開示タスクフォース）による提言に賛同し、有価証券報告書（2019年３月期）にて、提言を踏まえ情報を開示しました。今回さらに分析を重ね、気候変動による機会および物理的リスク等の内容を拡充しました。今後も情報開示の充実を図るとともに、ＴＣＦＤ提言を当社グループの気候変動対応の適切さを検証するベンチマークとして活用し、共創サステナビリティ経営を進めていきます。

＜ガバナンス＞

気候変動に関わる基本方針や重要事項等を検討・審議する組織として、2019年５月に代表取締役を委員長とする取締役会の諮問機関、サステナビリティ委員会を新設しました。また、その下部組織として関連リスクの管理および委員会が指示した業務を遂行する機関、環境・社会貢献推進分科会を設置しました。事業戦略の策定や投融資等に際しては、こうした体制を基に「丸井グループ環境方針」や気候変動に係る重要事項を踏まえ総合的に審議し決定することで、気候変動に関するガバナンスの強化を進めていきます。

＜事業戦略＞

（事業のリスクと機会）

気候変動による世界的な平均気温の４℃上昇が社会に及ぼす影響は甚大であると認識し、気温上昇を１．５℃以下に抑制することをめざす動きに共に貢献していくことが重要であると考えています。２℃以下シナリオ（１．５℃目標）への対応力を強化すべく、気候関連のリスクと機会がもたらす事業への影響を把握し、戦略の策定を進めています。

当社グループは、小売・フィンテックに、経営理念やビジョンを共感しあえるスタートアップ企業等への投資により、相互の発展につなげる「共創投資」を加えた、三位一体の新たなビジネスモデルの創出をめざしています。気候変動は、台風・豪雨等の水害による店舗・施設等への被害や規制強化に伴う炭素税の導入による費用の増加等のリスクが考えられます。一方、消費者の環境意識の向上に対応した商品・サービスの提供や環境配慮に取り組む企業への投資は当社グループのビジネスの機会であると捉えています。

（財務影響の分析・算定）

事業への財務的影響については、気候変動シナリオ等に基づき分析し2050年までの期間内に想定される利益への影響額として項目別に算定しています。リスクについては、物理的リスクとして、気温上昇が1．5℃以下に抑制されたとしても急性的に台風・豪雨等での水害が発生しうると予測しています。店舗の営業休止による不動産賃貸収入等への影響（19億円）および建物被害（30億円）を算定。移行リスクとしては、将来のエネルギー関連費用の増加を予測し、再生可能エネルギーの調達コストの増加（８億円）および炭素税導入による増税（22億円）を算定しています。機会については、環境意識が高い消費者へのライフスタイル提案による店舗収益への影響（19億円）およびクレジットカード会員の増加による長期的収益（26億円）、環境配慮に取り組む企業への投資によるリターン（９億円）を算定。クレジットカード会員の再生可能エネルギー電力の利用によりリカーリングが増加しゴールドカード会員化に繋がることでの長期的収益（20億円）、電力小売事業への参入による調達コストの削減（３億円）および炭素税の非課税（22億円）を算定しています。今後も様々な動向を踏まえ定期的に分析し、評価の見直しと情報開示の充実を進めていきます。

図表2-3 EUのサステナブルファイナンスに関する規制動向

■ 2018年に「サステナブルファイナンスに関するアクションプラン」を策定

- 持続可能な社会への投資を促進するためには、経済活動の環境・社会に対するインパクトやサステナビリティ水準を判断するための統一基準が不可欠であるとの課題認識の下、EU共通のタクソノミー規則の策定を掲げる

■ 環境分野に焦点を当てたタクソノミー規則が2020年7月に施行

-「環境的に持続可能（environmentally sustainable）」な経済活動や金融商品の基準を定める
- 環境目標への実質的な貢献として認められるための数値基準等が設けられている点に最大の特徴（例：発電は100gCO2e/kWh以下が適格）

■ 2021年3月には運用機関等を対象とするサステナビリティ開示規則（SFDR）も施行

⇒グローバルに投資を行う欧州の年金基金や運用機関等がEUタクソノミーに沿った投資を行うようになると、日本企業にも将来的に影響が及ぶ可能性がある

（出所）安井作成

に投資を行う欧州の年金基金や運用機関等がEUタクソノミーに沿った投資を行うようになると、日本企業にも少なからず影響が及ぶ可能性があると考えられます。

こうした動きがある中で、日本における近時の関連動向として、先ほど触れた日本政府の2050年カーボンニュートラルへ向けたグリーン成長戦略については、内閣官房にも気候変動対策推進のための有識者会議が設置され、今後の具体的な取り組みの方向性が検討されています。経済界も同じ方向を向いており、経団連においても、サステナブルな資本主義の確立に向けた新成長戦略を打ち出して、脱炭素社会の実現に向けたイノベーションを後押しするイニシアティブであ

る「チャレンジ・ゼロ」等の取り組みも進められています。ＴＣＦＤについても、ＴＣＦＤコンソーシアムが設置されて、先ほどご紹介したとおり、ＴＣＦＤに賛同する国内機関も増えてきており、ＣＤＰ（Carbon Disclosure Project）による評価でも、気候変動Ａリストに選定された日本企業の数は、米国と並んで世界一の水準となっています。

クライメート・トランジション・ファイナンスに関する基本指針

安井　先ほどご紹介したサステナブルファイナンスに関しても、金融庁にサステナブルファイナンス有識者会議が設置され、関連する取り組みの今後の方向性について議論が進められています。この有識者会議には、本日ご参加頂いている井口さんもメンバーとしてご参加されています。また、２０５０年カーボンニュートラルの実現に向けては、再生可能エネルギー等へのグリーン投資の促進に加えて、特に温室効果ガスを多く排出する産業の脱炭素への移行（トランジション）に資する取り組みへのファイナンスもあわせて促進していくことが必要であることが指摘されており、こうした課題認識の下、金融庁、経済産業省、環境庁が協働して、本年5月に**クライメート・トランジション・ファイナンス**に関する基本指針が策定されています。詳細は図表2－4をご覧ください。

先ほどご紹介したＥＵタクソノミーとの比較で申し上げると、ＥＵタクソノミーはグリー

図表2-4 クライメート・トランジション・ファイナンスに関する基本指針

■ 2050年カーボンニュートラルの実現に向けては、再生可能エネルギー等へのグリーン投資の促進に加え、脱炭素への移行（トランジション）に資する取り組みへのファイナンスもあわせて促進していくことが必要であるとの課題認識の下、2021年5月に基本指針を策定

■トランジション・ファイナンス
- 基本指針では、温室効果ガスの削減に向けた取り組みのうち、パリ協定に整合的な目標設定を行い、指針に定める各要素を満たした上で行う資金調達への支援を目的としたファイナンスと定義
- 開示が推奨される要素として、①トランジション戦略とガバナンス、②ビジネスモデルにおける環境面のマテリアリティ、③目標と経路を含む科学的根拠のあるトランジション戦略、及び④実施の透明性の確保の4つを提示

⇒グリーン／ブラウンの二元論ではない、脱炭素への移行に着目したアプローチ

（出所）安井作成

ンなものとそうでないブラウンなものを分けていく発想ですが、ブラウンなものが徐々にグリーンに移行していく、そうしたトランジションのプロセスに資するようなものもカーボンニュートラルを目指す上では重要であり、基本指針は、そうした脱炭素への移行（トランジション）に着目した内容になっています。

サステナビリティ報告に関する基準統一に向けた国際動向

安井　企業側のサステナビリティに関する情報開示については、報告基準の統合に向けた国際的な議論も進んでいます。現状、企業のサステナビリティに関する報告については様々な基準や枠組みが存在しており、企業、あるいは報告された

情報を利用する投資家等からも、統一的な報告基準の策定を求める声が国際的に高まっています。

そうした中、2020年9月に、国際会計基準（IFRS）の設定主体である**IFRS財団**が、サステナビリティに関する国際的な報告基準を策定すべく、新たな基準設定主体として**ISSB（国際サステナビリティ基準審議会）**を設置する旨の市中協議文書を公表しました。2021年3月には、協議の結果を踏まえ、同基準審議会の戦略的方向性に関するプレスリリースが公表され、投資家の判断に重要な情報にフォーカスし（シングルマテリアリティ）、TCFD等の既存の枠組みをベースとしつつ、まずは気候関連の報告に注力すること等が表明されています。

こうした動きを受けて、日本を含む世界各国の証券監督当局や証券取引所等から構成される国際機関である**IOSCO（証券監督者国際機構）**においても、新たに設置されたサステナブルファイナンス・タスクフォースにおいて議論が行われ、2021年5月には、IFRS財団の国際的な報告基準の策定に向けた取り組みのビジョン、さらにはIOSCOとしてIFRS財団と協同していく方針について強い支持があったことが公表されています。

今後、こうした内容については、IOSCOとして発行予定の発行体のサステナビリティ開示に関する報告書にも反映されることが予定されています。IFRS財団においては、こうしたIOSCOの動向も踏まえ、2021年11月に開催予定のCOP26に先立って、新たにサステナビリティ基準審議会を設置することを最終決定することが予定されています。

今回のガバナンス・コード改訂では、新設された補充原則3－1③において、特にプライム市場上場会社においては、ＴＣＦＤまたはそれと同等の枠組みに基づく情報開示が求められていますが、こうした国際基準が策定されれば、ＴＣＦＤと「同等の枠組み」となることが想定されています。

近年のこうした様々な流れの中で、今般のガバナンス・コード改訂に至っている、ということでございます。

武井　詳細な前振りをありがとうございました。井口さんは金融庁のサステナブルファイナンス有識者会議の議論にもご参加ですけど、多角的にいろいろとコメントを頂ければと思います。

取締役会における基本方針の策定が重要

井口　２０１５年に発行した本書の初版でも、武井先生と対談させて頂きましたが、その中で、世界のガバナンス・コードと比べても、日本のコードは、第2章で、サステナビリティを大きく取り扱っているということで、日本のコードは先進的であるといった議論を武井先生とさせて頂いた記憶があります。ただ、コード改訂などを巡る議論の中で注目されてきたのは、主に、第４章「取締役会等の責務」の中の社外取締役の人数などガバナンスの形式要件を整える方だったと思います。この背景には、日本企業の持続的な成長にとって、まずは、ガバナンス体制から整えることが順当という考えがあったと理解しています。

しかし、安井先生からご紹介がありましたように、近年、脱炭素化などの潮流がより明確となる中、気候変動要因を含むサステナビリティ事項が、機会面とリスク面において、将来的な企業価値に与える影響が極めて大きくなったことが、今回のコード改訂で大きく取り上げられた理由と考えています。

サステナビリティに関わるコード改訂について、3点ほど意見をさせていただければと思います。第一に、「取締役会の責務」についてです。ご承知のように、コード改訂前から原則２－３や補充原則２－３①において、企業価値に影響を与えうるサステナビリティ事項に適切に対応することは取締役会の重要な責務である、といった趣旨のことは記載されておりました。ただ、コード改訂時に、第2章の該当部分の記述を詳細化するとともに、補充原則４－２②で、取締役会の責務として明確に位置付けられたということは、経営に与えるサステナビリティ事項への監督に対する取締役会の役割の重要性をより明確にしたという意味で意義がある改訂であったと思います。

第二に、コードにおける「サステナビリティ事項の位置づけ」です。例えば、英国やEUでは、企業は自社の企業価値への考慮だけではなく、サステナビリティ課題解決自体への貢献も求められると理解しています。一方、日本のコードでは、企業価値に関わる事項に絞られているという点で考え方に違いがあります。投資家サイドでは、スチュワードシップ・コードのスチュワードシップ責任で求められる中長期的なリターン向上の責務と適合すること、また、企業サイドでも、サステナビリティへの対応において重要性をより絞りやすくなるといったことで、日本のコードにおける、サステナビリティの位置づけは妥当と考えています。

国際的に急速に制度化が進んでいるサステナビリティ関連開示

井口　第三に、「企業開示」ですが、先ほど安井先生からご紹介があった金融庁の**サステナブルファイナンス有識者会議**でも「企業開示」が主要なテーマの1つとなっています。

私は、気候変動関連のような企業価値に大きな影響のあると考えられる事項は、当然のことながら、有価証券報告書に開示することが論理的だと発言しています。現状、やや孤軍奮闘の感が強いですが、英国では、2021年1月から段階的なTCFD開示の義務化（プレミアム市場上場企業は2021年1月に義務化）を決めていますし、あとでも議論すると思いますが、EUも**非財務情報開示指令（Non-Financial Reporting Directive）**の改正による開示強化を目指しています。また、米国でもバイデン新政権のもとSECが気候変動関連開示の法定開示の検討も含めた市中協議を行うなど、グローバルの流れは気候変動などサステナビリティ関連開示の強化の方向にあり、将来的には、日本でも有価証券報告書のような法定開示書類に開示されていくことになるのではないかと予想しています。

また、気候変動関連開示の枠組みとして、広く活用されているのが、安井先生からご紹介のあったTCFD開示ですが、グローバルでは、この枠組みを活用して、気候変動を含むESG情報の開示促進のためのルール整備、そして、ESG情報、最近の言い方でいうと、サステナビリティ情報といった方がよいかもしれませんが、この基準化が猛烈な速度で進んでいます。

武井　なるほど。

井口　私はIFRS財団のIFRS諮問会議の委員もさせて頂いている関係で、ESG情報の基準化の流れにつき、比較的、状況が理解できるポジションにあるので少し解説させていただきます。

ご存じのように、ESG情報が企業と投資家にとって重要性を高めていますが、現在、その開示枠組みがバラバラなため、財務情報における会計基準のように、企業と投資家の双方から、ESG情報を基準化して欲しいという声が強くなっています。これが、ESG情報の基準化が動き出した背景です。そして、基準策定の主体は誰がふさわしいのかという議論の中で、財務情報においてIFRS（国際会計基準）を策定し、実績のあるIFRS財団が妥当ではないかという多くの声を受け、ＩＦＲＳ財団が中心となり、作業を開始しています。

ＩＦＲＳ財団は、早くも、２０２０年9月に「サステナビリティ報告に関する協議ペーパー」を出し、その中では、国際会計基準を定める**ＩＡＳＢ（国際会計基準審議会）**と並列する形で、サステナビリティ情報の開示基準を設定する**ＩＳＳＢ（国際サステナビリティ基準審議会）**を設置する考えを提示しています。また、このペーパーに対する企業・投資家などからの意見を踏まえ、２０２１年3月には、今後の基準化に向けた戦略的な方向性を示すとともに、２０２１年11月に英国での開催が予定されている**ＣＯＰ26（第26回気候変動枠組条約締約国会議）**でＩＳＳＢの設立を正式に発表することも公表しています。

図表２－５は、ＩＦＲＳ財団が公表したＥＳＧ基準化に向けた戦略の内容となります。基準策定にあたっては、投資家の投資判断にとって有用となる基準とすること（Investor focus for enterprise value：企業価値への影響に関する投資家向けの情報）、気候変動に関する情報から基準化を実施すること（Climate First）、効率的に基準を策定できるよう、既存の枠組みであるＴＣＦＤを活用するとともに、ＩＩＲＣやＳＡＳＢなどの民間の**大手ＥＳＧ開示基準設定団体**とも協力すること（Building on existing frameworks）などが示されています。実際、ＩＦＲＳ財団と民間の大手ＥＳＧ開示基準設定団体の協議はすでに始まっております。また、こういった動きをグローバル規制団体であるＩＯＳＣＯ（証券監督者国際機構：International Organization of Securities Commissions）も支持するということとなって

図表2-5 IFRS財団のサステナビリティ情報の基準化の動き

- 2021年3月、IFRS財団から方向性が示される（IOSCOも支持）

✓重要性の定義、気候変動開示基準を優先、既存のESG情報の開示基準の活用

- COP26（2021年11月）で、ISSB設立の正式公表予定

Based on the feedback to the 2020 Consultation, and encouraged by the IOSCO Board statement, the Trustees have reached the following views about the strategic direction of a new board:

・**Investor focus for enterprise value:** the new board would focus on information that is material to the decisions of investors, lenders and other creditors.

・**Sustainability scope, prioritising climate:** due to the urgent need for better information about climate-related matters, the new board would initially focus its efforts on climate-related reporting, while also working towards meeting the information needs of investors on other ESG (environmental, social and governance) matters.

・**Build on existing frameworks:** the new board would build upon the well-established work of the Financial Stability Board' s Task Force on Climate related Financial Disclosures (TCFD), as well as work by the alliance of leading standard-setters in sustainability reporting focused on enterprise value. The Trustees will consider the prototype proposed by the alliance for an approach to climate-related disclosures as a potential basis for the new board to develop climate-related reporting standards. To prepare for this work, the IFRS Foundation will initiate a process of structured engagement with the relevant organisations.

・**Building blocks approach:** by working with standard-setters from key jurisdictions, standards issued by the new board would provide a globally consistent and comparable sustainability reporting baseline, while also providing flexibility for coordination on reporting requirements that capture wider sustainability impacts.

（出所）IFRS財団声明（2021年3月2日）

います。

このように、大変なスピードでサステナビリティ情報の基準化の動きが進んでおり、早い段階で、気候変動に関わる情報開示基準というのが出てきてもおかしくない状況ではないか、と思っています。

武井　ありがとうございます。ちなみに意見書で「特に、気候変動に関する開示については、現時点において、ＴＣＦＤ提言が国際的に確立された開示の枠組みとなっている。また、国際会計基準の設定主体であるＩＦＲＳ財団において、ＴＣＦＤの枠組みにも拠りつつ、気候変動を含むサステナビリティに関する統一的な開示の枠組みを策定する動きが進められている。比較可能で整合性の取れた気候変動に関する開示の枠組みの策定に向け、我が国もこうした動きに積極的に参画することが求められる。今後、ＩＦＲＳ財団におけるサステナビリティ開示の統一的な枠組みがＴＣＦＤの枠組みにも拠りつつ策定された場合には、これがＴＣＦＤ提言と同等の枠組みに該当するものとなることが期待される」とＩＦＲＳ財団という固有名詞も書かれていて、相当早いスピード感で物事が進むんだろうという前提だと思います。ＩＦＲＳ財団の動きも大変早いわけですね。

「シングルマテリアリティ」対「ダブルマテリアリティ」

井口　はい。財務情報の国際基準である国際会計基準（ＩＦＲＳ）がグローバルで受け入れられた大きな理由は、金融庁や米国ＳＥＣなど規制当局で構成される**IOSCO**がＩＦＲＳ基準を認定したことが大きいと言われています。その意味では、ご説明したＩＦＲＳ財団のサステナビリティ情報の基準設定の方向性もＩＯＳＣＯが支持していますので、グローバルで一気に広まる可能性が高いのではないか、と思っています。

ただ、課題があるとすると、サステナビリティ情報が〝誰向けの情報〟かという位置づけにおいて、この分野において先進的な動きを見せているＥＵとの間で考え方に違いがあることです。図表２－５のＩＦＲＳ財団の基準化に向けた戦略的な方向性の項目の一番上にありますように、ＩＦＲＳ財団の考え方は、Investor focus for enterprise value（企業価値への影響に関する投資家向けの情報）で、これまでＩＦＲＳ財団が取り組んできた国際会計基準の設定の考えと同じとなっています。

図表２－６は、非財務情報の開示を企業に求めるＥＵの「非財務情報開示指令」の気候変動開示に関するガイダンス案からの抜粋となります。ＴＣＦＤを活用した気候変動関連の情報の開示を求めていますが、左の図の∧気候⇓企業（気候変動に関わる機会とリスクが企業

図表2-6 EUのサステナビリティ情報の基準化への考え方

●シングルマテリアリティ（Single materiality）か、ダブルマテリアリティ（Double materiality）か

✓同じ気候変動の情報開示でも、内容は大きく異なる可能性、
⇒EUは、ダブルマテリアリティ

The double materiality perspective of the Non-Financial Reporting Directive in the context of reporting climate-related information

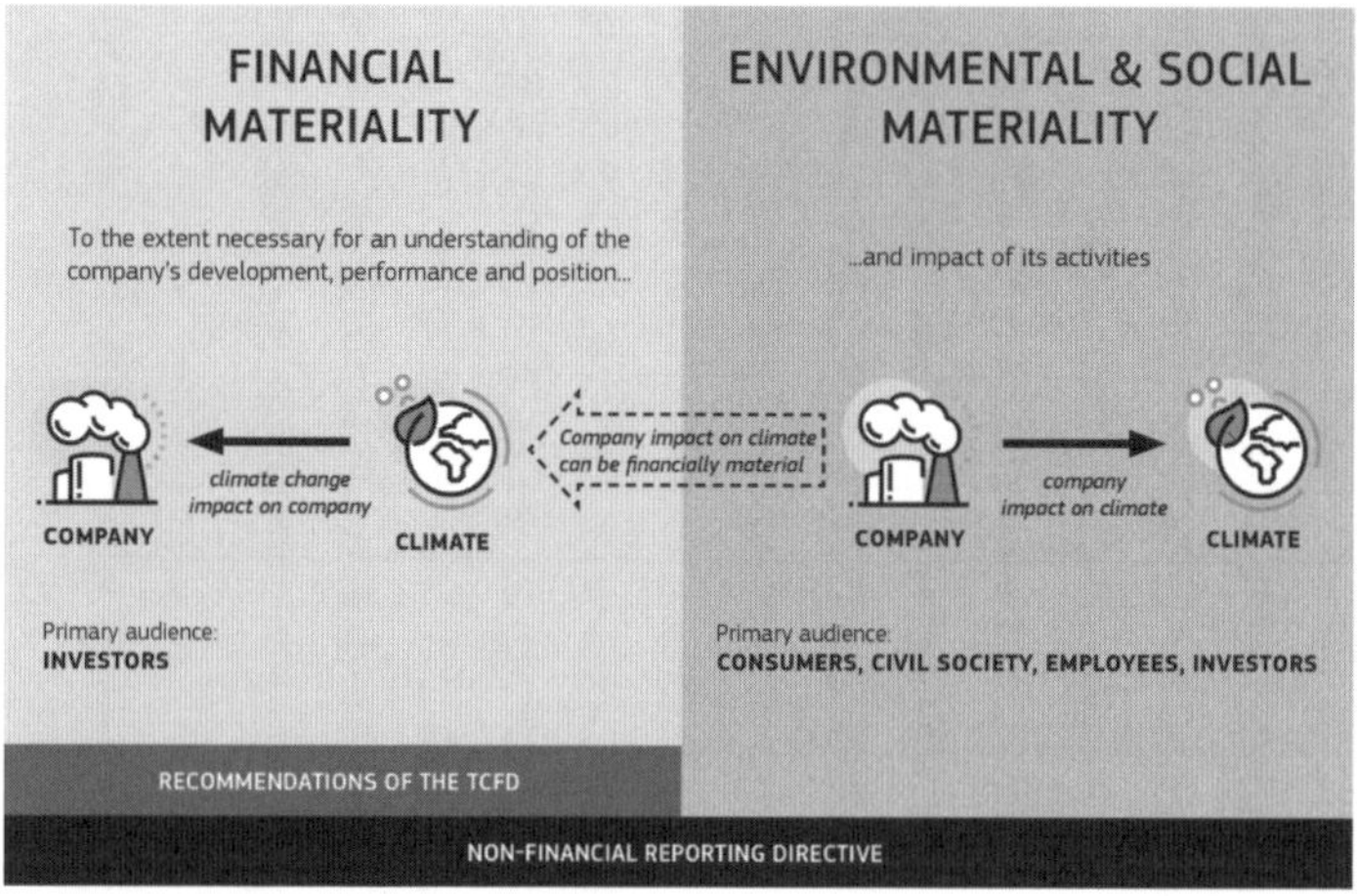

* *Financial materiality is used here in the broad sense of affecting the value of the company, not just in the sense of affecting financial measures recognised in the financial statements.*

（出所）EU「Guidelines on non-financial reporting: Supplement on reporting climate-related」

の将来のキャッシュフローに与える影響〉∨の開示は、そもそものＴＣＦＤの考え方であり、ＩＦＲＳ財団の考えとも同じとなりますが、これに加え、ＥＵでは右の図∧企業⇓気候（企業が環境に与えるインパクト）の影響∨の開示も求められています。この後者の方はＩＦＲＳ財団と考えが異なることになります。従って、基準のグローバル化においてはＥＵとの折り合いをつける必要があることになります。

武井　ありがとうございます。ちなみに、日本では、企業価値とのリンクが相当意識されたという点についてはどういう議論だったのでしょうか。

井口　はい、先ほどご説明しましたように、ＩＦＲＳ財団は、サステナビリティ情報の開示基準設定においては、投資家向けの情報として位置づけ、企業価値とのリンクが重視されています。そして、この考え方をグローバルの規制当局のＩＯＳＣＯも支持していると認識しております。この意味では、今回のコード改訂でもとめられる、企業価値とのリンクを意識した気候変動関連の開示は、グローバルの考え方に適合したもの、と考えています。

三瓶　井口さん、今のはいわゆる**シングルマテリアリティ**のことですね。

井口　そうです。投資家向けの情報を重視するということで、改訂のコードやＩＦＲＳ財団の考え方は**シングルマテリアリティ**、一方、ＥＵは投資家以外のステークホルダーに対する情報提供も重視するということで**ダブルマテリアリティ**ということになります。

武井　シングルマテリアリティは、気候変動などのサステナビリティ関連の外部環境の変化が、企業の業績や企業価値に重要な影響を与えるものに焦点を当てるべきという整理ですね。他方、ダブルマテリアリティは、企業の業績や企業価値に重要な影響を与えるものに限定せず、企業活動が環境に与える影響についても焦点を当てる整理ですね。

EUのSFDRによるラベル貼り（濃いグリーン、薄いグリーン等）の動向に注意

武井　三瓶さんからもコメントをいただけますでしょうか。

三瓶　図表2－7をご覧ください。今TCFDの話をしていますけれども、TCFDのハードルが高いというのは確かにそのとおりですが、開示をするというのは単なるプロセスの始まりであって、その背景にある大きな変化を理解しておく必要があると思うのです。それが図表2－7で指摘していることです。

今、井口さんに説明して頂いたEUの動きの中にもありましたが、まだ日本ではちらっとしか話題になってないのですけれども、**SFDR（Sustainable Finance Disclosure Regulation）**というものがあります。SFDRは、この3月から発効して欧州にそれなりのフットプリントを持っている運用会社は、今躍起になって作業しています。

何が一番大変かと言うと、運用会社として自社が提供しているすべての金融商品1つ1つにラベル貼りをするのです。そのラベル貼りの規定である8条や9条というのが今注目され

図表2-7 ESG・サステナブル投資の潮流に潜むリスク

主導権争い、規制強化、選択肢の制約など

■ 規制強化　EU taxonomy, SFDR, SEC Reg. S-K
・SFDR での４段階分類：no / some / integration / impact
（白、薄いグリーン、濃いグリーン）
■ 活動家主導で Integration から Intervention へ
・Engagement よりも exclusion / divestment への圧力
■ MSCI など ESG 格付機関による金融商品に対する ESG 格付
（ブラウン、グリーン）

しかし、
▷企業の対応・価値観の画一化は、「ハーディング」「レッドオーシャン」へ向かう危険
▷資本市場が、「画一的価値観」かつ、「現状での判断で優劣をつける」のでは、投資対象の選択肢 を狭め、これからの変化・改善への許容度の低下という危険・矛盾をはらむのではないか

（出所）三瓶作成

ているのです。

例えばＥＳＧとかサステナビリティの評価・考慮を投資プロセスの中に、きちんとインテグレートしている場合でやっと８条に準拠しているということになります。準拠していると、その金融商品には「**薄いグリーン**のラベルが貼れる」という言い方がされています。一方で９条というのは、その金融商品そのものが社会課題の解決に向けて設計されたもので、そういう目的で投資をする、そういう目的で投資対象を選別するというもの、それがインパクトと表現をされていて、「**濃いグリーン**」に分類されています。

通常の大手グローバル運用会社の金融商品は、薄いグリーンがほとんどどと

いうか、残高的には濃いグリーンなんていう金融商品はほとんどありません。薄いグリーンが大半かまたは、ESG・サステナビリティについて「特に配慮していない（No consideration）」か「多少考慮している（Some consideration）」としか評価できない「白または無色」と言われる既存の金融商品が相当数あるのが現状です。

TCFD等の開示をしていないとそもそもグローバルな投資対象から外れる懸念

三瓶　となると、通常の大手グローバル運用会社はこれからもっとグリーンな金融商品を提供していかないと生き残れなくなっていきます。そのため金融商品そのものを見直すというか、投資対象をまず見直すことから始まるわけです。そのときにTCFDの開示があるかないかというのは、選択の際の重要な手掛かりになります。なので、開示していない企業はそもそも投資対象にならないということになりかねません。

武井　なるほど。

三瓶　ですので、海外でその開示の規制が始まるというのもありますけれども、日本もTCFDの賛同企業数が一番多いと喜んでいる場合じゃなくて、そういう異変が海外で起こっているということに対しての準備がもっと必要だということを注意喚起する意図が今回の改訂にはあります。

図表2－7の3つ目のポイントに、第三者によるESG格付の対象がこれまでは企業であったが、今や金融商品に適用が広がっている点を指摘しています。例えばMSCIのESG格付は7段階で、ちょうど7段階の真ん中がトリプルBという評価なのですが、欧州のアセットオーナーはトリプルB以上じゃない金融商品は投資適格ではないとかということを言い始めています。

従来通り投資リターンの優位性に注目して投資をしていると、トリプルBなんていうことを考えないで投資するわけですね。結果的に、低格付の企業がポートフォリオに複数含まれます。そうすると、アセットオーナーから、「いつまで低格付企業を保有しているつもりだ」と責められるわけです。

そうなると、アセットマネージャーとしてのチョイスは2つあって、アセットオーナーから責められるから投資対象から外すというのが1つの簡単な選択肢。もう1つは低格付企業と対話して何とか格付評価が上がるように改善の取り組みを働きかける選択肢です。

私はエンゲージメントによって改善の取り組みを働きかける方を中心にやってきたわけですけれども、成果が出るまで長く時間かかってしまうと投資先企業もろともアセットマネージャーとして採用されなくなるという事態になります。このようにマーケット全体を変えていくような異変が足元でもう相当大きく起きているということです。

北川　すみません。今の場合って、投資対象から外すのを命じるのはアセットオーナーなのですか。それともＮＰＯなりＮＧＯ側でしょうか。

三瓶　企業の事業活動や機関投資家の投資行動にアラートを警鐘するのは、ＮＰＯ、ＮＧＯなどの活動団体なのですけれども、アセットオーナー側でポートフォリオとして最低許容ＥＳＧ格付基準などの内規を作り始めています。

北川　なるほど。そうすると図表２－７に書いてある「Engagement よりも exclusion/divestment への圧力」というのはそういうことなんですね。

三瓶　そうですね。図表２－７の2番目のポイントは、解決の方策やトランジションのプロセスについいて対話して促進するのではなくて、活動団体の結論ありきでのキャンペーンが増えている現状を指摘しています。例えば、グリーンでない事業は直ぐに止めるよう圧力をかける介入（Intervention）を扇動するなどです。

武井　ＮＧＯとかがアセットオーナーに対して圧力をかけるということですね。

三瓶　ＮＧＯ等に横から言われて、弱いのは、公的に説明責任を求められるアセットオーナーという傾向があります。

武井　なるほど。

三瓶　公的なアセットオーナーの立ち位置からして、地球環境への配慮が足りないなどということを外部から指摘されるというのは非常にやりにくいので、自分たちは常に公共の利益のために積極的に取り組んでいますということを率先して宣言するためにもＮＰＯ・ＮＧＯ

の言うことを聞いていく傾向があります。その結果、アセットマネージャーの方にそうした意向が反映していくという経路です。

企業の対応や価値観の画一化がハーディング・レッドオーシャンに向かう懸念

武井　図表2－7のハーディングの箇所もご説明をお願いできますでしょうか。

三瓶　今起こっていることの先には、投資対象の画一化が起きる懸念があります。例えば、投資候補の選別の際にＥＳＧ評価機関のレーティングが重要視され一定基準を満たす企業に限定されると市場のごく一部のところしか投資対象にならないことになります。

企業側も、同業種の中で、どうやったらよりグリーンに近づくかという、グリーンな事業へ向かうソリューションが同じになってしまう。同じソリューションに向かっていくので、ハーディングという群がり現象を起こしていって、同じ分野で取り合いになっていくわけです。企業が競争して生き残ることよりも、同じでいいからまずはグリーンな事業を手掛けなければいけないということで、レッドオーシャンに向かうことになりかねない。

こういう流れで考えたら個々の企業は全然サステナブルではなくなってしまうという問題があります。

ですから投資対象としても狭められていくし、企業の事業としての選択肢も狭まっていくという危険な状況に陥ります。やはり、考えたり準備したりする期間が短すぎると、どんどん無自覚のうちに追い詰められていきます。例えば、欧州ではもっと以前からEUタクソノミーの議論と準備がされているので、それなりに考えて早く取り組み始めていますが、異変が起きたのに気が付いてから追いかける日本は、元々横並び意識もありがちで、あとから付いていって、かつ同じ方向に向かうとなると競争力についてかなり大きな懸念を持たざるを得ないです。

武井　なるほど。

投資家によってマテリアリティの考え方が異なる

三瓶　図表2－8をご覧ください。マテリアリティは、サステナビリティやESGに関する議論では必ず出てきますが、2020年くらいからこのマテリアリティの特定に関して混乱が表面化してきました。日本国内でのエンゲージメントの際にも企業側から、「マテリアリティを特定してみたが、色々な投資家から違うと言われた」というような相談が多くありました。また、海外でもマテリアリティの定義が複数あって混乱していました。その解決の糸口として**ダブルマテリアリティ**や**ダイナミック・マテリアリティ**という整理が出てきていますが、いまだに解決には至っていないと思います。そこで、これまで一般的には議論されていませんが、投資家のタイプによってもマテリアリティの捉え方が異なっていることに留意

図表2-8 マテリアリティの特定

「ダブル・マテリアリティ（注1）」の混乱、「ダイナミック・マテリアリティ（注2）」提唱、投資家の立ち位置も様々

投資家の視点	企業のサステナビリティ	社会のサステナビリティ
投資家タイプ	アクティブ投資	パッシブ投資
支持団体例	SASB	GRI
マテリアリティ特定の合理的 根拠	「当社ならでは」の存在価値・独自性・優位性	同じ優先順位で、皆で解決に取り組む効率性
求めるリターン	インデックスを超えるリターン	資産クラス／資産カテゴリーのリターン
リターンの源泉	差別化・機会の価値化	外部リスク軽減
企業選別	社会課題解決を事業機会化して生き残れる企業を選別(Selection)	社会課題解決に消極的な企業はExclusion Listに指定、投資対象から除外
エンゲージメント目的	企業価値の向上	社会課題解決に参加

（注1）SASB：「投資家の意思決定にどんな影響を与えるか」、GRI：「世の中（経済、環境、社会）にどんな影響を与えるか」

（注2）ダイナミック・マテリアリティは、GRI、SASB、IIRC、CDP、CDSBの5団体合同の提唱

（出所）三瓶作成

すべきと思い、私なりに整理したのが図表2-8です。

私自身、投資家同士で話をする中で、マテリアリティの定義が互いに異なる、あるいは同じということに気づくことがあります。投資先を選定して超過リターンを追求するアクティブ投資と、インデックスに連動するリターンを求めるパッシブ投資ではマテリアリティに関する考え方が全く違うというのはある意味合理的です。この図表2-8でSASBとGRIを支持団体例としましたが、SASBの考えるマテリアリティは要約すると「投資家の意思決定にどのような影響を与えるか」であり、GRIは「世の中（経済、環境、社会）にどのような影響を与えるか」という捉え方をしていると、こうした意味で使っています。そして、アクティブとパッシブの投資家それぞれで求めるリターンの種類、考えるリスクやエンゲージメントの目的が違うということを示しています。

そのため、企業が投資家と話す際には、どのようなスタンスを取っている投資家が相手なのかを理解してお話しされるのが望ましいと思います。ただ、投資家側でも自分たちがどちらのスタンスで対話に臨んでいるのかを自覚していないケースもあるため、お互いまず何を目的としているかを明らかにしながら議論を進めていくのが良いのだろうと思いまとめた試案です。

「濃いグリーン」「薄いグリーン」が企業への開示を要求する

井口　三瓶さんの仰っていることをフォローアップします。欧州のSFDRは、すでに国内大手機関投資家の間でも課題となり始めています。日本株のESG商品を欧州で販売しようとすると厳しいことになるからです。というのは、8条の「薄いグリーン」や9条の「濃いグリーン」がESG商品に相当するわけですが、この商品を欧州で販売するためにはポートフォリオについて指定された20項目程度の指標の開示をしなければならないとなっているからです。簡単な例でいうとポートフォリオの**炭素排出量関連指標**となります。そして、こういった数値を計算するには、投資先企業の適切な情報開示がなければできないことになります。この意味で、欧州企業と異なり、信頼できるサステナビリティ情報の開示に乏しい日本企業を投資先とする日本株ファンドは非常に厳しいと言われています。

武井　なるほど。

井口　投資家保護、特に、投信商品などの販売対象となる個人投資家保護の観点からはESG商品におけるESGウオッシュを排除する必要があるとは思います。私が委員をしております、**金融庁のサステナブルファイナンス有識者会議**でも、「企業の開示」などとともに、投資家保護の観点からの「投資家の開示」が議論されています。ただ、個人的には、SFD

Rのような一律に多数のデータの開示を求めることが、本当に個人投資家保護に資するのか、まだ、完全に理解できないところもあります。ともかくも、「投資家の開示」は「企業の開示」に大きく依存していることになります。

武井　EUは結構前からやってますが、日本はここ1～2年、2～3年の動きだと。

井口　はい、まさにそういうことだと考えています。欧州では2014年の「非財務情報開示指令」やこれに伴うガイダンス発行などで非財務情報の開示ルールが設定されています。そして、2021年4月には、これがアップデートされる形で「**企業サステナビリティ報告指令案（Corporate Sustainability Reporting Directive）**」が公表され、報告対象企業の拡大や欧州独自のESG基準の設定を、世界に先駆け踏み出そうとするなど、サステナビリティ情報の開示制度の整備が一段と進んでいます。この意味では、今回のコード改訂の補充原則3－1③で、プライム市場上場企業を中心に、気候変動を中心としたサステナビリティの取り組みの開示を促進する項目を入れたというのは、日本の資本市場の国際化にとっても非常に大きな第一歩であると思います。

TCFDについてどこまでの取り組みを行えばコンプライか

武井　なるほど。石坂さん、企業側としてはいかがでしょうか。

石坂　当社は、２０１９年５月にＴＣＦＤ提言への賛同を表明して、シナリオ分析の手法に基づいて開示を進めています。提言への賛同に合わせてサステナビリティに関するガバナンスも進化しており、グローバル化が急速に進んでいるところと相まって、取締役会や新たに設置した「グローバルサステナビリティ委員会」などで議論が深まっています。ＣＥＯが委員長となり各リージョンのトップも参加するそうした委員会では、海外、特に欧州で取り組みがかなり進んでることから、日本の取り組みの遅さへの指摘を受けるなど活発な議論がなされました。昨年の委員会では、気候変動への取り組み強化に向けてベクトルを合わせ、グループ全体のCO_2削減の目標値を上方修正するといった効果も生まれています。

また、指標と目標についても、２０５０年にCO_2削排出量ゼロを目指す「アサヒカーボンゼロ」の制定に加え、国内飲料業界では初となる「RE100」への参画や「SBT1.5°C認証」の取得など、ロードマップを更新しながら取り組みが進んでいます。年を追うごとに、シナリオ分析の対象範囲を拡大するなど、分析の高度化によりリスクの明確化とさらなる対応策の検討も進んでいます。

ただし、今お話があったように先行するグローバルな潮流などを聞いていますと、まだまだ課題山積だなと感じます。この間、井口さんにお時間を頂き、ＥＳＧ担当の取締役と面談をさせていただきましたが、投資家の皆さんとの対話では、やはりこのガバナンスと戦略、リスク管理や指標・目標といった４つの切り口で対話をさせて頂くと、課題などが明確になると思います。TCFDの枠組みの開示については、共通言語で対話を重ねることで自社の課題を整理できるところに大きな意義を感じます。

武井　ありがとうございます。これからコーポレートガバナンス・コードを踏まえてこのTCFDに関する取締役会としての取り組みを開示していくわけですが、すでに先行的に取り組んでいらっしゃる石坂さんからご覧になって、どのくらいのレベルまでやっていればコンプライかという、肌感覚はどんな感じでしょうか。

石坂　難しい問題ですが、まずはサステナビリティに関する基本的な方針が策定され、TCFD提言への賛同に関わらず、事業戦略や収益等への影響を開示している、または開示する方針が示されていることが前提になると思います。開示の度合いについては、当社ではまず海外も含めてビール事業のリスクや機会、インパクトなどのシナリオ分析を開示し、対象範囲を徐々に拡大しています。影響度の大きいところから進めており、ビール類以外の酒類、飲料・食品事業など、全事業の全てを開示しないとコンプライできないわけではないと思います。開示の度合いというよりも、企業としての姿勢を問われているところもあると思うので、経営者が気候変動への対応の本気度を表明し、実行に向けたロードマップをきちんと示せればコンプライと言えるのかなと思います。

武井　ありがとうございます。井口さんや三瓶さんのご感覚はいかがでしょうか。EUでハードロー的な形で投資家さん側に圧力がかかっている中で、それを受け止めるグローバルな投資家さんとしても、企業さん側にもっと情報を出してくれというレベル感が上がってきてしまっているのでしょうかね。

三瓶　ＴＣＦＤに関して言うと、そもそもＴＣＦＤはまず自発的に手を挙げて賛同表明をするものです。それから準備する期間があって、シナリオ分析をしてみますという段階的アプローチになっています。また、気温上昇何度シナリオというのはチョイスになりますが、シナリオ分析の仕方は決められているわけではないので、自分たちの事業に合わせていろいろ考えるわけですね。「それをやってみてこうなりました」「それでどうするか」とか、「今後どういうふうに見直していくのか」「そのガバナンス体制は」とかを自分たちで咀嚼（そしゃく）しながら段階を踏んでやっていけば良いというふうになっているわけです。

ですから、機関投資家側として、ＴＣＦＤ賛同から3年経っている会社さんには「ある程度ちゃんと見せて下さい」というのはありますけれども、2年目の会社であれば「今シナリオ分析をやっているところですか？」とか、「どのぐらい大変なんですか？」といった感じで、そんなに、「あれ出せ、これ出せ」というのは言わないですよ。環境アクティビスト以外は。

シナリオ分析を行うこと自体に重要な意義がある

三瓶　むしろ日本企業さんには、特に**シナリオ分析**をして公表するという、この枠組み自体がとても良いのだと思っています。これが良いのは、工夫する余地があって自由にやれるから良いのであって、これをガチガチに型にはめてしまったら全然駄目だと思うのです。

今までも中計とか長期ビジョンとか多くの企業が公表されているじゃないですか。でも未達も多いんですよね。それはメインシナリオは未達かもしれないけれども、いろいろなシナリオ分析をした上で、こういう場合にはこうする、こういう場合にはこうすると、実践的な対処シナリオや軌道修正シナリオが複数用意されているとすれば、本来はもう少しどこかで違うシナリオにチェンジして、リカバーできたかもしれない。場合によっては別シナリオがあります、その場合にはこうしますというものをあらかじめ説明して、変化に対応していくという、良いきっかけになるのだと思うのです。

そういう意味で、単に気候変動だけじゃなくて、ＴＣＦＤを1つの練習材料にして、シナリオ分析というものを社内でやって、しかもそれを外部に公表して、その進捗を説明し適宜修正していくこと自体がとても大事だと思います。

基準化に伴う硬直化の懸念

三瓶　ただちょっと心配なのは、ＩＦＲＳ財団のほうでＴＣＦＤをベースにサステナビリティ報告に関する開示基準を設定するといわれていますが、ＩＦＲＳのほうで比較可能性などをより重視してもっとガチガチに、何と何と何を開示しなきゃいけないなどと示されると、今言っているような話はできなくなってしまう可能性があることです。今現在は投資家側も「そのぐらいちゃんと待ちます」という感じだし、むしろ「工夫してやって下さい」という姿勢なのですが、ＩＦＲＳのほうで新しく明確にこうするんだということが決まると、その決め方によっては企業側の自由度や工夫のインセンティブが減退してしまう心配もあります。どういうふうに決まっていくかまだ分からないですが、その辺は井口さんが詳しいと思います。

武井　井口さん、いかがでしょうか。

井口　私もどこまで詳しいか怪しいですが（笑）、ただ現状の話をしますと、三瓶さんが仰ったとおり、ＴＣＦＤは任意開示で、開示項目も推奨ということで、基準といっていいレベルではなく、非常に緩やかな開示枠組みであると理解しています。また投資家も、このような枠組みの中で、対話を通じ、企業に開示レベルの向上を求め、改善が図られている状況と理解しています。

一方、投資家はＴＣＦＤの効用が分かってくるに伴い、なぜ、一部の企業のみＴＣＦＤ開示をしているのか、開示している企業間の横比較をしようとすると開示内容や開示数値の横比較ができない、などの要望が出て、ＩＦＲＳ財団のサステナビリティ情報の開示基準の整備という話につながっているのだと思います。開示数値の横比較には、炭素排出量の計算のベースを揃えるといったテクニカルな話も含まれると思います。

ここにさらに、先ほど議論があった欧州のＳＦＤＲのような「投資家の開示」に伴う開示要請が加わると、ますます、サステナビリティ情報の開示ルールを厳格に決める必要が増すということになると考えています。

今後、求められるサステナビリティ情報の開示内容ですが、実は案はすでに示されています。先ほどご説明した図表２－５の３つめの段落に青字で書かれていますが、ＩＦＲＳ財団は、ＩＩＲＣやＳＡＳＢなどの大手ＥＳＧ民間基準設定主体が策定した「**プロトタイプ(prototype)**」をサステナビリティ基準設定の土台とするよう推奨しています。このプロトタイプが図表２－９となります。このプロトタイプがそのまま基準化されるということでもないと思いますが、基準化に向けた土台になるのは間違いないと思います。ＴＣＦＤとの比較でいいますと、開示目的では「気候変動などサステナビリティ事項が企業の将来のキャッシュフローに与える影響に関する情報を投資家に提供する」ということでＴＣＦＤの開示

図表2-9 IFRS財団の情報開示基準の土台となりうるプロトタイプとは

● IIRC、SASB、GRI、CDSB、CDPが共同で策定
✓開示要求項目は、TCFDの開示項目とほぼ同じ

Prototype Climate-related Financial Disclosure Standard

Foundation			
Objective			
Scope			
Climate-related Financial Disclosures (Section D)			
Governance			• Disclosure objective • Content
Strategy	Strategy		
	Business model		
	Outlook		
Risk management			
Metrics and targets	Operational		• Disclosure objective • Content (including cross-industry and industry-specific climate-related financial disclosures)
	Risk		
Prototype Annex A: Application guidance			
Cross-industry and industry-specific application guidance (metrics and targets)			
Prototype Annex B: Definitions			

（出所）IIRC/SASB/GRIなど“ Reporting on enterprise value Illustrated with a prototype climate-related financial disclosure”

目的と同じであることに加えて、図表2-9を見ていただくとお分かりかと思いますが、大枠の開示項目（ガバナンス・戦略・リスク管理・指標と目標）もTCFDの開示枠組みとほぼ同じとなっています。

　ですので、私の理解では、基準化においては、開示項目はすべて記載する必要はありますが、その定性的な記載内容は企業が自らの状況を反映して記載、「指標と目標」における定量的なKPIやサステナビリティ目標（例えば、炭素排出量の削減目標など）の開示は標準化をはかるということで、定性的な開示部分はプリンシプル

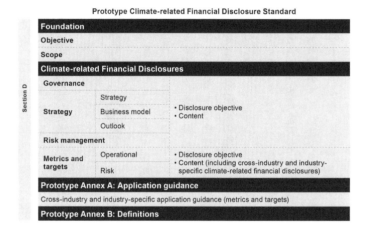

ベース、定量部分は標準化といった組み合わせになるのではないか、と予想しています。定量的な開示部分を標準化するというは、先ほどから話の出ています「投資家の開示」を求められている投資家からの強い要求も反映されているものと考えます。

ブラックボックス化したESG評価機関／ESGデータ集計機関に対する公的規律導入（Rate the Rating Agency）の議論

井口　もう1点、懸念していることがあります。「投資家の開示」への対応などから、投資家、特に、運用会社は、**ESGのデータベンダー会社**から高額のデータを購入するという行動が必須となりますが、企業の情報開示がない場合は、データベンダー会社の推計により補われた数値を活用し、ポートフォリオの指標化を行うこととなります。こういった数値を、欧州のSFDRなどでは投資家の開示として使われ、それを見て個人投資家がESG商品を選ぶことになるわけです。

こうしたことで、データベンター自体がすごく重要な役割を担い、彼らの集計方法・推計方法が不確かであれば、個人投資家に対して間違った情報を与えることとなり、「投資家保護のための投資家の開示」という根本原則が崩れることとなります。ですので、サステナブルファイナンスのインベストメントチェーン全体の有効性を保つためには、**ESG評価機関**や**ESGデータ集計機関**をどのように監督していくのかという論点が必ず出てくるのだと思います。

既にEUでは、財務格付け機関と同様、規制当局の監督下に入れるべきだというような議論もされていると聞きます。また、日本でも、金融庁のサステナビリティファイナンス有識者会議でも主要な論点の1つとなっています。

武井　なるほど。

北川　今のEUの傾向について、一方でアメリカはどうするのかなって非常に気になっています。いわゆる「**ESGアルファベットスープ現象**」という感じになっていて、SASBとIIRCの合同も進みつつあり今後実質的なレギュレーターとしての役割を果たす可能性もあります。その動きはひと月もすればどんどん変わりますので、目が離せません。

また井口さんが仰ったように、やはりESG評価機関の問題が必ず出てくるんですよね。それで、今まさに議決権行使助言会社が大きな規制下にあるわけですがESG評価機関をどう評価するか、いわゆる**Rate the Rating Agency**の問題は早晩出てくるでしょうね。

問題は、ESGの評価機関って、僕が聞いたところによると600ぐらいあるそうなんですよ。EUではすごい大きなビジネスになってきていて、しかもブラックボックス化しているところが非常に多くて、彼らがレーティングをつけることによって影響を被ってくる可能性もあります。ただ、一般の企業レベルとしては付き合わざるを得ないことになります。グリーンボンドやソーシャルボンドを発行するとなると必須ですよね。結局一企業で少なくとも10や15の大きな評価機関と付き合うわけですよね。そのエネルギーというかコストってものすごいものがあって、そこに追われていると。

そうしたところでとりあえずは「気候変動」のところが重要だということで今走っているわけですけれども、そのうちEだけではなくてSも入ってくるだろうということになってくると、すごいカオス（混乱）の中に情報開示の拡大要請というのがどんどんと入ってきてしまう。その中でどうやって収拾するのかなというのが問題意識としてあります。

僕はやはり先に企業向けの親切なガイドライン（スタンダードといっても良いかもしれませんが）があったほうが良いかなと思っているのですね。ですから、ガイドラインがないと、とりわけ遅れて参加しようとする大多数の日本の企業はどうするのかなということを非常に危惧しているのです。カオスの中にいてうろたえる状況は避けなければなりません。

乱立するESG評価機関への対応で疲弊しつつある企業側

北川　三瓶さんと井口さんが仰ったことについて、私が関与している「ESG情報開示研究会」の活動で感じているのですが、企業側は「ESG fatigue」というのか、疲れ切った感じで、IRの人だけじゃなくてサステナビリティの部門の人たちも非常に困っているということを聞きます。しかもトランジションの中にあるわけですから。コードの中にこれが入ってきたということになると、今後さらにコンフューズしないようにすることが重要ではないかと思っています。こうした企業側の状況は佐藤さんのほうがお詳しいかもしれませんが。

武井　佐藤さんからも一言御願いします。

佐藤　そうですね。まさに北川先生がおっしゃったように、ＩＲ部門だけでは気候変動の影響の開示とか対話というのはもう御しきれない。２０２１年「ＩＲ活動の実態調査」結果でも、ＩＲ実施企業の約30％、とくに売上高１兆円以上の大企業では80％以上が「ＥＳＧ評価機関が乱立気味で公正なＥＳＧ評価が期待しにくい」と指摘しています。評価が信頼できないと、経営トップが関与してサステナビリティ部門を強化する、といった動きにもつながらないと思います。

最初の問題に立ち返って、どこまでＴＣＦＤに基づく開示をしたらコンプライなのかというのは、どの企業も答えがない。基本的には気候変動に伴う機会とリスクを認識して戦略を表明し、シナリオ分析するという形なのでしょうが、見通しが難しい中どう開示していくのかが課題だと思います。なかでも注目されるシナリオ分析における戦略のレジリエンス、すなわち気候変動が起きたときにどれだけ耐えられるのかを予想して対応を示す。このあたりは企業経営の課題でもあると思うんですね。ですから抽象的なイメージよりは、経営課題でもある戦略のレジリエンスをどこまで納得いく形で示していくのか、そこに焦点を当てたほうが経営者は取り組みやすいんじゃないかと思っています。ＴＣＦＤに賛同してグローバルに認められる開示をすることは大切ですが、そう感じています。

変化率を見るESG評価項目には弊害がある

佐藤　あともう一点、北川先生からご指摘のあった「ある程度ESG評価機関などをガイドしたほうが良いんじゃないか」という声は、企業からも挙がってきています。先ほどご紹介した「IR活動の実態調査」結果にも表れていますし、私自身にもご意見をいただきました。

ポイントは評価項目の膨大さと、企業ごとの評価軸をもっていないという2点です。例えば、あるIR優良企業の方とお話ししていましたところ、ESG指数組成会社の評価項目のうち「変化率」に対する疑問があがりました。「当社はESGへの取り組みを進めてきているが、これまで取り組んでいない企業と比べると変化率のカーブはゆるやかという評価になる。単純に評価が低くなるのは納得いかない」というのですね。そうした評価軸の導入も含めて、彼らをガイドするなりモニタリングしていくような仕組みがあると良いんじゃないかなと、私も感じています。

武井　ちなみに今後IFRS財団が行っていくサステナビリティ報告のための基準策定は、今のような懸念にも対処してある程度の標準化的なことを行うのでしょうか。

井口　はい、北川先生や佐藤さんのご指摘のとおりと思います。「**ESGアルファベットスープ現象**」というようなことを言われていて、ESG基準がばらばらなので、企業がその対応に困っている。また、先ほども少し言及しましたが、投資家も投資先企業の横比較ができないので困っている、その中でのIFRS財団の動きと考えています。これにより、企業は様々なフォーマットで情報を出さなくてよくなるなどよい面もあると思います。

一方、先ほどご説明しましたように、IFRS財団が基準設定の土台にするとしているプロトタイプではそのようになっていないと理解していますが、基準設定の仕方によっては、画一的な基準になりすぎ、ボイラープレート的な情報提供手段になるリスクもあると考えています。

武井　なるほど。

セルサイドが情報提供をしていないので ESG評価機関の数が急増している

三瓶　IFRSのサステナビリティ報告やTCFDの開示の話とESGの格付評価機関の問題というのは、重なっているところもありますけど、結構違う部分があると思うんです。ESGの評価機関が年々増えていって、600にもなっちゃっているというのは、セルサイドがこの情報を提供できていないことが一因だと思います。そのため投資家にESG評価情報を提供することが商売になると思って参入者が急増しているわけですね。

バイサイド側の自発的取り組み

三瓶　一方、グローバルに見て、新規参入が乱立しているESG評価ではやはり当てにならないから機関投資家側が自らやるんだという動きが見られます。

井口さんの会社はもう早々と社内レーティングを付けていらっしゃいますが、私が所属していた運用会社でも2017年から独自の計量手法によるサステナビリティ・レーティングを付与し、2019年からは株式部門とクレジット部門のアナリストによる独自の企業調査を通じた5段階評価を行なっていました。2021年から3回目の改訂を実施し、レーティングの根拠や一貫性を抜本的に改善しました。やはりそうしないと自分たちで責任を持って顧客に説明したり、UN PRIなどの外部評価で高評価を獲得することは難しく、レーティングへのこだわりや自分たちのリソースと自分たちの投資哲学との整合性を確保することが難しくなります。

例えば、フォーワードルッキングという特徴です。ファンダメンタル・リサーチを基盤にした運用哲学だからこそ、企業と面談した上で評価するから、1年遅れの開示情報じゃないとかですね、そういうことに繋がっていると思うんですね。それって結局バイサイドの社内投資レーティング及び投資判断と、セルサイドのレコメンデーションみたいな関係に今なりつつあるのだと思います。だからあまりにもたくさんの使えるか使えないか分からない格付け機関が出てくると、遅かれ早かれ淘汰されるのではないかと思います。

武井　なるほど。

笑えない「ESGアルファベットスープ現象」

武井　ちなみに「ESGアルファベットスープ」って、なんでアルファベットスープっていうのでしょうか。26個以上あるから？

井口　海外では子供がアルファベットの形のクッキーをスープに入れて飲むらしいです。スープに溶けてぐちゃぐちゃになるので、海外投資家は、〝物事が混乱している例え〟に使うようです。

北川　昔クッキーでしたっけ、何かそういうのありましたね。アルファベットのお菓子みたいな。それを中に入れて飲む子供の食べ物があったんですよ。そういうのでアルファベットスープという。

武井　そういうことなんですか。

北川　うまいこと言う人いるなと。

武井　なるほど、企業側の消化はあまり良くなさそうですが（笑）。

ＥＳＧ評価機関に共通している評価の視点

三瓶　ただ、アルファベットスープにはなっているかもしれないけど、共通している評価の視点があると思います。どういう開示の仕方が評価されるかなんですが、サステナビリティとかＥＳＧに対して、まず1つ目は、方針を機関決定しているという点です。取締役会で決議された方針をちゃんと打ち出していること。

2つ目は、その機関決定に基づいた計画、今から何をするのかというのがあることです。

3つ目は、それをちゃんとレビューできるようにＫＰＩを用意しているということです。

4つ目は、ＫＰＩを用意していて、ちゃんと例えば年に1回はレビューをして自己評価していることです。

最後の5つ目は、その一連のプロセスを第三者認証してもらっていることです。

これらがグローバルの評価機関のどこでも見ている仕組みですね。日本企業の場合、方針がないことが多いのですね。機関決定された形跡がない。誰がどこで機関決定したのかというのが分からないのと、第三者認証のが抜け落ちることがあるということです。

武井　その第三者認証というのは、ガバナンス的な観点で第三者が見るんですか。

三瓶　大体がオーディットの過程で見ることになるのでしょうね。

武井　なるほど。

三瓶　このプロセスとKPIについて、当初説明した決まった測定方法でちゃんと測定しているとか。そのデータの根拠があるとか。そういうことをオーディットするわけです。

武井　そういうことですか。

三瓶　評価の視点は共通していますね。

取締役会の関与はESG評価機関の観点からも重要

北川　ちょうど私がある会社とミーティングを持った際に、ESG評価機関からのガバナンスに関して問われる指標の中に「社外取締役の中にESGあるいはCSRに対する知見のある人がいるか」とか、「それが社外取締役も含めての評価の中の何か重要な評価項目の1つになっているか」とか、「担当の執行役員とかエグゼクティブディレクターの場合は評価の仕組みとしてどのように実態なっているか」とかが入っていたのですね。なのでコーポレートガバナンス・コードにこういう項目が入るのはおかしくはないんですよね。むしろ当然そういうのが入ってくるのだという意味合いなのだと理解しました。

武井　なるほど。ちなみに日本については、先ほどの取締役会とかそういった意思決定がまだ見えないからこれからだというのが、国際的見方なのでしょうか。

井口　日本のＴＣＦＤの採択企業数は確かに多いです。ただ、最後の開示項目である「指標と目標」で、炭素排出削減量（例えば、ネットゼロ）などの目標を出されている企業は多いのですが、それに至るまでの経営戦略と関連したＫＰＩを出していない例が多いので、どのような経営戦略のもと炭素排出量を減少させようとしているのか、といったことが具体的に分からないケースが多いです。この辺りが、今後のＴＣＦＤ開示における課題かと思います。

武井　ビジネスモデル自体に関わるので、取締役会を通すということになるわけですね。

井口　仰るとおりです。北川先生や三瓶さんが仰ったように、ＴＣＦＤの中にガバナンスという項目があって、取締役会は監督するということになっているので、取締役会の監督下、ＴＣＦＤの開示が策定されているはずです。そうすると、健全なガバナンスが機能している会社では、当然のことながら、取締役会での議論の中で、気候変動に対する取り組みをどのように監督するのか、ということで、ＫＰＩ設定などの議論も、自然と出てくるのではないか、と期待しています。

武井　サインアップしてまだ1、2年ですと、ＫＰＩやガバナンスに関するところは詰めている最中というところも多いのかもしれません。

非金融業界もＴＣＦＤを推進している日本の国際的評価は高い

三瓶　欧州のアセットオーナーが、日本の採択企業数が多いことについて関心をもっていて聞かれたことがあります。「金融業界以外の企業でサインアップしている企業が多いんですよ」「化学会社とか本来非常にＴＣＦＤで課題が多い製造業の会社があえて挑戦している」ということを説明したら、素晴らしいと言っていました。

武井　なるほど。

三瓶　日本、すごいやる気だねというふうには言われましたね。

武井　それは日本の良いところですね。

三瓶　他の国は圧倒的に、金融機関のサインアップが多いのですよ。

武井　そうなんですね。

北川　あと僕が聞いたのは、金融業界以外で、キリンさんとアサヒさんのレポートはすごく評判が良いと聞いたのですが。

武井　では、石坂さん、一言どうぞ。

石坂　ありがとうございます。キリンさんは環境関連の開示が大変充実しており、見習うべき点が多いです。我々もキリンさんに追いつけ追い越せということで、良い意味で競争させていただいています（笑）。

北川　金融機関以外での、非常にエクセレントな評価を受けた、数少ない企業さんとして、日本の企業の中ではビール会社であるとのことでした。

優れたKPI開示の事例

北川　あと、環境省の環境関連のプロジェクトや委員会があった時は、日本の化学産業も非常にレベルが高いということを申し上げています。これは井口さん何かがよく見られていると思うんですけど、たとえば三井化学さんとか、すごく良いのですね。

井口　はい、三井化学さんは、図表2-10にありますように、全製品について、環境に貢献する商品「Blue value」と社会に貢献する商品「Rose Value」を第三者の視点も入れながら認定・区分けし、こういった製品の売上高を増加させることにより、サステナビリティ社会に対するレジリエンスを高めようとされています。図表2-10に示されていますように、2025年に、両製品合計で、売上高の60％以上を目指されるということで、かなり意欲的な計画と考えています。また、私が先ほど、TCFD開示において、よいKPIの開示が少ないといいましたが、これはKPI開示の好事例になるのではないか、と思っています。

北川　良い例ですね。

図表2-10 三井化学のサステナビリティ戦略

▷ "環境貢献価値製品"である「Blue Value」と、社会に貢献する"QOL向上貢献価値製品"である「Rose Value」の売上高の目標を長期的な計画に織り込む

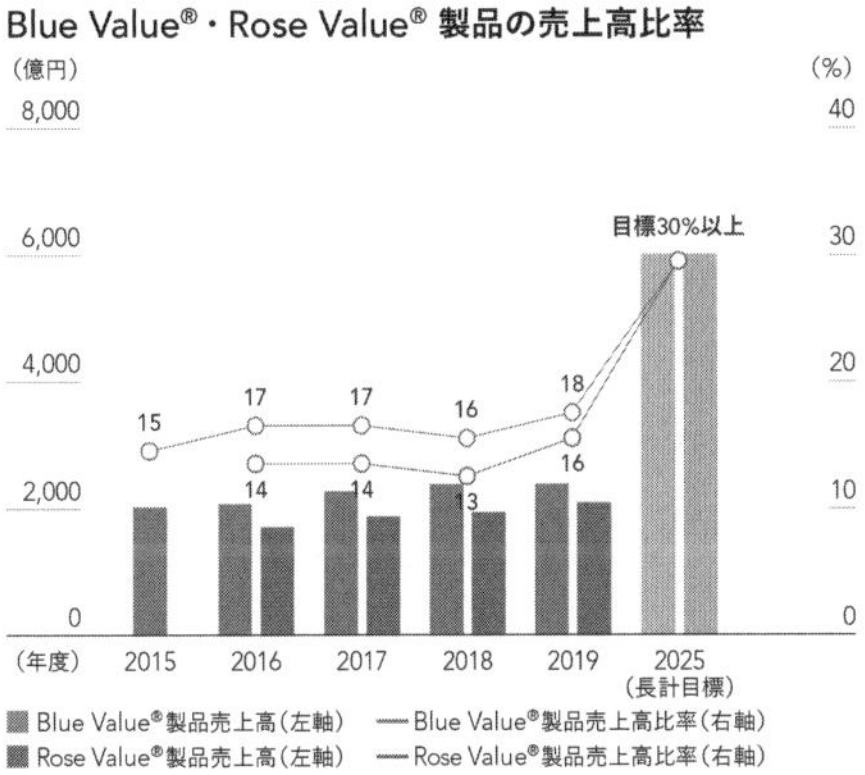

(出所) 三井化学株式会社 "Mitsui Chemicals Report 2020"

気候変動問題に取り組む企業側の動機

井口　また、北川先生が仰るように食品会社やビール会社に好事例が多いというのは、もちろん、社会や環境に貢献したいというお気持ちもおありだと思いますが、環境や社会への貢献は顧客である消費者に対するブランド価値や商品の顧客訴求力を高めることにつながりやすいということもあるのだと考えています。

あともう1点は、製造に使用する原材料が気候変動の影響を受けやすいということから、気候変動への対応そのものが経営課題になるという点もあると思います。例えば、ビール会社さん

ですと、気候変動の影響で気温が上昇すると、今まで使っている麦芽とかが生産できなくなるなどのリスクがあるため、気候変動の中、原材料をいかに確保するかという課題があると聞いています。

武井　そういう意味でアサヒさんも、今いきなり何か始めたというのではなく、元々事業の経営課題として10年、20年前から感じていた課題について、それこそ取締役会とかも含めてずっと議論してきたから、今に至っているという感じなのでしょうね。

石坂　そうですね。我々の事業は、水や麦芽といった農産物など「自然の恵み」よって成り立っています。気候変動・水資源・容器包装といった環境課題への取り組みは、事業の持続性に欠かせない重点課題として常に議論されています。そうした流れの中でTCFD提言への賛同も決議され、主要原料の収量予測やコストアップ見通しを試算し、その対応策を検討、開示しているということになります。またご指摘があったように、今後はミレニアル世代、Z世代が消費の中核となるなか「エシカル消費」への関心がますます高まっていくと思われます。環境課題などに真摯に取り組み、適切な開示で商品やコーポレートブランドを高めていくことは、リスクの軽減だけでなく大きなチャンスにもなるため、積極的に取り組むインセンティブになっていると思います。

佐藤　今の石坂さんのご発言にも表れていると思いますが、TCFDなど、どちらかというと金融サイドから出てきた枠組みに企業サイドが取り組むインセンティブは、事業戦略に関わるとか、早めに対応しないと競合企業に劣後するといった影響の強さにあると思います。外からの圧力、すなわちガバナンス・コードに入っているからとか、グローバルに見て評価されないからとか、ＥＳＧ評価機関から評価されないからとかに加えて、自ら事業戦略や経営戦略に組み入れる重みがあるかどうかが、やはり経営者に響くと実感しています。

武井　そうですよね、仰るとおりですね。

第3章　サステナビリティ関連のガバナンス・コード改訂

サステナビリティ関連のガバナンス・コード改訂の概要

武井　では次に気候以外のサステナビリティ事項の話に入ります。

今回のガバナンス・コードで**人的資本**、**知的財産**への投資も明記されています。まず意見書におきまして、「中長期的な企業価値の向上に向けては、リスクとしてのみならず収益機会としてもサステナビリティを巡る課題へ積極的・能動的に対応することの重要性は高まっている。また、サステナビリティに関しては、従来よりE（環境）の要素への注目が高まっているところであるが、それに加え、近年、人的資本への投資等のS（社会）の要素の重要性も指摘されている。人的資本への投資に加え、知的財産に関しても、国際競争力の強化という観点からは、より効果的な取り組みが進むことが望ましいとの指摘もされている。こうした点も踏まえ、取締役会は、中長期的な企業価値の向上の観点から、自社のサステナビリティを巡る取り組みについて基本的な方針を策定することが求められる。加えて、上場会社は、例えば、サステナビリティに関する委員会を設置するなどの枠組みの整備や、ステークホルダーとの対話等も含め、サステナビリティへの取り組みを全社的に検討・推進することが重要となる。サステナビリティの要素として取り組むべき課題には、全企業に共通するものもあれば、各企業の事情に応じて異なるものも存在する。各社が主体的に自社の置かれた状況を的確に把握し、取り組むべきサステナビリティ要素を個別に判断していくことは、サステナビリティへの形式的ではない実質的な対応を行う上でも重要となる」と述べられています。

その上で、補充原則4－2②で「取締役会は、中長期的な企業価値の向上の観点から、自社のサステナビリティを巡る取組みについて基本的な方針を策定すべきである」という点は先ほどの気候の箇所でも触れましたが、サステナビリティイシューについて、補充原則2－3①で「気候変動などの地球環境問題への配慮、人権の尊重、従業員の健康・労働環境への配慮や公正・適切な処遇、取引先との公正・適正な取引、自然災害等への危機管理など、サステナビリティを巡る課題への対応は、リスクの減少のみならず収益機会にもつながる重要な経営課題であると認識し、中長期的な企業価値の向上の観点から、これらの課題に積極的・能動的に取り組むよう検討を深めるべきである」、対話ガイドラインで「ESGやSDGsに対する社会的要請・関心の高まりやデジタルトランスフォーメーションの進展、サイバーセキュリティ対応の必要性、サプライチェーン全体での公正・適正な取引や国際的な経済安全保障を巡る環境変化への対応の必要性等の事業を取り巻く環境の変化が、経営戦略・経営計画等において適切に反映されているか」と述べられています。

また**補充原則3－1③**で「上場会社は、経営戦略の開示に当たって、自社のサステナビリティについての取組みを適切に開示すべきである。また、人的資本や知的財産への投資等についても、自社の経営戦略・経営課題との整合性を意識しつつ分かりやすく具体的に情報を開示・提供すべきである」とされています。

サステナビリティ委員会

武井　また今回1つ重要な点として、**対話ガイドライン**において、「例えば、取締役会の下または経営陣の側にサステナビリティに関する委員会を設置するなど、サステナビリティに関する取組みを全社的に検討・推進するための枠組みを整備しているか」とサステナビリティ委員会についても言及されています。日本ではこれまでCSR委員会などが設置されてきましたが、サステナビリティ・イシューの経営上の重要性の高まり、さらにはヒト・モノ・カネがきちんと別かれる社内の必要性などの観点から、**サステナビリティ委員会**に改組する動きが進んでいくかと思います。

気候だけでもいろいろな議論がございましたが、その他の1個1個でも相当重たいテーマも多々あり、企業さんによってマテリアルなテーマは異なるかと思いますが、先ほどの佐藤さんのお話にもありましたが、サステナビリティに対する取り組みを動機とKPIをもって進めていかないといけない。またこれはプライム企業に限らず上場会社全体についてやっていかなければいけないということになっております。

中核的な経営戦略に根ざしたサステナビリティ対応

武井　まずは石坂さんのほうから取り組みの概要についてご紹介頂けましたらと思います。最近の新聞記事などでも、強制労働などの人権侵害リスクが高いコーヒー豆などについて、海外取引先の現地調査を順次実施しているというご紹介がありました。口火を切って頂ければ幸いです。

石坂　新聞記事などに取り上げて頂くこともありますが、当社が他社さんよりもはるかに先を行っているというわけではありません。「人権の尊重」を含めS（社会）への対応についても、マテリアリティの中に組み込み、具体的な取り組みを推進しつつある段階です。新たなグループ理念、AGP（Asahi Group Philosophy）を2019年から施行し、それに基づく「中期経営方針」では、コロナ禍を踏まえ定量目標も含めて見直しを行ったのですが、「経営資源の高度化」や「ESGへの取り組み進化」といった3本柱は変えず、具体的な取り組み項目などをブラッシュアップしました。

ＥＳＧについては、その重要性を表明するだけで全然取り組みが進まない、いわゆるウォッシュであってはならず、サステナビリティと経営の統合は、取締役会の実効性評価でも重要課題として抽出され、あらゆる角度から議論の中心になっています。グローバルガバナンス、ダイバーシティなどに関して、多くの知見を持つ社外取締役から様々な指摘や示唆を頂き、さらに「経営資源の高度化」の面では、人材などの無形資産への投資やＤＸの強化など、新たな成長源泉の拡大に向けた具体的な取り組みが進んでいます。

例えばＤＸへの対応としては、その人材育成には一定の時間がかかることもあり、豊富な経験を持つ人材を部門トップの執行役員としてヘッドハンティングするなど、従来は無かったダイバーシティも推進しています。人権については、コロナ禍でデューデリジェンスにおける現地のリスク把握の遅れなどが生じていますが、外部企業と連携した取り組みなど、サステナビリティにかけるリソースは飛躍的に拡大しています。ただ、そうした表明を踏まえて投資家と議論をすると、「人的資本やＤＸへの投資効果・リターンとして、我々は何を見れば良いのか、アサヒの目指す姿がまだ見えてこない」といった指摘も頂きます。ウォッシュではないビジョンと具体的な施策の開示、それに伴う建設的な対話を積み重ねることで、サステナビリティに対する実効性をさらに高めていく必要があると感じています。

人的資本や知的財産への投資に関するガバナンス・コードの改訂

武井　ありがとうございます。人の話の絡みで人的資本の話まで出て参りましたので、人的資本や知的財産の箇所まで含めて一緒に議論できればと思います。

意見書は、「企業の持続的な成長に向けた経営資源の配分に当たっては、人的資本への投資や知的財産の創出が企業価値に与える影響が大きいとの指摘も鑑みれば、人的資本や知的財産への投資等をはじめとする経営資源の配分等が、企業の持続的な成長に資するよう、実効的に監督を行うことが必要となる。・・なお、こうした将来に向けた投資等に関しては、投資戦略の実行を支える営業キャッシュフローを十分に確保するなど、持続的な経営戦略・投資戦略の実現が図られることが肝要となる」と述べています。

その上で、補充原則４－２②において、「取締役会は、・・人的資本・知的財産への投資等の重要性に鑑み、これらをはじめとする経営資源の配分や、事業ポートフォリオに関する戦略の実行が、企業の持続的な成長に資するよう、実効的に監督を行うべきである」とされています。

また補充原則２－４①において「上場会社は、女性・外国人・中途採用者の管理職への登用等、中核人材の登用等における多様性の確保についての考え方と自主的かつ測定可能な目標を示すとともに、その状況を開示すべきである」、「上場会社は、中長期的な企業価値の向上に向けた人材戦略の重要性に鑑み、多様性の確保に向けた人材育成方針と社内環境整備方針をその実施状況と併せて開示すべきである」とされています。

主体的かつ自主的に取り組むことが重要

井口　先ほどの気候変動での議論と重なるところもあるのであまり深入りはしませんが、気候変動・ＴＣＦＤ関連以外のサステナビリティの箇所でも、今後は開示が重要となります。理由は2つあり、1つは、気候変動と同様、他のサステナビリティ事項の企業価値に与える影響も大きくなり、投資家の判断に欠かせなくなっているということです。実際、図表2－5のＩＦＲＳ財団のサステナビリティ情報基準化に向けた戦略の2つ目の sustainability scope でも、気候変動関連の情報の基準化が終了次第、社会やガバナンスなどの基準化にとりかかるとされています。もう1つは、これも議論しました、欧州の投資家の開示ルールであるＳＦＤＲでは、気候変動関連だけではなく、他のサステナビリティ情報、例えば、社会では、投資先企業における人権違反の履歴を開示してくださいとあります。このような投資家の開示のルールがあると、これに対応するため、企業はしかるべきところに開示することが今後求められてくると思います。

武井　人権違反というのは、投資家自身がですか。それとも、人権に違反しているところに投資していないかっていうところでしょうか。

井口　はい、先ほど議論しましたように、８条ファンド、９条ファンドなどに規定されるＥＳＧ商品を欧州で販売するとなるとポートフォリオに関わる20個程度の指標を開示しなければなりませんが、その中に、国連の人権の各種規制に違反した履歴がある銘柄に投資していないか、といったことを示す指標があります。このようなことも個人投資家に開示して、ＥＳＧ商品かどうかの判断を仰ぐという趣旨かと思います。

ＫＰＩをいくつかに絞った上で役員報酬のＫＰＩとして設定する

井口　企業を取り巻くサステナビリティ事項は限りなくたくさんあると思います。また、企業も経営資源の関係からすべてのステークホルダーの期待に等しく対応することはできないと思っています。従って、取締役会が自社の企業価値向上・中長期的な経営戦略の観点で、自社にとって重要なサステナビリティの課題を主体的に特定していくことが重要と考えます。このことは、任意の報告書ではありますが、先進的な多くの企業が実施されていると思います。

また、財務情報と異なり、サステナビリティ事項への取り組み、あるいは、これから議論する人的資本の活用なども、長い時間をかけて、財務情報としての成果が反映されるので、その進捗状況を確認する意味で、ＫＰＩの設定・管理は、企業にとっては非常に重要になると考えています。このような考えを背景として、任意の報告書となりますが、多くの先進的な企業で、非財務情報のＫＰＩを開示されており、また、中期経営計画の目標として非財務情報のＫＰＩを活用する企業も増えていると認識しております。

こういった開示は、中長期的な成長の確信度を見極めるにおいて、私のような投資家にとっても非常に有用なのですが、一方、ＫＰＩの項目数が多すぎる、と感じることもあります。例えば、20個近いＫＰＩの設定は企業も内部的な管理が大変でしょうし、投資家にとっても、企業価値向上の観点で、どのＫＰＩが本当に重要かが分からなくなるといった印象をもっています。

最近、企業と対話をするときに、役員報酬体系の中にサステナビリティの取り組みへの評価を入れてはどうか、ということを申し上げています。この提案をする意図は2つありまして、1つは役員報酬体系に入れるとなると、20個のＫＰＩも入れるわけにいかないので、その中からさらに企業価値の観点で重要なＫＰＩを絞り込む行動につながるのではないか、と期待していることです。もう1つは、補充原則4－2②にあるように、投資家としては、サステナビリティへの取り組みは持続的な企業価値向上の観点から重要と考えていますので、取締役会にしっかり監督していただきたいという希望があります。この取り組みを役員報酬体系に入れると、報酬委員会及び取締役会は、サステナビリティの取り組みも評価することになり、コードでいうサステナビリティ事項への実効的な監督が可能となると思います。将来的には、ガバナンスの開示が一段と進み、英国のように報酬委員会の考え方など具体的な開示されるようになると、投資家にとっても、より取り組みの詳細が理解でき、非常に有意義な開示になると思っています。

石坂　ちなみにKPIが多すぎるといった点について、当社も井口さんから先日ご指摘を頂いております。既に取締役の変動報酬の決定には、複数のESGインデックスへの採用など社会的価値指標を導入していますが、会社の経営理念や事業戦略に照らして、大事だと思うKPIについても業績評価項目に入れるべきといった指摘もあり、改めて社内で議論する気づきを頂いています。

井口　ご議論していただき、ありがとうございました。

石坂　ESGのKPIについては、網羅性が高く優等生っぽいものが求められているのではなく、理念や戦略とリンクした形で、本当に何をしたいのかというパーパス的な面から設定していかないと、投資家の皆さんとの建設的な対話が深まらないと最近強く感じます。

井口　どうも、ありがとうございます。

武井　非財務情報系、ESG系のKPIは最近ずっと役員報酬の絡みでテーマになっています。日本の場合、税法上の損金算入要件として認めてられていないという難しい問題はありますが。

経営課題と密接にリンクした人的資本関連のKPI

武井　各社さん、ESG系のKPIをいろいろ探していらっしゃる状態だと思うのですが、何か良い例ってありますでしょうか。

井口　役員報酬体系にまで組み込んでいるKPIは、日本ではまだあまり多くないですが、ソニーさんは、経営理念・方針への理解度や経営へのコミットメントを従業員に調査した「**従業員エンゲージメント**」指数を役員報酬体系に入れられ、そのエンゲージメント指数の内訳も任意の報告書で開示されています。このような従業員に関するKPIを役員報酬に入れるというのは、従業員を大事にする日本企業の考え方にフィットするものであり、今後、採用が増えていくのではないか、と予想しています。

一方、欧米の海外企業では、役員報酬にESG系のKPIをいれている例はたくさんあると思います。鉱山会社やエネルギー会社などでは、鉱山運営の安全性（safety）に関するKPIを入れているケースが多いです。また、最近、大手エネルギー会社であるロイヤル・ダッチ・シェルでは、株主提案もあり、ネットゼロへの取り組みを役員報酬に組み入れています。気候変動の影響が企業価値に大きな影響を与えるセクターでは、今後、気候変動への対応を役員報酬に入れる動きが強まるのでは、と予想しています。

役員報酬に入るまではいかないですが、サステナビリティへの取り組みの進捗を示す、ＥＳＧ系のＫＰＩの好事例は日本でも多く見られます。アサヒさんも有用なＥＳＧ系のＫＰＩを設定していらっしゃいますし、先ほど、北川先生が挙げられた三井化学さんもそうだと思います。

その他では、住友金属鉱山さんは、２０３０年までに「世界の非鉄リーダー」となるために必要なＫＰＩとして、財務のＫＰＩの他、非財務でも11の課題に対してＫＰＩを設定されています。従業員の安全などに加えて、先住民の権利や生物多様性についてもＫＰＩを設定されていますが、先住民の権利や生物多様性への配慮は、海外で鉱山事業を行う当社にとっては欠かせない事項であり、持続的な企業価値向上の観点からも非常に納得感のあるＫＰＩ設定と思います。

佐藤　**人的資本**を重視するという特徴は日本企業に共通なのですけれども、人的資本を増強したり重要視したりする成果を定量化する指標というのが課題です。その関連でＥＳＧへの取り組みに関するＫＰＩはどうあるべきかという議論ですね。これまでＩＲ優良企業に選ばれた企業さんの中で「人を活かす会社」のための取り組みが評価されたところがありました。その企業さんは、働き方改革の推進に伴って営業利益率がどう高まってきたかをグラフで示したり、残業時間の減少や有休取得率上昇を進めた後、従業員の生産性がどう上がったかを説明したりしています。こうしたＩＲ活動が、アナリストから評価されています。

30代従業員の就業継続率のデータ

佐藤　それから、ある海外の投資家さんから聞いたのですが、利益率が高く、グローバルに注目が集まる企業に対し、「30代従業員の就業継続率のデータを開示してください」という要望をしたそうです。これは優秀な人を中長期にどれだけ確保できるかを問うもの。他社からも魅力的な条件で誘われるような人材が、辞めないでどれくらい勤続しているのかをデータでとらえたいという趣旨のようでした。

ＥＳＧ、とくに人的資本に関わる評価をするための軸や指標を共通化するのは難しいかもしれない。ですが、先ほど私が申し上げたように、経営課題と密接にリンクして企業自身が取り組める、そして投資家さんも定量的に分析できる、そんな評価軸やＫＰＩの検討を、今回のコード再改訂では重点にして頂ければと思います。

武井　そうですね、大事なポイントですね。ありがとうございます。

人的投資を企業価値に置き換える指標等の工夫が今後重要

佐藤　日本企業は、伝統的に人的資本を大事にしていると思います。でもそれがグローバルに評価されていない、成果は実際に出ているのに、というジレンマを感じていると思うのです。

その要因の1つは、説明が難しいだけではなく、人への投資を経済価値に置き換える転換式みたいなものがないというところにあると思います。この課題に対し、例えば中計で投資方針を出す中で人的資本の規模拡大を打ち出し、事業戦略との紐付けや人事評価の基準も示している企業さんがあります。完璧に成果を定量化するのは難しいかもしれませんが、議論はしやすくなります。一方、「わが社にとって人は財産です」というだけでは、対話が進まずなかなか評価には至りません。IR協議会でもこういう取り組みをすると良いという例をどんどん示していければと思っています。

北川　こうした点はやはり欧州の企業が進んでるなと私はいつも思っているんですけれども、例えばソーシャルな面だけでも、ある会社の例なのですが、エンプロイーターンオーバーの目標を定めるとか、それからジェンダー比率の目標を定めるとか。それからいわゆるエシックスのトレーニングの充実度指数を目標として持っていたり、それから**従業員エンゲージメント**をちゃんとやっているかとか。あともちろん環境に対する指標を目標化して、担当役員だけではなくて幹部社員の業績の1つの評価に入れて公表しているところもありますね。結構ハードルが高く、しかも年々そのハードルを上げていくということで、参考にするべきところが海外の企業にもあります。

それから井口さんも仰るように日本の企業もだいぶぶやり始めているので、本当は僕なんかが知らないだけで、いっぱいあるのかなという気がします。

武井　そこら辺のKPIは欧州の企業はみんな当然開示なりしているわけですね。

北川　普通はしてますね。ただ僕が見ているセクターでは、医薬品セクターとかは非常に進んでいる印象を持っていますね。これは欧州での今までの歴史で、ESG投資家との関係が非常に密接であるというのがあるんじゃないかと私は推測します。機関投資家によるPRIの署名は欧州の場合10年前から盛んに行われていましたよね。

ISO30414（Human Captial Reporting）

三瓶　今、佐藤さんと北川先生が仰ったことと通じるのですけれども、グローバル・スタンダードになっているものが、人でもエネルギーでもいろいろあるんですね。人的資本については、最近はISO30414（Human Captial Reporting）が米国でもレギュレーションSKで注目されてきています。

ＩＳＯ３０４１４にあるのは、どんな企業でも普通これは計測可能でしょうという指標であって、それを使わないとグローバルで横比較や業種横比較ができないので、減点対象になってしまうというレベルのものです。

一方で、グローバル・スタンダードになっている指標はもちろん出すけれども、もう少し細分化したというか、自社で独自に指標を改善していくために、自分たちはこんなものを見ていますとか、こんなふうに社内目標を持っていますという、もう一段下のレイヤーのものがあります。こちらは加点要素になる対象なのですね。いかに具体的に取り組んでいるかとか、独自のものを出すから、積極性や自律性が伝わり説得力があるのですね。

減点防止と加点との両方やるというのは大変でしょうけれども、言い方を変えるとグローバルで一般的なものというのはある種マストになってきていると思います。しかも非常に単純なものなのでミニマム・スタンダードと捉えるべきかと。どこかに参考となる指標なりデータはあるだろうという感じですね。

独自なものというのは自分たちがプラスの加点評価されるし、自分たち独自ということを考えていけば、自ずと見えてきます。むしろ、どこかからやれと言われてやることじゃないので腹落ちしやすい部分が説得力を持っていて、しかもミニマム以上をやっているという意味で相対的に高評価されやすい１つの構造になっていると思います。

武井　ありがとうございます。その減点要素というかマストというのは、どういうものでしようかね。

三瓶　先ほどの例えば佐藤さんが仰った、離職率みたいなことも入っています。重要使用人自主退職率（Voluntary critical turnover rate）、重要役職社内登用率（Critical positions filled internally）などです。また、製造業であれば工場での重篤な事故が発生した率（LTIR：休業災害度数率）も入ってきますし、まだ広くは使われていませんけれども、リターン・オン・インベストメントみたいなもの、ヒューマン・キャピタル・リターン・オン・インベストメントがISO30414の中では出てきています。私は個人的にはこれはいまいちだなと思っていますが。

武井　ヒューマンキャピタルインベストメントは、利益率への貢献とかですか。

三瓶　どちらかというと、人にどれだけ投資をしているかというほうの感じですね。ROICがNOPATを資本コストで除して算出するように、人的資本コストで除して測る方法が例示されています。

人的資本投資等は時間がかかることを前提に毎年変化などの定性状況を把握することが重要

三瓶　指標に関しては、実は今年4月に投資家フォーラムでもこれを議題にして投資家間で議論しています。今のところ議論として出てきているのは、投資家が無理矢理「この指標を出せ」というのは違うんじゃないかと。そう簡単には気の利いたものは出てこない。だけど、それがどういう成果に結びついているのかという「取り組みと成果との因果関係についてはヒントをくれ」と。それがトレーサブルであれば非常に意味があります。

投資家側として一番大事なのは、時間がかかるということを覚悟しておかなければいけないということです。だからそれを数字で毎年どうなったって聞くのではなくて、投資家側の心得として、去年からの進展とか、何か良くなったものがあったとしたらどんなことが良くなりましたかとか、何か成果が出たんですかとか、そういうことで、むしろ定性的な情報を拾っていくこと。それを数値化するのは投資家の役目だろうと。そのようなことを議論しています。

武井　なるほど。しかもそういったことは、取締役会でもサステナビリティ委員会でも良いのですが、企業全体で戦略とマッチしてどういうふうに話しているのかが重要ですね。TCFDのガバナンスでも同じですけど、このテーマをちゃんと取締役会でガバナンス、会社全体でどういうふうにやってますかというのが重要だということですかね。

三瓶　そうですね。だから今回のコード改訂でわりと後押ししているというか、人的資本とか知的財産への投資というのを重要だと、そういう資金配分しましょうというふうになっているんですけど、かといってやみくもに、じゃあどんどんそういうところに投資をすれば良いかとなってしまうと、話は違うと思います。キャピタル・アロケーションするからには、どういう時間軸で、どんな成果が上がってくるのを期待するのか、見なければいけない。ただそう簡単に毎年、去年取り組んだことが成果として出るなんて思うのは違うだろうということを分かりながら投資家も見ていくという、両方のバランスが必要になるんだと思いますね。

武井　なるほど。ありがとうございます。

井口　私も三瓶さんと同意見で、人的資本投資の成果を財務諸表で確認するまでは時間がかかりますので、投資家としての評価は難しいものがあります。従って、評価の視点としては、人的資本投資の意図が中長期的な経営戦略と適合しているかどうかを見るようにしています。また、その成果の見極め方は、適切なKPIが設定されていればその進捗を確認することになりますし、KPIの設定がない場合、あるいは、KPI設定ができない場合には、人的資本投資から期待される定性的な事項が発現した事象から人的資本投資の成否の状況を読み解くようにしています。

例えば、僭越ながら、アサヒさんの例で話させていただきますと、海外事業の買収に伴う急速な事業のグローバル化を進められていますが、今後はグローバルでの従業員の一体性を保ちつつ、一段と企業価値拡大を図られることが重要と考えています。実際、アサヒさんでは、社内での議論を経て、経営理念の改訂を行われています。新しい経営理念は先ほど、石坂さんからお話のあったAGPとなりますが、投資家としては、このAGPに基づき、さらに一体性が増し、アサヒさんのグローバルでの成長が加速されることを期待することになります。この点、今年の任意の統合報告書で、CEOから、AGPの考え方が様々な場面での社員の行動に反映されてきたという趣旨のご発言がありました。定量的なKPIではありませんが、投資家としては、このような定性的な事象を組み合わせ、人的資本投資の成果の確認を行うことになります。

具体的な人事・教育制度の投資判断への織り込み方の例

井口　具体的な人事・教育制度の投資判断への織り込み方について、いくつかの事例でご紹介します。図表2-11をご覧ください。これは、社名は公開いたしませんが、実際に、私が、日本企業との対話を通じて、人事・教育制度等の評価を通じ、投資判断につなげた3つのケースを挙げています。

（ケース1）は、経営者が資産効率向上のため、ROIC経営の導入を行うとおっしゃったケースです。ROIC導入の先駆的な事例の調査経験からROIC導入を単なる経営スローガンではなく、資本効率向上のための実効的なツールとするには、人事評価体系の変更、現場職員への教育等などが必要と私は理解しています。そこで、その経営者の方にその点をお聞きすると、年功序列的な人事評価体系があり、評価体系の変更は難しいこと、また、現

図表2-11 具体的な人事・教育制度の投資判断への織り込み方の例

（ケース１）

▷資産効率向上のための ROIC 経営の導入を行うとの経営者の施策

＜投資家の対応例＞

・ROIC 導入には教育や人事制度改正などによる働く姿勢の変更が必要、との認識
・経営者に人事制度の改訂の方向性や導入の進捗度を聞くが、明確な回答なし
・施策の実効性がないと判断し、将来長期業績予想据え置き⇒「買い見送り」の判断

（ケース２）

▷生産性向上を目指す企業の工場で、何らかの不正・ミスが生じる

＜投資家の対応例＞

・工場における生産性向上には、オープンな文化が必要（お互い改良点をいいあう）、との認識
・不正の発生は、オープンな文化がないからではないか、と疑う
・長期業績予想に織り込んでいた生産性向上分を取り消す⇒予想引き下げ⇒「売り」の判断

（ケース３）

▷海外で大型の企業買収を実施

＜投資家の対応例＞

・企業買収は、技術・スキルを買うだけではない、組織体の買収
⇒買収価格よりも、経営戦略との整合性、ポストマージャーが重要
・買収後、組織融合ができると判断した場合、将来長期業績予想に織り込む ⇒「買い」の投資判断
・企業買収の成功確率が高い会社は、将来業績予想でも M&A の実施・成功を想定⇒一段の強い予想

（出所） 井口作成

場職員への教育態勢もこれからとのことでした。私としては、経営者がいうＲＯＩＣ導入による資産効率向上の効果は将来的にも見込むことができなかったため、長期業績予想の引き上げを見送り（妥当株価は据え置き）、投資判断「買い」への引き上げも見送りました。

（ケース２）は、生産性向上を目指す工場で何らかの不正・ミスが生じたケースです。マスコミなどでは、不正・ミスから発生する直接的な損失に対し焦点が当てられる傾向があります。しかし、私は、直接的な損失額は多くの場合、時価総額から見れば大きな額ではなく、むしろ、そういった不正・ミスが生じる企業文化に課題がある、と考えています。つまり、工場の生産性向上にはお互いの改善点を言い合うなどのオープンな文化が必要となるにもかかわらず、不正が生じるときには、往々にしてオープンなコミュニケーションがない場合が多いからです。従って、不正の発覚によりオープンな文化（それを支える人事制度）がないと判断した場合には、長期業績予想に織り込んでいた工場の生産性向上分を取り消すことになり、業績予想の下方修正（妥当株価の引き下げ）、そして、投資判断は「売り」へと引き下げることになります。

（ケース３）は、企業のグローバル化に伴う、買収戦略を評価するケースとなります。企業買収においては、買収価格もさることながら、全体の経営戦略との整合性とポストマージャー（買収後の統合作業）への評価が重要になると考えています。特に、企業買収は、技術・スキルを買うだけではなく、組織体の買収となりますので、ポストマージャーはとりわけ重要と思っています。買収後、組織の融合ができ、買収先の人材を有効に活用できるか否かの視点です。海外企業の買収を繰り返す企業がありましたが、買収先の海外企業の幹部の転職率は低く、また、そういった幹部が昇格し、当社のグローバル戦略を一段と牽引している事象も確認できました。このような事象から、当社のグローバル人材戦略は有効に機能していると判断し、買収成功のシナリオを長期業績予想に織り込み、上方修正し、「買い」の投資判断に引き上げました。

武井　なるほど、分かりやすいお話をありがとうございます。

井口　次に、このような人事戦略を、投資家にどのように開示すればよいのかということを問われる企業もいらっしゃると思うので、他にもたくさんの好事例があるとは思いますが、私が注目した、経営戦略に資する人事戦略の開示の好事例を何社かご紹介させていただければと思います。

最初は、図表2-12の小林製薬さんの開示例です。当社は、人々の生活を快適にする〝あったらいいな〟商品の開発を目指し、経営戦略を策定されています。競争の激しい大きな市場に参入するのではなく、ニッチ市場に焦点を絞る「小さな池の大きな魚」戦略を採用されています。これは、日々、新製品を開発し、小さな池を作らなければならないという点で、大変、難しい戦略となりますが、そこで、重視されているのが、図の下の方にありますが、新製品開発を可能とする「開かれた」企業風土の創造です。このような施策を有効にするには、当然のことながら、企業風土を支える人事評価制度もあるのではないか、と推察します。

そして、図の右上の方にありますが、中期経営計画の中で、財務目標の他、戦略の進捗度をはかる非財務目標のKPIを設定されていますが、新製品比率などのKPIに加えて、従業員の働く意欲など、従業員に関するKPIを複数設定してらっしゃることが確認できると思います。投資家に対し、当社の経営戦略・競争力の源泉を明確に示されるとともに、競争力の維持・拡大に対する経営の考え方が分かる、非常にいい開示例と思っております。

図表2-13が、先ほどの役員報酬のKPIの例でも申し上げましたが、ソニーさんの事例となります。私の見方ではありますが、当社は事業の集中や再編、事業部門の競争力引き上げにより、高い収益力を誇る企業となり、企業価値向上において、次の新しいステージに入られていると考えています。ここで重要となるのは、革新的な新製品開発であり、これを実行する個々人の発想力の発現、そして、それを束ねる組織力になると思っています。経営理念も「人に近づく」に再設定され、従業員の方がこのような会社の思いを理解し、行動しているかといった浸透度を把握するため、従業員エンゲージメントを活発化されています。

図の右下の方ですが、エンゲージメント指数の主な内訳の開示もされていますが、特に注目したいのは、右上にあります、エンゲージメント指数を役員報酬体系にも算入されているところです。このことは、当社の経営戦略の執行において不可欠な要素である人事的な施策

項目	2019年※3	2022年
新製品4年寄与率	16.3%	20%以上（国内）
日本の新製品を中国で育成	—	3年で5品
新製品の市場への定着	—	半期に2品（国内）
CSVブランド数・売上高比率	—	各カテゴリー 1以上・10%
CO_2排出量削減	—	スコープ1,2：2030年に向けた目標進捗 スコープ3：目標設定
製品開発における環境負荷低減	エコ指標改訂中	プラ：持続可能性の高い素材への切替 紙：森林認証紙100%維持
女性管理職比率	8.6%	16%
従業員の働きがい・貢献意欲	71%	85%以上（国内）
「仕事を通じて成長を実感することがある」割合（従業員意識調査）	69%	75%
「心身ともに良好な状態で働けている」割合（従業員意識調査）	61%	75%
従業員定期検診・再検査受診率	100%・73%	100%・80%

※3 財務実績はすべて新収益認識基準における数値

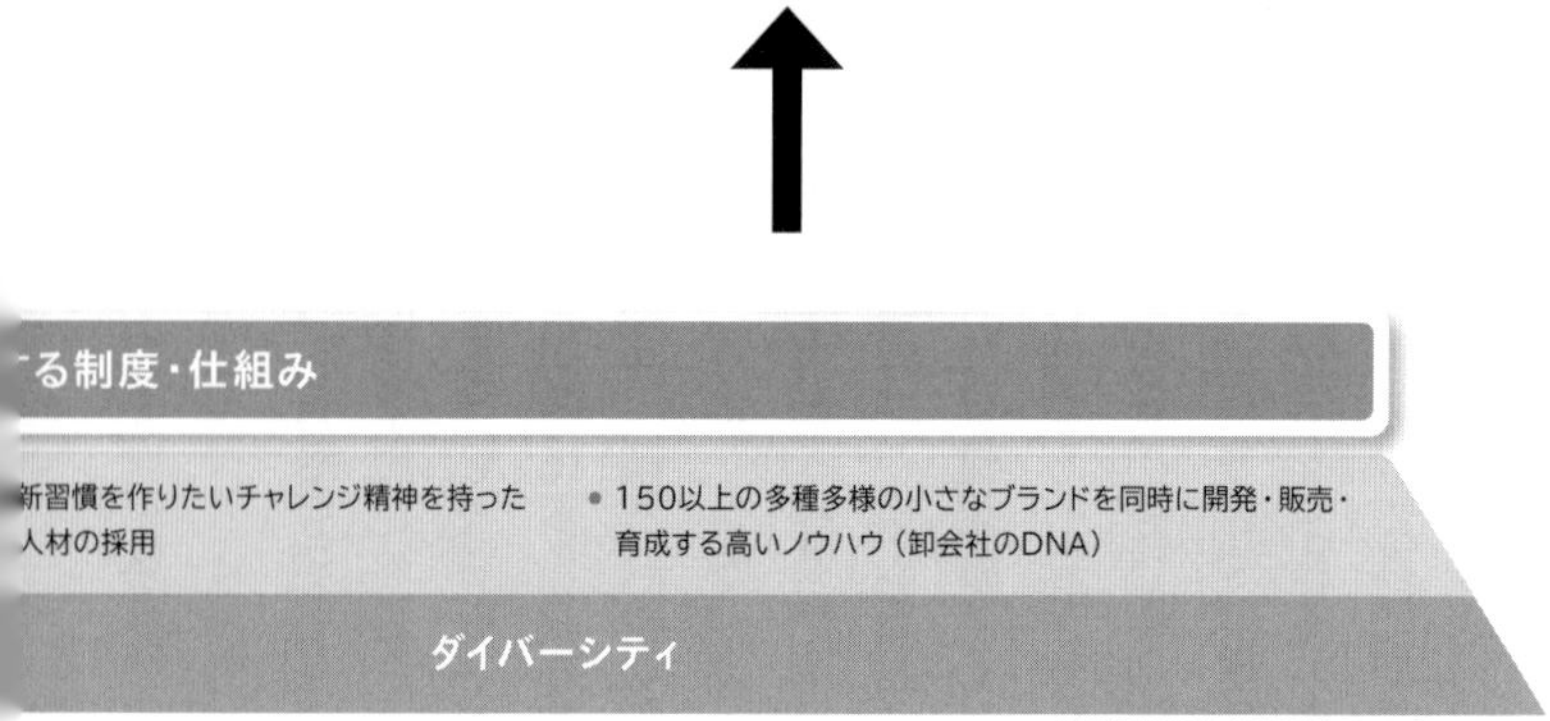

る制度・仕組み
新習慣を作りたいチャレンジ精神を持った人材の採用
• 150以上の多種多様の小さなブランドを同時に開発・販売・育成する高いノウハウ（卸会社のDNA）
ダイバーシティ

小林製薬株式会社 統合報告書2019 7

（出所）小林製薬株式会社「統合報告書 2019」から抜粋、井口作成

図表2-12 小林製薬の企業文化の構築を通じた企業価値向上

▷「アイデア創出」が企業価値の源泉

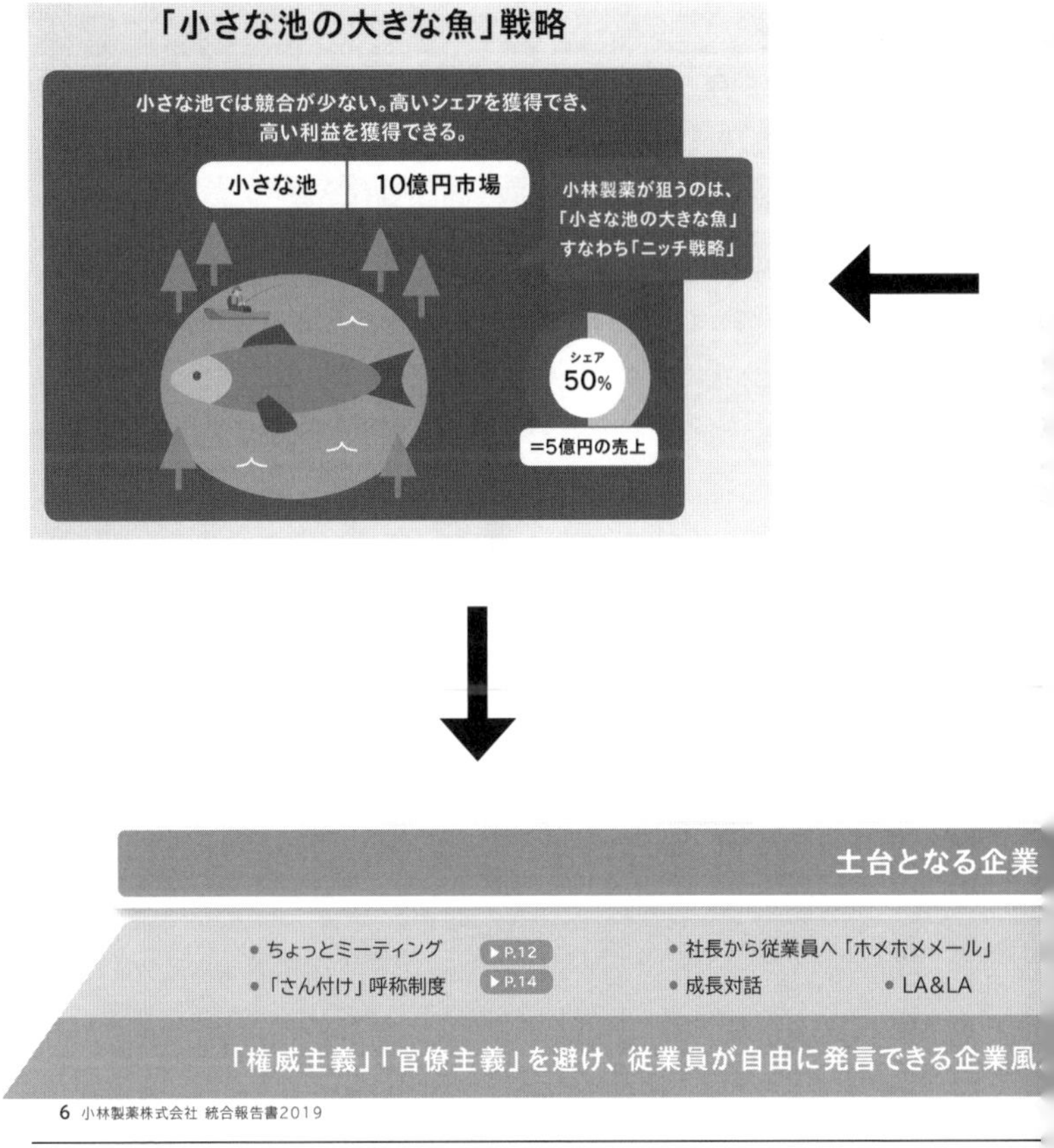

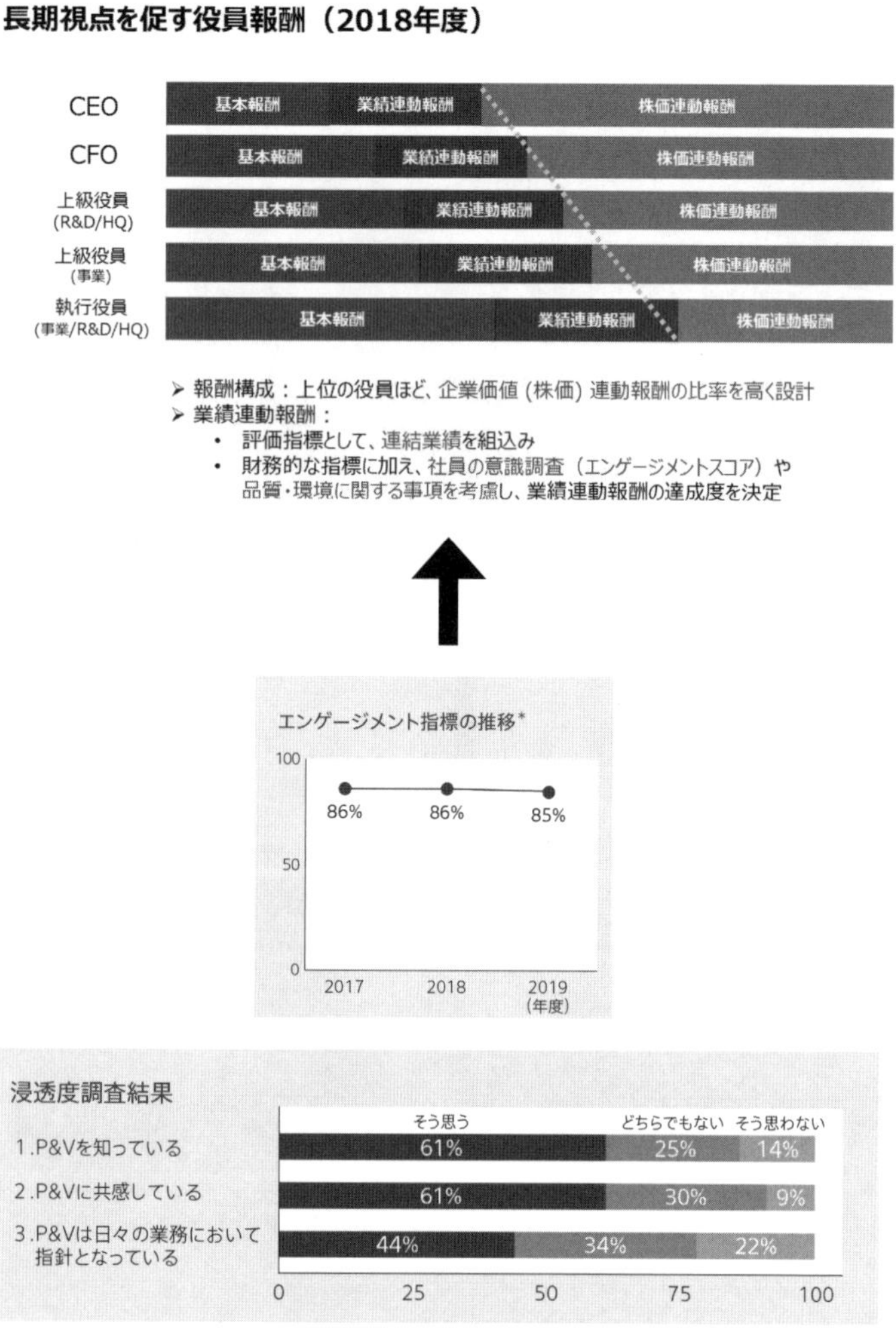

（出所）ソニー株式会社「Corporate Report2020」等から抜粋、井口作成

図表2-13 ソニーの経営理念・戦略・人事・ガバナンスの一貫性

▷「人に近づく」を中心に経営理念を新しく設定、求める人材像を開示
✓人材を“個”として捉える、エンゲージメント指数の内訳を開示、役員報酬体系にも算入

持続的な成長のための人事戦略フレームワーク

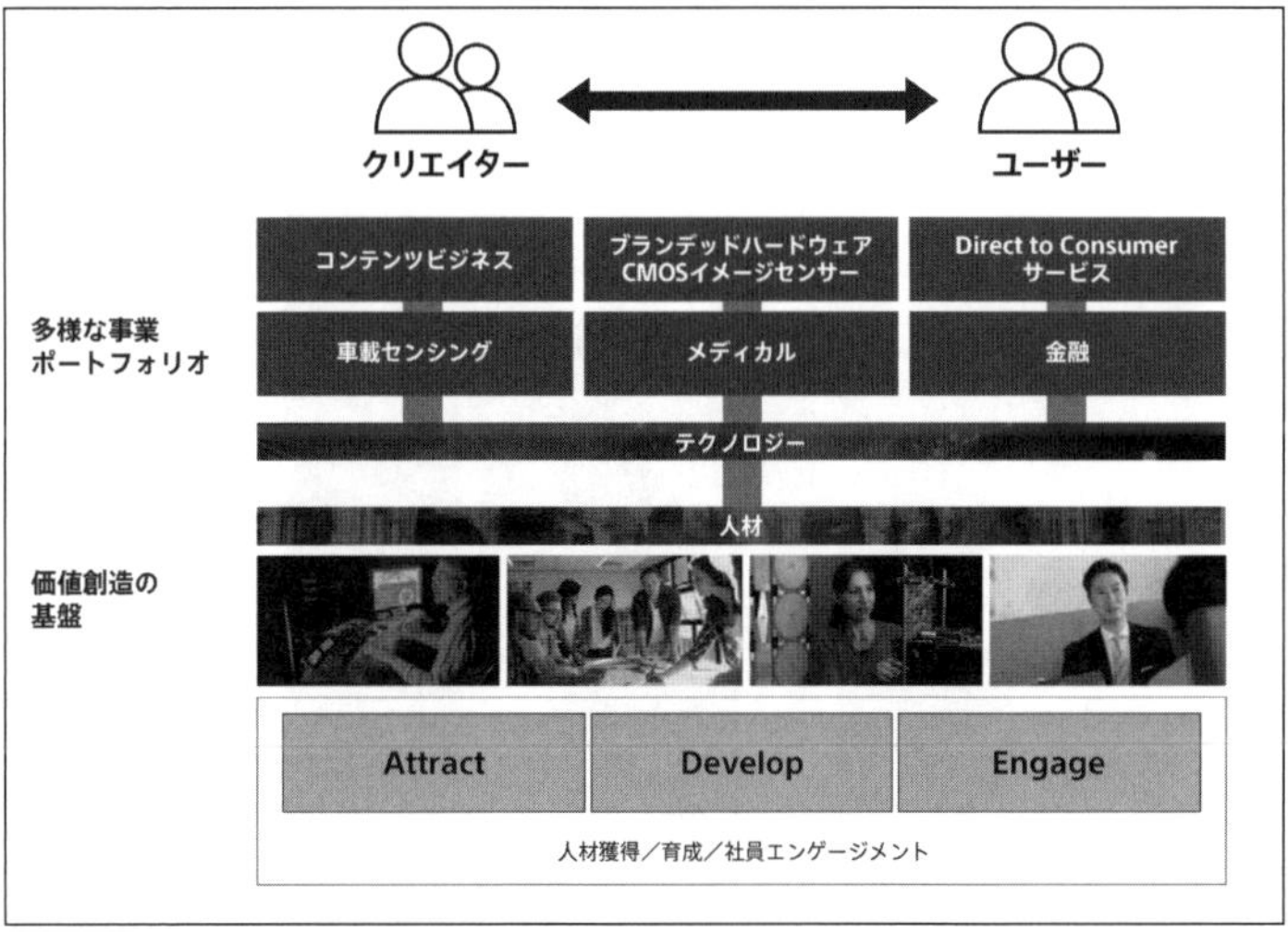

・ソニーグループで共有する定義

ソニーが社員に提供する価値	ソニーが社員に求めること
・世界を感動で満たすという夢や志の実現に向けて、一人ひとりの挑戦心と成長意欲を尊重し、支援する環境 ・個が有するクリエイティビティを存分に発揮し、新たな価値創出の基盤となる、幅広いテクノロジーの蓄積と進化 ・多様な事業を有するソニーグループならではの多岐にわたるグローバルなキャリアの機会や可能性 ・多様な人材や視点から価値を生むインクルーシブなカルチャー	・夢と好奇心で未来を開拓し、人々の心を動かす ・多様性を生かし、異なる視点を取り入れベストなものを飽くことなく追求する ・倫理的で責任ある行動を体現し、ソニーブランドへの信頼を築き、高める ・ソニーの持続的な成長のために、規律ある事業活動を行い、ステークホルダーへの責任を果たす

役員層における女性比率と外国人比率（日立製作所）[*1]

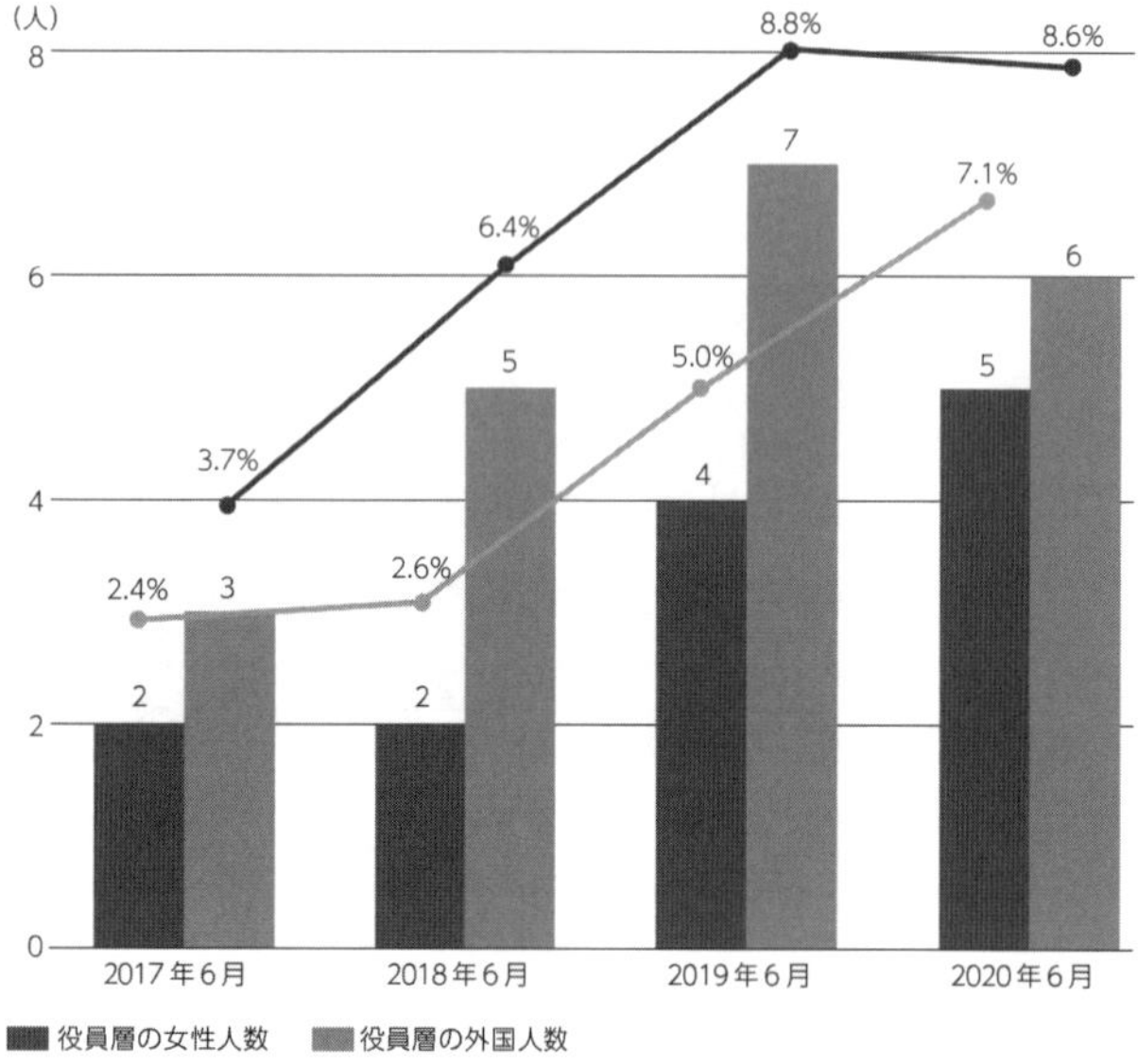

（出所）日立製作所株式会社「日立統合報告書 2020」から抜粋、井口作成

図表2-14 日立製作所のグローバル戦略を支える、グローバル人事改革

▷「ジョブ型」導入の背景を考えることが、経営戦略の実効性を考えることにつながる

戦略の柱1 社会イノベーション事業の加速による売上収益の拡大

- **デジタルによる高収益事業の拡大**
  - ・Lumada 事業の拡大
  - ・ユースケースの蓄積・活用と「ソリューションコア」の創出
  - ・DXをけん引するデジタル人財の育成
- **グローバルでの事業拡大**
  - ・フロント強化、フットプリント活用
- **社会・環境価値の創出**
  - ・社会イノベーションを通じた持続可能な社会の実現に向けた取り組み
  - ・脱炭素社会および高度循環社会の実現に向けた取り組み

KPI	2019年度実績	進捗
Lumada売上収益	1兆370億円	・社会イノベーション事業をけん引するLum 業の売上収益は、2019年度に1兆370億円 調整後営業利益率は10%を超えました。お のニーズにあった価値を迅速に届けるための スケースやソリューションコアの蓄積拡大、 ル人財の拡充も順調に進んでいます。202 売上収益1兆6,000億円達成、収益性向上を 今後も年成長率10～20%で拡大を図ります。 ・「2021環境行動計画」において定める「製 ビスのCO_2排出量削減率20%」「水使用量 改善率26%」「廃棄物有価物発生量原単位 12%」に対し、2019年度時点で一部目標を など、順調に進捗しています。前倒しでの り、2050年を見据えた「環境長期目標」の 取り組みます。
Lumadaコア事業	5,930億円	
Lumada関連事業	4,440億円	
ユースケース数	1,000件超	
ソリューションコア	85件超	
デジタル人財数	30,000人	
Lumada海外売上収益比率	約4割	
製品・サービスのCO_2排出量原単位削減率(2010年度比)	19%	
事業所(ファクトリー・オフィス)のCO_2排出量総量削減率(2010年度比)	17%	
水使用量原単位改善率(2010年度比)	26%	
廃棄物有価物発生量原単位改善率(2010年度比)	14%	

戦略の柱2 グローバルな競争力の強化

- **各地域のフロントで価値を創生する**
  - ・協創の進化・将来の社会課題に向けたビジョン発信
- **価値創生にテクノロジーの強みを生かす**
  - ・OT×IT×プロダクトによる顧客協創
- **テクノロジーのリーダーになる**
  - ・世界No.1の技術基盤構築
  - ・Lumada コア技術の強化
  - ・プロダクト優位化に向けた取り組み
  - ・将来に向けた破壊的技術の創生
- **知的財産への取り組み**
- **ダイバーシティに富んだグローバル人財の確保・育成**
  - ・ダイバーシティ&インクルージョン
  - ・グローバル人財マネジメント

KPI	2019年度実績	進捗
研究開発費の対売上収益比率	3.4%	・持続的な価値創出を実現するため、 Lumada CPSの構築や、AI、生体認証やセ ティ関連の技術であるトラスト、5G、ロボテ 電動化を中心に、研究開発投資(対売上収 3%台を維持)を実施しています。お客さま 値創出に向けたフロント連携や、将来の社 向けたビジョン策定などの取り組みも強化 ます。 ・グローバル&デジタル時代においてイノ ンを起こし、新たな価値を創出するため、 ネジメントの変革を進めています。人財の の指標の一つとして、日立製作所の女性・ 員比率を2020年度までに10%、女性管理 を800人という目標を設定しており、順 しています。また、幹部人財の育成に向け バル経営研修など、人財教育にも注力して
女性管理職数	700人	
役員*に占める外国人比率	8.6%	
役員*に占める女性比率	7.1%	
グローバル経営研修受講者数	4,063名	

*執行役、理

の進捗について、報酬委員会を通じ、取締役会が監督することを意味しています。経営戦略達成に向けた、投資家の確信度の引き上げにもつながると思っております。

最後は、図表2-14の日立製作所さんの事例となります。度々、マスコミでも報道されていますように、ジョブ型の人事制度の導入となります。ただ、私はジョブ型の人事制度が日本企業すべてに導入されることが正しいとは思っておりません。当社の経営戦略の執行上、ジョブ型の人事制度が適合しているので、好事例と考えています。

図の左上の方が、当社の経営戦略となりますが、戦略の柱の2番目として、グローバルの競争力の強化を上げてらっしゃいます。これを実行するには、グローバルに通用する新製品の開発は重要ですが、それだけではなく、地域に応じた販売戦略や商品施策などを成功させるため、日本人だけではなく、海外からも優秀な人材を集めることが必要となります。この解として、打ち出されたのがジョブ型人事制度ということで、当社の経営戦略に沿った適切な人事施策と判断しています。図の右上の方には、役員層における〝外国人比率〟が開示されていますが、この比率が着実に上昇していることから、グローバル人材の定着に成果を上げていることが確認できます。また、海外で大きな買収を成功させるなどの定性的な事象もあわせると、当社の人事施策を伴ったグローバルな経営戦略が順調に進捗していることを投資家は実感できることになると考えています。

第4章　スキル・マトリックス

スキル・マトリックス及び独立社外取締役の員数等に関する改訂

武井　今の人的資本の話に絡めて、取締役会を含めたスキル・マトリックスに議論を移します。

原則4－11が、「取締役会は、その役割・責務を実効的に果たすための知識・経験・能力を全体としてバランス良く備え、ジェンダーや国際性、職歴、年齢の面を含む多様性と適正規模を両立させる形で構成されるべきである」と今回改訂されています。

その上で、補充原則4－11①において「取締役会は、経営戦略に照らして自らが備えるべきスキル等を特定した上で、取締役会の全体としての知識・経験・能力のバランス、多様性及び規模に関する考え方を定め、各取締役の知識・経験・能力等を一覧化したいわゆるスキル・マトリックスをはじめ、経営環境や事業特性等に応じた適切な形で取締役の有するスキル等の組み合わせを取締役の選任に関する方針・手続と併せて開示すべきである。その際、独立社外取締役には、他社での経営経験を有する者を含めるべきである」とスキル・マトリックスについて言及されています。

こうした多様性のある取締役を踏まえると、独立社外取締役の員数も増えてきます。原則4-8が「独立社外取締役は会社の持続的な成長と中長期的な企業価値の向上に寄与するように役割・責務を果たすべきであり、プライム市場上場会社はそのような資質を十分に備えた独立社外取締役を少なくとも3分の1（その他の市場の上場会社においては2名）以上選任すべきである。また、上記にかかわらず、業種・規模・事業特性・機関設計・会社をとりまく環境等を総合的に勘案して、過半数の独立社外取締役を選任することが必要と考えるプライム市場上場会社（その他の市場の上場会社においては少なくとも3分の1以上の独立社外取締役を選任することが必要と考える上場会社）は、十分な人数の独立社外取締役を選任すべきである」と改訂されています。

さらに、指名委員会・報酬委員会についても、補充原則4-10①で「上場会社が監査役会設置会社または監査等委員会設置会社であって、独立社外取締役が取締役会の過半数に達していない場合には、経営陣幹部・取締役の指名（後継者計画を含む）・報酬などに係る取締役会の機能の独立性・客観性と説明責任を強化するため、取締役会の下に独立社外取締役を主要な構成員とする独立した指名委員会・報酬委員会を設置することにより、指名や報酬などの特に重要な事項に関する検討に当たり、ジェンダー等の多様性やスキルの観点を含め、これらの委員会の適切な関与・助言を得るべきである。特に、プライム市場上場会社は、各委員会の構成員の過半数を独立社外取締役とすることを基本とし、その委員会構成の独立性に関する考え方・権限・役割等を開示すべきである」と改訂されています。

スキル・マトリックスにおいて重要なのは経営戦略に沿ったスキルを特定すること

井口　スキル・マトリックスで重要と思うのが、補充原則4－11①の前半にあります「経営戦略に照らして自らが備えるべきスキル等を特定した上で」という箇所です。多くの企業でスキル・マトリックスについて開示されているのですが、現状は、現役の取締役のスキル分けをして、◯を打っているだけという感があって、投資家としてどのように活用していいか分からないというのが正直な感想です。

私にとって理想的なスキル・マトリックスの策定プロセスは、まずは、経営戦略が最初にあり、その戦略を取締役会が監督するために必要なスキルを特定すること、そして、スキル・マトリックスの策定過程で足りないと思ったスキルについては、指名委員会で議論し、次回の取締役候補者の選任に活かす、というものです。

海外の投資家や企業の人と意見交換しても、スキル・マトリックス策定で重要なことはスキルの特定で、どういうスキルを選んでくるかというのがすごく大事だという点で一致しています。

私が感銘を受けたのは、海外の事例となりますが、英豪の鉱山会社であるBHPの事例です。BHPに友人がいることもあり、会う前にBHPのアニュアルレポートを読んだところ、スキル・マトリックスの表があり、〝テクノロジー〟というスキルを新しく付け加えていることが確認できました。

このことについて、友人と議論すると、テクノロジーという要素は、鉱山会社の経営において、その重要度を高め、欠かせない要素となっている中、取締役会は、経営陣がテクノロジーの導入に対し、適切な取り組みしているかどうかを監督していかなければならないので、新しいスキルとして追加されたということでした。なお、鉱山運営におけるテクノロジーの重要性の高まりについては、事故が起きるとオペレーションを止めたり、また、働いている方が亡くなられたりするとこれも問題となるので、こういった事故を防ぐ手立てとして、無人トラック導入や鉱山の掘削作業の自動化などといったテクノロジーの導入が重要になっていると聞いています。

私が一番、驚いたのが、アニュアルレポートの中で、BHPの取締役会議長が「スキル・マトリックスに、新しいスキルとしてテクノロジーを入れたが、これに該当する取締役はあまりいない」と発言していることです。よくこんな大胆な発言できるな、とは思いましたが、冷静に考えると「スキルがない」ことを認識するというのは、将来、社外取締役の任期が満了となり、入れ替わるときに、〝足りないスキル〟を補う取締役を選任することを意味するとも考えられます。

このように、スキル・マトリックスを活用した取締役会の実効性の確保への取り組みが投資家からもよく理解できる場合のみ、スキル・マトリックスは有用な開示になると考えています。単に○をつけるだけのスキル・マトリックスを出されても、投資家としても活用方法はありません。

武井　ありがとうございます。今回、社外取締役の人数が増えるわけですが、それは別に人数増やすのではなく、スキル・マトリックスとしての必要性があるから増えているので、スキル・マトリックス自体が企業の経営戦略そのものだと思います。

現状追認型のスキル・マトリックスにしないこと

三瓶　今、井口さんが仰ったとおりで、今は現状追認の開示が多いのですね。そういう観点で企業の方と結構議論した時に、興味深い会社を見つけたのです。「すみません。公表しているのは現状追認そのものです。でも指名委員会で使っているのは違います」とのことでした。指名委員会ではこれから長期で考えた時に、会社が抱えている課題について知見のある方ということで、こういう穴を埋めなきゃいけないという、違う項目があるものを使って、将来の布陣を考えていると。本当にそれをやっているんだったらそれで良いですと伝えました。格好良いものを公表して出すよりも、本当にそうやって使えているかどうかのほうが大事なんだろうと思います。

武井　そうですね。

三瓶　海外の例で、私が良いと思ったのは、ユニリーバの例です。スキル・マトリックスの善し悪しはやはり項目選びだと思うのですね。どういう項目を選ぶかは自由なんですけど、それがやはり気が利いた項目になっているかどうか。

あと、やはりチェックマークが少ないのは見た目にちょっと悪いけれども、でもむしろここを頑張るんだと。今は1人しかいませんとかいうところを改善していくんだというのが本来ある姿で、ユニリーバも1つの良い例かなというふうに思っています。

北川　スキル・マトリックスについて、そういうふうに考え抜かれたものであるかどうかというのはやはり重要ですし、将来まで踏まえるかどうかは三瓶さんが仰ったようにいろいろあると思います。

リテンションを見据えた就任期間の長短も1つの重要な多様性要素である

北川　もう1つはリテンションですね。たとえば少なくとも社外取締役の構成として5つの分野で人材が必要だとすれば、それは必然的に10人いるとして、2人ずつ重なっていると。

そういうのが大切だと思います。会社を持続的に見るには社外の方でもやはり何年かかかるわけで、8年任期としてやはり1年目と4年目とか、2年目と5年目とかそういうのがきちっとされているということで、僕はやはり年次差っていうのが必要だと思うんですよ。そういった意味で3年程度でスキルが重なることなくドンドン社外取締役が変わるというのはどうなんだろうと思っています。

武井　確かに、就任期間が長い人と短い人というのも多様性というかアトリビュートなのだと思います。就任期間が長い社外取締役に一律に×をつけようとする機関投資家の議決権行使には違和感があります。

統合報告書／サステナビリティ報告書／財務報告書が3本の矢

北川　ちょっと話が戻って申し訳ないんですけど、やはり気候変動って今ここにある危機だからそこからスタートするのは良いんですけど、やはりサステナビリティの問題は非常に広いですし、環境だけでもサーキュラーエコノミーも含めいろいろな問題が山積しています。

今回のガバナンス・コードで敷衍しているのは、そこら辺まで含めてサステナビリティの問題をきちっとやりましょうということなので、要求される水準が大分ギアアップしたと思うのです。一方で企業自身のサステナビリティの話と社会のサステナビリティに寄与する話というのは、常にコインの裏表みたいなものですが、切り分けて考えなきゃいけないのだと思います。この点は、企業の方々も情報開示をちょっと混同している部分がありますね。

2つのタイプのディスクロージャーの冊子が必要だと思うのです。**統合報告**とかいわゆるアニュアルリポートと言われるのはやはり自社の企業価値創造に関連性を持たせた情報を長期投資家を念頭にをきちっと出していくものです。

これに対し**サステナビリティ報告書**、企業によっては環境社会報告書あるいはCSR報告書と呼んでいますが、これは「百科事典のようなものだ」と自虐的に言われる方もいるのですが、私は絶対に充実させてゆくべきで必須なものだと思っています。企業の方の中にもESGの評価機関やNGO・NPOが関心をもっている中で充実させていきたいという方がますます増えていると感じます。私自身は企業にとって統合報告書とサステナビリティ報告書の充実は必須だと思います。

さらに忘れてならないのは財務報告書（ファイナンスリポート）の充実です。ロシュの財務報告書は170~180ページになる大部なものですが、全く無駄のない緻密なもので、サステナビリティの問題を深く分析しようとすればするほど財務報告も重要であることが分かります。私は従ってこれからの企業は3本のリポートの充実が必要である、すなわち「企業報告3本化の理論」と呼んでいます。

ともかく今回のガバナンス・コードの改訂に向けた対応で、いろいろ入ってきて大変だということだけで、社内できちんと整理をつけないまま進めていってしまうと、企業側もエンゲージする機関投資家側もかみ合わないのかなという危惧を抱きました。

社外取締役もＩＲデー等に参加することがスキル・マトリックスの説得力を高める

佐藤　今、北川先生が仰った、論点を整理して取締役会の機能を示すＩＲの取り組みの１つは、スキル・マトリックスの開示に加えて、社外取締役が株主・投資家と対話することです。例えばＩＲデーとかインベスターデーといった公開の場に社外取締役の方に登場して頂き、その人がどんな役割を担い、実際に果たしてきたのかを話していただく。それを株主・投資家がスキル・マトリックスと合わせて、対話して頂くと、理解や議論が深まると思っています。

取締役会議長についても、社外という条件だけにとらわれず、どんな取り組みや実績があるのかを対話の中でお示し頂き、それを踏まえて株主・投資家側に判断していただくと良いんじゃないかなと思っています。

武井　ありがとうございます。石坂さんから貴社のスキル・マトリックスの特徴とか工夫とかございましたらお願いしたいのですが。

石坂　いろいろなご指摘を頂いた後で話しづらい面もありますが、当社は今年が初めての開示となりまして、意思決定スキル4つと監督スキル3つ、合計7項目で設定しています。意思決定スキルは、「長期展望・戦略思考」や中期経営方針に掲げる「グローカル経営力」に加えて、「サステナビリティ経営思考」やイノベーション・M&Aなどの「非連続成長推進力」といった、当社のグループ理念や経営戦略に基づく要件としています。監督スキルのところは「当社事業マネジメント」「財務会計・内部統制」「人材マネジメント」の経験を挙げています。

開示したことで投資家との対話も深まっており、頂いた指摘としては、戦略思考やグローカル経営力など全員に○が付いている項目があるが、それだとあまり意味がないのではないかと。アドバイスとしては、例えばグローバル企業でのマネジメント経験のある社外取締役などには、グローカル経営力に◎を付けるなど、同じ○でも差を付けるなどの工夫をしたらどうかといったご意見もありました。

その他には、「サステナビリティ経営思考」の項目でCEOに○が付いていない理由を聞かれた際に、担当部門の部長や役員としての実務経験が無いからと説明すると、アサヒのサステナビリティの評価をここまで高めてきた経営トップに対しそのスキル評価はいかがなものか、といった指摘も受けました。今後は、こうした意見も踏まえてブラッシュアップすると共に、そのマトリックスに基づく陣容でどのような実績が出てきているのか、どういったスキルをさらに強化すべきなのかといった説明も必要になると思います。

武井　ありがとうございます。スキル・マトリックスについても重要なご指摘が多かったと思います。

第5章　事業ポートフォリオ戦略／グループ戦略／支配的株主等

事業ポートフォリオ戦略／グループ戦略関連の改訂

武井　では事業ポートフォリオ戦略、グループ戦略、親子上場を含む支配的株主に関する事項に参ります。

事業ポートフォリオ戦略については、意見書で「コロナ禍により企業を取り巻く環境変化が加速し、不確実性も高まりを見せている中、事業セグメントごとの資本コストも踏まえた事業ポートフォリオの検討を含む経営資源の配分が一層必要となる。そこで、取締役会（グループ経営をする上場会社においては、グループ本社の取締役会）は、事業ポートフォリオに関する基本的な方針の決定・適時適切な見直しを行うべきであり、これらの方針や見直しの状況を株主の理解が深まるような形で具体的に分かりやすく説明することが求められる。また、グループ経営をする上場会社は、グループ経営に関する考え方・方針について説明する場合も、具体的に分かりやすく行うことが重要である」と述べられています。

その上で、先ほども言及しました補充原則４－２②で「取締役会は、・・人的資本・知的財産への投資等の重要性に鑑み、これらをはじめとする経営資源の配分や、事業ポートフォリオに関する戦略の実行が、企業の持続的な成長に資するよう、実効的に監督を行うべきである」とされています。

あと補充原則５－２①で「上場会社は、経営戦略等の策定・公表に当たっては、取締役会において決定された事業ポートフォリオに関する基本的な方針や事業ポートフォリオの見直しの状況について分かりやすく示すべきである」と改訂されています。事業ポートフォリオ戦略に関しては２０２０年夏に経済産業省から**事業再編実務指針**も公表されています。

グループ戦略については、全社的かつ統合的リスクということで、補充原則４－３④において「内部統制や先を見越した全社的リスク管理体制の整備は、適切なコンプライアンスの確保とリスクテイクの裏付けとなり得るものであり、取締役会はグループ全体を含めたこれらの体制を適切に構築し、内部監査部門を活用しつつ、その運用状況を監督すべきである」とされています。

支配株主／支配的株主関連の改訂

さらに親子上場などの関心の高まりがありますが、支配的株主に関連して、意見書で「グループガバナンスに関しては、グループ経営の在り方を検討する昨今の動きなどを踏まえると、上場子会社において少数株主を保護するためのガバナンス体制の整備が重要、などの指摘がされた。支配株主は、会社及び株主共同の利益を尊重し、少数株主を不公正に取り扱ってはならないのであって、支配株主を有する上場会社においては、より高い水準の独立性を備えた取締役会構成の実現や、支配株主と少数株主との利益相反が生じ得る取引・行為（例えば、親会社と子会社との間で直接取引を行う場合、親会社と子会社との間で事業譲渡・事業調整を行う場合、親会社が完全子会社化を行う場合等）のうち、重要なものについての独立した特別委員会における審議・検討を通じて、少数株主保護を図ることが求められる。特に、支配株主を有する上場会社においては、独立社外取締役の比率及びその指名の仕組みについて、取締役会として支配株主からの独立性と株主共同の利益の保護を確保するための手立てを講ずることが肝要である。なお、支配株主のみならず、それに準ずる支配力を持つ主要株主（支配的株主）を有する上場会社においても、本改訂案を基にした対応が取られることが望まれる」と述べられています。

その上で、**基本原則4の考え方**で「支配株主は、会社及び株主共同の利益を尊重し、少数株主を不公正に取り扱ってはならないのであって、支配株主を有する上場会社には、少数株主の利益を保護するためのガバナンス体制の整備が求められる」と述べられています。

そして**補充原則4－8③**において「支配株主を有する上場会社は、取締役会において支配株主からの独立性を有する独立社外取締役を少なくとも3分の1以上（プライム市場上場会社においては過半数）選任するか、または支配株主と少数株主との利益が相反する重要な取引・行為について審議・検討を行う、独立社外取締役を含む独立性を有する者で構成された特別委員会を設置すべきである」とされています。

グループ事業戦略の開示の好事例

井口　補充原則5－2①の事業ポートフォリオの管理の方針についてです。せっかく成長性・高採算性のある事業部門を持っていても、低収益・低成長の部門を抱え、会社全体としては低収益・低成長に陥っているケースが日本企業には多く、また、このことは投資家が昔から指摘していた事項であったと思います。

ただ、脱炭素やサステナビリティのところで議論させていただいたように、明らかに企業をとりまく経済構造は大きな変化を遂げつつあります。この中で、企業が持続的な成長を保つには、より事業部門等の選別を通じ、企業体力を強靱なものにする必要があったため、日本企業にとっては古くからの課題ではあった事業ポートフォリオの管理・再編に関する事項が改めて、改訂コードに入ったのではないか、と理解しています。

また、事業ポートフォリオ再編は社内的にも大きな軋轢を生むリスクがあり、経営者にも大きなストレスになる施策と思います。このような経営者の冷徹な判断を支えることができるのは、しがらみのない健全な取締役会の機能です。私の理解では、このような大胆な改革をできる企業というのは、社外取締役が取締役会の議長であったり、強い社外取締役が過半を占めるような健全な取締役会の場合が多いと考えています。この意味で、コードの補充原則で「**取締役会で決定された事業ポートフォリオに関する基本的な方針**」と記載されている意義は大きいと考えています。

事業ポートフォリオの再編の方向性を投資家に開示する方法については、いろいろな方策があると思いますが、私は、経営戦略を反映した事業セグメントの変更が最も効果的な示し方になると思っています。この点、特に強い印象に残っているのは、日立製作所さんと富士通さんです。

日立さんの場合は、コングロマリット経営が課題とされる中、事業ポートフォリオの改革に真摯に取り組んでこられています。少し前に、事業セグメント変更をされていますが、そのときに上場子会社を事業セグメントの外に出され、開示されました。上場子会社でも、どこかの事業セグメントに入れるのが普通だと思うのですが、あえて事業セグメントの外に出し、今後、売却するのか、事業セグメントに入れるのかを検討することを宣言された、というように理解でき、大変、経営の意思を感じる事業セグメント変更であったと思っています。

富士通さんの事例について、図表2－15をご覧ください。ITサービス部門では高い競争力を持たれ、収益性も高いですが、ITサービスの中でも海外部門、そして、PC・コンピュータなどのハード製品は低収益というような事業構造でした。独立性の高い取締役会に選任された新しい社長のもと、国内のITサービス事業の強化を掲げられ、変更された事業セグメントが右の方になります。新しい事業セグメントでは、収益性の高いITサービス業務を担う「テクノロジーソリューション」部門を強調した形にしており、驚いたことに、2022年までの中期経営計画については、この部門だけの目標を策定しています。残りのハード製品の部門については目標設定をしていないのです。また、「テクノロジーソリューション」部門の中でも、海外の事業を行う「海外リジョン」を新しいセグメントとし、収益性が課題とされている海外部門の業績の見える化をはかっています。これを見ますと、事業ポートフォリオの改革に向けた経営者の強い意志を感じます。

続きまして、補充原則4－8③の支配的株主のところですが、支配的株主が存在する場合での少数株主の保護というのは、どんなルール設定を行ったとしても難しい課題です。コード改訂で、プライム市場では過半数以上の社外取締役を求めるということになりましたが、日本の現状からすると大変厳しい水準とは思います。

しかし、支配株主が存在する企業はプライム市場に上場しづらくなったという点で、主にプライム市場に投資する機関投資家としてはリスクを抑えることができますので、妥当な改

019年度実績

収益	18,830
利益	1,795
収益	6,470
利益	274
収益	7,663
利益	38
収益	△ 835
利益	△ 229
収益	**32,129**
利益	**1,879**
収益	**4,552**
利益	**267**
収益	**3,084**
利益	**△ 32**
収益	△ 1,188

● 中期経営目標 ＜2022年度＞
テクノロジーソリューション
売上収益 35,000億
営業利益率 10%

※ テクノロジーソリューション共通の費用内訳
・研究所…先行基礎研究費用
・オリンピック/パラリンピック関連費用他
・連結調整に係る損益

（出所）富士通株式会社「2020年度第一四半期決算資料」

図表2-15 富士通の経営改革に伴う、事業セグメントの変更

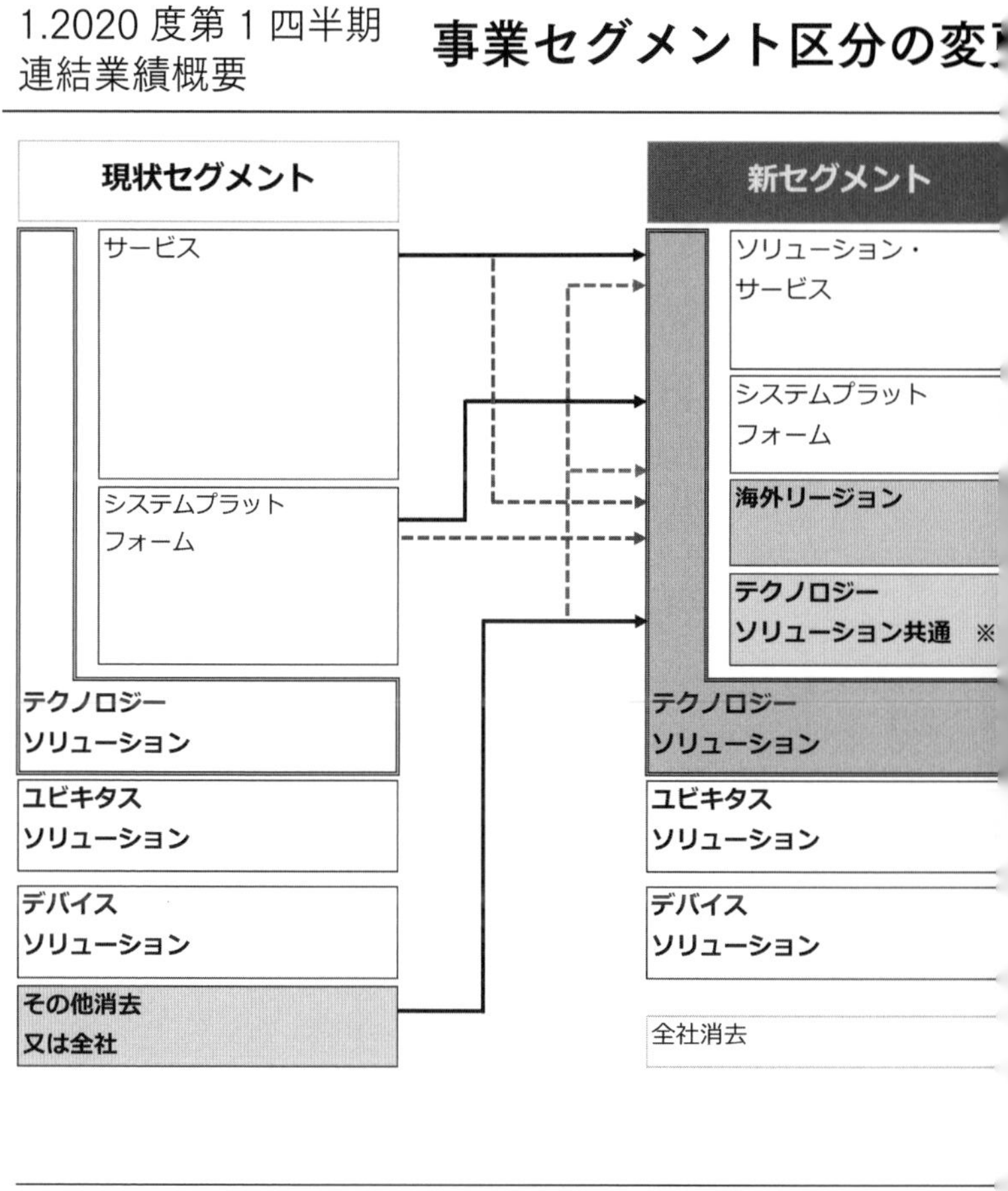

訂であったと考えます。また、社外取締役が過半数となると、支配株主も、全取締役選任に反対するとか、よほど極端なことをしない限りは、少数株主の権利は守られるということになりますので、完全ではありませんが、1つの強力な防御策にはなりうると思っています。

人的資本の有効活用・最適化のための事業再編戦略

三瓶　図表2-16をご覧ください。補充原則5-2①、補充原則4-2②のみならず意見書に記載の考え方の説明で、事業ポートフォリオに関する言及が多く入ったのはありがたいにはありがたいのですけれども、これはずっと前から、コーポレートガバナンス・コード、スチュワードシップ・コードができてから言っている話ですね。なので、ようやく具体的になったかという感じがします。背景には経産省の**事業再編実務指針**というのがかなり明確化されて公表されてきていることがあります。あと、先ほど井口さんも言及されましたが、支配株主云々というときに、特別委員会を設置するという話も、事業再編の前に経産省のほうで**公正なM&Aの在り方に関する指針**というのを公表した時に明確化されたなど、伏線的に準備されてきたことが一気にコーポレートガバナンス・コードに載ってきたというふうに捉えています。

しかし、今やもう財務的な視点だけで事業ポートフォリオの見直しをするなんていう段階

図表2-16 企業変革の起点は至る所にある

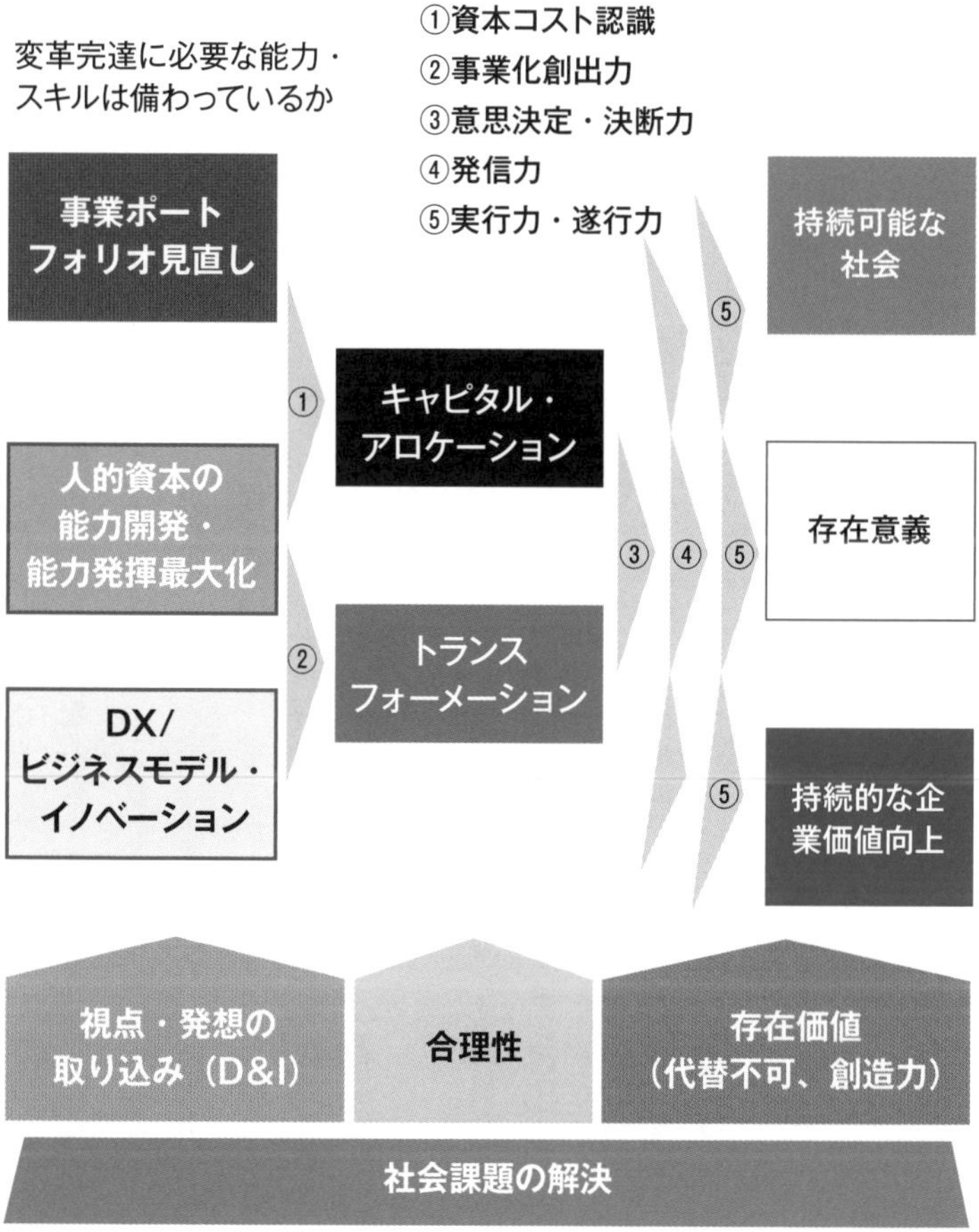

（出所）三瓶作成

は遅いというか、そんなことだけで済む時代ではなくなってきています。それはもちろんありつつなんですけど、加えて、それこそ人的資本の有効活用の最適化を考えたときに、それがまた1つの出発点になって、ポートフォリオの入れ替えを考えていくこともありますし、DXを進めていくと事業のやり方が変わっていくので、ここからも事業ポートフォリオの見直しに繋がっていくということが起きています。ですから、いわゆる経営のヒト・モノ・カネ、むしろヒト・やり方・カネというんですかね、この辺が大きく変わってきていることをちゃんと活かしていこうとすると、企業の構造が変わっていく。本業も変わるかもしれないということだろうと思っています。

いろいろな会社がトランスフォーメーションと言っているし、また異なる発想を取り込むことは、**ダイバーシティ&インクルージョン（Diversity & Inclusion）**から来ていたりもする。したがって、もはや財務的な理由だけで事業ポートフォリオの入れ替えをする時代ではないと思っています。そうすると、取締役会の機能発揮がより重要になって、CFOだけではなくて、CHROとかCDXOとかそういう人達も絡んでいく話なのだと思います。

ノンコアがコアとなる「ベストオーナー概念」

三瓶　先ほどの人的資本の話にも絡みますけれども、例えば事業部門を切り離すとかいうことになると必ず雇用の問題が出てきます。ここで思考停止にならないために、**事業再編実務指針**でキーワードとして使われている、**「ベストオーナー」**という概念が重要になってきます。自分たちよりもっと相応しいオーナーの下に行ったら、ノンコア事業がコア事業になるとか、そういった発想があると。今まで自分は経営者として雇用責任があると思っていたところ、「いやいや、もっと良い雇い主がいるんです」という違う方向に転換することになります。今回の改訂はそんなことも全部入っていると思うのです。だから一気にギアアップしていて、今回の改訂から文言上表面的にこう読み取れるということより、もっと深い意味が込められているというふうに私は思っています。また実際の対話にも活用しています。

武井　石坂さん、以上のお話しを踏まえていかがでしょうか。事業ポートフォリオについてかなり考えて戦略を練られていると思いますが。

石坂　当社は２０１６年以降、欧州で大型のM&Aを実行し、さらに昨年も1兆円以上を投じて豪州のビール事業を取得しました。これにより事業利益の海外比率は50%を超え、グループ社員も外国人の方が多くなる事業構造になりました。またこうしたチャンスを活かした買収を行う一方で、中国の持分法適用会社２社やインドネシアの飲料事業の売却など、事業ポートフォリオの整理は積極的に進めてきました。

ただし、世界的な健康志向の高まり、WHOなどによるアルコール規制の潮流も踏まえると、10年、20年先の事業ポートフォリオとして酒類に集中していく戦略で良いのかといった課題もあります。現在、経営戦略会議などで執行側の中長期計画の策定を進める一方で、取締役会ではメガトレンドの議論などが進展しています。単なる事業の入れ替えといった視点だけではなくて、DXなども絡めたメガトレンドの想定と実際の事業ポートフォリオの課題を融合して議論する流れになっており、戦略策定の論点も明確になってきていると感じます。

三瓶さんが仰られたような「ノンコアがコアになる」というベストオーナーのお話は意思決定をする上で本当に大切な視点だと思います。またメガトレンドを踏まえ、事業の垣根を越えた新しいカテゴリーの創出などイノベーションの重要性に関する議論も深まっており、事業ポートフォリオを検討する上での前提もどんどん変わってきていると感じています。

武井　まさに先端的な事例だと思います。

手遅れにならない事業再編が重要

北川　お2人の仰るとおりだと思いますね。ここでこういう問題が出てきたのというのは、経営学の世界ではずっと昔から論じられたんでしょうけど、やはり日本の企業ってハードルレートが非常に低くて、しかも資本コストに対する考え方も非常に曖昧だったり、それから改善に対するスピード感がないということだったのが、そろそろ我慢できない状態になってきたというか、国際的に見ても何でそういうことをやってるんだろうっていうことが背景になって、こういう改訂になったんだろうと思いますね。

石坂さんのお話を聞いてるとすごく進んでいる企業さんの例だと思いますが、ただ日本企業全般については、多くの企業の意識がまだ低い、感度が鈍いのではないかと危惧しています。その差が何といいますか、例えばそういうことに気付いて5年間進むのと進まないのとでは大変な違いになるわけです。ある電機関連セクターを見ていたときに、PBRの差って企業ごとに今ものすごく大きいのです。7～8倍ぐらいあるところと1倍を下回るところというふうになっています。この5年から10年のこういった問題に対する意識の差だと思います。この点は明らかに実証できると思っています。

武井　なるほど。

北川　その差はやはりガバナンス体制に帰するわけです。今回のコード改訂の事業再編の箇所は、すごく意味があるなというような気がしています。

武井　日本経済は待ったなしということですね。

北川　いや、本当にそう思いますよ。やはり市場ってよく見てて、僕はいまだに30年前と同じでPBRという指標をよく見るんですよ。高PBR企業の特徴はイノベーションとサステナビリティ活動とが同心円化しています。事業価値と社会価値への貢献が無理なく一体化しています。そして企業のパーパス（目的・理念）がシンプルです。投資家にとって分かりやすい。こういった両立企業の場合に、これからは初めてコーポレート・ガバナンスシステムが機能していると評価されるということになると思います。

その他の事項

武井　では、その他の改訂箇所についてです。

補充原則1－2④で「プライム市場上場会社は、少なくとも機関投資家向けに議決権電子行使プラットフォームを利用可能とすべきである」、補充原則3－1②で「プライム市場上場会社は、開示書類のうち必要とされる情報について、英語での開示・提供を行うべきである」、補充原則4－13③で「上場会社は、取締役会及び監査役会の機能発揮に向け、内部監査部門がこれらに対しても適切に直接報告を行う仕組みを構築すること等により、内部監査部門と取締役・監査役との連携を確保すべきである」、補充原則5－1①が「株主との実際の対話（面談）の対応者については、株主の希望と面談の主な関心事項も踏まえた上で、合理的な範囲で、経営陣幹部、社外取締役を含む取締役または監査役が面談に臨むことを基本とすべきである」などの改訂がなされています。

井口　補充原則3－1②のプライム市場上場企業は、必要とされる情報について英語での開示・提供を行うべきであるという箇所は、日本の資本市場の国際化の観点で非常に重要だと思っています。

ただし、市場区分を議論した金融庁の市場構造専門グループでも意見したのですが、グローバルの文脈でいうと、投資家に必要な情報はアニュアルリポートに開示するというのが原則です。日本でいうと、これは有価証券報告書に相当するので、改訂されたコードでも、英語での有価証券報告書の提供すべきである、という方が望ましかったのではないか、と考えています。現状、多くの企業で、任意の統合報告書を英語化していると理解していますが、上場企業3000社ある中で、統合報告書を作成しているのは400社程度です。また、アサヒさんの統合報告書のクオリティは別格ですけれども、他の企業とかでは内容にもばらつきがあります。有価証券報告書に企業価値に関わる情報を一覧的に開示し、これを英語化することにより、海外の投資家に日本企業の強みを伝えるという仕組みが必要になってくるのではないかと思っています。

第6章　2021年改訂を踏まえた企業側のポイント

武井　では皆様から、今回のコード改訂を踏まえた、今後の実務対応における視点など、総括的なお話をお願いできましたらと思います。

パーパス／ミッション／バリュー／カルチャー

北川　図表2－17をご覧ください。ここへ来て、情報開示の問題では、先ほども少し言及しましたが、カンパニー・パーパスという議論がよく出てくるのですね。「**パーパス**が必要だよ」「それからマテリアリティとか**カルチャー**」という言葉も良く出てきます。私の理解ではこの議論は英国のコーポレートガバナンス・コードからの影響から来ています。こういうことの影響で、例えばいわゆる統合報告なんかでコンサルタントの方から「パーパスを明確に示せ」とか言われても、日本の企業の方からすると、なぜこういう議論が唐突に出てきたのかなとということになり、いささか面食らっている場合も多いと思います。

図表2-17 今回のコーポレートガバナンス・コード（CGC）改訂の議論の印象

■あくまでリフォーム。サステナビリティへの記述にアクセル踏む。
■英国の CGC との相違は埋まらないが今後は無視できない。

英国

①取締役会がどうあるべきかが中心。⇒我が国の CGC は「取締役会」の問題と「執行」の問題が混同されている、
② CEO と Chairman の分離が前提。
③社外取締役の「責任」の重さが built in されている。
④今次の日本の CGC で目されている「サステナビリティ」の充実は「取締役会」の問題として帰納されて考えられている。
⑤パーパスと企業文化の問題はガバナンスの重要課題である。
⑥ CGC の効果測定（評価）が厳しく行われる。

（出所）北川作成

２０１８年の英国コーポレートガバナンス・コードにはパーパスの議論は最初に出てきます。英国のコードの要諦はＣＥＯと取締役会議長の分離を前提とした取締役会機能の充実です。取締役会は８割程度が社外取締役で占めるため当然モニタリングボードを前提にしています。そこで会社の**パーパス、ミッション、バリュー**をまず規定して、それを実現するための**コーポレート・カルチャー**の醸成が課題として認識され、取締役会の責任の下でそれらを具現化するためのＣＥＯが選任されることになります。マネジメントボードを必ずしも前提としていない日本のコードと異なり、あまり経営執行側に対して「箸の上げ下ろし」まで説諭することもない。さらに資本コストの問題にしても政策保有株の問題にしても英国では「論議する段階」ではないということもあるでしょう。

それからもう1点。ＦＲＣ（英国財務報告協議会）という機関がコードの実施状況についてレビューをするというのも重要で、現実に２０１８年に立てたいろいろな原則というものが本当にエフェクティブであるかどうかということについてのレビューをちゃんとしているのですね。実はカンパニー・パーパスというのも、マーケティングのプロパガンダにすぎないようなことを書いてる会社が何％あったとか、そういう厳しいレビューをＦＲＣはやっているのです。

そうしたレビューをわが国でもしかるべき機関がやるべき時期ではないか感じています。好事例を示すだけでなく。そうしないと日本株式会社（ＴＯＰＩＸ）の時価総額は全体として上がっていかないんじゃないかと感じています。

取締役会の独立性と多様性／サステナビリティ対応の強化／起業家維持の強化・統合

井口　多くの発言をさせていただきましたので、新たに付け加えることもないのですが、今回のガバナンス・コードの改訂は、市場区分ごとの役割に応じた市場の期待を企業に伝えるということで、非常に妥当な改訂の方向だったと思っています。また、気候変動やサステナビリティ事項の企業価値に与える影響が高まる中、こういった事項の監督を改めて取締役会の責務と位置づけたことも非常に意義のあることだったと思います。

今後の方向性ということでいいますと、コードの実効性を維持するには、今後とも、状況に応じて改訂していくことが必要と考えています。

注目したいのは、①取締役会の独立性の一段の引き上げと多様性の確保、②サステナビリティへの対応の強化、③企業開示の強化（統合）の3点です。

取締役会の独立性の水準については、現状では1／3が妥当とは思いますが、グローバルレベルからみると低く、グローバル投資家は納得していないと考えています。次回のコード改訂時には、社外取締役の過半数に向けた引き上げの検討が必要と考えます。また、女性活用も含めた多様性の確保も重要な課題です。スキル・マトリックスや事業再編のところでも議論させていただきましたが、多様性確保による取締役会の健全な体制の構築は、取締役会の監督機能向上を通じ、企業価値向上に大きく寄与すると考えています。

サステナビリティへの対応については、今回、大きな一歩を踏み出しましたが、ご存じのように、この分野の進展は恐ろしいほど早いスピードで進んでおり、取締役会の監督機能維持の観点で、今後とも議論を深める必要があるのではないか、と思っています。

最後は、企業開示です。海外のガバナンス・コードを見ると、方針の開示場所がアニュアルレポートに指定されている場合が多いです。このことは、ガバナンス情報を含めた企業価値創造プロセスに関わる情報を、投資家が一覧できるアニュアルレポートにまとめるとともに、その内容を充実する方策でもあると考えています。アニュアルレポートは、日本では有価証券報告書に相当するわけですが、コード対応の開示場所ということも、今後、重要な課題になるものと考えています。

ガバナンスの「考え方」「仕組み」「動かす人」の掛け合わせ

佐藤　私は今回のコード再改訂を実のあるものにするには、ガバナンスの「考え方」と「仕組み」、そしてそれを「動かす人」の3つの掛け合わせを最大化することが重要だと思っています。評価の高い企業さんは、グループ全体で共有できる「考え方」の下に、客観的で分かりやすい「仕組み」を整え、「動かす人」が考えて行動するという共通項があると思うんですね。特に「動かす人」の能力が高い企業は、「仕組み」がどんなものであろうとも評価が揺るがないと感じています。

例えば、あるグローバルな電子部品メーカーは、「高成長、高収益、高株価」をモットーにした企業価値向上をガバナンスの目的に掲げています。監査等委員会設置会社であり、取締役会の過半数を社外取締役が占めるなど、「考え方」「仕組み」とも分かりやすいのですが、最も比重が大きいのが、それを「動かす人」です。目指す姿を明確にして、率直に語る姿が常に市場の注目を集めています。

また、近年ＩＲ優良企業に選ばれた電機メーカーは、多様化する事業環境に即してガバナンスを変革させてきました。企業価値向上のための「効果的なグループ経営の実現」を目指し、指名委員会等設置会社を採用。執行と監督を分離するとともに、執行機能の権限を経営陣に委譲して効率性を高めています。「動かす人」は、「健全な緊張関係」を意識して、社外取締役と経営陣が十分に対話する機会の拡充と、取締役の経験や専門性を引き出す運営を心がけていると語っています。

「考え方」「仕組み」「動かす人」の掛け合わせがうまくいっているのかを確認できるのが、IR活動です。先ほど述べたIRデーでは、社外取締役が株主・投資家の代表として、どんな意見を述べているかなどを聞くことができます。統合報告書のインタビューでは、どれだけ意識的に企業価値向上を目指して発言しているかが読み取れます。実際、不正会計が問題になったある企業は、ガバナンスの「考え方」「仕組み」は整っていたものの、IR活動で「動かす人」の問題意識を明確に打ち出していたとはいえませんでした。

多くの企業は、「考え方」まではグループ内で共有されていても、「仕組み」と結びついていなかったり、「動かす人」がリーダーシップを発揮できていなかったりする。だから「仕組み」から入って、それをなんとか実行しようという段階にとどまっています。今回の改訂を機に「仕組み」を整えるだけにとどまらず、「動かす人」を育てて「考え方」を自分の言葉で語ってもらい、目指すところを社内にも浸透させて、三者の掛け合わせ、すなわち企業価値の最大化につなげていただきたい。IR活動は、社内外のコミュニケーションという意味で大きく貢献できると考えていますので、是非ＩＲを続け、進化させて頂きたいなと思っています。

武井　ＩＲ3.0なり4.0ですが、ＩＲがまさに新しい時代に入ってきたということだと思います。

「What→How」にとどまらないで「Why」にまで切り込む

三瓶　図表２-18をご覧ください。これは２０２０年からよく使っているのですけど、トヨタ自動車とテスラの時価総額の構造の違いを見える化してみたものです。北川先生が仰るＰＢＲを使った説明と意図は同じです。

チャートの左半分が過去20年間の稼ぐ力、右半分が時価総額に織り込まれていること～今足元ではどう変わって、市場は将来について何を期待しているか、です。トヨタとテスラでやってることってそんなに違うのだろうかとかということでして、サステナビリティとかビジネスモデルが大きく変革する、デジタルの使い方もそうですけど、全くものの見方っていうのは変わって、今やってるビジネスをそのままやっていて良いということではないんだということを市場が今投げかけているのです。

時価総額に織り込まれていることの見える化を日本のいろいろな企業でやってみるとトヨ

図表2-18 企業価値評価の構造～株価が示唆する市場の情報解釈

従来のビジネスモデルは持続可能か、成長可能か。
市場はその先を問い、評価（試算）する。

①具体的な情報の積み上げを定量化して導き出される部分（Forecasting period）
②戦略の方向性、非財務情報等から可能性を読み取り、相対評価も含め反映される部分（Fade period）があるが、企業価値全体に占める割合は②が圧倒的に大きい
②は、1) 従来はVisibility、最近はSustainability、加えて、
2) 経営力（変化、リスクへの対応力）が重要要素

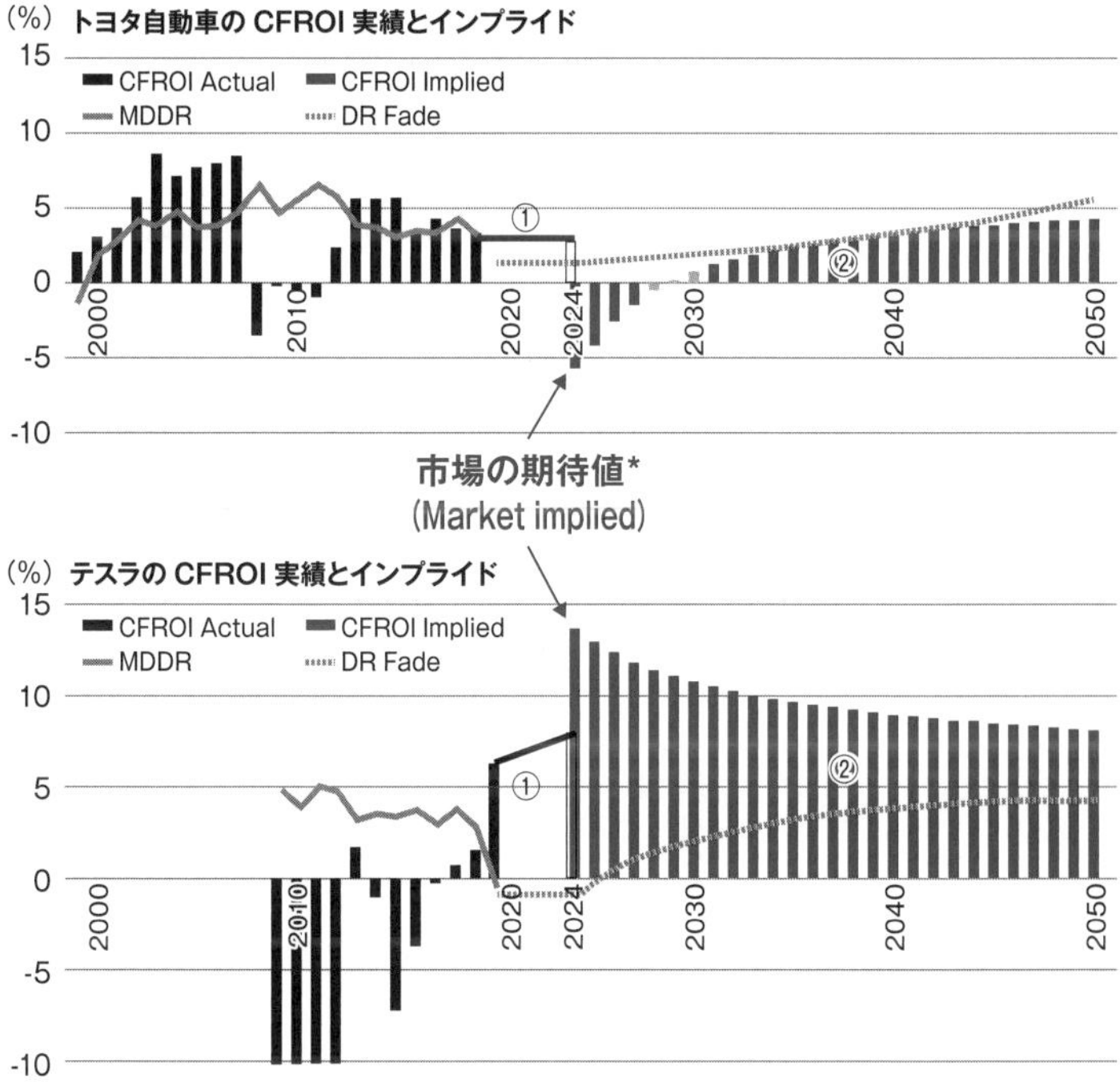

*：Market impliedは、2021年4月15日終値ベース（2024年までのデータはCredit Suisse HOLT、それ以降のデータは三瓶の推計による）

（出所）三瓶作成

タ型が多いわけです。特にプライム市場を目指しているような会社で。

だからこそ今コーポレートガバナンス・コードで変化をキーワードにして、いかに柔軟に変わるべきなのか、変わっていくために取締役会がどう働くべきなのかとか、従業員レベルまたは執行役員レベルでも中途採用が必要という意味だとか、全て時価総額に期待として織り込まれる可能性があるということで関わってくるだろうと思います。

そこで図表2-19ですが、まず問題意識として企業価値創造ってみんな簡単に言うけどそう簡単にできないんです。むしろ全然ダメ出しされてますよっていうことが1つ。それとこの状況を解決するときに日本企業が得てして力を入れるのは、「何をするか」という、中計にしろ長期ビジョンにしろ、**What**というのを掲げています。少し頑張っている良い会社さんだと**How**まで言うんですけど、実は一番説明していないのは**Why**だと思うのです。

海外の会社はこれを言うんですよ。これを言うから、多少その達成が遅れても理解されるというか、ここに大きな差があります。

日本企業がWhyを言わないのはおそらくですけど、ダイバーシティがないからです。同じバックグラウンドの人たちで議論すると大体話は分かっているので、根本のWhyを追求しないで物事が進んでしまうということなのですね。なので、本当の意味で**ダイバーシティ&インクルージョン**というのは、今まで同じ釜の飯を食ってきた多数の社内人材のところに少しだけ社外人材を入れれば良いんじゃなくて、そもそも違う発想になるぐらいたくさんの

図表2-19 長期投資の判断に必要な情報発信の要素

根拠、合理性・整合性、実行可能性

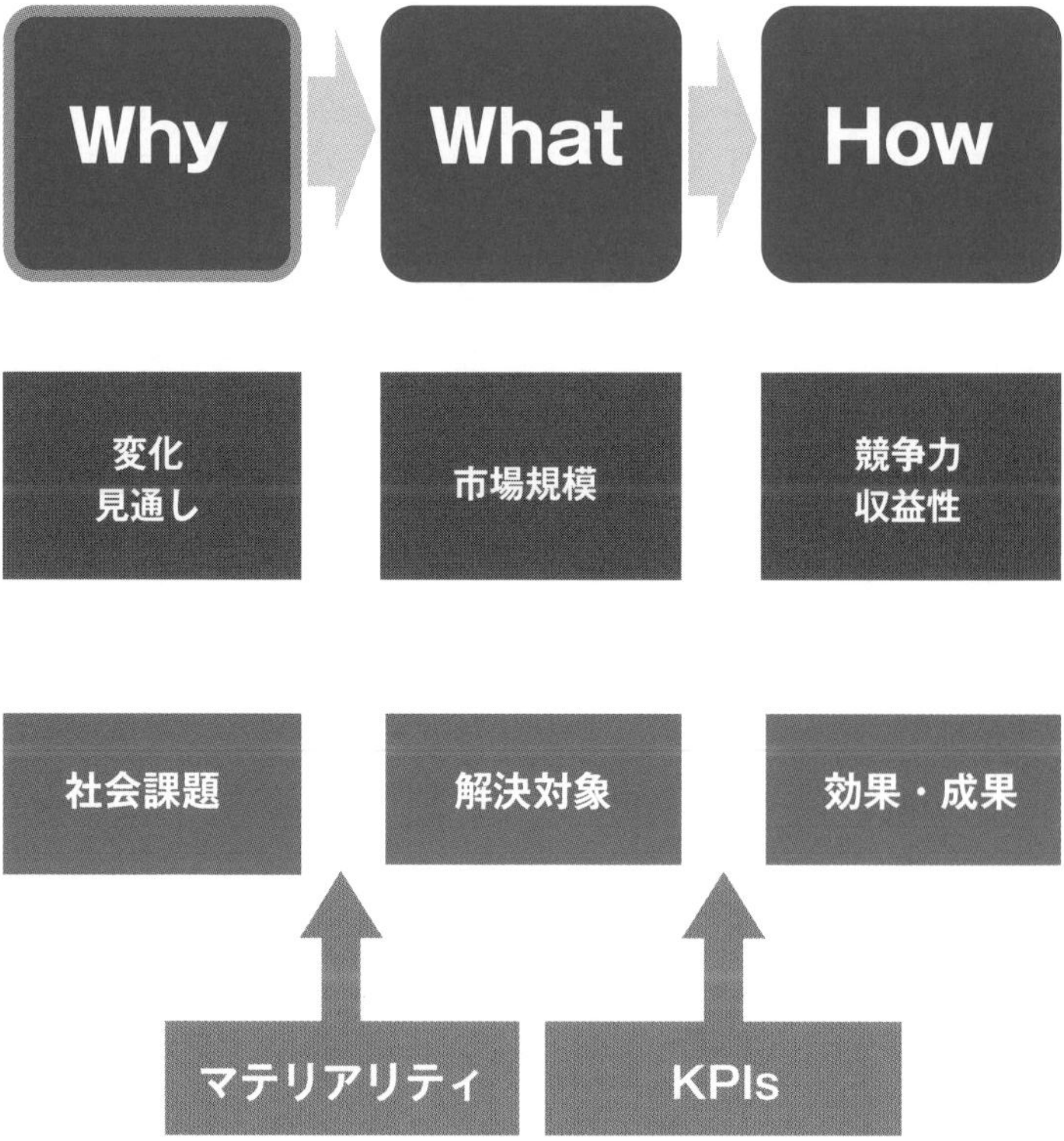

（出所）三瓶作成

違う視点、違う発想を入れるつもりでインクルージョンを考えないといけないだろうと思います。または、インクルージョンを重視して少数意見でも尊重すると必ず、今やっていること1つ1つについて「なぜ」これやっているんでしたっけと。「なぜ」これやらなきゃいけないんだっけと。全部「なぜ」ということになる。そんなことから始めなければいけないのではないかと。それでWhyから丁寧に説明をしていくと、先ほどのテスラとトヨタみたいな差がもっと縮まってくると思います。

今回のガバナンス・コードの改訂の議論の1回目、昨年10月の議論だったと思いますけど、やはり「変化」に皆さん共通項を見いだしたと思います。なのでこの「変化」というのをいかに早くやっていくのかということが重要なのだと思います。周りを見て、みんながやっているから付いていく変化への追従ではなくて、よくよく考えて「なぜ」ということを追究してから取り組む。そうしないと説得力がなくて、あっちこっちから納得感がないと言われる事態に陥ってしまう、ということだと思います。

また先ほども冒頭で言いましたが、画一的な方向に今だと向かいがちな規制がありますが、そこをうまく画一化に向かわずに、独自性を見つけるというとても難しいことを求められているのだと思います。そこをなんとか投資家と企業経営者との間で話し合って、良い解決の糸口を見つけていけたらというのが私の思いでもあります。

武井　はい、ありがとうございます。whyがないと画一化するわけですよね。

三瓶　そうですね。

パーパスに立ち返った対応が企業側にも求められる

石坂　今お話のあったWhyと同義なのかと思いますが、北川先生が指摘されたパーパスは、やはり最近の投資家との対話でよく出てくるテーマになっています。

グループ理念であるAGPでは、ミッション、ビジョン、バリューを明確にしているつもりですが、改めて我々がなぜこのビジネスを展開するのか、パーパスとして社会に何を働きかけるのかといった観点からさらに掘り下げていく必要があるのだと思います。先ほども触れたアルコールの有害使用などが社会的課題となる中、我々の存在意義は何か。単に不適切な飲酒を削減するために啓蒙活動を強化しますというレベルではなくて、我々がグローバルに展開する酒類会社だからこそ果たせる役割、アサヒ独自の提供価値みたいなところを再整理して発信していく必要があると感じています。

また、ご指摘があったように、サステナビリティや人材への投資、DXへの取り組みなどは、明確なリターンが見えるようになるには時間がかかる面もあるので、短期的業績との関係なども整理して説明していくことが求められていると思います。もちろんサステナビリティや人材などの無形資産に対して闇雲に投資すれば良いわけではなく、あらゆる投資に対してパーパスやWhyを根幹に据えてきちんと整理し、全てのステークホルダーの腑に落ちるストーリーを発信していく必要があります。その重要性を皆さんのお話をお聞きして改めて強く感じました。

武井　ありがとうございました。コーポレートガバナンス・コードは元々自律であり、しかも自分で自分のことを考えるという話なので、今回の改訂で何をどのくらいやるのかというのは、自分で考えることで、ましてやプライムで自分のあるべき姿を考えましょうということかと思うので、今回の改訂について、今日の座談会を大いに参考にして頂ければ幸いです。

グローバル化とデジタル化とそれに伴うグリーンとか一斉に起きている中で、まさに自社としてサステナブルな企業でないとこれだけ経営環境の変化が激しいとどうなるか分からないということなので、本当の意味での日本企業の強さ、今後のサステナビリティが問われる時代なのだと思います。その観点からの大変重要なコーポレートガバナンス・コードの改訂だと思います。

今日の話は有益な話が多く、是非いろいろな立場の方に活かして頂ければというふうに思います。本当に今日は長時間にわたりましてありがとうございました。

（２０２１年４月下旬収録）

原則８　機関投資家向けサービス提供者は、機関投資家がスチュワードシップ責任を果たすに当たり、適切にサービスを提供し、インベストメント・チェーン全体の機能向上に資するものとなるよう努めるべきである。

指針

8-1.　議決権行使助言会社・年金運用コンサルタントを含む機関投資家向けサービス提供者[(27)]は、利益相反が生じ得る局面を具体的に特定し、これをどのように実効的に管理するのかについての明確な方針を策定して、利益相反管理体制を整備するとともに、これらの取組みを公表すべきである。

8-2.　議決権行使助言会社は、運用機関に対し、個々の企業に関する正確な情報に基づく助言を行うため、日本に拠点を設置することを含め十分かつ適切な人的・組織的体制を整備すべきであり、透明性を図るため、それを含む助言策定プロセス[(28)]を具体的に公表すべきである[(29)]。

8-3.　議決権行使助言会社は、企業の開示情報に基づくほか、必要に応じ、自ら企業と積極的に意見交換しつつ、助言を行うべきである。

助言の対象となる企業から求められた場合に、当該企業に対して、前提となる情報に齟齬がないか等を確認する機会を与え、当該企業から出された意見も合わせて顧客に提供することも、助言の前提となる情報の正確性や透明性の確保に資すると考えられる。

27　機関投資家向けサービス提供者は、特に議決権行使助言会社や年金運用コンサルタントを念頭に置いているが、これらに限らず、ある機関（機関投資家を含む）が、機関投資家から業務の委託等を受け、機関投資家が実効的なスチュワードシップ活動を行うことに資するサ ービスを提供する機能を有する場合は広くこれに該当すると考えられる。

28　個別の議案に係る助言に当たっての対話の内容等を念頭に置いているものではなく、一般的に、助言策定に当たって、依拠する主な情報源、対象企業との対話の有無、態様等を公表することが考えられる。

29　議決権行使助言会社において、議決権行使の助言についての方針を策定する際にも、当該方針は、できる限り明確なものとすべきであるが、単に形式的な判断基準にとどまるのではなく、投資先企業の持続的成長に資するものとなるよう工夫すべきである。

特に、運用機関は、持続的な自らのガバナンス体制・利益相反管理や、自らのスチュワードシップ活動等の改善に向けて、本コードの各原則（指針を含む）の実施状況を定期的に自己評価し、自己評価の結果を投資先企業との対話を含むスチュワードシップ活動の結果と合わせて公表すべきである[(26)]。その際、これらは自らの運用戦略と整合的で、中長期的な企業価値の向上や企業の持続的成長に結び付くものとなるよう意識すべきである。

26　こうした自己評価やスチュワードシップ活動の結果の公表は、アセットオーナーが運用機関の選定や評価を行うことにも資すると考えられる。

原則７　機関投資家は、投資先企業の持続的成長に資するよう、投資先企業やその事業環境等に関する深い理解のほか運用戦略に応じたサステナビリティの考慮に基づき、当該企業との対話やスチュワードシップ活動に伴う判断を適切に行うための実力を備えるべきである。

指針

7-1.　機関投資家は、投資先企業との対話を建設的なものとし、かつ、当該企業の持続的成長に資する有益なものとしていく観点から、投資先企業やその事業環境等に関する深い理解のほか運用戦略に応じたサステナビリティの考慮に基づき、当該企業との対話やスチュワードシップ活動に伴う判断を適切に行うための実力を備えていることが重要である。

このため、機関投資家は、こうした対話や判断を適切に行うために必要な体制の整備を行うべきである。

7-2.　特に、機関投資家の経営陣はスチュワードシップ責任を実効的に果たすための適切な能力・経験を備えているべきであり、系列の金融グループ内部の論理などに基づいて構成されるべきではない。

また、機関投資家の経営陣は、自らが対話の充実等のスチュワードシップ活動の実行とそのための組織構築・人材育成に関して重要な役割・責務を担っていることを認識し、これらに関する課題に対する取組みを推進すべきである。

7-3.　対話や判断を適切に行うための一助として、必要に応じ、機関投資家が、他の投資家との意見交換を行うことやそのための場を設けることも有益であると考えられる。

7-4.　機関投資家は、本コードの各原則（指針を含む）の実施状況を適宜の時期に省みることにより、本コードが策定を求めている各方針の改善につなげるなど、将来のスチュワードシップ活動がより適切なものとなるよう努めるべきである。

原則６　機関投資家は、議決権の行使も含め、スチュワードシップ責任をどのように果たしているのかについて、原則として、顧客・受益者に対して定期的に報告を行うべきである。

指針

6-1.　運用機関は、直接の顧客に対して、スチュワードシップ活動を通じてスチュワードシップ責任をどのように果たしているかについて、原則として、定期的に報告を行うべきである(24)。

6-2.　アセットオーナーは、受益者に対して、スチュワードシップ責任を果たすための方針と、当該方針の実施状況について、原則として、少なくとも年に１度、報告を行うべきである(24)。

6-3.　機関投資家は、顧客・受益者への報告の具体的な様式や内容については、顧客・受益者との合意や、顧客・受益者の利便性・コストなども考慮して決めるべきであり、効果的かつ効率的な報告を行うよう工夫すべきである(25)。

6-4.　なお、機関投資家は、議決権の行使活動を含むスチュワードシップ活動について、スチュワードシップ責任を果たすために必要な範囲において記録に残すべきである。

24　ただし、当該報告の相手方自身が個別報告は不要との意思を示しているような場合には、この限りではない。また、顧客・受益者に対する個別報告が事実上困難な場合などには、当該報告に代えて、一般に公開可能な情報を公表することも考えられる。

25　なお、当該報告において、資産運用上の秘密等を明かすことを求めるものではない。

により、個別の投資先企業及び議案ごとに議決権の行使結果を公表することが必ずしも適切でないと考えられる場合には、その理由を積極的に説明すべきである。

議決権の行使結果を公表する際、機関投資家が議決権行使の賛否の理由について対外的に明確に説明することも、可視性を高めることに資すると考えられる。特に、外観的に利益相反が疑われる議案や議決権行使の方針に照らして説明を要する判断を行った議案等、投資先企業との建設的な対話に資する観点から重要と判断される議案については、賛否を問わず、その理由を公表すべきである。

5-4. 機関投資家は、議決権行使助言会社のサービスを利用する場合であっても、議決権行使助言会社の人的・組織的体制の整備を含む助言策定プロセスを踏まえて利用することが重要であり、議決権行使助言会社の助言に機械的に依拠するのではなく、投資先企業の状況や当該企業との対話の内容等を踏まえ、自らの責任と判断の下で議決権を行使すべきである。仮に、議決権行使助言会社のサービスを利用している場合には、議決権行使結果の公表に合わせ、当該議決権行使助言会社の名称及び当該サービスの具体的な活用方法についても公表すべきである。

原則５　機関投資家は、議決権の行使と行使結果の公表について明確な方針を持つとともに、議決権行使の方針については、単に形式的な判断基準にとどまるのではなく、投資先企業の持続的成長に資するものとなるよう工夫すべきである。

指針

5-1.　機関投資家は、すべての保有株式について議決権を行使するよう努めるべきであり、議決権の行使に当たっては、投資先企業の状況や当該企業との対話の内容等を踏まえた上で、議案に対する賛否を判断すべきである。

5-2.　機関投資家は、議決権の行使についての明確な方針を策定し、これを公表すべきである[22]。当該方針は、できる限り明確なものとすべきであるが、単に形式的な判断基準にとどまるのではなく、投資先企業の持続的成長に資するものとなるよう工夫すべきである。

5-3.　機関投資家は、議決権の行使結果を、少なくとも議案の主な種類ごとに整理・集計して公表すべきである。

　また、機関投資家がスチュワードシップ責任を果たすための方針に沿って適切に議決権を行使しているか否かについての可視性をさらに高める観点から、機関投資家は、議決権の行使結果を、個別の投資先企業及び議案ごとに公表すべきである[23]。それぞれの機関投資家の置かれた状況

22　なお、投資先企業の議決権に係る権利確定日をまたぐ貸株取引を行うことを想定している場合には、当該方針においてこうした貸株取引についての方針を記載すべきである。

23　個別の議決権行使結果を公表した場合、賛否の結果のみに過度に関心が集まり、運用機関による形式的な議決権行使を助長するのではないかなどの懸念が指摘されている。しかし、運用機関は、自らが運用する資産の最終受益者に向けて、活動の透明性を高めていくことが重要である。さらに、我が国においては、金融グループ系列の運用機関が多く見られるところ、こうした運用機関において、議決権行使をめぐる利益相反への適切な対応がなされていない事例が多いのではないかとの懸念を払拭するためにも、個別の議決権行使結果を公表することが重要である。

4-3.　パッシブ運用は、投資先企業の株式を売却する選択肢が限られ、中長期的な企業価値の向上を促す必要性が高いことから、機関投資家は、パッシブ運用を行うに当たって、より積極的に中長期的視点に立った対話や議決権行使に取り組むべきである。

4-4.　以上を踏まえ、機関投資家は、実際に起こり得る様々な局面に応じ、投資先企業との間でどのように対話を行うのかなどについて、あらかじめ明確な方針を持つべきである。[(19)]

4-5.　機関投資家が投資先企業との間で対話を行うに当たっては、単独でこうした対話を行うほか、必要に応じ、他の機関投資家と協働して対話を行うこと（協働エンゲージメント）が有益な場合もあり得る。[(20)]

4-6.　一般に、機関投資家は、未公表の重要事実を受領することなく、公表された情報をもとに、投資先企業との建設的な「目的を持った対話」を行うことが可能である。また、「G20/OECD コーポレート・ガバナンス原則」や、これを踏まえて策定された東京証券取引所の「コーポレートガバナンス・コード」は、企業の未公表の重要事実の取扱いについて、株主間の平等を図ることを基本としている。投資先企業と対話を行う機関投資家は、企業がこうした基本原則の下に置かれていることを踏まえ、当該対話において未公表の重要事実を受領することについては、基本的には慎重に考えるべきである。[(21)]

19　当該方針の内容は、例えば、主として運用機関としての業務を行っている機関投資家と、主としてアセットオーナーとしての業務を行っている機関投資家とでは、自ずと異なり得る。

20　この点に関連し、2014 年 2 月に公表された金融庁の「日本版スチュワードシップ・コードの策定を踏まえた法的論点に係る考え方の整理」
(http://www.fsa.go.jp/singi/stewardship/legalissue.pdf)〔再掲〕は、具体的にどのような場合に大量保有報告制度における「共同保有者」(及び公開買付制度における「特別関係者」）に該当するかについて、解釈の明確化を図っている。

21　その上で、投資先企業との特別な関係等に基づき未公表の重要事実を受領する場合には、当該企業の株式の売買を停止するなど、インサイダー取引規制に抵触することを防止するための措置を講じた上で、当該企業との対話に臨むべきである。

原則４　機関投資家は、投資先企業との建設的な「目的を持った対話」を通じて、投資先企業と認識の共有を図るとともに、問題の改善に努めるべきである。

指針

4-1.　機関投資家は、中長期的視点から投資先企業の企業価値及び資本効率を高め、その持続的成長を促すことを目的とした対話[13]を、投資先企業との間で建設的に行うこと[14][15]を通じて、当該企業と認識の共有[16][17]を図るよう努めるべきである。なお、投資先企業の状況や当該企業との対話の内容等を踏まえ、当該企業の企業価値が毀損されるおそれがあると考えられる場合には、より十分な説明を求めるなど、投資先企業と更なる認識の共有を図るとともに、問題の改善に努めるべきである[18]。

4-2.　機関投資家は、サステナビリティを巡る課題に関する対話に当たっては、運用戦略と整合的で、中長期的な企業価値の向上や企業の持続的成長に結び付くものとなるよう意識すべきである。

13　その際、対話を行うこと自体が目的であるかのような「形式主義」に陥ることのないよう留意すべきである。

14　機関投資家内部において、投資先企業との対話を行う専担部署がある場合には、その他の部署との連携を図ることが重要である。

15　株式保有の多寡にかかわらず、機関投資家と投資先企業との間で建設的な対話が行われるべきであるが、機関投資家が投資先企業との間で対話を行うに当たっては、自らがどの程度投資先企業の株式を保有しているかについて企業に対して説明することが望ましい場合もある。

16　認識の共有には、機関投資家と投資先企業との間で意見が一致しない場合において、不一致の理由やお互いの意見の背景について理解を深めていくことも含まれる。

17　例えばガバナンス体制構築状況（独立役員の活用を含む）や事業ポートフォリオの見直し等の経営上の優先課題について投資先企業との認識の共有を図るために、業務の執行には携わらない役員（独立社外取締役・監査役等）との間で対話を行うことも有益であると考えられる。

18　当該企業との対話の内容等を踏まえ、更に深い対話を行う先を選別することも考えられる。

原則３　機関投資家は、投資先企業の持続的成長に向けてスチュワードシップ責任を適切に果たすため、当該企業の状況を的確に把握すべきである。

指針

3-1.　機関投資家は、中長期的視点から投資先企業の企業価値及び資本効率を高め、その持続的成長に向けてスチュワードシップ責任を適切に果たすため、当該企業の状況を的確に把握することが重要である。

3-2.　機関投資家は、こうした投資先企業の状況の把握を継続的に行うべきであり、また、実効的な把握ができているかについて適切に確認すべきである。

3-3.　把握する内容としては、例えば、投資先企業のガバナンス、企業戦略、業績、資本構造、事業におけるリスク・収益機会（社会・環境問題に関連するものを含む）及びそうしたリスク・収益機会への対応など、非財務面の事項を含む様々な事項が想定されるが、特にどのような事項に着目するかについては、機関投資家ごとに運用戦略には違いがあり、また、投資先企業ごとに把握すべき事項の重要性も異なることから、機関投資家は、自らのスチュワードシップ責任に照らし、自ら判断を行うべきである。その際、投資先企業の企業価値を毀損するおそれのある事項については、これを早期に把握することができるよう努めるべきである。

原則２　機関投資家は、スチュワードシップ責任を果たす上で管理すべき利益相反について、明確な方針を策定し、これを公表すべきである。

指針

2-1.　機関投資家は顧客・受益者の利益を第一として行動すべきである。一方で、スチュワードシップ活動を行うに当たっては、自らが所属する企業グループと顧客・受益者の双方に影響を及ぼす事項について議決権を行使する場合など、利益相反の発生が避けられない場合がある。機関投資家は、こうした利益相反を適切に管理することが重要である。

2-2.　機関投資家は、こうした認識の下、あらかじめ想定し得る利益相反の主な類型について、これをどのように実効的に管理するのかについての明確な方針を策定し、これを公表すべきである。

特に、運用機関は、議決権行使や対話に重要な影響を及ぼす利益相反が生じ得る局面を具体的に特定し、それぞれの利益相反を回避し、その影響を実効的に排除するなど、顧客・受益者の利益を確保するための措置について具体的な方針を策定し、これを公表すべきである。

2-3.　運用機関は、顧客・受益者の利益の確保や利益相反防止のため、例えば、独立した取締役会や、議決権行使の意思決定や監督のための第三者委員会などのガバナンス体制を整備し、これを公表すべきである。

2-4.　運用機関の経営陣は、自らが運用機関のガバナンス強化・利益相反管理に関して重要な役割・責務を担っていることを認識し、これらに関する課題に対する取組みを推進すべきである。

るモニタリングを行うべきである[12]。このモニタリングに際しては、運用機関と投資先企業との間の対話等のスチュワードシップ活動の「質」に重点を置くべきであり、運用機関と投資先企業との面談回数・面談時間や議決権行使の賛否の比率等の形式的な確認に終始すべきではない。

12　運用機関が投資先企業との間で建設的な対話を含む実効的なスチュワードシップ活動を行っているかを確認することが有効であり、必ずしも個別の詳細な指示を行うことまでを求めるものではない。

1-3.　アセットオーナー[9][10]は、最終受益者の視点を意識しつつ、その利益の確保のため、自らの規模や能力等に応じ、運用機関による実効的なスチュワードシップ活動が行われるよう、運用機関に促すべきである[11]。アセットオーナーが直接、議決権行使を伴う資金の運用を行う場合には、自らの規模や能力等に応じ、自ら投資先企業との対話等のスチュワードシップ活動に取り組むべきである。

1-4.　アセットオーナーは、自らの規模や能力等に応じ、運用機関による実効的なスチュワードシップ活動が行われるよう、運用機関の選定や運用委託契約の締結に際して、議決権行使を含め、スチュワードシップ活動に関して求める事項や原則を運用機関に対して明確に示すべきである。特に大規模なアセットオーナーにおいては、インベストメント・チェーンの中での自らの置かれている位置・役割を踏まえ、運用機関の方針を検証なく単に採択するのではなく、スチュワードシップ責任を果たす観点から、自ら主体的に検討を行った上で、運用機関に対して議決権行使を含むスチュワードシップ活動に関して求める事項や原則を明確に示すべきである。

1-5.　アセットオーナーは、自らの規模や能力等に応じ、運用機関のスチュワードシップ活動が自らの方針と整合的なものとなっているかについて、運用機関の自己評価なども活用しながら、実効的に運用機関に対す

9　本コードは、アセットオーナーである企業年金について、基本的には、基金型・規約型の確定給付企業年金及び厚生年金基金を対象とすることを念頭に置いている。なお、規約型の確定給付企業年金は、母体企業と法人格は一体であるものの、母体企業としてではなく、企業年金として本コードを受け入れることが想定されている。

10　コーポレートガバナンス・コード（2018年6月1日改訂）の原則2－6において、企業年金がアセットオーナーとして期待される機能を発揮できるよう、母体企業による人事面・運営面でのサポートが求められている。

11　アセットオーナーである企業年金が直接、議決権行使を伴う資金の運用を行わない場合は、まずは運用機関に対して本コードの対応状況を確認するなどの、自らの規模や能力等に応じた取組みを行うことが想定されている。特に対話（原則４）及び議決権の行使と行使結果等の公表（原則５）については、必ずしも企業年金がこれらを行うことを想定したものではない。

原則１　機関投資家は、スチュワードシップ責任を果たすための明確な方針を策定し、これを公表すべきである。

指針

1-1.　機関投資家は、投資先企業やその事業環境等に関する深い理解のほか運用戦略に応じたサステナビリティ（ESG 要素[5]を含む中長期的な持続可能性[6]）の考慮に基づく建設的な「目的を持った対話[7]」（エンゲージメント）などを通じて、当該企業の企業価値の向上やその持続的成長を促すことにより、顧客・受益者の中長期的な投資リターンの拡大を図るべきである。

1-2.　機関投資家は、こうした認識の下、スチュワードシップ責任を果たすための方針、すなわち、スチュワードシップ責任をどのように考え、その考えに則って当該責任をどのように果たしていくのか、また、顧客・受益者から投資先企業へと向かう投資資金の流れ（インベストメント・チェーン）の中での自らの置かれた位置を踏まえ、どのような役割を果たすのかについての明確な方針を策定し、これを公表すべきである[8]。

その際、運用戦略に応じて、サステナビリティに関する課題をどのように考慮するかについて、検討を行った上で当該方針において明確に示すべきである。

5　ガバナンス及び社会・環境に関する事項を指す。

6　2015 年 9 月の国連サミットにおいて 17 の目標等から構成される「持続可能な開発目標」（SDGs）が採択されている。

7　「目的を持った対話」とは、「中長期的視点から投資先企業の企業価値及び資本効率を高め、その持続的成長を促すことを目的とした対話」を指す（原則４の指針４－１参照）。

8　当該方針の内容は、各機関投資家の業務の違いにより、例えば、主として運用機関としての業務を行っている機関投資家と、主としてアセットオーナーとしての業務を行っている機関投資家とでは、自ずと異なり得る。

チュワードシップ活動に伴う判断を適切に行うための実力を備えるべきである。

8. 機関投資家向けサービス提供者は、機関投資家がスチュワードシップ責任を果たすに当たり、適切にサービスを提供し、インベストメント・チェーン全体の機能向上に資するものとなるよう努めるべきである。

本コードの原則

投資先企業の持続的成長を促し、顧客・受益者の中長期的な投資リターンの拡大を図るために、

1. 機関投資家は、スチュワードシップ責任を果たすための明確な方針を策定し、これを公表すべきである。

2. 機関投資家は、スチュワードシップ責任を果たす上で管理すべき利益相反について、明確な方針を策定し、これを公表すべきである。

3. 機関投資家は、投資先企業の持続的成長に向けてスチュワードシップ責任を適切に果たすため、当該企業の状況を的確に把握すべきである。

4. 機関投資家は、投資先企業との建設的な「目的を持った対話」を通じて、投資先企業と認識の共有を図るとともに、問題の改善に努めるべきである。

5. 機関投資家は、議決権の行使と行使結果の公表について明確な方針を持つとともに、議決権行使の方針については、単に形式的な判断基準にとどまるのではなく、投資先企業の持続的成長に資するものとなるよう工夫すべきである。

6. 機関投資家は、議決権の行使も含め、スチュワードシップ責任をどのように果たしているのかについて、原則として、顧客・受益者に対して定期的に報告を行うべきである。

7. 機関投資家は、投資先企業の持続的成長に資するよう、投資先企業やその事業環境等に関する深い理解のほか運用戦略に応じたサステナビリティの考慮に基づき、当該企業との対話やス

－「コードを受け入れる旨」(受入れ表明)

－「コードの各原則（指針を含む）に基づく公表項目」

① スチュワードシップ責任を果たすための方針などコードの各原則（指針を含む）において公表が求められている具体的項目

② 実施しない原則（指針[4]を含む）がある場合には、その理由の説明

・ 当該公表項目について、毎年、見直し・更新を行うこと（更新を行った場合には、その旨も公表すること）

・ 当該公表を行ったウェブサイトのアドレス（URL）を金融庁に通知すること

を期待する。

また、本検討会は、当該通知を受けた金融庁に対して、当該公表を行った機関投資家について、一覧性のある形で公表を行うことを期待する。

16. 本検討会は、機関投資家による本コードの実施状況（受入れ・公表を含む）や国際的な議論の動向等も踏まえ、本コードの内容の更なる改善が図られていくことを期待する。このため、本検討会は、金融庁に対して、おおむね３年毎を目途として本コードの定期的な見直しを検討するなど、適切な対応をとることを期待する。こうした見直しが定期的に行われることにより、機関投資家やその顧客・受益者において、スチュワードシップ責任に対する認識が一層深まり、本コードが我が国において更に広く定着していく効果が期待できるものと考えられる。

---

4 指針の中には、一定の事項が「重要である」とするなど、必ずしも一定の行動を取るべき（取るべきでない）旨が明示されていないものがあり、こうした指針については、必ずしも、実施しない理由を説明することを求めるものではない。

く、その趣旨・精神に照らして真に適切か否かを判断することにある。機関投資家が本コードを踏まえて行動するに当たっては、こうした「プリンシプルベース・アプローチ」の意義を十分に踏まえることが望まれる。

13.　本コードは、法令とは異なり、法的拘束力を有する規範ではない。本検討会は、本コードの趣旨に賛同しこれを受け入れる用意がある機関投資家に対して、その旨を表明（公表）することを期待する。

14.　その上で、本コードは、いわゆる「コンプライ・オア・エクスプレイン」（原則を実施するか、実施しない場合には、その理由を説明するか）の手法を採用している。すなわち、本コードの原則の中に、自らの個別事情に照らして実施することが適切でないと考える原則があれば、それを「実施しない理由」を十分に説明することにより、一部の原則を実施しないことも想定している。したがって、前記の受入れ表明（公表）を行った機関投資家であっても、全ての原則を一律に実施しなければならない訳ではないことには注意を要する。ただし、当然のことながら、機関投資家は、当該説明を行う際には、実施しない原則に係る自らの対応について、顧客・受益者の理解が十分に得られるよう工夫すべきである。

機関投資家のみならず、顧客・受益者の側においても、当該手法の趣旨を理解し、本コードの受入れを表明（公表）した機関投資家の個別の状況を十分に尊重することが望まれる。本コードの各原則の文言・記載を表面的に捉え、その一部を実施していないことのみをもって、機械的にスチュワードシップ責任が果たされていないと評価することは適切ではない。

なお、原則を実施しつつ、併せて自らの具体的な取組みについて積極的に説明を行うことも、顧客・受益者から十分な理解を得る観点からは、有益であると考えられる。

15.　本検討会は、本コードの受入れ状況を可視化するため、本コードを受け入れる機関投資家に対して、

・　以下を自らのウェブサイトで公表すること

9．　また、議決権行使助言会社や年金運用コンサルタントなど、機関投資家から業務の委託等を受け、機関投資家が実効的なスチュワードシップ活動を行うことに資するサービスを提供している主体（以下、「機関投資家向けサービス提供者」という。）には、顧客・受益者から投資先企業へと向かう投資資金の流れ（インベストメント・チェーン）全体の機能向上のために重要な役割を果たすことが期待されている。本コードの原則８は、機関投資家向けサービス提供者に適用されるものであるほか、その他の原則（指針を含む）も、原則８と矛盾しない範囲で機関投資家向けサービス提供者に適用される。

10.　本コードは、基本的に、機関投資家が日本の上場株式に投資を行う場合を念頭に置いているが、本コードの冒頭に掲げる「スチュワードシップ責任」の遂行に資する限りにおいて、他の資産に投資を行う場合にも適用することが可能である。

「プリンシプルベース・アプローチ」及び「コンプライ・オア・エクスプレイン」

11.　本コードに定める各原則の適用の仕方は、各機関投資家（機関投資家向けサービス提供者を含む。以下この前文において同じ。）が自らの置かれた状況に応じて工夫すべきものである。本コードの履行の態様は、例えば、機関投資家の規模や運用方針（長期運用であるか短期運用であるか、アクティブ運用であるかパッシブ運用であるか等）などによって様々に異なり得る。

12.　こうした点に鑑み、本コードは、機関投資家が取るべき行動について詳細に規定する「ルールベース・アプローチ」（細則主義）ではなく、機関投資家が各々の置かれた状況に応じて、自らのスチュワードシップ責任をその実質において適切に果たすことができるよう、いわゆる「プリンシプルベース・アプローチ」（原則主義）を採用している。
「プリンシプルベース・アプローチ」の意義は、一見、抽象的で大掴みな原則（プリンシプル）について、関係者がその趣旨・精神を確認し、互いに共有した上で、各自、自らの活動が、形式的な文言・記載ではな要な要素ではあるものの、当該活動は単に議決権の行使のみを意味するものと理解すべきではない。スチュワードシップ活動は、機関投資家が、投資先企業の持続的成長に向けてスチュワードシップ責任を適切に果たすため、当該企業の状況を適切に把握することや、これを踏まえて当該企業と建設的な「目的を持った対話」(エンゲージメント) を行うことなどを含む、幅広い活動を指すものである[(3)]。

8. 本コードにおいて、機関投資家は、資金の運用等を受託し自ら企業への投資を担う「資産運用者としての機関投資家」(以下、「運用機関」という。) である場合と、当該資金の出し手を含む「資産保有者としての機関投資家」(以下、「アセットオーナー」という。) である場合とに大別される。

このうち、運用機関には、投資先企業との日々の建設的な対話等を通じて、当該企業の企業価値の向上に寄与することが期待される。

また、アセットオーナーには、スチュワードシップ責任を果たす上での基本的な方針を示した上で、自ら、あるいは委託先である運用機関の行動を通じて、投資先企業の企業価値の向上に寄与することが期待される。

運用機関は、アセットオーナーの期待するサービスを提供できるよう、その意向の適切な把握などに努めるべきであり、また、アセットオーナーは、運用機関の評価に当たり、短期的な視点のみに偏ることなく、本コードの趣旨を踏まえた評価に努めるべきである。

機関投資家による実効性のある適切なスチュワードシップ活動は、最終的には顧客・受益者の中長期的な投資リターンの拡大を目指すものである。したがって、スチュワードシップ活動の実施に伴う適正なコストは、投資に必要なコストであるという意識を、機関投資家と顧客・受益者の双方において共有すべきである。

---

3 金融庁において、2014 年 2 月、機関投資家と投資先企業との対話の円滑化を図るため、大量保有報告制度や公開買付制度等に係る法的論点について、「日本版スチュワードシップ・コードの策定を踏まえた法的論点に係る考え方の整理」を公表し、解釈の明確化を図っている (http://www.fsa.go.jp/singi/stewardship/legalissue.pdf)。

2019年10月から計3回にわたり議論を重ね、2020年3月24日、本コードを再改訂した。

本コードの目的

5．　冒頭に掲げたように、本コードにおいて、「スチュワードシップ責任」とは、機関投資家が、投資先の日本企業やその事業環境等に関する深い理解のほか運用戦略に応じたサステナビリティの考慮に基づく建設的な「目的を持った対話」（エンゲージメント）などを通じて、当該企業の企業価値の向上や持続的成長を促すことにより、顧客・受益者の中長期的な投資リターンの拡大を図る責任を意味する。本コードは、機関投資家が、顧客・受益者と投資先企業の双方を視野に入れ、「責任ある機関投資家」として当該「スチュワードシップ責任」を果たすに当たり有用と考えられる諸原則を定めるものである。

6．　一方で、企業の側においては、コーポレートガバナンス・コードに示されているように、経営の基本方針や業務執行に関する意思決定を行う取締役会が、経営陣による執行を適切に監督しつつ、適切なガバナンス機能を発揮することにより、企業価値の向上を図る責務を有している。企業側のこうした責務と本コードに定める機関投資家の責務とは、いわば「車の両輪」であり、両者が適切に相まって質の高いコーポレートガバナンスが実現され、企業の持続的な成長と顧客・受益者の中長期的な投資リターンの確保が図られていくことが期待される。本コードは、こうした観点から、機関投資家と投資先企業との間で建設的な「目的を持った対話」（エンゲージメント）が行われることを促すものであり、機関投資家が投資先企業の経営の細部にまで介入することを意図するものではない(2)。

7．　また、スチュワードシップ責任を果たすための機関投資家の活動（以下、「スチュワードシップ活動」という。）において、議決権の行使は重

2　また、本コードは、保有株式を売却することが顧客・受益者の利益に適うと考えられる場合に売却を行うことを否定するものではない。

2.　以上の経緯を経て、2013年6月、いわゆる「第三の矢」としての成長戦略を定める「日本再興戦略」において、「機関投資家が、対話を通じて企業の中長期的な成長を促すなど、受託者責任を果たすための原則(日本版スチュワードシップコード)」、すなわち「企業の持続的な成長を促す観点から、幅広い機関投資家が企業との建設的な対話を行い、適切に受託者責任を果たすための原則」について検討を進め、年内に取りまとめることが閣議決定された。

3.　前記の総理指示及び閣議決定を踏まえた検討の場として、2013年8月、金融庁において「日本版スチュワードシップ・コードに関する有識者検討会」が設置された。同検討会は、同年8月から計6回にわたり議論を重ね、2014年2月26日、「『責任ある機関投資家』の諸原則 ≪日本版スチュワードシップ・コード≫ 」を策定した。なお、コードの取りまとめに当たっては、和英両文によるパブリックコメントを実施し、和文については26の個人・団体から、英訳版については19の個人・団体から充実した意見が寄せられた。同検討会は、これらについても議論を行い、コードの取りまとめに反映した。

4.　その後、本コード及びコーポレートガバナンス・コード（2015年6月1日適用開始、2018年6月1日改訂）を軸とするコーポレートガバナンス改革の実効性を高めるため、金融庁・東京証券取引所により設置された「スチュワードシップ・コード及びコーポレートガバナンス・コードのフォローアップ会議」(以下、「フォローアップ会議」という。)において、2016年11月、「機関投資家による実効的なスチュワードシップ活動のあり方」と題する意見書が公表された。当該意見書を受け、「スチュワードシップ・コードに関する有識者検討会」が開催され、2017年5月29日、本コードの改訂を行った。

上記改訂の後も、フォローアップ会議においては、コーポレートガバナンス改革の深化に向けた取組みについて議論が続けられ、2019年4月24日、「コーポレートガバナンス改革の更なる推進に向けた検討の方向性」と題する意見書が公表された。当該意見書を受け、「スチュワードシップ・コードに関する有識者検討会」（令和元年度）が開催され、

「責任ある機関投資家」の諸原則《日本版スチュワードシップ・コード》について

本コードにおいて、「スチュワードシップ責任」とは、機関投資家が、投資先企業やその事業環境等に関する深い理解のほか運用戦略に応じたサステナビリティ（ESG要素を含む中長期的な持続可能性）の考慮に基づく建設的な「目的を持った対話」（エンゲージメント）などを通じて、当該企業の企業価値の向上や持続的成長を促すことにより、「顧客・受益者」（最終受益者を含む。以下同じ。）の中長期的な投資リターンの拡大を図る責任を意味する。

本コードは、機関投資家が、顧客・受益者と投資先企業の双方を視野に入れ、「責任ある機関投資家」として当該スチュワードシップ責任を果たすに当たり有用と考えられる諸原則を定めるものである。本コードに沿って、機関投資家が適切にスチュワードシップ責任を果たすことは、経済全体の成長にもつながるものである。

経緯及び背景

1. 2012年12月、我が国経済の再生に向けて、円高・デフレから脱却し強い経済を取り戻すため、政府一体となって、必要な経済対策を講じるとともに成長戦略を実現することを目的として、内閣に「日本経済再生本部」が設置された。また、2013年1月、同本部の下に、我が国産業の競争力強化や国際展開に向けた成長戦略の具現化と推進について調査審議するため、「産業競争力会議」が設置された。同会議における議論を踏まえ、日本経済再生本部において、本部長である内閣総理大臣より、「内閣府特命担当大臣（金融）は、関係大臣と連携し、企業の持続的な成長を促す観点から、幅広い範囲の機関投資家が適切に受託者責任を果たすための原則のあり方について検討すること。」との指示がなされた。[1]

1 日本経済再生本部 第6回会合（2013年4月2日）

コード再改訂版公表の遅くとも6ヶ月後（2020年9月末）までに、改訂内容に対応した公表項目の更新（及び更新を行った旨の公表と金融庁への通知）を行うことを期待する。

2.　パブリックコメントにおいては、

・　脚注９の「本コードは、基本的には、基金型・規約型の確定給付企業年金及び厚生年金基金を対象にすることを念頭に置いている」という記述につき、本コードの対象を企業年金等に限定するように誤解されかねないとのご指摘
・　脚注15の機関投資家が投資先企業と対話を行うに当たって自らがどの程度株式を保有しているかを説明することが望ましい旨の記述につき、株式を少数しか持っていない投資家が建設的な対話に応じてもらえなくなるおそれがあるなどのご指摘
・　指針8-3の「議決権行使助言会社は、企業の開示情報のみに基づくばかりでなく、必要に応じ、自ら企業と積極的に意見交換しつつ、助言を行うべきである」という記述につき、開示情報のみに基づく判断では不十分で、必ず企業と意見交換をしなければならないかのように受け止められる懸念があるなどのご指摘

がそれぞれ寄せられた。これらのコメントを踏まえ、本コード再改訂版では、脚注９、脚注15及び指針8-3をご指摘の趣旨を反映して修正した。

3.　パブリックコメントではそのほかにも、

・　議決権行使助言会社が指針8-2及び8-3に沿った取組みを行うためには、企業においても株主総会の開催時期の分散、株主総会資料の早期開示や開示の充実等に取り組むべき
・　内部監査のコーポレートガバナンスにおける重要性に鑑み、機関投資家は内部監査部門の整備・活用状況についても把握すべき
・　政策保有株式の更なる縮減に向けた取組みを進めるべき
・　企業年金の実効的なスチュワードシップ活動のためには、母体企業において利益相反管理に努めることが重要

などのご意見が寄せられたところである。

これらの課題については、今後実態も踏まえながら、フォローアップ会議や金融庁を含む関係者において更に検討を進めることが期待される。

4.　本検討会は、現在コードを受け入れている機関投資家等に対して、本

と債券保有者とで利益相反関係に陥るケースがあること等には留意が必要であるが、上場株式以外の債券等の資産に投資する機関投資家においては、当該資産にコードを適用することが有益な場合もあるのではないか。

・　年金運用コンサルタントに限らず、機関投資家をサポートする役割を負う者は、利益相反管理等を行うべきではないか。

こうした指摘を踏まえ、上記の事項についても議論をした上で、議論の結果を本コード再改訂版に盛り込んだところである。

なお、アセットオーナーが、運用機関のスチュワードシップ活動の取組状況について報告を受ける際に、共通様式を用いる民間団体の取組みについても紹介がされたところである。アセットオーナーの実効的なスチュワードシップ活動の支援に向けて、こうした動きが民間団体においても進むことが望まれる。その際には、モニタリングを形式化させずに「質」を高めるよう意識することが重要である。

そのほか、議論の過程で以下のような指摘がなされた。今後実態も踏まえて本検討会において検討していくことが必要であると考えられるが、金融庁においても検討を進めることが期待される。

・　パッシブ運用が広まる中で、いかにしてエンゲージメントの充実化を図るか、について考えるべきではないか。

・　金融庁が公表している「日本版スチュワードシップ・コードの策定を踏まえた法的論点に係る考え方の整理」では、現状行うことができる協働エンゲージメントの範囲が明確でないとの声もあるため、その対応を検討する必要があるのではないか。

三　パブリックコメントを踏まえた対応

1.　本コード再改訂版の取りまとめに当たっては、策定時・改訂時と同様に、和英両文によるパブリックコメントを実施し、和文については44の個人・団体から、英訳版については23の個人・団体から意見が寄せられた。検討会においては、これらについても検討を行い、下記のように本コード再改訂版の取りまとめに反映させていただいた。

討会」、「スチュワードシップ・コードに関する有識者検討会」と併せ、「本検討会」という。）を開催し、コード改訂に向けた議論を重ねた。こうした議論を踏まえ、同検討会はスチュワードシップ・コード改訂案を取りまとめてこれを公表し、広く各界の意見を求めた。

寄せられた意見を検討の上、今般スチュワードシップ・コード再改訂版（以下、「本コード再改訂版」という。）を公表する。

二　本コード再改訂版の主なポイントとその考え方

1.　意見書においては、

- 運用機関における議決権行使に係る賛否の理由や、対話活動及びその結果や自己評価等に関する説明・情報提供の充実
- ESG 要素等を含むサステナビリティを巡る課題に関する対話における目的の意識
- 企業年金のスチュワードシップ活動の後押し
- 議決権行使助言会社における体制整備、それを含む助言策定プロセスの具体的公表、企業との積極的な意見交換
- 年金運用コンサルタントにおける利益相反管理体制の整備やその取組状況についての説明等

についての提言がなされており、今回の検討会では、これらの内容について議論を行い、新たに本コード再改訂版に盛り込むこととした。

2.　さらに、同検討会の議論の過程では、意見書の提言に係る論点以外についても、以下のような指摘がなされた。

- スチュワードシップ活動が、中長期的な企業価値の向上や企業の持続的成長に結び付くよう意識して行われることが重要ではないか。
- ESG 要素を考慮することは、事業におけるリスクの減少のみならず収益機会にもつながる。また、昨今の世界における ESG を巡る動きの急速な変化に鑑みれば、こうした変化自体がリスクや収益機会に影響を及ぼし得る。こうしたことを踏まえれば、ESG 要素を含むサステナビリティに関する課題についても、投資プロセスに組み込むことが有益ではないか。
- コードが中長期的な企業価値の向上を目的としていることや、株主

スチュワードシップ・コードの再改訂に当たって

2020年3月24日
スチュワードシップ・コードに関する有識者検討会（令和元年度）

一　経緯

1,　2014年2月26日に、「日本版スチュワードシップ・コードに関する有識者検討会」によりスチュワードシップ・コードが策定され、その後、2017年5月29日に、「スチュワードシップ・コードに関する有識者検討会」によって同コードが改訂されてから約3年が経過した。これまで、スチュワードシップ・コードの受入れを表明した機関投資家は280を超えるに至り、また、2018年6月には、コーポレートガバナンス・コードも改訂された。両コードの下で、コーポレートガバナンス改革には一定の進捗が見られるものの、より実効性を高めるべきではないか、との指摘もなされている。

2.　こうした中、2019年4月24日、金融庁・東京証券取引所に設置された「スチュワードシップ・コード及びコーポレートガバナンス・コードのフォローアップ会議」（以下、「フォローアップ会議」という。）において、「コーポレートガバナンス改革の更なる推進に向けた検討の方向性」と題する意見書（以下、「意見書」という。）が公表された。意見書においては、コーポレートガバナンス改革の実効性を高めるためには、投資家と企業の対話の質の向上が必要であるほか、議決権行使助言会社や年金運用コンサルタントなどによる機関投資家への助言やサポートがインベストメント・チェーン全体の機能向上に資するものとなるよう促すことが重要であるとされ、スチュワードシップ・コードの更なる改訂が提言された。

3.　意見書を受け、金融庁において、2019年10月から計3回にわたり、「スチュワードシップ・コードに関する有識者検討会」（令和元年度）（以下、前出の「日本版スチュワードシップ・コードに関する有識者検

III

「責任ある機関投資家」の諸原則

《日本版スチュワードシップ・コード》

～投資と対話を通じて企業の持続的成長を促すために～

（2020年3月24日時点）

4-3-2. 自社の企業年金の運用に当たり、企業年金に対して、自社の取引先との関係維持の観点から運用委託先を選定することを求めるなどにより、企業年金の適切な運用を妨げていないか。

（4）株主と企業の対話の充実

4-4-1. 株主との面談の対応者について、株主の希望と面談の主な関心事項に対応できるよう、例えば、「筆頭独立社外取締役」の設置など、適切に取組みを行っているか。

動を含む保有状況が、分かりやすく説明されているか。

個別銘柄の保有の適否について、保有目的が適切か、保有に伴う便益やリスクが資本コストに見合っているか等を具体的に精査し、取締役会において検証を行った上、適切な意思決定が行われているか。特に、保有効果の検証が、例えば、独立社外取締役の実効的な関与等により、株主共同の利益の視点を十分に踏まえたものになっているか。

そうした検証の内容について検証の手法も含め具体的に分かりやすく開示・説明されているか。

政策保有株式に係る議決権の行使について、適切な基準が策定され、分かりやすく開示されているか。また、策定した基準に基づいて、適切に議決権行使が行われているか。

4-2-2. 政策保有に関する方針の開示において、政策保有株式の縮減に関する方針・考え方を明確化し、そうした方針・考え方に沿って適切な対応がなされているか。

【政策保有株主との関係】

4-2-3. 自社の株式を政策保有株式として保有している企業（政策保有株主）から当該株式の売却等の意向が示された場合、取引の縮減を示唆することなどにより、売却等を妨げていないか。

4-2-4. 政策保有株主との間で、取引の経済合理性を十分に検証しないまま取引を継続するなど、会社や株主共同の利益を害するような取引を行っていないか。

（3）アセットオーナー

4-3-1. 自社の企業年金が運用（運用機関に対するモニタリングなどのスチュワードシップ活動を含む）の専門性を高めてアセットオーナーとして期待される機能を発揮できるよう、母体企業として、運用に当たる適切な資質を持った人材の計画的な登用・配置（外部の専門家の採用も含む）などの人事面や運営面における取組みを行っているか[6]。また、そうした取組みの内容が分かりやすく開示・説明されているか。

6　対話に当たっては、こうした取組みにより母体企業と企業年金の受益者との間に生じ得る利益相反が適切に管理されているかについても、留意が必要である。

査の確保に向けた実効的な対応を行っているか。監査役に対する十分な支援体制が整えられ、監査役と内部監査部門との適切な連携が確保されているか。

3-12. 内部通報制度の運用の実効性を確保するため、内部通報に係る体制・運用実績について開示・説明する際には、分かりやすいものとなっているか。

4．ガバナンス上の個別課題

（1）株主総会の在り方

4-1-1. 株主総会において可決には至ったものの相当数の反対票が投じられた会社提案議案に関して、株主と対話をする際には、反対の理由や反対票が多くなった原因の分析結果、対応の検討結果が、可能な範囲で分かりやすく説明されているか。

4-1-2. 株主総会の招集通知に記載する情報を、内容の確定後速やかにTDnet 及び自社のウェブサイト等で公表するなど、株主が総会議案の十分な検討期間を確保することができるような情報開示に努めているか。

4-1-3. 株主総会が株主との建設的な対話の場であることを意識し、例えば、有価証券報告書を株主総会開催日の前に提出するなど、株主との建設的な対話の充実に向けた取組みの検討を行っているか。

また、不測の事態が生じても株主へ正確に情報提供しつつ、決算・監査のための時間的余裕を確保できるよう、株主総会関連の日程の適切な設定を含め、株主総会の在り方について検討を行っているか。

4-1-4. 株主の出席・参加機会の確保等の観点からバーチャル方式により株主総会を開催する場合には、株主の利益の確保に配慮し、その運営に当たり透明性・公正性が確保されるよう、適切な対応を行っているか。

（2）政策保有株式

【政策保有株式の適否の検証等】

4-2-1. 政策保有株式(5)について、それぞれの銘柄の保有目的や、保有銘柄の異

5　企業が直接保有していないが、企業の実質的な政策保有株式となっている株式を含む。

【取締役会の機能発揮】

3-6. 取締役会が、持続的な成長と中長期的な企業価値の向上に向けて、適切な知識・経験・能力を全体として備え、ジェンダーや国際性、職歴、年齢の面を含む多様性を十分に確保した形で構成されているか。その際、取締役として女性が選任されているか。

3-7. 取締役会が求められる役割・責務を果たしているかなど、取締役会の実効性評価が適切に行われ、評価を通じて認識された課題を含め、その結果が分かりやすく開示・説明されているか。取締役会の実効性確保の観点から、各取締役や法定・任意の委員会についての評価が適切に行われているか。

【独立社外取締役の選任・機能発揮】

3-8. 取締役会全体として適切なスキル等が備えられるよう、必要な資質を有する独立社外取締役が、十分な人数選任されているか。必要に応じて独立社外取締役を取締役会議長に選任することなども含め、取締役会が経営に対する監督の実効性を確保しているか。

　また、独立社外取締役は、資本効率などの財務に関する知識や関係法令等の理解など、持続的な成長と中長期的な企業価値の向上に実効的に寄与していくために必要な知見を備えているか。

　独立社外取締役の再任・退任等について、自社が抱える課題やその変化などを踏まえ、適切な対応がなされているか。

3-9. 独立社外取締役は、自らの役割・責務を認識し、経営陣に対し、経営課題に対応した適切な助言・監督を行っているか。

【監査役(4)の選任・機能発揮及び監査の信頼性の確保・実効性のあるリスク管理の在り方】

3-10. 監査役に、適切な経験・能力及び必要な財務・会計・法務に関する知識を有する人材が、監査役会の同意をはじめとする適切な手続を経て選任されているか。

3-11. 監査役は、業務監査を適切に行うとともに、監査上の主要な検討事項の検討プロセスにおける外部会計監査人との協議を含め、適正な会計監

4　本節の趣旨は、監査委員・監査等委員についても当てはまるものである。

を上げる観点から、持続的な成長と中長期的な企業価値の向上に向けた設備投資・研究開発投資・人件費も含めた人的資本への投資等が、戦略的・計画的に行われているか。

2-2.　経営戦略や投資戦略を踏まえ、資本コストを意識した資本の構成や手元資金の活用を含めた財務管理の方針が適切に策定・運用されているか。また、投資戦略の実行を支える営業キャッシュフローを十分に確保するなど、持続的な経営戦略・投資戦略の実現が図られているか。

３．ＣＥＯの選解任・取締役会の機能発揮等

【ＣＥＯの選解任・育成等】

3-1.　持続的な成長と中長期的な企業価値の向上に向けて、経営環境の変化に対応した果断な経営判断を行うことができるＣＥＯを選任するため、ＣＥＯに求められる資質について、確立された考え方があるか。

3-2.　客観性・適時性・透明性ある手続により、十分な時間と資源をかけて、資質を備えたＣＥＯが選任されているか。こうした手続を実効的なものとするために、独立した指名委員会が必要な権限を備え、活用されているか。

3-3.　ＣＥＯの後継者計画が適切に策定・運用され、後継者候補の育成（必要に応じ、社外の人材を選定することも含む）が、十分な時間と資源をかけて計画的に行われているか。

3-4.　会社の業績等の適切な評価を踏まえ、ＣＥＯがその機能を十分発揮していないと認められる場合に、ＣＥＯを解任するための客観性・適時性・透明性ある手続が確立されているか。

【経営陣の報酬決定】

3-5.　経営陣の報酬制度を、持続的な成長と中長期的な企業価値の向上に向けた健全なインセンティブとして機能するよう設計し、適切に具体的な報酬額を決定するための客観性・透明性ある手続が確立されているか。こうした手続を実効的なものとするために、独立した報酬委員会が必要な権限を備え、活用されているか。また、報酬制度や具体的な報酬額の適切性が、分かりやすく説明されているか。

1．経営環境の変化に対応した経営判断

1-1.　持続的な成長と中長期的な企業価値の向上を実現するための具体的な経営戦略・経営計画等が策定・公表されているか。また、こうした経営戦略・経営計画等が、経営理念と整合的なものとなっているか。

1-2.　経営陣が、自社の事業のリスクなどを適切に反映した資本コストを的確に把握しているか。その上で、持続的な成長と中長期的な企業価値の向上に向けて、収益力・資本効率等に関する目標を設定し、資本コストを意識した経営が行われているか。また、こうした目標を設定した理由が分かりやすく説明されているか。中長期的に資本コストに見合うリターンを上げているか。

1-3.　ESGやSDGsに対する社会的要請・関心の高まりやデジタルトランスフォーメーションの進展[3]、サイバーセキュリティ対応の必要性、サプライチェーン全体での公正・適正な取引や国際的な経済安全保障を巡る環境変化への対応の必要性等の事業を取り巻く環境の変化が、経営戦略・経営計画等において適切に反映されているか。また、例えば、取締役会の下または経営陣の側に、サステナビリティに関する委員会を設置するなど、サステナビリティに関する取組みを全社的に検討・推進するための枠組みを整備しているか。

1-4.　経営戦略・経営計画等の下、事業を取り巻く経営環境や事業等のリスクを的確に把握し、より成長性の高い新規事業への投資や既存事業からの撤退・売却を含む事業ポートフォリオの組替えなど、果断な経営判断が行われているか。その際、事業ポートフォリオの見直しについて、その方針が明確に定められ、見直しのプロセスが実効的なものとして機能しているか。

2．投資戦略・財務管理の方針

2-1.　保有する資源を有効活用し、中長期的に資本コストに見合うリターン

3　カーボンニュートラルの実現へ向けた技術革新やデジタルトランスフォーメーション等を主導するに当たっては、最高技術責任者（ＣＴＯ）の設置等の経営陣の体制整備が重要との指摘があった。

投資家と企業の対話ガイドラインについて

本ガイドラインは、コーポレートガバナンスを巡る現在の課題を踏まえ、スチュワードシップ・コード及びコーポレートガバナンス・コードが求める持続的な成長と中長期的な企業価値の向上に向けた機関投資家と企業の対話において、重点的に議論することが期待される事項を取りまとめたものである。機関投資家と企業との間で、これらの事項について建設的な対話が行われることを通じ、企業が、自社の経営理念に基づき、持続的な成長と中長期的な企業価値の向上を実現し、ひいては経済全体の成長と国民の安定的な資産形成に寄与することが期待される。

本ガイドラインは、両コードの附属文書として位置付けられるものである。このため、本ガイドラインは、その内容自体について、「コンプライ・オア・エクスプレイン」を求めるものではないが、両コードの実効的な「コンプライ・オア・エクスプレイン[1]」を促すことを意図している。企業がコーポレートガバナンス・コードの各原則を実施する場合（各原則が求める開示を行う場合を含む）や、実施しない理由の説明を行う場合には、本ガイドラインの趣旨を踏まえることが期待される。

なお、コーポレートガバナンスを巡る課題やこうした課題に対処する際の優先順位は、企業の置かれた状況により差異があることから、対話に当たっては、形式的な対応を行うことは適切でなく、個々の企業ごとの事情[2]を踏まえた実効的な対話を行うことが重要である。

1　機関投資家と企業の建設的な対話を充実させていく観点からは、各原則を実施する場合も、併せて自らの具体的な取組みについて積極的に説明を行うことが有益であると考えられる。

2　企業においてはグループ経営を行っている場合も多く、本ガイドラインは、そうした企業も想定して策定されている。こうした企業の事情を踏まえるに当たっては、グループとしての視点を織り込むことが想定される。

II

投資家と企業の対話ガイドライン

（2021 年 6 月 11 日時点）

補充原則

5-2 ①　上場会社は、経営戦略等の策定・公表に当たっては、取締役会において決定された事業ポートフォリオに関する基本的な方針や事業ポートフォリオの見直しの状況について分かりやすく示すべきである。

[2021 年 6 月改訂時の補足説明]

コロナ禍により企業を取り巻く環境変化が加速し、不確実性も高まりを見せている中、事業セグメントごとの資本コストも踏まえた事業ポートフォリオの検討を含む経営資源の配分が一層必要となる。

そこで、取締役会（グループ経営をする上場会社においては、グループ本社の取締役会）は、事業ポートフォリオに関する基本的な方針の決定・適時適切な見直しを行うべきであり、これらの方針や見直しの状況を株主の理解が深まるような形で具体的に分かりやすく説明することが求められる。また、グループ経営をする上場会社は、グループ経営に関する考え方・方針について説明する場合も、具体的に分かりやすく行うことが重要である。

【原則 5-2. 経営戦略や経営計画の策定・公表】

経営戦略や経営計画の策定・公表に当たっては、自社の資本コストを的確に把握した上で、収益計画や資本政策の基本的な方針を示すとともに、収益力・資本効率等に関する目標を提示し、その実現のために、事業ポートフォリオの見直しや、設備投資・研究開発投資・人的資本への投資等を含む経営資源の配分等に関し具体的に何を実行するのかについて、株主に分かりやすい言葉・論理で明確に説明を行うべきである。

[2018 年改訂時の補足説明]　経営環境の変化に対応した経営判断

コーポレートガバナンス改革は、経営陣による果断な経営判断を促すことを通じ、企業の持続的な成長と中長期的な企業価値の向上を促すことをねらいとしている。しかしながら、企業価値の向上に向けてガバナンス改革に取り組む企業も見られる一方、なお多くの企業において経営環境の変化に応じた果断な経営判断が行われていないとの指摘がなされていることについては重く受け止める必要がある。例えば、日本企業においては、事業ポートフォリオの見直しが必ずしも十分に行われていないとの指摘があるが、その背景として、経営陣の資本コストに対する意識が未だ不十分であることが指摘されている。

こうした指摘を踏まえ、事業ポートフォリオの見直しなどの果断な経営判断が重要であることや、そうした経営判断を行っていくために、自社の資本コストを的確に把握すべきことを明確化する必要があると考えられる。

[2018 年改訂時の補足説明]　投資戦略・財務管理の方針

企業が持続的な成長と中長期的な企業価値の向上を実現していくためには、戦略的・計画的に設備投資・研究開発投資・人材投資等を行っていくことも重要である。また、その際には、投資戦略と整合的で、資本コストを意識した適切な財務管理を行っていくことも重要である。

【原則 5-1. 株主との建設的な対話に関する方針】

上場会社は、株主からの対話（面談）の申込みに対しては、会社の持続的な成長と中長期的な企業価値の向上に資するよう、合理的な範囲で前向きに対応すべきである。取締役会は、株主との建設的な対話を促進するための体制整備・取組みに関する方針を検討・承認し、開示すべきである。

補充原則

5-1 ①　株主との実際の対話（面談）の対応者については、株主の希望と面談の主な関心事項も踏まえた上で、合理的な範囲で、経営陣幹部、社外取締役を含む取締役または監査役が面談に臨むことを基本とすべきである。

5-1 ②　株主との建設的な対話を促進するための方針には、少なくとも以下の点を記載すべきである。

（ｉ）株主との対話全般について、下記（ⅱ）～（ｖ）に記載する事項を含めその統括を行い、建設的な対話が実現するように目配りを行う経営陣または取締役の指定

（ⅱ）対話を補助する社内の IR 担当、経営企画、総務、財務、経理、法務部門等の有機的な連携のための方策

（ⅲ）個別面談以外の対話の手段（例えば、投資家説明会や IR 活動）の充実に関する取組み

（ⅳ）対話において把握された株主の意見・懸念の経営陣幹部や取締役会に対する適切かつ効果的なフィードバックのための方策

（ｖ）対話に際してのインサイダー情報の管理に関する方策

5-1 ③　上場会社は、必要に応じ、自らの株主構造の把握に努めるべきであり、株主も、こうした把握作業にできる限り協力することが望ましい。

第５章　株主との対話

【基本原則５】

上場会社は、その持続的な成長と中長期的な企業価値の向上に資するため、株主総会の場以外においても、株主との間で建設的な対話を行うべきである。

経営陣幹部・取締役（社外取締役を含む）は、こうした対話を通じて株主の声に耳を傾け、その関心・懸念に正当な関心を払うとともに、自らの経営方針を株主に分かりやすい形で明確に説明しその理解を得る努力を行い、株主を含むステークホルダーの立場に関するバランスのとれた理解と、そうした理解を踏まえた適切な対応に努めるべきである。

考え方

「『責任ある機関投資家』の諸原則《日本版スチュワードシップ・コード》」の策定を受け、機関投資家には、投資先企業やその事業環境等に関する深い理解に基づく建設的な「目的を持った対話」（エンゲージメント）を行うことが求められている。

上場会社にとっても、株主と平素から対話を行い、具体的な経営戦略や経営計画などに対する理解を得るとともに懸念があれば適切に対応を講じることは、経営の正統性の基盤を強化し、持続的な成長に向けた取組みに邁進する上で極めて有益である。また、一般に、上場会社の経営陣・取締役は、従業員・取引先・金融機関とは日常的に接触し、その意見に触れる機会には恵まれているが、これらはいずれも賃金債権、貸付債権等の債権者であり、株主と接する機会は限られている。経営陣幹部・取締役が、株主との対話を通じてその声に耳を傾けることは、資本提供者の目線からの経営分析や意見を吸収し、持続的な成長に向けた健全な企業家精神を喚起する機会を得る、ということも意味する。

【原則 4-14. 取締役・監査役のトレーニング】

新任者をはじめとする取締役・監査役は、上場会社の重要な統治機関の一翼を担う者として期待される役割・責務を適切に果たすため、その役割・責務に係る理解を深めるとともに、必要な知識の習得や適切な更新等の研鑽に努めるべきである。このため、上場会社は、個々の取締役・監査役に適合したトレーニングの機会の提供・斡旋やその費用の支援を行うべきであり、取締役会は、こうした対応が適切にとられているか否かを確認すべきである。

補充原則

4-14 ① 社外取締役・社外監査役を含む取締役・監査役は、就任の際には、会社の事業・財務・組織等に関する必要な知識を取得し、取締役・監査役に求められる役割と責務（法的責任を含む）を十分に理解する機会を得るべきであり、就任後においても、必要に応じ、これらを継続的に更新する機会を得るべきである。

4-14 ② 上場会社は、取締役・監査役に対するトレーニングの方針について開示を行うべきである。

【原則4-13. 情報入手と支援体制】

取締役・監査役は、その役割・責務を実効的に果たすために、能動的に情報を入手すべきであり、必要に応じ、会社に対して追加の情報提供を求めるべきである。

また、上場会社は、人員面を含む取締役・監査役の支援体制を整えるべきである。取締役会・監査役会は、各取締役・監査役が求める情報の円滑な提供が確保されているかどうかを確認すべきである。

補充原則

4-13① 社外取締役を含む取締役は、透明・公正かつ迅速・果断な会社の意思決定に資するとの観点から、必要と考える場合には、会社に対して追加の情報提供を求めるべきである。また、社外監査役を含む監査役は、法令に基づく調査権限を行使することを含め、適切に情報入手を行うべきである。

4-13② 取締役・監査役は、必要と考える場合には、会社の費用において外部の専門家の助言を得ることも考慮すべきである。

4-13③ 上場会社は、取締役会及び監査役会の機能発揮に向け、内部監査部門がこれらに対しても適切に直接報告を行う仕組みを構築すること等により、内部監査部門と取締役・監査役との連携を確保すべきである。また、上場会社は、例えば、社外取締役・社外監査役の指示を受けて会社の情報を適確に提供できるよう社内との連絡・調整にあたる者の選任など、社外取締役や社外監査役に必要な情報を適確に提供するための工夫を行うべきである。

監査役が他の上場会社の役員を兼任する場合には、その数は合理的な範囲にとどめるべきであり、上場会社は、その兼任状況を毎年開示すべきである。

4-11③　取締役会は、毎年、各取締役の自己評価なども参考にしつつ、取締役会全体の実効性について分析・評価を行い、その結果の概要を開示すべきである。

【原則4-12. 取締役会における審議の活性化】
取締役会は、社外取締役による問題提起を含め自由闊達で建設的な議論・意見交換を尊ぶ気風の醸成に努めるべきである。

補充原則

4-12①　取締役会は、会議運営に関する下記の取扱いを確保しつつ、その審議の活性化を図るべきである。

（ i ）　取締役会の資料が、会日に十分に先立って配布されるようにすること

（ ii ）　取締役会の資料以外にも、必要に応じ、会社から取締役に対して十分な情報が（適切な場合には、要点を把握しやすいように整理・分析された形で）提供されるようにすること

（iii）　年間の取締役会開催スケジュールや予想される審議事項について決定しておくこと

（iv）　審議項目数や開催頻度を適切に設定すること

（ v ）　審議時間を十分に確保すること

補充原則

4-11 ①　取締役会は、経営戦略に照らして自らが備えるべきスキル等を特定した上で、取締役会の全体としての知識・経験・能力のバランス、多様性及び規模に関する考え方を定め、各取締役の知識・経験・能力等を一覧化したいわゆるスキル・マトリックスをはじめ、経営環境や事業特性等に応じた適切な形で取締役の有するスキル等の組み合わせを取締役の選任に関する方針・手続と併せて開示すべきである。その際、独立社外取締役には、他社での経営経験を有する者を含めるべきである。

[2021年6月改訂時の補足説明]

取締役会において中長期的な経営の方向性や事業戦略に照らして必要なスキルが全体として確保されることが重要である。そのためにも、上場会社は、経営戦略上の課題に照らして取締役会が備えるべきスキル等を特定し、その上で、いわゆる「スキル・マトリックス」をはじめ経営環境や事業特性等に応じた適切な形で社内外の取締役の有するスキル等の組み合わせを開示することが重要である。この際、独立社外取締役には、企業が経営環境の変化を見通し、経営戦略に反映させる上で、より重要な役割を果たすことが求められるため、他社での経営経験を有する者（CEO等の経験者に限られるという趣旨ではない）を含めることが肝要となる。これらのスキル等については、取締役会の機能発揮の実現のために、各取締役の職務において実際に活用されることが重要である。

なお、独立社外取締役には、形式的な独立性に留まらず、本来期待される役割を発揮することができる人材が選任されるべきであり、また、独立社外取締役においても、その期待される役割を認識しつつ、役割を発揮していくことが重要となる。

4-11 ②　社外取締役・社外監査役をはじめ、取締役・監査役は、その役割・責務を適切に果たすために必要となる時間・労力を取締役・監査役の業務に振り向けるべきである。こうした観点から、例えば、取締役・

重要であるとの指摘がされている。

そこで、取締役会の機能発揮をより実効的なものとする観点から、プライム市場上場会社においては構成員の過半数を独立社外取締役が占めることを基本とする指名委員会・報酬委員会の設置が重要となる。

加えて、指名委員会や報酬委員会は、CEOのみならず取締役の指名や後継者計画、そして企業戦略と整合的な報酬体系の構築にも関与することが望ましいが、実際にはこれらの委員会にいかなる役割や権限が付与され、いかなる活動が行われているのかが開示されていない場合も多いとの指摘もある。そうした指摘も踏まえれば、指名委員会・報酬委員会の権限・役割等を明確化することが、指名・報酬などに係る取締役会の透明性の向上のために重要となる。

【原則4-11.取締役会・監査役会の実効性確保のための前提条件】

取締役会は、その役割・責務を実効的に果たすための知識・経験・能力を全体としてバランス良く備え、ジェンダーや国際性、職歴、年齢の面を含む多様性と適正規模を両立させる形で構成されるべきである。また、監査役には、適切な経験・能力及び必要な財務・会計・法務に関する知識を有する者が選任されるべきであり、特に、財務・会計に関する十分な知見を有している者が1名以上選任されるべきである。

取締役会は、取締役会全体としての実効性に関する分析・評価を行うことなどにより、その機能の向上を図るべきである。

[2018年改訂時の補足説明] 取締役会の機能発揮等

取締役会は、CEOをはじめとする経営陣を支える重要な役割・責務を担っており、取締役会全体として適切な知識・経験・能力を備えることが求められる。

また、我が国の上場企業役員に占める女性の割合は現状3.7%にとどまっているが、取締役会がその機能を十分に発揮していく上では、ジェンダー、更には国際性の面を含む多様性を十分に確保していくことが重要である。

査役会・監査等委員会が関与する監査を除く）の独立性・客観性を強化する手法としては、例えば、任意の諮問委員会を活用することや、監査等委員会設置会社である場合には、取締役の指名・報酬について株主総会における意見陳述権が付与されている監査等委員会を活用することなどが考えられる。その際には、コーポレートガバナンスに関連する様々な事項（例えば、関連当事者間の取引に関する事項や監査役の指名に関する事項等）をこうした委員会に併せて検討させるなど、会社の実情に応じた多様な対応を行うことが考えられる。

[2018年改訂時の補足説明] CEOの選解任

経営陣において、特に中心的な役割を果たすのはCEOであり、その選解任は、企業にとって最も重要な戦略的意思決定である*。

他方、多くの企業においては、こうしたCEOの育成・選任に向けた取組みが不十分であることが指摘されており、客観性・適時性・透明性ある手続を確立していくことが必要と考えられる。例えば、CEOの選解任の基準は未だ整備が進んでおらず、後継者計画についても、取締役会による十分な監督が行われている企業は少数にとどまっている状況にある。更に、近年、指名委員会を設置する企業は増加しつつあるものの、CEOの選解任プロセスの独立性・客観性を強化する上では、指名委員会の設置・活用を更に進めていくことが重要となる。

[2021年6月改訂時の補足説明]

経営陣において特に中心的な役割を果たすのはCEOであり、その選解任は、企業にとって最も重要な戦略的意思決定である。こうした点も踏まえ、前回の本コードの改訂においては、指名委員会・報酬委員会など独立した諮問委員会の設置に向けた記載が盛り込まれた。しかし、委員会に期待される機能の発揮のためには、その独立性の確保が重要な要素の一つであるにもかかわらず、現状十分でないのではないかとの指摘や、国際的に比較してもその独立性を更に高めることが

---

* CEOの選解任については、これまでもフォローアップ会議において議論を行ってきており、「会社の持続的成長と中長期的な企業価値の向上に向けた取締役会のあり方」と題する意見書（平成28年2月公表）を取りまとめている。

の評価がある一方で、機関投資家や議決権行使助言会社による解釈が様々に行われる結果、上場会社が保守的な適用を行うという弊害が生じているとの指摘もある。また、これらの基準には、幾つかの点において、諸外国の基準との差異も存在するところである。本有識者会議としては、今後の状況の進展等を踏まえつつ、金融商品取引所において、必要に応じ、適切な検討が行われることを期待する。

【原則 4-10. 任意の仕組みの活用】

上場会社は、会社法が定める会社の機関設計のうち会社の特性に応じて最も適切な形態を採用するに当たり、必要に応じて任意の仕組みを活用することにより、統治機能の更なる充実を図るべきである。

補充原則

4-10 ① 上場会社が監査役会設置会社または監査等委員会設置会社であって、独立社外取締役が取締役会の過半数に達していない場合には、経営陣幹部・取締役の指名（後継者計画を含む）・報酬などに係る取締役会の機能の独立性・客観性と説明責任を強化するため、取締役会の下に独立社外取締役を主要な構成員とする独立した指名委員会・報酬委員会を設置することにより、指名や報酬などの特に重要な事項に関する検討に当たり、ジェンダー等の多様性やスキルの観点を含め、これらの委員会の適切な関与・助言を得るべきである。

特に、プライム市場上場会社は、各委員会の構成員の過半数を独立社外取締役とすることを基本とし、その委員会構成の独立性に関する考え方・権限・役割等を開示すべきである。

[2015 年策定時の背景説明]

取締役会に期待される説明責任の確保や実効性の高い監督といった役割・責務に関しては、監査や指名・報酬に係る機能の重要性が指摘されている。また、諸外国では、こうした機能に関しては特に独立した客観的な立場からの判断を求めている例も多い。こうした機能（監

[2021年6月改訂時の補足説明]

グループガバナンスに関しては、グループ経営の在り方を検討する昨今の動きなどを踏まえると、上場子会社において少数株主を保護するためのガバナンス体制の整備が重要、などの指摘がされた。

支配株主は、会社及び株主共同の利益を尊重し、少数株主を不公正に取り扱ってはならないのであって、支配株主を有する上場会社においては、より高い水準の独立性を備えた取締役会構成の実現や、支配株主と少数株主との利益相反が生じ得る取引・行為（例えば、親会社と子会社との間で直接取引を行う場合、親会社と子会社との間で事業譲渡・事業調整を行う場合、親会社が完全子会社化を行う場合等）のうち、重要なものについての独立した特別委員会における審議・検討を通じて、少数株主保護を図ることが求められる。特に、支配株主を有する上場会社においては、独立社外取締役の比率及びその指名の仕組みについて、取締役会として支配株主からの独立性と株主共同の利益の保護を確保するための手立てを講ずることが肝要である。なお、支配株主のみならず、それに準ずる支配力を持つ主要株主（支配的株主）を有する上場会社においても、本改訂案を基にした対応が取られることが望まれる。

【原則4-9. 独立社外取締役の独立性判断基準及び資質】

取締役会は、金融商品取引所が定める独立性基準を踏まえ、独立社外取締役となる者の独立性をその実質面において担保することに主眼を置いた独立性判断基準を策定・開示すべきである。また、取締役会は、取締役会における率直・活発で建設的な検討への貢献が期待できる人物を独立社外取締役の候補者として選定するよう努めるべきである。

[2015年策定時の背景説明]

金融商品取引所が定める独立性基準やこれに関連する開示基準については、その内容が抽象的で解釈に幅を生じさせる余地があるとの見方がある。これについては、適用における柔軟性が確保されているとは、独立役員の円滑な選任を促進する観点から、その候補に関する情報の蓄積・更新・提供をするなどの取組みを行っている団体もあり、今後、こうした取組みが更に広範に進められていくことが期待される、との指摘があった。

[2021年6月改訂時の補足説明]

事業環境が不連続に変化する中においては、取締役会が経営者による迅速・果断なリスクテイクを支え重要な意思決定を行うとともに、実効性の高い監督を行うことが求められる。

そのためには、「我が国を代表する投資対象として優良な企業が集まる市場」であるプライム市場の上場会社においては、独立社外取締役を３分の１以上選任するとともに、それぞれの経営環境や事業特性等を勘案して必要と考える場合には、独立社外取締役の過半数の選任の検討が行われることが重要となる。

補充原則

4-8 ①　独立社外取締役は、取締役会における議論に積極的に貢献するとの観点から、例えば、独立社外者のみを構成員とする会合を定期的に開催するなど、独立した客観的な立場に基づく情報交換・認識共有を図るべきである。

4-8 ②　独立社外取締役は、例えば、互選により「筆頭独立社外取締役」を決定することなどにより、経営陣との連絡・調整や監査役または監査役会との連携に係る体制整備を図るべきである。

4-8 ③　支配株主を有する上場会社は、取締役会において支配株主からの独立性を有する独立社外取締役を少なくとも３分の１以上（プライム市場上場会社においては過半数）選任するか、または支配株主と少数株主との利益が相反する重要な取引・行為について審議・検討を行う、独立社外取締役を含む独立性を有する者で構成された特別委員会を設置すべきである。

（iii） 会社と経営陣・支配株主等との間の利益相反を監督すること

（iv） 経営陣・支配株主から独立した立場で、少数株主をはじめとするステークホルダーの意見を取締役会に適切に反映させること

【原則 4-8. 独立社外取締役の有効な活用】

独立社外取締役は会社の持続的な成長と中長期的な企業価値の向上に寄与するように役割・責務を果たすべきであり、プライム市場上場会社はそのような資質を十分に備えた独立社外取締役を少なくとも３分の１（その他の市場の上場会社においては２名）以上選任すべきである。

また、上記にかかわらず、業種・規模・事業特性・機関設計・会社をとりまく環境等を総合的に勘案して、過半数の独立社外取締役を選任することが必要と考えるプライム市場上場会社（その他の市場の上場会社においては少なくとも３分の１以上の独立社外取締役を選任することが必要と考える上場会社）は、十分な人数の独立社外取締役を選任すべきである。

[2015 年策定時の背景説明]

独立社外取締役を巡っては様々な議論があるが、単にこれを設置しさえすれば会社の成長が図られる、という捉え方は適切ではない。独立社外取締役を置く場合には、その期待される役割・責務に照らし、その存在を活かすような対応がとられるか否かが成否の重要な鍵となると考えられる。（独立）社外取締役については、既に会社法（平成 26 年改正後）や上場規則が１名以上の設置に関連する規定を置いており、実務上もこれに沿った対応が見られるが、本コード（原案）では、独立社外取締役を複数名設置すればその存在が十分に活かされる可能性が大きく高まる、という観点から、「少なくとも２名以上」との記載を行っている。なお、本有識者会議において、関係団体の中に

補充原則

4-4① 監査役会は、会社法により、その半数以上を社外監査役とすること及び常勤の監査役を置くことの双方が求められていることを踏まえ、その役割・責務を十分に果たすとの観点から、前者に由来する強固な独立性と、後者が保有する高度な情報収集力とを有機的に組み合わせて実効性を高めるべきである。また、監査役または監査役会は、社外取締役が、その独立性に影響を受けることなく情報収集力の強化を図ることができるよう、社外取締役との連携を確保すべきである。

【原則 4-5. 取締役・監査役等の受託者責任】

上場会社の取締役・監査役及び経営陣は、それぞれの株主に対する受託者責任を認識し、ステークホルダーとの適切な協働を確保しつつ、会社や株主共同の利益のために行動すべきである。

【原則 4-6. 経営の監督と執行】

上場会社は、取締役会による独立かつ客観的な経営の監督の実効性を確保すべく、業務の執行には携わらない、業務の執行と一定の距離を置く取締役の活用について検討すべきである。

【原則 4-7. 独立社外取締役の役割・責務】

上場会社は、独立社外取締役には、特に以下の役割・責務を果たすことが期待されることに留意しつつ、その有効な活用を図るべきである。

（i） 経営の方針や経営改善について、自らの知見に基づき、会社の持続的な成長を促し中長期的な企業価値の向上を図る、との観点からの助言を行うこと

（ii） 経営陣幹部の選解任その他の取締役会の重要な意思決定を通じ、経営の監督を行うこと

補充原則

4-3 ①　取締役会は、経営陣幹部の選任や解任について、会社の業績等の評価を踏まえ、公正かつ透明性の高い手続に従い、適切に実行すべきである。

4-3 ②　取締役会は、CEOの選解任は、会社における最も重要な戦略的意思決定であることを踏まえ、客観性・適時性・透明性ある手続に従い、十分な時間と資源をかけて、資質を備えたCEOを選任すべきである。

4-3 ③　取締役会は、会社の業績等の適切な評価を踏まえ、CEOがその機能を十分発揮していないと認められる場合に、CEOを解任するための客観性・適時性・透明性ある手続を確立すべきである。

4-3 ④　内部統制や先を見越した全社的リスク管理体制の整備は、適切なコンプライアンスの確保とリスクテイクの裏付けとなり得るものであり、取締役会はグループ全体を含めたこれらの体制を適切に構築し、内部監査部門を活用しつつ、その運用状況を監督すべきである。

【原則 4-4. 監査役及び監査役会の役割・責務】

監査役及び監査役会は、取締役の職務の執行の監査、外部会計監査人の選解任や監査報酬に係る権限の行使などの役割・責務を果たすに当たって、株主に対する受託者責任を踏まえ、独立した客観的な立場において適切な判断を行うべきである。

また、監査役及び監査役会に期待される重要な役割・責務には、業務監査・会計監査をはじめとするいわば「守りの機能」があるが、こうした機能を含め、その役割・責務を十分に果たすためには、自らの守備範囲を過度に狭く捉えることは適切でなく、能動的・積極的に権限を行使し、取締役会においてあるいは経営陣に対して適切に意見を述べるべきである。

また、経営陣の報酬については、中長期的な会社の業績や潜在的リスクを反映させ、健全な企業家精神の発揮に資するようなインセンティブ付けを行うべきである。

補充原則

4-2 ①　取締役会は、経営陣の報酬が持続的な成長に向けた健全なインセンティブとして機能するよう、客観性・透明性ある手続に従い、報酬制度を設計し、具体的な報酬額を決定すべきである。その際、中長期的な業績と連動する報酬の割合や、現金報酬と自社株報酬との割合を適切に設定すべきである。

4-2 ②　取締役会は、中長期的な企業価値の向上の観点から、自社のサステナビリティを巡る取組みについて基本的な方針を策定すべきである。

また、人的資本・知的財産への投資等の重要性に鑑み、これらをはじめとする経営資源の配分や、事業ポートフォリオに関する戦略の実行が、企業の持続的な成長に資するよう、実効的に監督を行うべきである。

【原則 4-3. 取締役会の役割・責務（3）】

取締役会は、独立した客観的な立場から、経営陣・取締役に対する実効性の高い監督を行うことを主要な役割・責務の一つと捉え、適切に会社の業績等の評価を行い、その評価を経営陣幹部の人事に適切に反映すべきである。

また、取締役会は、適時かつ正確な情報開示が行われるよう監督を行うとともに、内部統制やリスク管理体制を適切に整備すべきである。

更に、取締役会は、経営陣・支配株主等の関連当事者と会社との間に生じ得る利益相反を適切に管理すべきである。

うべきである。仮に、中期経営計画が目標未達に終わった場合には、その原因や自社が行った対応の内容を十分に分析し、株主に説明を行うとともに、その分析を次期以降の計画に反映させるべきである。

4-1 ③　取締役会は、会社の目指すところ（経営理念等）や具体的な経営戦略を踏まえ、最高経営責任者（CEO）等の後継者計画（プランニング）の策定・運用に主体的に関与するとともに、後継者候補の育成が十分な時間と資源をかけて計画的に行われていくよう、適切に監督を行うべきである。

［2018 年改訂時の補足説明］ CEO の選解任

経営陣において、特に中心的な役割を果たすのは CEO であり、その選解任は、企業にとって最も重要な戦略的意思決定である*。

他方、多くの企業においては、こうした CEO の育成・選任に向けた取組みが不十分であることが指摘されており、客観性・適時性・透明性ある手続を確立していくことが必要と考えられる。例えば、CEO の選解任の基準は未だ整備が進んでおらず、後継者計画についても、取締役会による十分な監督が行われている企業は少数にとどまっている状況にある。更に、近年、指名委員会を設置する企業は増加しつつあるものの、CEO の選解任プロセスの独立性・客観性を強化する上では、指名委員会の設置・活用を更に進めていくことが重要となる。

【原則 4-2. 取締役会の役割・責務（2)】

取締役会は、経営陣幹部による適切なリスクテイクを支える環境整備を行うことを主要な役割・責務の一つと捉え、経営陣からの健全な企業家精神に基づく提案を歓迎しつつ、説明責任の確保に向けて、そうした提案について独立した客観的な立場において多角的かつ十分な検討を行うとともに、承認した提案が実行される際には、経営陣幹部の迅速・果断な意思決定を支援すべきである。

---

*　CEO の選解任については、これまでもフォローアップ会議において議論を行ってきており、「会社の持続的成長と中長期的な企業価値の向上に向けた取締役会のあり方」と題する意見書（平成 28 年 2 月公表）を取りまとめている。

創意工夫を施すことによりそれぞれの機関の機能を実質的かつ十分に発揮させることである。

また、本コードを策定する大きな目的の一つは、上場会社による透明・公正かつ迅速・果断な意思決定を促すことにあるが、上場会社の意思決定のうちには、外部環境の変化その他の事情により、結果として会社に損害を生じさせることとなるものが無いとは言い切れない。その場合、経営陣・取締役が損害賠償責任を負うか否かの判断に際しては、一般的に、その意思決定の時点における意思決定過程の合理性が重要な考慮要素の一つとなるものと考えられるが、本コードには、ここでいう意思決定過程の合理性を担保することに寄与すると考えられる内容が含まれており、本コードは、上場会社の透明・公正かつ迅速・果断な意思決定を促す効果を持つこととなるものと期待している。

そして、支配株主は、会社及び株主共同の利益を尊重し、少数株主を不公正に取り扱ってはならないのであって、支配株主を有する上場会社には、少数株主の利益を保護するためのガバナンス体制の整備が求められる。

【原則 4-1. 取締役会の役割・責務（1）】

取締役会は、会社の目指すところ（経営理念等）を確立し、戦略的な方向付けを行うことを主要な役割・責務の一つと捉え、具体的な経営戦略や経営計画等について建設的な議論を行うべきであり、重要な業務執行の決定を行う場合には、上記の戦略的な方向付けを踏まえるべきである。

補充原則

4-1 ①　取締役会は、取締役会自身として何を判断・決定し、何を経営陣に委ねるのかに関連して、経営陣に対する委任の範囲を明確に定め、その概要を開示すべきである。

4-1 ②　取締役会・経営陣幹部は、中期経営計画も株主に対するコミットメントの一つであるとの認識に立ち、その実現に向けて最善の努力を行

第４章　取締役会等の責務

【基本原則４】

上場会社の取締役会は、株主に対する受託者責任・説明責任を踏まえ、会社の持続的成長と中長期的な企業価値の向上を促し、収益力・資本効率等の改善を図るべく、

（1）　企業戦略等の大きな方向性を示すこと

（2）　経営陣幹部による適切なリスクテイクを支える環境整備を行うこと

（3）　独立した客観的な立場から、経営陣（執行役及びいわゆる執行役員を含む）・取締役に対する実効性の高い監督を行うこと

をはじめとする役割・責務を適切に果たすべきである。

こうした役割・責務は、監査役会設置会社（その役割・責務の一部は監査役及び監査役会が担うこととなる）、指名委員会等設置会社、監査等委員会設置会社など、いずれの機関設計を採用する場合にも、等しく適切に果たされるべきである。

考え方

上場会社は、通常、会社法が規定する機関設計のうち主要な３種類（監査役会設置会社、指名委員会等設置会社、監査等委員会設置会社）のいずれかを選択することとされている。前者（監査役会設置会社）は、取締役会と監査役・監査役会に統治機能を担わせる我が国独自の制度である。その制度では、監査役は、取締役・経営陣等の職務執行の監査を行うこととされており、法律に基づく調査権限が付与されている。また、独立性と高度な情報収集能力の双方を確保すべく、監査役（株主総会で選任）の半数以上は社外監査役とし、かつ常勤の監査役を置くこととされている。後者の２つは、取締役会に委員会を設置して一定の役割を担わせることにより監督機能の強化を目指すものであるという点において、諸外国にも類例が見られる制度である。上記の３種類の機関設計のいずれを採用する場合でも、重要なことは、

向け、我が国もこうした動きに積極的に参画することが求められる。今後、IFRS財団におけるサステナビリティ開示の統一的な枠組みがTCFDの枠組みにも拠りつつ策定された場合には、これがTCFD提言と同等の枠組みに該当するものとなることが期待される。さらに、中長期的な企業価値向上に向けた人的資本や知的財産への投資等に係る具体的な情報開示も重要となる。

【原則3-2. 外部会計監査人】
外部会計監査人及び上場会社は、外部会計監査人が株主・投資家に対して責務を負っていることを認識し、適正な監査の確保に向けて適切な対応を行うべきである。

補充原則

3-2① 監査役会は、少なくとも下記の対応を行うべきである。

(i) 外部会計監査人候補を適切に選定し外部会計監査人を適切に評価するための基準の策定
(ii) 外部会計監査人に求められる独立性と専門性を有しているか否かについての確認

3-2② 取締役会及び監査役会は、少なくとも下記の対応を行うべきである。

(i) 高品質な監査を可能とする十分な監査時間の確保
(ii) 外部会計監査人からCEO・CFO等の経営陣幹部へのアクセス（面談等）の確保
(iii) 外部会計監査人と監査役（監査役会への出席を含む）、内部監査部門や社外取締役との十分な連携の確保
(iv) 外部会計監査人が不正を発見し適切な対応を求めた場合や、不備・問題点を指摘した場合の会社側の対応体制の確立

補充原則

3-1 ①　上記の情報の開示（法令に基づく開示を含む）に当たって、取締役会は、ひな型的な記述や具体性を欠く記述を避け、利用者にとって付加価値の高い記載となるようにすべきである。

3-1 ②　上場会社は、自社の株主における海外投資家等の比率も踏まえ、合理的な範囲において、英語での情報の開示・提供を進めるべきである。

特に、プライム市場上場会社は、開示書類のうち必要とされる情報について、英語での開示・提供を行うべきである。

3-1 ③　上場会社は、経営戦略の開示に当たって、自社のサステナビリティについての取組みを適切に開示すべきである。また、人的資本や知的財産への投資等についても、自社の経営戦略・経営課題との整合性を意識しつつ分かりやすく具体的に情報を開示・提供すべきである。

特に、プライム市場上場会社は、気候変動に係るリスク及び収益機会が自社の事業活動や収益等に与える影響について、必要なデータの収集と分析を行い、国際的に確立された開示の枠組みであるTCFDまたはそれと同等の枠組みに基づく開示の質と量の充実を進めるべきである。

[2021年6月改訂時の補足説明]

投資家と企業の間のサステナビリティに関する建設的な対話を促進する観点からは、サステナビリティに関する開示が行われることが重要である。

特に、気候変動に関する開示については、現時点において、TCFD[(1)]提言が国際的に確立された開示の枠組みとなっている。また、国際会計基準の設定主体であるIFRS財団において、TCFDの枠組みにも拠りつつ、気候変動を含むサステナビリティに関する統一的な開示の枠組みを策定する動きが進められている。

比較可能で整合性の取れた気候変動に関する開示の枠組みの策定に

1　気候関連財務情報開示タスクフォース（TCFD）を指す。

は、上場会社の外側にいて情報の非対称性の下におかれている株主等のステークホルダーと認識を共有し、その理解を得るための有力な手段となり得るものであり、「『責任ある機関投資家』の諸原則《日本版スチュワードシップ・コード》」を踏まえた建設的な対話にも資するものである。

【原則 3-1. 情報開示の充実】

上場会社は、法令に基づく開示を適切に行うことに加え、会社の意思決定の透明性・公正性を確保し、実効的なコーポレートガバナンスを実現するとの観点から、(本コードの各原則において開示を求めている事項のほか、) 以下の事項について開示し、主体的な情報発信を行うべきである。

(i) 会社の目指すところ (経営理念等) や経営戦略、経営計画

(ii) 本コードのそれぞれの原則を踏まえた、コーポレートガバナンスに関する基本的な考え方と基本方針

(iii) 取締役会が経営陣幹部・取締役の報酬を決定するに当たっての方針と手続

(iv) 取締役会が経営陣幹部の選解任と取締役・監査役候補の指名を行うに当たっての方針と手続

(v) 取締役会が上記 (iv) を踏まえて経営陣幹部の選解任と取締役・監査役候補の指名を行う際の、個々の選解任・指名についての説明

第３章　適切な情報開示と透明性の確保

【基本原則３】

上場会社は、会社の財政状態・経営成績等の財務情報や、経営戦略・経営課題、リスクやガバナンスに係る情報等の非財務情報について、法令に基づく開示を適切に行うとともに、法令に基づく開示以外の情報提供にも主体的に取り組むべきである。

その際、取締役会は、開示・提供される情報が株主との間で建設的な対話を行う上での基盤となることも踏まえ、そうした情報（とりわけ非財務情報）が、正確で利用者にとって分かりやすく、情報として有用性の高いものとなるようにすべきである。

考え方

上場会社には、様々な情報を開示することが求められている。これらの情報が法令に基づき適時適切に開示されることは、投資家保護や資本市場の信頼性確保の観点から不可欠の要請であり、取締役会・監査役・監査役会・外部会計監査人は、この点に関し財務情報に係る内部統制体制の適切な整備をはじめとする重要な責務を負っている。

また、上場会社は、法令に基づく開示以外の情報提供にも主体的に取り組むべきである。

更に、我が国の上場会社による情報開示は、計表等については、様式・作成要領などが詳細に定められており比較可能性に優れている一方で、会社の財政状態、経営戦略、リスク、ガバナンスや社会・環境問題に関する事項（いわゆるESG要素）などについて説明等を行ういわゆる非財務情報を巡っては、ひな型的な記述や具体性を欠く記述となっており付加価値に乏しい場合が少なくない、との指摘もある。取締役会は、こうした情報を含め、開示・提供される情報が可能な限り利用者にとって有益な記載となるよう積極的に関与を行う必要がある。

法令に基づく開示であれそれ以外の場合であれ、適切な情報の開示・提供るよう、自ら主体的に人事面や運営面における取組みを行うことが求められる。我が国の企業年金は1万を超え、形態や規模も様々であるが、こうした取組みが進められることにより、企業年金における運用の専門性が高まるとともに、スチュワードシップ・コードの受入れが広がり、実効的なスチュワードシップ活動が進められていくことを期待したい。

【原則 2-6. 企業年金のアセットオーナーとしての機能発揮】

上場会社は、企業年金の積立金の運用が、従業員の安定的な資産形成に加えて自らの財政状態にも影響を与えることを踏まえ、企業年金が運用（運用機関に対するモニタリングなどのスチュワードシップ活動を含む）の専門性を高めてアセットオーナーとして期待される機能を発揮できるよう、運用に当たる適切な資質を持った人材の計画的な登用・配置などの人事面や運営面における取組みを行うとともに、そうした取組みの内容を開示すべきである。その際、上場会社は、企業年金の受益者と会社との間に生じ得る利益相反が適切に管理されるようにすべきである。

［2018 年 6 月改訂時の補足説明］ アセットオーナー

コーポレートガバナンス改革を深化させ、インベストメント・チェーンの機能発揮を促していくためには、最終受益者の最も近くに位置し、企業との対話の直接の相手方となる運用機関に対して働きかけやモニタリングを行っているアセットオーナーの役割が極めて重要である。

アセットオーナーのうち、公的年金においては、2017 年 5 月のスチュワードシップ・コード改訂を受け、運用機関に対して実効的なスチュワードシップ活動を求めるなどの動きが見られているが、企業年金については、必ずしも十分に取組みが進んでいない状況にある。企業年金におけるスチュワードシップ活動への関心は総じて低く、実際にこうした活動を行っている企業年金も少ないとの指摘があり、スチュワードシップ・コードを受け入れている企業年金は 9 基金にとどまっている。また、企業年金においては、スチュワードシップ活動を含めた運用に携わる人材が質的・量的に不足しているのではないかとの指摘もなされている。

こうした課題については、一義的には企業年金自体において対処されるべきものであるが、母体企業においても、企業年金の運用が従業員の資産形成や自らの財政状態に影響を与えることを十分認識し、企業年金がアセットオーナーとして期待される機能を実効的に発揮でき締役会や経営陣を支える管理職層においてジェンダー・国際性・職歴・年齢等の多様性が確保され、それらの中核人材が経験を重ねながら、取締役や経営陣に登用される仕組みを構築することが極めて重要である。こうした多様性の確保に向けては、取締役会が、主導的にその取組みを促進し監督することが期待される。

そこで、多様性の確保を促すためにも、上場会社は、女性・外国人・中途採用者の管理職への登用等、中核人材の登用等における多様性の確保についての考え方と自主的かつ測定可能な目標を示すとともに、その状況の開示を行うことが重要である。また、多様性の確保に向けた人材育成方針・社内環境整備方針をその実施状況と併せて開示することも重要である。

【原則 2-5. 内部通報】

上場会社は、その従業員等が、不利益を被る危険を懸念することなく、違法または不適切な行為・情報開示に関する情報や真摯な疑念を伝えることができるよう、また、伝えられた情報や疑念が客観的に検証され適切に活用されるよう、内部通報に係る適切な体制整備を行うべきである。取締役会は、こうした体制整備を実現する責務を負うとともに、その運用状況を監督すべきである。

補充原則

2-5 ①　上場会社は、内部通報に係る体制整備の一環として、経営陣から独立した窓口の設置（例えば、社外取締役と監査役による合議体を窓口とする等）を行うべきであり、また、情報提供者の秘匿と不利益取扱の禁止に関する規律を整備すべきである。

情に応じて異なるものも存在する。各社が主体的に自社の置かれた状況を的確に把握し、取り組むべきサステナビリティ要素を個別に判断していくことは、サステナビリティへの形式的ではない実質的な対応を行う上でも重要となる。

また、企業の持続的な成長に向けた経営資源の配分に当たっては、人的資本への投資や知的財産の創出が企業価値に与える影響が大きいとの指摘も鑑みれば、人的資本や知的財産への投資等をはじめとする経営資源の配分等が、企業の持続的な成長に資するよう、実効的に監督を行うことが必要となる。

なお、こうした将来に向けた投資等に関しては、投資戦略の実行を支える営業キャッシュフローを十分に確保するなど、持続的な経営戦略・投資戦略の実現が図られることが肝要となる。

【原則 2-4. 女性の活躍促進を含む社内の多様性の確保】

上場会社は、社内に異なる経験・技能・属性を反映した多様な視点や価値観が存在することは、会社の持続的な成長を確保する上での強みとなり得る、との認識に立ち、社内における女性の活躍促進を含む多様性の確保を推進すべきである。

補充原則

2-4 ①　上場会社は、女性・外国人・中途採用者の管理職への登用等、中核人材の登用等における多様性の確保についての考え方と自主的かつ測定可能な目標を示すとともに、その状況を開示すべきである。

また、中長期的な企業価値の向上に向けた人材戦略の重要性に鑑み、多様性の確保に向けた人材育成方針と社内環境整備方針をその実施状況と併せて開示すべきである。

[2021 年 6 月改訂時の補足説明]

企業がコロナ後の不連続な変化を先導し、新たな成長を実現する上では、取締役会のみならず、経営陣にも多様な視点や価値観を備えることが求められる。我が国企業を取り巻く状況等を十分に認識し、取

【原則 2-3. 社会・環境問題をはじめとするサステナビリティを巡る課題】

上場会社は、社会・環境問題をはじめとするサステナビリティを巡る課題について、適切な対応を行うべきである。

補充原則

2-3 ① 取締役会は、気候変動などの地球環境問題への配慮、人権の尊重、従業員の健康・労働環境への配慮や公正・適切な処遇、取引先との公正・適正な取引、自然災害等への危機管理など、サステナビリティを巡る課題への対応は、リスクの減少のみならず収益機会にもつながる重要な経営課題であると認識し、中長期的な企業価値の向上の観点から、これらの課題に積極的・能動的に取り組むよう検討を深めるべきである。

[2021 年 6 月改訂時の補足説明]

中長期的な企業価値の向上に向けては、リスクとしてのみならず収益機会としてもサステナビリティを巡る課題へ積極的・能動的に対応することの重要性は高まっている。また、サステナビリティに関しては、従来よりE（環境）の要素への注目が高まっているところであるが、それに加え、近年、人的資本への投資等のS（社会）の要素の重要性も指摘されている。人的資本への投資に加え、知的財産に関しても、国際競争力の強化という観点からは、より効果的な取組みが進むことが望ましいとの指摘もされている。

こうした点も踏まえ、取締役会は、中長期的な企業価値の向上の観点から、自社のサステナビリティを巡る取組みについて基本的な方針を策定することが求められる。加えて、上場会社は、例えば、サステナビリティに関する委員会を設置するなどの枠組みの整備や、ステークホルダーとの対話等も含め、サステナビリティへの取組みを全社的に検討・推進することが重要となる。サステナビリティの要素として取り組むべき課題には、全企業に共通するものもあれば、各企業の事

【原則 2-1. 中長期的な企業価値向上の基礎となる経営理念の策定】

上場会社は、自らが担う社会的な責任についての考え方を踏まえ、様々なステークホルダーへの価値創造に配慮した経営を行いつつ中長期的な企業価値向上を図るべきであり、こうした活動の基礎となる経営理念を策定すべきである。

【原則 2-2. 会社の行動準則の策定・実践】

上場会社は、ステークホルダーとの適切な協働やその利益の尊重、健全な事業活動倫理などについて、会社としての価値観を示しその構成員が従うべき行動準則を定め、実践すべきである。取締役会は、行動準則の策定・改訂の責務を担い、これが国内外の事業活動の第一線にまで広く浸透し、遵守されるようにすべきである

補充原則

2-2 ①　取締役会は、行動準則が広く実践されているか否かについて、適宜または定期的にレビューを行うべきである。その際には、実質的に行動準則の趣旨・精神を尊重する企業文化・風土が存在するか否かに重点を置くべきであり、形式的な遵守確認に終始すべきではない。

第２章　株主以外のステークホルダーとの適切な協働

【基本原則２】

上場会社は、会社の持続的な成長と中長期的な企業価値の創出は、従業員、顧客、取引先、債権者、地域社会をはじめとする様々なステークホルダーによるリソースの提供や貢献の結果であることを十分に認識し、これらのステークホルダーとの適切な協働に努めるべきである。

取締役会・経営陣は、これらのステークホルダーの権利・立場や健全な事業活動倫理を尊重する企業文化・風土の醸成に向けてリーダーシップを発揮すべきである。

考え方

上場会社には、株主以外にも重要なステークホルダーが数多く存在する。これらのステークホルダーには、従業員をはじめとする社内の関係者や、顧客・取引先・債権者等の社外の関係者、更には、地域社会のように会社の存続・活動の基盤をなす主体が含まれる。上場会社は、自らの持続的な成長と中長期的な企業価値の創出を達成するためには、これらのステークホルダーとの適切な協働が不可欠であることを十分に認識すべきである。

また、「持続可能な開発目標」（SDGs）が国連サミットで採択され、気候関連財務情報開示タスクフォース（TCFD）への賛同機関数が増加するなど、中長期的な企業価値の向上に向け、サステナビリティ（ＥＳＧ要素を含む中長期的な持続可能性）が重要な経営課題であるとの意識が高まっている。こうした中、我が国企業においては、サステナビリティ課題への積極的・能動的な対応を一層進めていくことが重要である。

上場会社が、こうした認識を踏まえて適切な対応を行うことは、社会・経済全体に利益を及ぼすとともに、その結果として、会社自身にも更に利益がもたらされる、という好循環の実現に資するものである。

【原則 1-6. 株主の利益を害する可能性のある資本政策】

支配権の変動や大規模な希釈化をもたらす資本政策（増資、MBO等を含む）については、既存株主を不当に害することのないよう、取締役会・監査役は、株主に対する受託者責任を全うする観点から、その必要性・合理性をしっかりと検討し、適正な手続を確保するとともに、株主に十分な説明を行うべきである。

【原則 1-7. 関連当事者間の取引】

上場会社がその役員や主要株主等との取引（関連当事者間の取引）を行う場合には、そうした取引が会社や株主共同の利益を害することのないよう、また、そうした懸念を惹起することのないよう、取締役会は、あらかじめ、取引の重要性やその性質に応じた適切な手続を定めてその枠組みを開示するとともに、その手続を踏まえた監視（取引の承認を含む）を行うべきである。

して高い水準にある。　政策保有株式については、企業間で戦略的提携を進めていく上で意義があるとの指摘もある一方、安定株主の存在が企業経営に対する規律の緩みを生じさせているのではないかとの指摘や、企業のバランスシートにおいて活用されていないリスク性資産であり、資本管理上非効率ではないかとの指摘もなされている。

こうした状況を踏まえれば、政策保有株式について、投資家と企業の間で、これまで以上に深度ある対話が行われることが重要であり、企業には、個別の政策保有株式の保有目的や保有に伴う便益・リスクを具体的に精査した上で、保有の適否を検証し、分かりやすく開示・説明を行うことが求められる。また、政策保有株式の縮減に関する方針・考え方など、政策保有に関する方針をしっかりと開示することも重要である。

政策保有株式をめぐっては、保有させている側に対する規律付けの重要性も指摘されたところであり、所要のコード改訂等を提言している。

【原則 1-5. いわゆる買収防衛策】

買収防衛の効果をもたらすことを企図してとられる方策は、経営陣・取締役会の保身を目的とするものであってはならない。その導入・運用については、取締役会・監査役は、株主に対する受託者責任を全うする観点から、その必要性・合理性をしっかりと検討し、適正な手続を確保するとともに、株主に十分な説明を行うべきである。

補充原則

1-5 ①　上場会社は、自社の株式が公開買付けに付された場合には、取締役会としての考え方（対抗提案があればその内容を含む）を明確に説明すべきであり、また、株主が公開買付けに応じて株式を手放す権利を不当に妨げる措置を講じるべきではない。

【原則 1-3. 資本政策の基本的な方針】

上場会社は、資本政策の動向が株主の利益に重要な影響を与え得ることを踏まえ、資本政策の基本的な方針について説明を行うべきである。

【原則 1-4. 政策保有株式】

上場会社が政策保有株式として上場株式を保有する場合には、政策保有株式の縮減に関する方針・考え方など、政策保有に関する方針を開示すべきである。また、毎年、取締役会で、個別の政策保有株式について、保有目的が適切か、保有に伴う便益やリスクが資本コストに見合っているか等を具体的に精査し、保有の適否を検証するとともに、そうした検証の内容について開示すべきである。

上場会社は、政策保有株式に係る議決権の行使について、適切な対応を確保するための具体的な基準を策定・開示し、その基準に沿った対応を行うべきである。

補充原則

1-4①　上場会社は、自社の株式を政策保有株式として保有している会社（政策保有株主）からその株式の売却等の意向が示された場合には、取引の縮減を示唆することなどにより、売却等を妨げるべきではない。

1-4②　上場会社は、政策保有株主との間で、取引の経済合理性を十分に検証しないまま取引を継続するなど、会社や株主共同の利益を害するような取引を行うべきではない。

［2018 年改訂時の補足説明］　政策保有株式

近年、政策保有株式は減少傾向にあるものの、事業法人による保有の減少は緩やかであり、政策保有株式が議決権に占める比率は依然と確保する観点から、できるだけ短いことが望ましい（英国では、2日間以内。）

・招集通知から株主総会開催日までの期間は、熟慮のため、できるだけ長いことが望ましい（英国では、約4週間以上。）

・決算期末から、会計監査証明までの期間は、不正リスクに対応した実効性ある会計監査確保の観点から、一定の期間を確保する必要がある。

・以上に対応するため、必要があれば、株主総会開催日を7月（3月期決算の会社の場合）にすることも検討されることが考えられるが、業績評価に基づく株主総会の意思決定との観点から、決算期末から株主総会開催日までの期間が長くなりすぎることは避ける必要がある。

なお、以上の方向で考える場合、（監査済財務情報の提供時期や株主総会の開催時期が後倒しになることが考えられることから、）決算短信によるタイムリーな情報提供が一層重要となることや、例外的な事象が生じた場合も視野に入れた他の制度との整合性の検討が必要となることなどにも留意が必要である。

本問題については、本コード（原案）に寄せられるパブリック・コメント等の内容も踏まえつつ、必要に応じ、本有識者会議において引き続き議論を行い、東京証券取引所における最終的なコードの策定に反映される必要があるか否かを検討することとする。

1-2④　上場会社は、自社の株主における機関投資家や海外投資家の比率等も踏まえ、議決権の電子行使を可能とするための環境作り（議決権電子行使プラットフォームの利用等）や招集通知の英訳を進めるべきである。

特に、プライム市場上場会社は、少なくとも機関投資家向けに議決権電子行使 プラットフォームを利用可能とすべきである。

1-2⑤　信託銀行等の名義で株式を保有する機関投資家等が、株主総会において、信託銀行等に代わって自ら議決権の行使等を行うことをあらかじめ希望する場合に対応するため、上場会社は、信託銀行等と協議しつつ検討を行うべきである。

1-1 ③　上場会社は、株主の権利の重要性を踏まえ、その権利行使を事実上妨げることのないよう配慮すべきである。とりわけ、少数株主にも認められている上場会社及びその役員に対する特別な権利（違法行為の差止めや代表訴訟提起に係る権利等）については、その権利行使の確保に課題や懸念が生じやすい面があることから、十分に配慮を行うべきである。

【原則 1-2. 株主総会における権利行使】

上場会社は、株主総会が株主との建設的な対話の場であることを認識し、株主の視点に立って、株主総会における権利行使に係る適切な環境整備を行うべきである。

補充原則

1-2 ①　上場会社は、株主総会において株主が適切な判断を行うことに資すると考えられる情報については、必要に応じ適確に提供すべきである。

1-2 ②　上場会社は、株主が総会議案の十分な検討期間を確保することができるよう、招集通知に記載する情報の正確性を担保しつつその早期発送に努めるべきであり、また、招集通知に記載する情報は、株主総会の招集に係る取締役会決議から招集通知を発送するまでの間に、TDnet や自社のウェブサイトにより電子的に公表すべきである。

1-2 ③　上場会社は、株主との建設的な対話の充実や、そのための正確な情報提供等の観点を考慮し、株主総会開催日をはじめとする株主総会関連の日程の適切な設定を行うべきである。

[2015 年策定時の背景説明]

株主総会開催手続きについては、本有識者会議において、以下の議論があった。

・基準日から株主総会開催日までの期間は、ガバナンスの実効性を

【原則 1-1. 株主の権利の確保】

上場会社は、株主総会における議決権をはじめとする株主の権利が実質的に確保されるよう、適切な対応を行うべきである。

補充原則

1-1 ①　取締役会は、株主総会において可決には至ったものの相当数の反対票が投じられた会社提案議案があったと認めるときは、反対の理由や反対票が多くなった原因の分析を行い、株主との対話その他の対応の要否について検討を行うべきである。

1-1 ②　上場会社は、総会決議事項の一部を取締役会に委任するよう株主総会に提案するに当たっては、自らの取締役会においてコーポレートガバナンスに関する役割・責務を十分に果たし得るような体制が整っているか否かを考慮すべきである。他方で、上場会社において、そうした体制がしっかりと整っていると判断する場合には、上記の提案を行うことが、経営判断の機動性・専門性の確保の観点から望ましい場合があることを考慮に入れるべきである。

[2015 年策定時の背景説明]

一般に我が国の上場会社は、他国の上場会社に比して幅広い事項を株主総会にかけているとされる。しかしながら、上場会社に係る重要な意思決定については、これを株主の直接投票で決することが常に望ましいわけではなく、株主に対する受託者責任を十分に果たし得る取締役会が存在する場合には、会社法が認める選択肢の中でその意思決定の一部を取締役会に委任することは、経営判断に求められる機動性・専門性を確保する観点から合理的な場合がある。このような委任が適切であるか否かは、取締役会においてコーポレートガバナンスに関する役割・責務を十分に果たし得るような体制が整っているか否かに左右される部分が大きいと考えられる。

第１章　株主の権利・平等性の確保

【基本原則１】

上場会社は、株主の権利が実質的に確保されるよう適切な対応を行うとともに、株主がその権利を適切に行使することができる環境の整備を行うべきである。

また、上場会社は、株主の実質的な平等性を確保すべきである。少数株主や外国人株主については、株主の権利の実質的な確保、権利行使に係る環境や実質的な平等性の確保に課題や懸念が生じやすい面があることから、十分に配慮を行うべきである。

考え方

上場会社には、株主を含む多様なステークホルダーが存在しており、こうしたステークホルダーとの適切な協働を欠いては、その持続的な成長を実現することは困難である。その際、資本提供者は重要な要であり、株主はコーポレートガバナンスの規律における主要な起点でもある。上場会社には、株主が有する様々な権利が実質的に確保されるよう、その円滑な行使に配慮することにより、株主との適切な協働を確保し、持続的な成長に向けた取組みに邁進することが求められる。

また、上場会社は、自らの株主を、その有する株式の内容及び数に応じて平等に取り扱う会社法上の義務を負っているところ、この点を実質的にも確保していることについて広く株主から信認を得ることは、資本提供者からの支持の基盤を強化することにも資するものである。

【取締役会等の責務】

4.　上場会社の取締役会は、株主に対する受託者責任・説明責任を踏まえ、会社の持続的成長と中長期的な企業価値の向上を促し、収益力・資本効率等の改善を図るべく、

(1) 企業戦略等の大きな方向性を示すこと

(2) 経営陣幹部による適切なリスクテイクを支える環境整備を行うこと

(3) 独立した客観的な立場から、経営陣（執行役及びいわゆる執行役員を含む）・取締役に対する実効性の高い監督を行うこと

をはじめとする役割・責務を適切に果たすべきである。

こうした役割・責務は、監査役会設置会社（その役割・責務の一部は監査役及び監査役会が担うこととなる）、指名委員会等設置会社、監査等委員会設置会社など、いずれの機関設計を採用する場合にも、等しく適切に果たされるべきである。

【株主との対話】

5.　上場会社は、その持続的な成長と中長期的な企業価値の向上に資するため、株主総会の場以外においても、株主との間で建設的な対話を行うべきである。

経営陣幹部・取締役（社外取締役を含む）は、こうした対話を通じて株主の声に耳を傾け、その関心・懸念に正当な関心を払うとともに、自らの経営方針を株主に分かりやすい形で明確に説明しその理解を得る努力を行い、株主を含むステークホルダーの立場に関するバランスのとれた理解と、そうした理解を踏まえた適切な対応に努めるべきである。

基本原則

【株主の権利・平等性の確保】

1.　上場会社は、株主の権利が実質的に確保されるよう適切な対応を行うとともに、株主がその権利を適切に行使することができる環境の整備を行うべきである。

また、上場会社は、株主の実質的な平等性を確保すべきである。

少数株主や外国人株主については、株主の権利の実質的な確保、権利行使に係る環境や実質的な平等性の確保に課題や懸念が生じやすい面があることから、十分に配慮を行うべきである。

【株主以外のステークホルダーとの適切な協働】

2.　上場会社は、会社の持続的な成長と中長期的な企業価値の創出は、従業員、顧客、取引先、債権者、地域社会をはじめとする様々なステークホルダーによるリソースの提供や貢献の結果であることを十分に認識し、これらのステークホルダーとの適切な協働に努めるべきである。

取締役会・経営陣は、これらのステークホルダーの権利・立場や健全な事業活動倫理を尊重する企業文化・風土の醸成に向けてリーダーシップを発揮すべきである。

【適切な情報開示と透明性の確保】

3.　上場会社は、会社の財政状態・経営成績等の財務情報や、経営戦略・経営課題、リスクやガバナンスに係る情報等の非財務情報について、法令に基づく開示を適切に行うとともに、法令に基づく開示以外の情報提供にも主体的に取り組むべきである。

その際、取締役会は、開示・提供される情報が株主との間で建設的な対話を行う上での基盤となることも踏まえ、そうした情報（とりわけ非財務情報）が、正確で利用者にとって分かりやすく、情報として有用性の高いものとなるようにすべきである。

円谷　昭一　　　一橋大学大学院経営管理研究科　准教授
冨山　和彦　　　株式会社経営共創基盤　IGPI グループ会長
春田　雄一　　　日本労働組合総連合会　経済・社会政策局長
松岡　直美　　　ソニー株式会社　執行役員

オブザーバー

渡辺　諭　　　法務省民事局参事官
安藤　元太　　　経済産業省経済産業政策局産業組織課長

事務局

金融庁
株式会社東京証券取引所

「スチュワードシップ・コード及び コーポレートガバナンス・コードのフォローアップ会議」

（2020 年 10 月時点 / 敬称略）

座長

神田　秀樹	学習院大学大学院法務研究科　教授

メンバー

池尾　和人	立正大学経済学部　教授
岩間　陽一郎	Senior Advisor, NBRE Management Japan Advisors 株式会社　日興アセットマネジメント株式会社　社外取締役・取締役会議長
上田　亮子	株式会社日本投資環境研究所　主任研究員
大場　昭義	一般社団法人日本投資顧問業協会　会長
岡田　譲治	公益社団法人日本監査役協会　最高顧問
翁　百合	株式会社日本総合研究所　理事長
小口　俊朗	ガバナンス・フォー・オーナーズ・ジャパン株式会社　代表取締役
小幡　忍	日本電気株式会社（NEC）　執行役員 兼　CLCO（チーフリーガル＆コンプライアンスオフィサー）
川北　英隆	京都大学　名誉教授
神作　裕之	東京大学大学院法学政治学研究科　教授
ケリー ワリング	Chief Executive Officer, International Corporate Governance Network　(ICGN)
小林　喜光	株式会社三菱ケミカルホールディングス　取締役会長
三瓶　裕喜	フィデリティ投信株式会社　ヘッド・オブ・エンゲージメント
高山　与志子	ジェイ・ユーラス・アイアール株式会社　マネージングディレクター　取締役
武井　一浩	西村あさひ法律事務所　弁護士
田中　正明	日本ペイントホールディングス株式会社　取締役会長　代表取締役社長　兼　CEO
佃　秀昭	株式会社企業統治推進機構　代表取締役社長

「コーポレートガバナンス・コードの策定に関する有識者会議」

（2015年3月5日時点／敬称略）

座長

池尾　和人　　慶應義塾大学経済学部教授

メンバー

内田　章　　東レ㈱　常務取締役
太田　順司　　公益社団法人　日本監査役協会最高顧問
大場　昭義　　東京海上アセットマネジメント㈱　代表取締役社長
小口　俊朗　　ガバナンス・フォー・オーナーズ・ジャパン㈱　代表取締役
神田　秀樹　　東京大学大学院法学政治学研究科　教授
スコット　キャロン　日本コーポレート・ガバナンス・ネットワーク　理事
武井　一浩　　弁護士（西村あさひ法律事務所）
冨山　和彦　　㈱経営共創基盤　代表取締役 CEO
中村　美華　　㈱セブン＆アイ・ホールディングス　法務部法務シニアオフィサー
堀江　貞之　　㈱野村総合研究所　上席研究員
松井　忠三　　㈱良品計画　代表取締役会長
森　公高　　日本公認会計士協会　会長

アドバイザー（国際機関）

マッツ　イサクソン Head, Corporate Affairs Division, OECD

幹事

坂本　三郎　　法務省大臣官房　参事官
中原　裕彦　　経済産業省経済産業政策局　産業組織課長

上で、平成27年6月1日から適用することを想定している。

なお、本コード（原案）の幾つかの原則については、例えば体制整備に関するもの等を中心に、各会社の置かれた状況によっては、その意思があっても適用当初から完全に実施することが難しいことも考えられる。その場合において、上場会社が、まずは上記の適用開始に向けて真摯な検討や準備作業を行った上で、なお完全な実施が難しい場合に、今後の取組み予定や実施時期の目途を明確に説明（エクスプレイン）することにより、対応を行う可能性は排除されるべきではない。

また、本コード（原案）には、会社が「エクスプレイン」を行う場合を含め、幾つかの開示や説明を求める旨の記載があるが、これらのうちには、特定の枠組み（例えば、コーポレート・ガバナンスに関する報告書）の中で統一的に開示・説明を行うことが望ましいものもあると考えられることから、この点については、今後、東京証券取引所において整理がなされることを期待する。

本コード（原案）の将来の見直し

16. 上述のとおり、本コード（原案）は、実効的なコーポレートガバナンスの実現に資する主要な原則を取りまとめたものであるが、不変のものではない。目まぐるしく変化する経済・社会情勢の下で、本コード（原案）がその目的を果たし続けることを確保するため、本有識者会議は、本コード（原案）が定期的に見直しの検討に付されることを期待する。

よう工夫すべきであり、「ひな型」的な表現により表層的な説明に終始することは「コンプライ・オア・エクスプレイン」の趣旨に反するものである。

本コード（原案）の適用

13. 本コード（原案）は、我が国取引所に上場する会社を適用対象とするものである*。その際、本則市場（市場第一部及び市場第二部）以外の市場に上場する会社に対する本コード（原案）の適用に当たっては、例えば体制整備や開示などに係る項目の適用について、こうした会社の規模・特性等を踏まえた一定の考慮が必要となる可能性があり得る。この点に関しては、今後、東京証券取引所において、本コード（原案）のどの部分に、どのような形での考慮が必要かについて整理がなされることを期待する。

14. 我が国の上場会社は、通常、監査役会設置会社、指名委員会等設置会社、監査等委員会設置会社のいずれかの機関設計を選択することとされている。本コード（原案）は、もとよりいずれかの機関設計を慫慂するものではなく、いずれの機関設計を採用する会社にも当てはまる、コーポレートガバナンスにおける主要な原則を示すものである。

 我が国の上場会社の多くは監査役会設置会社であることを踏まえ、本コード（原　案）には、監査役会設置会社を想定した幾つかの原則（監査役または監査役会について記述した原則）が置かれているが、こうした原則については、監査役会設置会社以外の上場会社は、自らの機関設計に応じて所要の読替えを行った上で適用を行うことが想定される。

15. 本コード（原案）は、東京証券取引所において必要な制度整備を行った

---

* 我が国取引所に上場する外国会社については、一般に、そのガバナンスに関して別途適用を受ける本国の規制が存在し、その内容が本コード（原案）と異なり得るため、本コード（原案）の内容をそのままの形で適用することが適切でない場合も想定される。このため、その取扱いに関しては、今後、東京証券取引所において整理がなされることを期待する。

象的で大掴みな原則（プリンシプル）について、関係者がその趣旨・精神を確認し、互いに共有した上で、各自、自らの活動が、形式的な文言・記載ではなく、その趣旨・精神に照らして真に適切か否かを判断することにある。このため、本コード（原案）で使用されている用語についても、法令のように厳格な定義を置くのではなく、まずは株主等のステークホルダーに対する説明責任等を負うそれぞれの会社が、本コード（原案）の趣旨・精神に照らして、適切に解釈することが想定されている。

株主等のステークホルダーが、会社との間で対話を行うに当たっても、この「プリンシプルベース・アプローチ」の意義を十分に踏まえることが望まれる。

11. また、本コード（原案）は、法令とは異なり法的拘束力を有する規範ではなく、その実施に当たっては、いわゆる「コンプライ・オア・エクスプレイン」(原則を実施するか、実施しない場合には、その理由を説明するか）の手法を採用している。すなわち、本コード（原案）の各原則（基本原則・原則・補充原則）の中に、自らの個別事情に照らして実施することが適切でないと考える原則があれば、それを「実施しない理由」を十分に説明することにより、一部の原則を実施しないことも想定している。

12. こうした「コンプライ・オア・エクスプレイン」の手法も、スチュワードシップ・コードにおいて既に採用されているものの、我が国では、いまだ馴染みの薄い面があると考えられる。本コード（原案）の対象とする会社が、全ての原則を一律に実施しなければならない訳ではないことには十分な留意が必要であり、会社側のみならず、株主等のステークホルダーの側においても、当該手法の趣旨を理解し、会社の個別の状況を十分に尊重することが求められる。特に、本コード（原案）の各原則の文言・記載を表面的に捉え、その一部を実施していないことのみをもって、実効的なコーポレートガバナンスが実現されていない、と機械的に評価することは適切ではない。一方、会社としては、当然のことながら、「実施しない理由」の説明を行う際には、実施しない原則に係る自らの対応について、株主等のステークホルダーの理解が十分に得られることを狙いとしている。

8．本コード（原案）は、市場における短期主義的な投資行動の強まりを懸念する声が聞かれる中、中長期の投資を促す効果をもたらすことをも期待している。市場においてコーポレートガバナンスの改善を最も強く期待しているのは、通常、ガバナンスの改善が実を結ぶまで待つことができる中長期保有の株主であり、こうした株主は、市場の短期主義化が懸念される昨今においても、会社にとって重要なパートナーとなり得る存在である。本コード（原案）は、会社が、各原則の趣旨・精神を踏まえ、自らのガバナンス上の課題の有無を検討し、自律的に対応することを求めるものであるが、このような会社の取組みは、スチュワードシップ・コードに基づくこうした株主（機関投資家）と会社との間の建設的な「目的を持った対話」によって、更なる充実を図ることが可能である。その意味において、本コード（原案）とスチュワードシップ・コードとは、いわば「車の両輪」であり、両者が適切に相まって実効的なコーポレートガバナンスが実現されることが期待される。

「プリンシプルベース・アプローチ」
及び「コンプライ・オア・エクスプレイン」

9．本コード（原案）において示される規範は、基本原則、原則、補充原則から構成されているが、それらの履行の態様は、例えば、会社の業種、規模、事業特性、機関設計、会社を取り巻く環境等によって様々に異なり得る。本コード（原案）に定める各原則の適用の仕方は、それぞれの会社が自らの置かれた状況に応じて工夫すべきものである。

10．こうした点に鑑み、本コード（原案）は、会社が取るべき行動について詳細に規定する「ルールベース・アプローチ」（細則主義）ではなく、会社が各々の置かれた状況に応じて、実効的なコーポレートガバナンスを実現することができるよう、いわゆる「プリンシプルベース・アプローチ」（原則主義）を採用している。
「プリンシプルベース・アプローチ」は、スチュワードシップ・コードにおいて既に採用されているものであるが、その意義は、一見、抽

待される。

本コード（原案）の目的

6．本コード（原案）は、「『日本再興戦略』改訂 2014」に基づき、我が国の成長戦略の一環として策定されるものである。冒頭に掲げたように、本コード（原案）において、「コーポレートガバナンス」とは、会社が、株主をはじめ顧客・従業員・地域社会等の立場を踏まえた上で、透明・公正かつ迅速・果断な意思決定を行うための仕組みを意味しており、こうした認識の下、本コード（原案）には、実効的なコーポレートガバナンスの実現に資する主要な原則を盛り込んでいる。

7．会社は、株主から経営を付託された者としての責任（受託者責任）をはじめ、様々なステークホルダーに対する責務を負っていることを認識して運営されることが重要である。本コード（原案）は、こうした責務に関する説明責任を果たすことを含め会社の意思決定の透明性・公正性を担保しつつ、これを前提とした会社の迅速・果断な意思決定を促すことを通じて、いわば「攻めのガバナンス」の実現を目指すものである。本コード（原案）では、会社におけるリスクの回避・抑制や不祥事の防止といった側面を過度に強調するのではなく、むしろ健全な企業家精神の発揮を促し、会社の持続的な成長と中長期的な企業価値の向上を図ることに主眼を置いている。

本コード（原案）には、株主に対する受託者責任やステークホルダーに対する責務を踏まえ、一定の規律を求める記載が含まれているが、これらを会社の事業活動に対する制約と捉えることは適切ではない。むしろ、仮に、会社においてガバナンスに関する機能が十分に働かないような状況が生じれば、経営の意思決定過程の合理性が確保されなくなり、経営陣が、結果責任を問われることを懸念して、自ずとリスク回避的な方向に偏るおそれもある。こうした状況の発生こそが会社としての果断な意思決定や事業活動に対する阻害要因となるものであり、本コード（原案）では、会社に対してガバナンスに関する適切な規律を求めることにより、経営陣をこうした制約から解放し、健全な企業家精神を発揮しつつ経営手腕を振るえるような環境を整える上場基準における社外取締役の位置付けや、収益性や経営面での評価が高い銘柄のインデックスの設定など、コーポレートガバナンスの強化につながる取組を働きかける」との施策も盛り込まれていたが、これを受けて、日本取引所グループにおいて「資本の効率的活用や投資者を意識した経営観点など、グローバルな投資基準に求められる諸要件を満たした、『投資者にとって投資魅力の高い会社』で構成される新しい株価指数」である「JPX日経インデックス400」が設定され、平成26年1月6日より算出が開始されている。

4．こうした中、平成26年6月に閣議決定された『日本再興戦略』改訂2014」において、「東京証券取引所と金融庁を共同事務局とする有識者会議において、秋頃までを目途に基本的な考え方を取りまとめ、東京証券取引所が、来年の株主総会のシーズンに間に合うよう新たに「コーポレートガバナンス・コード」を策定することを支援する」との施策が盛り込まれた。これを受けて、平成26年8月、金融庁・東京証券取引所を共同事務局とする「コーポレートガバナンス・コードの策定に関する有識者会議」（以下、「本有識者会議」という。）が設置された。本有識者会議は、8月から計9回にわたり議論を重ね、今般、コーポレートガバナンス・コードの策定に関する基本的な考え方を「コーポレートガバナンス・コード（原案）」（以下、「本コード（原案）」という。）の形で取りまとめた。なお、『日本再興戦略』改訂2014において、コードの策定に当たっては「OECDコーポレート・ガバナンス原則」を踏まえるものとすると明記されたことを受けて、本有識者会議は同原則の内容に沿って議論を行ってきており、本コード（原案）の内容は同原則の趣旨を踏まえたものとなっている。また、本コード（原案）の取りまとめに当たっては、和英両文によるパブリック・コメントを実施し、和文については80の個人・団体から、英文については41の個人・団体から充実した意見が寄せられた。本有識者会議は、これらの意見についても議論を行い、本コード（原案）の取りまとめに反映させていただいた。

5．今後、東京証券取引所において、「『日本再興戦略』改訂2014」を踏まえ、関連する上場規則等の改正を行うとともに、本コード（原案）をその内容とする「コーポレートガバナンス・コード」を制定することが期

コーポレートガバナンス・コードについて

本コードにおいて、「コーポレートガバナンス」とは、会社が、株主をはじめ顧客・従業員・地域社会等の立場を踏まえた上で、透明・公正かつ迅速・果断な意思決定を行うための仕組みを意味する。

本コードは、実効的なコーポレートガバナンスの実現に資する主要な原則を取りまとめたものであり、これらが適切に実践されることは、それぞれの会社において持続的な成長と中長期的な企業価値の向上のための自律的な対応が図られることを通じて、会社、投資家、ひいては経済全体の発展にも寄与することとなるものと考えられる。

[2015年CGコード策定時の「経緯及び背景」の説明]

1．我が国におけるコーポレートガバナンスを巡る取組みは、近年、大きく加速している。

2．平成25年6月に閣議決定された「日本再興戦略」においては、「機関投資家が、対話を通じて企業の中長期的な成長を促すなど、受託者責任を果たすための原則（日本版スチュワードシップ・コード）について検討し、取りまとめる」との施策が盛り込まれた。これを受けて、平成25年8月、金融庁に設置された「日本版スチュワードシップ・コードに関する有識者検討会」において検討が開始され、平成26年2月に『責任ある機関投資家』の諸原則《日本版スチュワードシップ・コード》（以下、序文において「スチュワードシップ・コード」という。）が策定・公表され、実施に移されている。

また、法務省法制審議会は、平成24年9月に「会社法制の見直しに関する要綱」を採択したが、その後、社外取締役を選任しない場合における説明義務に関する規定なども盛り込んだ上で、会社法改正案が国会に提出され、平成26年6月に可決・成立している。

3．更に、上記の「日本再興戦略」においては、「国内の証券取引所に対し、

Ⅰ

コーポレートガバナンス・コード
～会社の持続的な成長と中長期的な企業価値の向上のために～

（2021 年 6 月 11 日時点）

注　以下は 2021 年 6 月 11 日に東京証券取引所から公表された現行のコーポレートガバナンス・コードについて、関連する補足説明等を編者が追記したものである。

は行

ま行

ら行

た行

な行

さ行

あ行

か行

主要キーワード索引

数字・欧文

日本版スチュワードシップ・コード原則索引

対話ガイドライン

コード原則索引

コーポレートガバナンス・コード原則索引

佐藤 淑子 (さとう よしこ)

日本IR協議会専務理事。1985年慶応義塾大学経済学部卒業。同年日本経済新聞社に入社後、93年に日本IR協議会に出向。2003年から同協議会首席研究員、07年事務局長、15年から専務理事。日本IR協議会や関連団体開催のセミナー等を通じてIRの進展に努め、資本市場や経営戦略との関わりについての研究成果を発表している。公認会計士・監査審査会委員、日本公認会計士協会倫理委員会有識者懇談会委員（2021年7月15日就任予定）なども務める。著書に『IRの成功戦略』（日本経済新聞出版社）、『経営戦略とコーポレートファイナンス』（同）、『企業・投資家・証券アナリスト企業価値向上のための対話』（同）、『サステナブル経営と資本市場』（同）など。日本証券アナリスト協会理事、同協会検定会員。

三瓶 裕喜 (さんぺい ひろき)

アストナリング・アドバイザーLLC代表、一橋大学CFO教育研究センター客員研究員・財務リーダーシッププログラム学外講師。2021年4月、上場企業の企業価値向上への助言、機関投資家のスチュワードシップ活動支援を行うアストナリング社を設立。1987年、早稲田大学理工学部卒業後、日本生命保険相互会社入社。外国株式投資に従事。英国にて合弁運用会社のCEOを経験。2003年からニッセイアセットマネジメントにて、国内株式投資、企業調査・運用体制刷新に従事。日本初のスチュワードシップ・ファンドを設定、国内株式統括部長。2007年から2021年までフィデリティ投信にて企業調査部門統括及びスチュワードシップ活動の責任者。経済産業省の各種検討会・研究会委員、金融審議会専門委員、金融庁フォローアップ会議メンバー、法制審議会会社法制（企業統治等関係）部会委員などを務める。「投資家フォーラム」の共同設立メンバー・運営委員。著書・論考に『価値向上のための対話』（日本経済新聞出版社）、「議決権行使結果の開示」（ジュリスト#1515）、「新型コロナウイルス感染症拡大下での上場企業への期待」（旬刊商事法務2229号）、『「公正なM&Aの在り方に関する指針」の解説』（商事法務）、「連載　新・改正会社法セミナー」（ジュリスト#1556～）など。

安井 桂大 (やすい けいた)

西村あさひ法律事務所弁護士。2010年弁護士登録。2009年東京大学法科大学院(J.D.)、2019年 The London School of Economics and Political Science（LL.M.）。2016-2018年に金融庁総務企画局企業開示課でコーポレートガバナンス・コードおよびスチュワードシップ・コードの改訂を担当。2019-2020年にはフィデリティ投信株式会社運用本部へ出向し、エンゲージメント・議決権行使およびサステナブル投資の実務に従事。主な著書（共著含む）に、『インセンティブ報酬の法務・税務・会計』（中央経済社）、「スチュワードシップ・コード改訂の解説」（旬刊商事法務2138号）、「コーポレートガバナンス・コードの改訂と『投資家と企業の対話ガイドライン』の解説」（旬刊商事法務2171号）、「ESG投資の視点・手法と日本法における受託者責任」（NBL1189号）など。

●著者（五十音順）

井口 譲二（いぐち じょうじ）

ニッセイアセットマネジメント チーフ・コーポレート・ガバナンス・オフィサー 執行役員　統括部長。アナリストリサーチの統括とスチュワードシップ活動の責任者。1988年大阪大学経済学部卒業、アナリスト業務、投資調査室長を経て現職。ICGN（国際コーポレートガバナンス協会）理事、IFRS（国際会計）諮問会議委員、金融庁「サステナブルファイナンス有識者会議委員／金融審議会専門委員／企業会計審議会監査部会臨時委員」等、経済産業省「人的資本に関する研究会委員」等、日本証券アナリスト協会サステナビリティ報告研究会座長、企業会計基準委員会（ASBJ）専門委員など。主な著書・論文に『財務・非財務情報の実効的な開示―ESG投資に対応した企業報告―』（別冊商事法務2018年4月）、「スチュワードシップとコーポレートガバナンス」（共著、東洋経済2015年1月）など。

石坂 修（いしざか おさむ）

アサヒグループホールディングス株式会社 執行役員 ヘッド オブ コーポレート・コミュニケーションズ。1992年早稲田大学教育学部卒業。同年、山一證券株式会社入社後、リテール営業、マーケットリスク管理業務などに従事。1998年アサヒビール株式会社入社後、営業企画業務などを経て2008年広報部IR室長。2011年アサヒグループホールディングス株式会社IR部門ゼネラルマネジャー、2020年より現職。在任中のIR活動関連の主な受賞履歴は、日本IR協議会主催の「IR優良企業大賞」（2014年）、日本証券アナリスト協会主催の「ディスクロージャー優良企業選定」食品部門第1位（2020年：16回目）、日経アニュアルリポートアウォード「特別賞」（2020年）、WICIジャパン統合報告優秀企業賞（2019年）など。

北川 哲雄（きたがわ てつお）

青山学院大学名誉教授・東京都立大学特任教授。博士（経済学）。野村総合研究所及びモルガン銀行（現JPモルガン・アセット・マネジメント）調査部等においてアナリスト・調査部長を経験ののち、2005年青山学院大学教授、2019年より現職。2020年より一般社団法人『ESG情報開示研究会』代表理事を務める。主な編著書に『アナリストのための企業分析と資本市場』（東洋経済新報社）、『資本市場ネットワーク論 IR・アナリスト・ガバナンス』（文眞堂）、『企業価値向上のためのIR経営戦略』（東洋経済新報社）、『証券アナリストのための企業分析（第4版）』（同）、『スチュワードシップとコーポレートガバナンス 2つのコードが変える日本の企業・経済・社会』（同）、『ガバナンス革命の新たなロードマップ』（同）、『バックキャスト思考とSDGｓ/ESG投資』（同文館）、『サステナブル経営と資本市場』（日本経済新聞出版社）など。

●編著者

武井 一浩（たけい かずひろ）

弁護士、西村あさひ法律事務所パートナー。1991年弁護士登録。1997年NY州弁護士登録。東京大学法学部、米国ハーバード・ロー・スクール（LL.M.取得）、英国オックスフォード大学経営学修士（MBA）各卒。上場会社の企業法務を中心に案件を取り扱う実務家。日本経済新聞社実施の「企業が選ぶ弁護士調査」で毎年上位にランキング。金融庁「スチュワードシップ・コード及びコーポレートガバナンス・コードのフォローアップ会議」メンバー、経済産業省「コーポレート・ガバナンス・システム研究会（CGS研究会）」「新時代の総会プロセスの在り方研究会」各委員、東京証券取引所「従属上場会社における少数株主保護の在り方に関する研究会」委員、政府「規制改革会議」委員などを務める。主な著書（共著含む）に『デジタルトランスフォーメーション法制実務ハンドブック』（商事法務）、『株主総会デジタル化の実務』（中央経済社）など。

コーポレート
ガバナンス・コードの実践 第3版

2021年8月9日　第1刷発行

編著者	武井一浩
著　者	井口譲二、石坂修、北川哲雄 佐藤淑子、三瓶裕喜、安井桂大
発行者	村上広樹
発　行	日経BP
発　売	日経BPマーケティング 〒105-8308　東京都港区虎ノ門4-3-12 https://www.nikkeibp.co.jp/books/
装　丁	永井亜矢子（陽々舎）
制　作	アーティザンカンパニー
編　集	長崎隆司
印刷・製本	図書印刷

本書籍に関するお問い合わせ、ご連絡は下記にて承ります。
https://nkbp.jp/booksQA

Printed in Japan　　ISBN978-4-296-00027-2